Erbrechtliche Probleme in der Société Privée Européenne

Studien zum vergleichenden und internationalen Recht -
Comparative and International Law Studies

Herausgeber: Bernd von Hoffmann und Erik Jayme

Band 66

PETER LANG
Frankfurt am Main · Berlin · Bern · Bruxelles · New York · Oxford · Wien

Jochen Nikolaus Schlotter

Erbrechtliche Probleme in der Société Privée Européenne

IPR-Harmonisierung im einheitlichen Europäischen Rechtsraum

PETER LANG
Europäischer Verlag der Wissenschaften

Die Deutsche Bibliothek - CIP-Einheitsaufnahme

Schlotter, Jochen Nikolaus :

Erbrechtliche Probleme in der Société Privée Européenne :
IPR-Harmonisierung im einheitlichen europäischen Rechtsraum /
Jochen Nikolaus Schlotter. - Frankfurt am Main ; Berlin ; Bern ;
Bruxelles ; New York ; Oxford ; Wien : Lang, 2002
(Studien zum vergleichenden und internationalen Recht ;
Bd. 66)
Zugl.: Heidelberg, Univ., Diss., 2001
ISBN 3-631-38422-X

D 16
ISSN 0930-4746
ISBN 3-631-38422-X

www.peterlang.de

Meinen Eltern

Mein Dank gilt Prof Dr. Peter Hommelhoff für die Anregung zu dieser Arbeit und ihre Betreuung als Erstgutachter, Prof. Dr. Erik Jayme für die rasche Erstellung des Zweitgutachtens und dem Graduiertenkolleg der Universität Heidelberg „Europäische Unternehmensorganisation" für seine großzügige Unterstützung.

Vorwort

Seit dem Inkrafttreten des Vertrages von Amsterdam ist die Entwicklung des europäischen Rechtsraumes in eine Phase neuer Dynamik eingetreten. Auf dem Gebiet des Internationalen Zivilprozeßrechts sorgen die Verordnungen über die Zuständigkeit in Ehesachen und in Zivil- und Handelssachen für Neuerungen, auch in üblicherweise für europarechtsfern gehaltenen Gebieten.

Die europäische Aktiengesellschaft ist seit dem Gipfel von Nizza in greifbare Nähe gerückt. Die weitere Vereinheitlichung des Internationalen Privatrechts und sogar von Teilen des Privatrechts selbst ist beabsichtigt. Viele dieser Veränderungen hätte man noch vor kurzem kaum für möglich gehalten. Selbst die immer belächelte Schuldrechtsreform im BGB droht wahr zu werden, nicht ohne ihre Begründung in den Notwendigkeiten der europäischen Gesetzgebung und Rechtsentwicklung zu finden. Eine einheitliche Linie zwischen den Polen der prozessualen Zuständigkeitsvereinheitlichung, der Harmonisierung des IPR und der Vereinheitlichung des materiellen Zivilrechts sowie der über die europäischen Grenzen hinausreichenden völkerrechtlichen Zusammenarbeit ist noch nicht gefunden; das Vorgehen des europäischen Gesetzgebers erscheint zielstrebig, aber auch zufällig.

Die in der öffentlichen Diskussion im Verhältnis zu der politischen Ordnung der Europäischen Union regelmäßig vernachlässigte Entwicklung des europäischen Zivilrechtsraumes ist für Europa und die Bedürfnisse seiner Bürger von mindestens ebenso großer Bedeutung wie das europäische Institutionengefüge selbst. Soll hier ein dauerhafter Erfolg gelingen, ist Entschlossenheit aber auch Rücksicht auf nationale Traditionen geboten. In diesem Sinne will die vorliegende Arbeit einen Beitrag leisten.

Sie nimmt die Vorschläge zur Schaffung einer europäischen GmbH zum Anlaß, im Bereich des Internationalen Erbrechts einen Harmonisierungsvorschlag zu machen, der durch Klarheit der internationalprivatrechtlichen Regelungskompetenz das Ziel eines einheitlichen europäischen Rechtsraumes verfolgt, ohne die Normen der Nationalrechte zu vereinheitlichen. Dies mag auf den ersten Blick eine komplizierte Herangehensweise sein; aber sie fördert womöglich die politische Durchsetzbarkeit und Akzeptanz des europäischen Rechtsraumes bei den Rechtsanwendern und erlaubt vor allem die Bewahrung der den Wettbewerb der Ideen befördernden Vielfalt der europäischen Rechtstradition, anders als die schnelle Vereinheitlichung des Privatrechts „von oben“.

Europa ist nach wie vor mehr auf den guten Willen seiner Bürger und vor allem Rechtsanwender angewiesen als die Nationalstaaten. Auch deshalb ist entschlossene Behutsamkeit am Platze.

Inhaltsübersicht

Inhaltsverzeichnis

Abkürzungsverzeichnis

AcP	Archiv für die civilistische Praxis
AG	Die Aktiengesellschaft
BB	Betriebsberater
BWNotZ	Mitteilungen aus der Praxis. Zeitschrift für das Notariat in Baden-Württemberg
DB	Der Betrieb
DNotZ	Deutsche Notar-Zeitschrift
DStR	Deutsches Steuerrecht
EuGV-VO	Verordnung EG Nr. 44/2001 des Rates vom 22. 12. 2000 über die gerichtliche Zuständigkeit und die Anerkennung und Vollstreckung von Entscheidungen in Zivil- und Handelssachen
EuR	Europarecht
EuZW	Europäische Zeitung für Wirtschaftsrecht
EWS	Europäisches Wirtschafts- und Steuerrecht
FamRZ	Zeitschrift für das gesamte Familienrecht
FS	Festschrift
GmbHR	GmbH Rundschau
IPR	Internationales Privatrecht
IPRax	Praxis des Internationalen Privat- und Verfahrensrechts
IPRG	IPR-Gesetz
IPRspr.	Die deutsche Rechtsprechung auf dem Gebiete des internationalen Privatrechts
IZVR	Internationales Zivilverfahrensrecht
JA	Juristische Arbeitsblätter
JW	Juristische Wochenschrift
JZ	Juristenzeitung
NJ	Neue Justiz
NJW	Neue Juristische Wochenschrift
NJW-RR	NJW-Rechtsprechungsreport
NZG	Neue Zeitschrift für Gesellschaftsrecht
ÖJZ	Österreichische Juristen-Zeitung
RabelsZ	Zeitschrift für ausländisches und internationales Privatrecht
Rev. crit. dr. i. p.	Revue critique de droit international privé

RGRK	Das Bürgerliche Gesetzbuch mit besonderer Berücksichtigung der Rechtsprechung des Reichsgerichts und des Bundesgerichtshofs, Kommentar
RIW	Recht der internationalen Wirtschaft
SPE	Société Privée Européenne
SPE-StatutE	Entwurf eines Statuts für die Société Privée Européenne
StAZ	Das Standesamt
VO	Verordnung
WM	Wertpapiermitteilungen - Zeitschrift für Wirtschafts- und Bankrecht
ZEuP	Zeitschrift für Europäisches Privatrecht
ZEV	Zeitschrift für Erbrecht und Vermögensnachfolge
ZfRV	Zeitschrift für Rechtsvergleichung, IPR und Europarecht (Österreich)
ZHR	Zeitschrift für das gesamte Handels- und Wirtschaftsrecht
ZIP	Zeitschrift für Wirtschaftsrecht
ZRP	Zeitschrift für Rechtspolitik
ZVglRWiss	Zeitschrift für vergleichende Rechtswissenschaft

A. Einleitung

I. Die „Société Privée Européenne"

Seit geraumer Zeit versucht das Projekt der „société privée européenne" (SPE) oder „Europäische Privatgesellschaft" den Stillstand bei der Schaffung einer europäischen supranationalen Gesellschaftsform, der die Diskussion um die „Societas Europea"[1] lange kennzeichnete, zu überwinden[2].

Der neue Ansatz richtet den Blick auf die besonderen Bedürfnisse der kleinen und mittleren Unternehmen, denen die volle Teilnahme am europäischen Binnenmarkt ermöglicht werden soll. Da diese Unternehmen, anders als ihre bereits supranational tätigen großen Konkurrenten, weder selbst über ausreichenden juristischen Sachverstand verfügen, mit den verschiedenen nationalen Gesellschaftsrechtsordnungen der Mitgliedstaaten umzugehen, noch in der Lage oder willens sind, den zur Gründung von Tochtergesellschaften oder Eingehung von „joint ventures" nötigen Rechtsrat teuer einzukaufen, stellt die Rechtszersplitterung in der Europäischen Union auf dem Gebiet des Gesellschaftsrechts für sie eine reale Binnenmarkt-Zugangsschranke dar[3].

---

1 Zur Europäischen Aktiengesellschaft vgl. *Hommelhoff*, in *Müller-Graff* (Hrsg.), Gemeinsames Privatrecht in der EG, S. 361, 370 ff.; *ders.*, AG 1990, 422 ff. und aus der Perspektive des Steuerrechts *Knobbe-Keuk*, AG 1990, 435 ff., jeweils mwN.; *Schwarz*, Europäisches Gesellschaftsrecht, S. 640 ff. mwN.
Zur Einigung über das Statut der Europäischen Aktiengesellschaft auf dem Gipfel von Nizza im Dezember 2000 s. *Hommelhoff*, AG 2001, 279 ff.; *Schulz/Geismar*, DStR 2001, 1078 ff.
Zur Entwicklung des europäischen Gesellschaftsrechts vgl. *Lutter*, Europäisches Unternehmensrecht, 4. Auflage, Berlin 1996; *MünchKomm-Kindler*, IntGesR Rn. 13 ff. bes. Rn. 39; den Überblick bei *Behrens*, in *Centrale für GmbH*, Die GmbH in den EG-Staaten, S. 1 ff.; *ders.*, EuZW 1990, 13 ff.; *Neßler*, ZfRV 2000, 1 ff.; *Van Hulle*, EWS 2000, 521 ff.

2 Dazu s. *Hommelhoff*, WM 1997, 2101 ff. mwN.; *Helms*, Die Europäische Privatgesellschaft, Köln 1998; *Hopt*, ZIP 1998, 96, 103 f. mwN; *EU-Kommission (Hrsg.)*, „Propositions pour une société fermée européene", Paris 1997, in deutscher Übersetzung hrsg. von *Boucourechliev/Hommelhoff*, Vorschläge für eine europäische Privatgesellschaft, Köln 1999; *Boucourechliev*, RIW 1999, 1 ff.; *Ehricke*, RabelsZ 2000, 499 ff..; *Deckert*, RabelsZ 2000, 478, 495; *Van Hulle*, EWS 2000, 521, 522 f.

3 *Hommelhoff*, WM 1997, 2101, 2102 f. mwN.; *Helms*, Die Europäische Privatgesellschaft, S. 9 ff.; auch *Hopt*, ZIP 1998, 96, 103 sieht ein „echtes Problem" für diese Gruppe. *Dejmek*, NZG 2001, 878 ff. mwN. S. bereits *Hommelhoff*, in Gemeinsames Privatrecht in der EG, S. 361, 371 ff.

Diese Unternehmen sollen mit der SPE den europaweit einheitlichen und einfach zu handhabenden gesellschaftsrechtlichen Rahmen für ihre grenzüberschreitenden Aktivitäten erhalten. Psychologische Hemmnisse[4] bei der Anwendung fremden Rechts und das Mißtrauen gegenüber der fremden Rechtsordnung überhaupt sollen durch die neue supranationale Gesellschaftsform überwunden werden.
Mittlerweile liegt ein Verordnungsentwurf vor[5], der die SPE als kapitalmarktferne Gesellschaftsform mit beschränkter Haftung und weitgehender Satzungsfreiheit beschreibt. Insbesondere die Regelung der Übertragbarkeit der Anteile ist weitgehend in das Ermessen der Gründer gestellt[6]. Anliegen dieser Arbeit ist es, das neue europäische Projekt des Gesellschaftsrechts aus der Sicht des Erbrechts zu beleuchten, damit zusammenhängende Problemfelder zu analysieren und Lösungsvorschläge zu machen.

II. Vererbliche oder unvererbliche SPE-Anteile ?

Zu Beginn dieser Untersuchung muß die Frage beantwortet werden, ob es sich von der Konzeption der SPE und der ihr zugedachten Funktion her überhaupt empfiehlt, ihre Geschäftsanteile als vererbliches Vermögensgut auszugestalten.

1. Ausschluß der Vererblichkeit

Die Alternative hierzu wäre ein Erlöschen der SPE beim Tode eines ihrer Gesellschafter, wie dies die -allerdings abdingbaren- gesetzlichen Regeln in Deutschland für die GbR (§ 727 BGB) vorsehen und für die OHG (§ 131 Nr. 4 HGB a.F.) und beim Tode des Komplementärs für die KG (§ 161 II, 131 Nr. 4 HGB a.F.) vorsahen. Auch die bei den deutschen Personenhandelsgesellschaften dispositiv vorgesehene Fortsetzung unter den überlebenden Gesellschaftern käme in Betracht. Gegenstand der Vererbung wäre dann nur ein Auseinandersetzungs- oder Abfindungsanspruch, nicht die Beteiligung an der SPE, was für diese kaum größere Schwierigkeiten verursachen dürfte als andere Geldansprüche ihrer Gläubiger.

---

4 *Helms*, Die Europäische Privatgesellschaft, S. 13 ff.

5 *Chambre de Commerce et d'Industrie de Paris/Conseil national du patronat français (Hrsg.)*, Die Europäische Privatgesellschaft: eine geschlossene Gesellschaft, Paris, September 1998 (deutsche Fassung S. 75 ff.).

6 *Chambre de Commerce et d'Industrie de Paris/Conseil national du patronat français (Hrsg.)*, Die Europäische Privatgesellschaft: eine geschlossene Gesellschaft, S. 103, Kommentierung zu Artt. 20-25 SPE-StatutE.

Kompetenzrechtliche Sorgen bräuchte man sich, sofern man den europäischen Gesetzgeber grundsätzlich für zur Einführung eines neuen Gesellschaftstyps ermächtigt hält, nicht zu machen; denn die Möglichkeit, einen Geschäftsanteil zu vererben, ergibt sich aus der mitgliedschaftlichen Ausgestaltung des Gesellschaftsverhältnisses, ist also eine gesellschaftsrechtliche Vorfrage bei der Anwendung des materiellen nationalen Erbrechts[7] und als solche einer Regelung durch den europäischen Gesetzgeber ebenso zugänglich wie jede andere gesellschaftsrechtliche Frage.
Eine gewisse Anziehungskraft geht von einer solchen die Vererbung zwingend ausschließenden Regelung schon allein deshalb aus, weil der SPE so die Auseinandersetzung mit den mehr als zwanzig verschiedenen Erbrechtsordnungen auf dem Gebiet der EU, vom finnischen Erbgesetz bis zum besonderen Zivilrecht der Balearen, von vornherein erspart bliebe.

2. Zusammenhang mit der Organisation der SPE als Kapital- oder Personengesellschaft

Auch die Frage nach der Rechtsnatur der SPE als Personen- oder Kapitalgesellschaft präjudiziert in diesem Zusammenhang nichts. Zwar legt das Bedürfnis nach einer Haftungsbeschränkung zugunsten der Gesellschafter der SPE in Verbindung mit den Schwierigkeiten, die sich aus der Übernahme der persönlichen Haftung innerhalb der SPE durch eine Kapitalgesellschaft nationalen Rechts nach dem Modell der GmbH & Co. KG ergeben würden, nahe, die SPE als Kapitalgesellschaft zu organisieren[8].
Doch sind den nationalen Rechtsordnungen Veräußerungs- und Vererblichkeitsbeschränkungen bei kleineren Kapitalgesellschaften nicht fremd. So sind die Anteile an einer niederländischen BV grundsätzlich nicht frei übertragbar; die Satzung der BV muß Beschränkungen der Veräußerbarkeit enthalten, die bis zu deren völligem Ausschluß gehen können[9]. Die Satzung der portugiesischen Sociedade a Quotas kann sowohl die Übertragbarkeit als auch die Vererblichkeit der Anteile gänzlich ausschließen[10]. Der Gesellschaftsvertrag der spanischen Sociedad de Responsabilidad Limitada kann ein Ankaufsrecht der überlebenden Gesellschafter beim Erbfall vorsehen[11] und kommt damit der deut-

7 Zur Abgrenzung zwischen Erb- und Gesellschaftsstatut in dieser Frage s. *von Oertzen*, IPRax 1994, 73, 74; *MünchKomm-Birk*, Art. 25 EGBGB Rn. 183.

8 Wie es auch Art. 3 SPE-StatutE vorsieht.

9 *Mehring*, GmbHR 1991, 297, 299.

10 *Driesen*, GmbHR 1991, 49, 52 = *ders.* in *Centrale für GmbH*, Die GmbH in den EG-Staaten, S. 234 f.

11 *Keil*, in *Centrale für GmbH*, Die GmbH in den EG-Staaten, S. 249, 268; *Meyer*, GmbHR 1995, 435, 437.

schen Rechtslage nahe, wonach die Vererblichkeit eines GmbH-Anteils nach § 15 I GmbHG zwar nicht abdingbar ist[12], die Erben durch die Satzung aber zur Abtretung ihres Anteils gezwungen werden können, oder der Gesellschaft das Recht zur Einziehung des Anteils zustehen kann[13].
Die europäische Rechtswirklichkeit kennt also Beschränkungen der Vererblichkeit von Kapitalgesellschaftsanteilen. Die gesetzliche Erlaubnis, durch gesellschaftsvertragliche Vereinbarungen den überlebenden Gesellschaftern nicht genehme Erben wieder aus der Gesellschaft hinauszudrängen und damit die Vererblichkeit im Ergebnis de facto auszuschließen, ist für den Bereich GmbH-ähnlicher Gesellschaftsformen weitgehend europäisches Gemeingut[14]. Somit wäre die SPE durchaus als Kapitalgesellschaft, deren Anteile zwingend unvererblich sind, vorstellbar.

III. Bedürfnis nach Vererblichkeit der SPE-Anteile

Wesentliche praktische Gesichtspunkte sprechen allerdings gegen das Modell einer SPE mit unvererblichen Geschäftsanteilen.

1. Nationales Gesellschaftsrecht als Vorbild

Zunächst ist auffällig, daß die nationalen Rechte die Vererblichkeit der Anteile an ihren GmbH-ähnlichen Gesellschaften nicht ausschließen, sondern den Gesellschaftern lediglich gestatten, die personalistische Struktur ihrer Gesellschaft durch entsprechende Vorgaben zu sichern. Im Grundsatz sind die betroffenen Geschäftsanteile vererblich.

a) Das Problem der Einpersonengesellschaft

Die Notwendigkeit dieses Grundsatzes liegt für die auf der Einpersonengesellschaftsrichlinie[15] beruhenden Gesellschaften auf der Hand: Solche Gesellschaften würden bei Ausschluß der Vererblichkeit der Geschäftsanteile beim Tode

12 *Lutter/Hommelhoff*, GmbHG § 15 Rn. 2.

13 *Lutter/Hommelhoff*, GmbHG § 15 Rn. 3 f.; allg. zu Veräußerungsbeschränkungen *Lutter*, FS 100 Jahre GmbH-Gesetz, S. 49, 65-68.

14 *Hoffmann*, GmbHR 1991, 515, 518 = dies. in *Centrale für GmbH*, Die GmbH in den EG-Staaten, S. 21, 30 f.; *Soufleros*, GmbHR 1992, 276, 280 = ders. in *Centrale für GmbH*, Die GmbH in den EG-Staaten, S. 99, 114; *Winkler*, in *Centrale für GmbH*, Die GmbH in den EG-Staaten, S. 149, 169; *Neuss*, in *Centrale für GmbH*, Die GmbH in den EG-Staaten, S. 181, 189.

15 12. Gesellschaftsrechtliche Richtlinie betreffend Gesellschaften mit beschränkter Haftung mit einem einzigen Gesellschafter (89/667/EWG), Abl. 1989, L 395/40.

des Alleingesellschafters der Liquidation anheimfallen[16] - ein völlig untragbares Ergebnis.

b) Die Funktion der SPE

Die SPE als GmbH-ähnliche Gesellschaftsform soll es den EU-Bürgern gestatten, allein oder im Verein mit EU-Bürgern anderer Nationalität in jedem EU-Staat unter gleichen und vor allem bekannten gesellschaftsrechtlichen Bedingungen wirtschaftlich tätig zu werden, ohne daß hohe Rechtsberatungskosten entstehen. Für jeden Unternehmer ist z.B. die Gründung einer SPE als Tochtergesellschaft nur dann attraktiv, wenn er für diese genau wie für sein Hauptunternehmen auch erbrechtlich Vorsorge treffen kann. Dies ist ohne Vererblichkeit der Anteile ausgeschlossen.
Auch im Fall der Zusammenarbeit mit mehreren Partnern wird die Interessenlage eines jeden SPE-Gesellschafters die sein, dem jeweiligen Mutterunternehmen bzw. dessen Erben über den Erbfall hinaus die SPE-Beteiligung zu erhalten. Im Bedürfnis nach Vererblichkeit im Grundsatz und Ausnahmen mit Rücksicht auf die eventuell personalistische Struktur der SPE im Einzelfall unterscheidet sich die auf grenzüberschreitende Aktivitäten hin angelegte SPE in nichts von den nationalen Gesellschaftsformen, da eine Auflösung der Gesellschaft wirtschaftliche Werte vernichten würde und ein Ausschluß der Erben eines Gesellschafters nicht nur diesen eine vom Erblasser für angemessen erachtete Form unternehmerischen Handelns verwehren würde, sondern auch letztlich die SPE mit hohen Abfindungsansprüchen belasten müßte[17].
Daher ist es für die Akzeptanz der SPE unabdingbar, ihre Geschäftsanteile als vererbliches Vermögensgut auszugestalten. Der Entwurf zum SPE-Statut schweigt zwar zur Frage der Vererblichkeit der SPE-Anteile; doch sind diese gemäß Art. 20 SPE-StatutE als übertragbare Vermögensgegenstände ausgestaltet, so daß die Autoren offensichtlich auch von der Vererblichkeit der Anteile ausgehen.

2. Keine Regelung im nationalen Gesellschaftsstatut

Bei der Frage nach der Vererblichkeit der SPE-Anteile sollte angesichts der ähnlichen Rechtslage in den Mitgliedstaaten bzgl. der kleineren und mittleren Kapitalgesellschaften in diesem Punkt eine Einigung im Sinne der grundsätzli-

16 Für Deutschland: sog. „Keinmann-GmbH"; sie ist nur als vorübergehendes Phänomen zulässig, s. *Raiser*, Recht der Kapitalgesellschaften, S. 447.
17 *Raiser*, Recht der Kapitalgesellschaften, S. 355 f.

chen Vererblichkeit bei Erlaubnis satzungsmäßiger Einschränkungen leichtfallen.
Auch in der EWIV-Verordnung[18] ist die Frage der Vererblichkeit nicht dem nationalen Gesellschaftsrecht überlassen worden; ihr Art. 28 II bestimmt, daß EWIV-Anteile grundsätzlich unvererblich sind, es sei denn, der Gründungsvertrag sieht etwas anderes vor oder die Gesellschafter lassen einstimmig eine Rechtsnachfolge von Todes wegen zu. Die EWIV ist allerdings stark personalistisch gestaltet und nur als Hilfsinstrument für die Kooperation von Unternehmen aus verschiedenen EU-Staaten gedacht[19], ohne auf Gewinnerzielung für sich selbst ausgerichtet zu sein. Dies rechtfertigt den grundsätzlichen Ausschluß der Vererblichkeit im Gegensatz zur Situation in der SPE.

Überließe man dem nationalen Gesellschaftsstatut die Regelung des wirtschaftlich sensiblen Bereiches der Vererblichkeit von Geschäftsanteilen, würde dies das Mißtrauen der potentiellen Nutzer der SPE hervorrufen und für Rechtsunsicherheit sorgen, allein schon wegen der jederzeit möglichen Änderung der diesbezüglichen nationalen Vorschriften. Auch dies spricht für eine Regelung der Vererblichkeit der SPE-Anteile durch den europäischen Gesetzgeber in der oben beschriebenen Weise, ganz abgesehen davon, daß die Bedeutung der in den Staaten der Europäischen Union unterschiedlichen Anknüpfung des Gesellschaftsstatuts nach der Sitz- oder der Gründungstheorie[20] um so mehr zunimmt, je mehr vom nationalen Gesellschaftsstatut abhängt. Das europäische Gesellschaftsrecht entscheidet sich allerdings in Art. 14 I EWIV-VO und Art. 5 lit. a des SE-Statut-Entwurfs von 1989 ohnehin für eine modifizierte Sitztheorie, denn auch wenn sie eine die Rechtspersönlichkeit der Gesellschaft wahrende Sitzverlegung gestatten, so ist nach einer solchen Verlegung dennoch das Recht des Zuzugsstaates für die Gesellschaft maßgeblich. Auch Art. 6 des SPE-StatutE folgt diesem Beispiel, wenn dies auch keinerlei Folgen für das europäische Gesellschaftsstatut der SPE hat. Darüber hinaus ist nach dem Konzept des SPE-StatutE ein Rückgriff auf das nationale Gesellschaftsstatut zur Ausfüllung der Lücken des SPE-Statuts definitiv ausgeschlossen[21]; mit diesem Prinzip wäre es unvereinbar, die gesellschaftsrechtliche Frage der Vererblichkeit der Anteile nach nationalem Recht zu bestimmen.

---

18 VO des Rates vom 25. 07. 1985 Nr. 2137/85, Abl. 1985, Nr. L 199.

19 VO des Rates vom 25. 07. 1985 Nr. 2137/85, Abl. 1985, Nr. L 199, Präambel S. 1.

20 Dazu s. *K. Schmidt*, Gesellschaftsrecht, S. 27; *Großfeld*, Internationales und europäisches Unternehmensrecht, S. 39; *Kegel-Schurig*, IPR, S. 502 ff. mit RsprNw.; *Drobning*, in Europäisches Gemeinschaftsrecht und IPR, S. 185 ff.; *Roth*, ZEuP 1994, 5, 18 ff.

21 Art. 12 SPE-StatutE; s. *Chambre de Commerce et d'Industrie de Paris/Conseil national du patronat français (Hrsg.)*, Die Europäische Privatgesellschaft: eine geschlossene Gesellschaft, S. 95, Kommentierung zu Art. 12 SPE-StatutE.

IV. Die SPE als Gesellschaft europäischen Rechts

Im weiteren stellt sich die Frage, wie die SPE im Erbgang zu behandeln ist, und welche erbrechtlichen Probleme sich aus ihrer Natur als europäischer Gesellschaftsform und der bei ihr typischen Grenzüberschreitung ergeben.
Dabei ist zunächst festzuhalten, daß sich, ohne eine SPE-spezifische erbrechtliche Regelung durch den europäischen Gesetzgeber, die Nachfolge in einen SPE-Anteil für das nationale Erbrecht nicht anders gestaltet als diejenige in einen nationalen Geschäftsanteil, sofern dieser auch vererblich ist. Der Umstand, daß die SPE von europäischen Normen regiert wird, was ihre Organisationsverfassung und Außenbeziehungen angeht, ist relevant für den Inhalt des auf die Erben übergehenden Vermögensgegenstandes; solange diese europäischen Normen aber nur die Vererblichkeit als solche und damit eine gesellschaftsrechtliche Frage regeln[22], werden sich für die nationalen Erbrechte keine Unterschiede zur Vererbung von durch nationales Recht regierten Geschäftsanteilen ergeben. Daher werden sich für die SPE auf dem Gebiet des Erbrechts all′ jene Probleme stellen, die bei grenzüberschreitenden Sachverhalten durch die Existenz von mehr als zwanzig verschiedenen Erbrechten und kaum weniger International- oder Interregionalprivatrechten aufgeworfen werden können. Aufgrund der wegen des Subsidiaritätsprinzips und im Hinblick auf die politische Akzeptanz des SPE-Projekts wohl erforderliche Beschränkung der SPE auf grenzüberschreitende Aktivitäten wären diese Probleme aber für die SPE keine Ausnahmeerscheinung wie für die nationalen Gesellschaftsformen, sondern sie wären typisch und sind deshalb für die rechtliche Schaffung und praktische Annahme der SPE von herausragender Bedeutung.

V. Relevanz der Untersuchung für nationale Gesellschaftsformen

Durch die Indifferenz des nationalen Erbrechts gegenüber der europäischen Rechtsnatur der Beteiligung an einer SPE ergibt sich im Umkehrschluß folgendes:

Zwar ist die SPE als Instrument des grenzüberschreitenden wirtschaftlichen Handelns den Problemen, die sich aus der Inkongruenz der nationalen Erbrechte ergeben, typischerweise ausgesetzt. Von der Sache her stellen sich diese Probleme jedoch auch jeder Gesellschaft nationalen Rechts, sofern ihre Geschäftsanteile vererblich sind und ihr Gesellschafterbestand Beziehungen zu mehreren Rechtsordnungen aufweist. Mit anderen Worten steht und fällt der Gegenstand

---

22 *Von Oertzen*, IPRax 1994, 73,74; *MünchKomm-Birk*, Art. 25 EGBGB Rn. 183.

dieser Untersuchung nicht mit der Durchsetzung der SPE als supranationaler europäischer Gesellschaft, wenn er auch mit ihr an Bedeutung erheblich gewönne- die im folgenden zu untersuchenden Unzuträglichkeiten sind solche des geltenden Rechts.

B. Die SPE und ihr Erbstatut

I. Einleitung

Da es kein einheitliches europäisches Erbrecht gibt, wird sich ohne Schaffung eines materiellen Sondererbrechts für die SPE durch den europäischen Gesetzgeber die Vererbung eines SPE-Anteils nach nationalem Erbrecht richten. Hierin unterscheidet sich die SPE in keiner Weise von sonstigen Vermögensgütern, insbesondere nicht von den Gesellschaften nationalen Rechts.

1. Die nationalen Erbrechte jenseits jeder europäischen Harmonisierung

Die Verschiedenheit der nationalen Erbrechte beruht auf den nationalen und regionalen Traditionen der Mitgliedstaaten und hat auf europäischer Ebene bis heute nicht zu Vereinheitlichungsversuchen geführt; im Gegenteil:

Jenseits des völligen Fehlens europarechtlicher Normierung im Bereich des Erbrechts war die Bewahrung der großen Vielfalt auf diesem Gebiet den europäischen Staaten derart wichtig, daß sie die Geltung des Brüsseler EWG-Übereinkommens über die gerichtliche Zuständigkeit und die Vollstreckung gerichtlicher Entscheidungen in Zivil- und Handelssachen (EuGVÜ) vom 27. 09. 1968[1] gem. Art. 1 II Nr. 1 EuGVÜ für das Gebiet des Erbrechts ausschlossen. Diese Einschränkung wurde auch in Art. 1 II lit. a EuGV-VO, die das EuGVÜ vom 1. März 2002 an zwischen den EU-Mitgliedstaaten außer Dänemark ersetzt[2], beibehalten.
Gleiches gilt gem. Art. 1 II Nr. 1 des Luganer Übereinkommens über die gerichtliche Zuständigkeit und die Vollstreckung gerichtlicher Entscheidungen in Zivil- und Handelssachen (Lugano-Übereinkommen) vom 16. 09. 1988[3], mit dem der einheitliche europäische Rechtsraum im Bereich des Zivilrechts auf die

1 BGBl. 1972 II, S. 774 idF des 3. Beitrittsübereinkommens vom 26. 05. 1989 (BGBl. 1994 II, S. 519).

2 Verordnung (EG) Nr. 44/2001 des Rates vom 22. 12. 2000 über die gerichtliche Anerkennung und Vollstreckung von Entscheidungen in Zivil- und Handelssachen, ABlEG Nr. L 12.

3 BGBl. 1994 II, S. 2660.

Mitgliedstaaten der damaligen Europäischen Freihandelszone EFTA ausgedehnt wurde.
Die europäischen Staaten waren also nicht nur nicht willens, ihre nationalen Erbrechte zu vereinheitlichen; sie wollten auch in der Durchsetzung des nationalen Rechts nicht durch die Anerkennung verbindlicher Regeln für die internationale Zuständigkeit (s. Art. 1 II Nr. 1 EuGVÜ = Art. 1 II lit. a EuGV-VO) eingeschränkt werden[4]. Genauso wurde auch in Art. 1 II lit. b 1. Spiegelstrich des Römischen EWG-Übereinkommens über das auf vertragliche Schuldverhältnisse anzuwendende Recht (EVÜ) vom 19. 06. 1980[5] verfahren; eine Vereinheitlichung der nationalen Internationalprivatrechte auf dem Gebiet des Erbrechts sollte ebenfalls nicht stattfinden. Zwar besteht hier nach dem Vertrag von Amsterdam eine Regelungskompetenz der Europäischen Union[6] und ein Aktionsplan des Rates und der Kommission, der sich auch mit dem IPR und dem IZVR[7] befaßt, sieht vor, innerhalb von fünf Jahren Maßnahmen zur Vereinheitlichung u. a. der Internationalen Erbrechte zu ergreifen[8]; an konkreten Vorschlägen fehlt es allerdings bis jetzt.

Daher regelt sich in Ermangelung eines europäischen Internationalen Privatrechts nicht nur das materielle Erbrecht nach nationalem Recht, sondern auch die Frage, welches Erbstatut auf einen Erbfall anzuwenden ist.

2. Grundfragen im Fall der Rechtsnachfolge von Todes wegen in einen Anteil an einer SPE

Im Fall des Todes eines SPE-Gesellschafters sind daher zur Ermittlung seiner Rechtsnachfolger in den Geschäftsanteil zwei Fragen zu beantworten: erstens die nach dem anwendbaren Erbrecht, dem Erbstatut; diese Frage wird vom na-

4 Zur Bedeutung und zum Wert der nationalen Rechtstraditionen gerade im Bereich des Erb- und Familienrechts s. *Jayme*, Ein IPR für Europa, in *Jayme*, ebd., S. 8 ff.

5 BGBl. 1986 II, S. 810 s. Art. 27-37 EGBGB, s. *Ebke*, in Europäisches Gemeinschaftsrecht und Internationales Privatrecht, S. 77 ff.; zur europäischen Rechtsangleichung im Zivilrecht s. *Hommelhoff*, AcP 192 (1992), S. 71 ff.

6 Art. 65 EG (vgl. die neue Zitierweise des EuGH zur Vermeidung von Verwechselungen der Fassungen des EGV vor und nach dem 1. 5. 1999, NJW 2000, 52); s. *Jayme/Kohler*, IPRax 1999, 401. Zur Erweiterung der Kompetenzen der EU im Bereich des IPR durch den am 1. 5. 1999 in Kraft getretenen Vertrag von Amsterdam (BGBl. 1999 II S. 296) s. *Jayme/Kohler*, IPRax 1997, 385 ff. und *Jayme*, IPRax 2000, 165 ff.

7 Aktionsplan des Rates und der Kommission zur bestmöglichen Umsetzung der Bestimmungen des Amsterdamer Vertrages über den Aufbau eines Raumes der Freiheit, der Sicherheit und des Rechts vom 3. 12. 1998 (ABl EG 1999, C 19 1 ff.), IPRax 1999, 288 - 290.

8 Nr. 41 lit. c des Aktionsplans, IPRax 1999, 290; s. *Tarko*, ÖJZ 1999, 401, 407.

tionalen Internationalen Privatrecht beantwortet; und zweitens die nach dem gemäß dem anwendbaren nationalen Erbstatut berufenen Rechtsnachfolger.
Auch der Umstand, daß es sich bei dem Anteil an einer SPE um einen Vermögensgegenstand gesellschaftsrechtlicher Natur handelt, ändert hieran solange nichts, wie der SPE-Anteil gemäß seinem Gesellschaftsstatut als vererblicher Vermögensgegenstand ausgestaltet ist[9]. Die dadurch eröffnete Rechtsnachfolge von Todes wegen in einen Kapitalgesellschaftsanteil bestimmt sich nicht anders als die Rechtsnachfolge von Todes wegen in andere Vermögensgüter nach dem Erbstatut[10]. Die Bestimmung des Erbstatuts folgt unbestrittenerweise auch für Geschäftsanteile nicht den für das Gesellschaftsstatut maßgeblichen Anknüpfungen des Sitzes oder der Gründung der Gesellschaft[11], sondern richtet sich nach autonom im Hinblick auf den Gesamtnachlaß oder besondere Teile davon gewählten Kriterien.

9 *Staudinger-Stoll*, Internationales Sachenrecht Rn. 191.

10 *MünchKomm-Birk*, Art. 25 EGBGB Rn. 180; *Soergel-Schurig*, Art. 25 EGBGB Rn. 76; *Kropholler*, IPR, S. 423.

11 Weswegen auch die leidige europäische Anknüpfungsdivergenz zwischen Sitz- und Gründungstheorie hier unabhängig von der SPE als Vermögensgegenstand eines harmonisierten europäischen Gesellschaftsrechts nicht die mindeste Bedeutung hat.

II. Die Anknüpfungsmomente der europäischen Internationalerbrechte

Diese Anknüpfungsmomente sind in den Rechtsordnungen der Mitgliedstaaten der EU alles andere als einheitlich, auch wenn es sich letztlich nur um vier verschiedene Anknüpfungen handelt, die allerdings auf vielfältige Art und Weise miteinander kombinierbar sind.

1. Vergleich zwischen der Rechtslage in Deutschland und in England

Der Vergleich Deutschlands mit England soll die beiden vorherrschenden Modelle der Wahl der Anknüpfungsmomente in der Europäischen Union verdeutlichen:

a) Staatsangehörigkeit

Eine weitverbreitete Anknüpfung ist diejenige an der letzten Staatsangehörigkeit des Erblassers. Sie bedeutet, daß der Erblasser nach seinem Heimatrecht (der lex patriae) beerbt wird. Diesem Prinzip folgt das deutsche Recht in Art. 25 I EGBGB für den gesamten Nachlaß; die lex patriae ist also im deutschen Internationalen Erbrecht das Gesamtstatut.

b) Rechtswahl

Der zweite in den europäischen Rechtsordnungen anzutreffende Anknüpfungstatbestand ist die Rechtswahl des Erblassers; in sehr eingeschränkter Weise erlaubt Art. 25 II EGBGB Ausländern die Wahl deutschen Erbrechts für in Deutschland belegenes unbewegliches Vermögen.

c) Belegenheitsort

Damit ist auch schon der dritte wesentliche Anknüpfungstatbestand eingeführt: der Belegenheitsort des Vermögens, dessen Maßgeblichkeit meist zur Anwendung des Ortsrechts (der lex rei sitae) führt. In England gilt die lex rei sitae für die Erbfolge in das unbewegliche Vermögen[12].

---

12 *Dicey and Morris*, The Conflict of Laws, S. 590; *Morris/McLean*, The Conflict of Laws, S. 349; *Henrich*, Internationales Erbrecht, Großbritannien Grdz. C III Rn. 19; *Staudinger-Dörner*, Anh. zu Art. 25 f. EGBGB Rn. 200; *Flick/Piltz*, Der Internationale Erbfall, Rn. 595 ff.

d) Domizil

Die vierte, ebenfalls weitverbreitete Anknüpfung ist die an das letzte Domizil des Erblassers, die zur Geltung der lex domicilii führt; nach dieser richtet sich in England die Erbfolge in das bewegliche Vermögen[13]. Die in England gültige Differenzierung zwischen beweglichem und unbeweglichem Vermögen bei der Auswahl des Anknüpfungstatbestandes ist bei den Staaten, die dem „englischen Modell" der Nachlaßspaltung folgen, sehr verbreitet.

2. Ergebnis

Deutschland folgt also dem Prinzip der Gesamtanknüpfung an die Staatsangehörigkeit, ergänzt durch die Wählbarkeit des deutschen Sachrechts als lex rei sitae für unbewegliches Vermögen. England dagegen knüpft einerseits an den Belegenheitsort bei unbeweglichen Gegenständen mit der Folge der Geltung der lex rei sitae für diese an, andererseits beruft es für alle beweglichen Gegenstände die lex domicilii (knüpft also an das letzte „domicile" des Erblassers an). Es gilt demgemäß der Grundsatz der Nachlaßspaltung[14].

3. Die übrigen europäischen Staaten

Die übrigen Internationalprivatrechte in der Europäischen Union lassen sich mehr oder minder jeweils einem dieser beiden Modelle zuordnen[15].

a) Die Anhänger des „englischen Modells"

In Belgien richtet sich die Rechtsnachfolge von Todes wegen nach Art. 3 II des belgischen Code civil für unbewegliche Gegenstände nach der lex rei sitae, für bewegliche nach ständiger Rechtsprechung nach der lex domicilii[16], ebenso

---

13 *Dicey and Morris*, The Conflict of Laws, S. 588; *Morris/McLean*, The Conflict of Laws, S. 348; *Henrich*, Internationales Erbrecht, Großbritannien Grdz. C IV Rn. 43; *Staudinger-Dörner*, Anh. zu Art. 25 f. EGBGB Rn. 200; zum „domicile"-Begriff in Großbritannien s. *Schoenblum*, Multinational and Multistate Estate Planning, I. Band, S. 374 ff. und *Staudinger-Hausmann*, Anh. zu Art. 4 EGBGB Rn. 5 ff.; vgl. *Odersky*, ZEV 2000, 492 ff.

14 Zu diesem traditionellen Gegensatz s. bereits *Zitelmann*, IPR, 2. Band, S. 946 f.; s. a. *Frankenstein*, IPR, IV. Band, S. 281 ff. zur Begründung des zweifelsohne moderneren Prinzips der Nachlaßeinheit.

15 Einen schnellen weltweiten Überblick verschafft *Süß*, ZEV 2000, 486 ff.

16 *Cieslar*, Internationales Erbrecht, Belgien Grdz. C Rn. 5; *Staudinger-Dörner*, Anh. zu Art. 25 f. EGBGB Rn. 71; *Flick/Piltz*, Der Internationale Erbfall, Rn. 460 f.

verhält es sich in Frankreich[17] und Luxemburg[18], auch unter Berufung auf Art. 3 II des jeweiligen Code civil. Diese Rechtsordnungen folgen somit dem „englischen Modell". Da es sich beim englischen internationalen Erbrecht um Grundsätze des Common Law handelt, gelten diese auch in den anderen europäischen Rechtsordnungen, die das Common Law zur Grundlage haben; dies sind die übrigen Teilrechtsordnungen des Vereinigten Königreiches Schottland[19] und Nordirland[20], aber auch die Republik Irland[21].

b) Mischformen

aa) Die Niederlande

Gewohnheitsrechtlich war auch in den Niederlanden die Staatsangehörigkeit des Erblassers der für den gesamten Nachlaß wesentlicher Anknüpfungspunkt[22]. Bei einigen niederländischen Instanzgerichten war allerdings die Tendenz zu beobachten, nur an die effektive Staatsangehörigkeit anzuknüpfen, also faktisch dem Domizil als Anknüpfungsmoment den Vorzug zu geben, wenn keine enge Bindung des Erblassers zu seinem Heimatstaat bestand[23]. Am Prinzip der Nachlaßeinheit wurde allerdings festgehalten, was im Ergebnis der dänischen Rechtslage entsprach.

---

17 *Battifol/Lagarde*, Droit international privé II, Rn. 634; *Audit*, Droit internationale privé, Rn. 862-864; *Mayer*, Droit international privé, Rn. 800; *Ferid*, Internationales Erbrecht, Frankreich Grdz. C I Rn. 5-8; *Staudinger-Dörner*, Anh. zu Art. 25 f. EGBGB Rn. 173; *Flick/Piltz*, Der Internationale Erbfall, Rn. 546 f.; *Guimezanes*, Introduction au droit français, S. 271; *Riering*, ZEV 1994, 225, 226; *De Meo*, ZfRV 28 (1987), 107, 142 f.; zur Geschichte des französischen Internationalen Erbrechts anschaulich, wenn auch pointiert kritisch *Frankenstein*, IPR, Band IV, S. 285, 287 ff.

18 *Cieslar*, Internationales Erbrecht, Luxemburg Grdz. C I Rn. 7; *Staudinger-Dörner*, Anh. zu Art. 25 f. EGBGB Rn. 391 *Flick/Piltz*, Der Internationale Erbfall, Rn. 742 f.

19 *Henrich*, Internationales Erbrecht, Großbritannien Grdz. K I Rn. 67; *Staudinger-Dörner*, Anh. zu Art. 25 f. EGBGB Rn. 200; *Flick/Piltz*, Der Internationale Erbfall, Rn. 595 ff.

20 *Staudinger-Dörner*, Anh. zu Art. 25 f. EGBGB Rn. 200.

21 *Binchy*, Irish Conflict of Law, S. 429 ff.; *Coester-Waltjen*, Internationales Erbrecht, Irland Grdz. C I Rn. 4; *Staudinger-Dörner*, Anh. zu Art. 25 f. EGBGB Rn. 247.

22 *Weber*, Internationales Erbrecht, Niederlande Vorbem. I Rn. 1; *Staudinger-Dörner (1996)*, Anh. zu Art. 25 f. EGBGB Rn. 406; *Flick/Piltz*, Der Internationale Erbfall, Rn. 786 f., lediglich zur alten Rechtslage.

23 S. dazu *Ebke*, RabelsZ 48 (1984), 319, bes. 324 ff.; im internationalen Familienrecht der Niederlande gilt das Domizil als Anknüpfungsmoment, wenn eine effektive Bindung an das Heimatrecht fehlt, s. *Boele-Woelki*, Die Effektivitätsprüfung der Staatsangehörigkeit im niederländischen internationalen Familienrecht, S. 83 ff. und die dazugehörige Besprechung von *Kropholler* in RabelsZ 48 (1984), 785 ff.

Nunmehr hat der niederländische Gesetzgeber sich mit der Umsetzung des Haager Übereinkommens über das auf die Rechtsnachfolge von Todes wegen anzuwendende Recht[24] für einen Kompromiß zwischen Staatsangehörigkeits- und Domizilprinzip entschieden, der auf die vorrangige Anknüpfung an den letzten gewöhnlichen Aufenthalt des Erblassers hinausläuft[25]. Darüber hinaus kann der Erblasser zwischen Aufenthalts- und Heimatrecht wählen[26].

bb) Dänemark

In Dänemark ist kraft Gewohnheitsrechts die lex domicilii Erbstatut für den gesamten Nachlaß[27].

c) Die Anhänger des „deutschen Modells“

Die verbleibenden Mitgliedstaaten der EU folgen mit Abweichungen im Detail dem „deutschen Modell“ der Anknüpfung des Gesamtstatuts an die Staatsangehörigkeit.

aa) Österreich

Österreich beruft in § 28 I österr. IPR-Gesetz das Personalstatut (das gem. § 9 I, 1 österr. IPRG die lex patriae ist) zum alleinigen Erbstatut, wobei sich der Erbschaftserwerb bei unbeweglichem Vermögen gem. §§ 32, 31 I österr. IPRG nach der lex rei sitae richten[28]. Für den in Österreich belegenen Nachlaß ist die-

24 Vom 01. 08. 1989; abgedruckt in *Staudinger-Dörner*, Vorbem. zu Art. 25 f. EGBGB Rn. 120. Dieses Abkommen ist bis jetzt nur von Argentinien, der Schweiz und den Niederlanden gezeichnet worden und daher noch nicht in Kraft getreten; die Ratifikationsaussichten sind gerade in Deutschland wegen der Unvereinbarkeit seiner Regelungen mit Art. 25 EGBGB gering; vgl. *Staudinger-Dörner* aaO. Rn. 119 und *Kunz*, ZRP 1990, 212, 214.

25 Zum 1. 10. 1996; s. *Boele-Woelki*, IPRax 1995, 264, 268; *Mäsch*, RabelsZ 61 (1997), 285, 312 mwN.; *Weber*, IPRax 2000, 41; *Staudinger-Dörner*, Anh. zu Art. 25 f. EGBGB Rn. 464-471.

26 *Boele-Woelki*, IPRax 1995, 264, 268; *Staudinger-Dörner*, aaO. Rn.467

27 *Philip*, Dansk international privat- og procesret, S. 275; *Thorbek/Steininger*, Internationales Erbrecht, Dänemark Grdz. C I Rn. 1; *Staudinger-Dörner*, Anh. zu Art. 25 f. EGBGB Rn. 143; *Flick/Piltz*, Der Internationale Erbfall, Rn. 503 f.

28 *Schwind*, IPR Rn. 353; *Firsching*, Internationales Erbrecht, Österreich Grdz. C III Rn. 15; *Staudinger-Dörner*, Anh. zu Art. 25 f. EGBGB Rn. 488 f.; *Flick/Piltz*, Der Internationale Erbfall, Rn. 827 f.; *Zemen*, ZfRV 24 (1983), 67, 69 f.; *ders.*, ZfRV 29 (1988), 89 ff.

se Sonderanknüpfung in Deutschland gem. Art. 3 III EGBGB anzuerkennen[29]. Die Geltung der lex rei sitae für den Erbschafterwerb bedeutet nicht die Herbeiführung einer materiellen Nachlaßspaltung; nur der dingliche Erwerb, nicht die Erbberechtigung ist Gegenstand von §§ 32, 31 I österr. IPRG[30]. Eine weitere Sonderanknüpfung für den Erbschaftserwerb und die Nachlaßhaftung stellt § 28 II österr. IPRG dar, der bestimmt, daß sich diese Fragen nach österreichischem Recht richten, wenn in Österreich eine Verlassenschaftsabhandlung (Nachlaßabwicklung) durchgeführt wurde[31]. Die Anknüpfungsmomente für die internationale Zuständigkeit der österreichischen Behörden für die Verlassenschaftsabhandlung sind sehr viel weiter als für die Anwendung des österreichischen materiellen Erbrechts insgesamt; so sind auch alle in Österreich wohnhaften Ausländer betroffen sowie Grundbesitz von Ausländern in Österreich.

bb) Italien

Italien folgt in Art. 46 I ital. IPRG[32] ebenfalls dem Grundsatz der Anknüpfung an die Staatsangehörigkeit. Allerdings kann der Erblasser die gesamte Rechtsnachfolge von Todes wegen dem Recht des Staates unterstellen, in dem er seinen gewöhnlichen Aufenthalt hat (Art. 46 II, 1 ital. IPRG); diese Rechtswahl wird jedoch nur anerkannt, wenn der Erblasser auch bei seinem Tode seinen gewöhnlichen Aufenthalt noch in diesem Staat hat (Art. 46 II, 2 ital. IPRG). Allerdings soll sich ein italienischer Erblasser nicht den Pflichtteilsrechten des materiellen italienischen Rechts gegenüber seinen in Italien ansässigen Angehörigen entziehen können; diese Rechte bleiben daher bei der Rechtsnachfolge von Todes wegen von der Wahl ausländischen Sachrechts unberührt (Art. 46 II,

---

29 Zum ganzen s. *von Oertzen/Mondl*, ZEV 1997, 240 f.; kritisch *Lurger*, IPRax 1994, 235, 236 und *Solomon*, ZVglRWiss 2000, 170 ff.

30 *OGH*, IPRax 1988, 36 und aaO. S. 37; *Jayme*, ZfRV 24 (1983), 162, 167; *Lorenz*, IPRax 1990, 206; für Verwirrung sorgte der *OGH* in einem Einzelfall, als er materielle Nachlaßspaltung durch § 31 IPRG annahm; s. IPRax 1988, 35 mit zust. Anm. von *Schwind* aaO. S. 45 f.; dagegen wieder im Sinne der Nachlaßeinheit *Schwind*, IPRax 1992, 333 f.; ebenso *Zemen*, ZfRV 29 (1988), 89, 91 f.

31 Im Sinne einer Anwendung der lex fori auf diese Gebiete bereits *Ferid*, FS Cohn 1975, S. 31, 36; ders., Recueil des Cours 1974 II, 71 ff.; s. im einzelnen zur Verlassenschaftsabhandlung *Schwind*, IPR, Rn. 363 ff.

32 Gesetz vom 31. 05. 1995, Nr. 218, Reform des italienischen IPR, s. *Riering*, IPR-Gesetze in Europa, München 1997, S. 42 ff.; zum neuen Internationalen Erbrecht s. *Annibale*, Riforma del sistema italiano di diritto internazionale privato, S. 241 ff; *Mengozzi*, La riforma del diritto internazionale privato, S. 161 ff.; *Pocar*, Il nuovo diritto internazionale privato italiano, S. 53 ff.; zu den Grundprinzipien des Reformentwurfs s. auch *Pocar*, FS *Schwind*, S. 117 ff.; und zu Einzelfragen *ders.*, IPRax 1997, 145 ff.; *Stadler*, Internationales Erbrecht, Italien Grdz. C I Rn. 12; *Flick/Piltz*, Der Internationale Erbfall, Rn. 639.

3 ital. IPRG)[33]. Die Rechtswahlmöglichkeit der lex domicilii ist daher in einem wesentlichen Punkt eingeschränkt und entwertet; denn gerade die Ausnahmen des berufenen Sachrechts von der Testierfreiheit sind es, welche die Feststellung des Erbstatuts und eine eventuelle Wahlfreiheit so bedeutsam machen. Auch Italien gehört daher immer noch zur Gruppe derjenigen Staaten, die im wesentlichen zwingend an die Staatsangehörigkeit anknüpfen.

cc) Spanien

In Spanien[34] ist ebenfalls die lex patriae Erbstatut: Allerdings bleiben im Fall der gewillkürten Erbfolge die Verfügungen nach dem bei ihrer Errichtung aktuellen Heimatrecht des Erblassers gültig[35]. Die Berufung der lex patriae gilt ungeachtet des Umstandes, daß es sich beim Königreich Spanien um einen Mehrrechtsstaat (es gibt allein sieben mögliche Erbstatute[36]) handelt, auf dem gesamten Staatsgebiet[37]. Für spanische Staatsbürger ist zur Ermittlung des Erbstatuts zudem noch die „vecindad civil[38]", die Rechtsgebietszugehörigkeit, nach den Regeln des spanischen interlokalen Privatrechts festzustellen.

---

33 Vgl. *Ebenroth/Kleiser*, RIW 1993, 353, 357; *Pocar*, IPRax 1997, 145, 156, *Maglio/Thorn*, ZVglRWiss 96 (1997), 347, 366; *Kindler*, RabelsZ 61 (1997), 227, 273 f.; *Annibale*, Riforma del sistema italiano di diritto internazionale privato, S. 245; *Mengozzi*, La riforma del diritto internazionale privato, S. 163; *Pocar*, Il nuovo diritto internazionale privato italiano, S. 53. Zur Tradition des Staatsangehörigkeitsprinzips als Ausfluß des Nationalitätsprinzips im ital. IPR seit 1865 s. *Jayme*, Pasquale Stanislao Mancini (1817-1888) L'attualità del suo pensiero, s. 27 ff. und *Mansel*, Personalstatut, Staatsangehörigkeit und Effektivität, S. 15 ff. sowie *Jayme*, Nation und Staat im IPR, in *Jayme/Mansel*, Nation und Staat im IPR, S. 6 f.

34 *López u.a.*, Derecho internacional privado español II, S. 238; *Fernández-Rozas/Sánchez-Lorenzo*, Derecho internacional privado, Rn. 491; *Ibán*, Einführung in das spanische Recht, S. 221; *Staudinger-Dörner*, Anh. zu Art. 25 f. EGBGB Rn. 627 f.; s. Kapitel IV Art. 9 VIII, 1 span. Código civil; (s. *Hierneis*, Internationales Erbrecht, Spanien Texte A I, S. 7); *Flick/Piltz*, Der Internationale Erbfall, Rn. 920.

35 S. Kapitel IV, Art. 9 VIII, 2 span. Código civil, aaO. Vgl. zudem Art. 26 I, Nr. 1 EGBGB.

36 S. *Hierneis* aaO. Grdz., S.1; *Fernández-Rozas/Sánchez-Lorenzo*, Derecho internacional privado, Rn. 488; zu den sich daraus ergebenden Schwierigkeiten für die Rechtsanwendung in Deutschland s. *Jayme*, IPRax 1989, 287 f.

37 S. *Hierneis*, aaO Texte A I, S. 10, Kapitel IV, Art. 13 I, 1. HS span. Código civil.

38 S. Kapitel IV, Art. 14 ff. span. Código civil, s. *Hierneis*, aaO Texte A I, S. 10. Näher zur 1990 im Sinne der Gleichberechtigung reformierten „vecindad civil", s. *Beilfuss*, IPRax 1992, 396, 397 ff.; zur alten Rechtslage und ihrer Berücksichtigung in Deutschland s. *OLG Karlsruhe*, IPRax 1989, 301 und *LG Mosbach*, IPRax 1989, 300 mit Anm. von *Jayme*, aaO., 287 f.

dd) Andere Staaten

Auch Schweden[39], Finnland[40], Griechenland[41] und Portugal[42] berufen das Heimatrecht des Erblassers zum Gesamterbstatut.

d) Die Beitrittskandidaten zur Europäischen Union

aa) Anhänger des „deutschen Modells"

Die Beitrittskandidaten zur Europäischen Union berufen auch größtenteils die lex patriae zum Gesamterbstatut: Polen verfährt so in Art. 34 des poln. IPRG[43], die Tschechische Republik in § 17 des tschechoslowakischen Gesetzes zum internationalen Privat- und Prozeßrecht[44], Ungarn in § 36 I seiner Verordnung über das IPR (IPRVO)[45], und Slowenien in Art. 30 I des jugoslawischen IPR-Gesetzes[46]. Dies gilt auch für einige erst später in den Beitrittsprozeßprozeß integirierten Beitrittskandidaten; so gleicht die Rechtslage in der Slowakei derjenigen in der Tschechischen Republik[47].

39 *Eek*, The Swedish Conflict of Laws, S. 262; *Staudinger-Dörner*, Anh. zu Art. 25 f. EGBGB Rn. 575 f.; s. Kapitel 1, § 1 I, 1 des schwedischen Gesetzes betreffend internationaler Verhältnisse in Nachlaßsachen (*Carsten*, Internationales Erbrecht, Schweden Texte 4, S. 62).

40 *Staudinger-Dörner*, Anh. zu Art. 25 f. EGBGB Rn. 169 (Geltung kraft Gewohnheitsrechts).

41 *Georgiades/Dimakou-Kiaou*, Internationales Erbrecht, Griechenland Grdz. C I Rn. 10; *Staudinger-Dörner*, Anh. zu Art. 25 f. EGBGB Rn. 194 f., s. Art. 28 griech. ZGB.

42 *Machado*, Lições de Direito Internacional Privado, S. 433; *Telles*, Direito das Sucessões, S. 332; *Staudinger-Dörner*, Anh. zu Art. 25 f. Rn. 538 f., s. dort Art. 62 port. Código civil.

43 S. *Riering*, IPR-Gesetze in Europa, S. 107.

44 Dieses Gesetz ist auch nach der Auflösung der Tschechoslowakischen Föderativen Republik zum 1. 1. 1993 in ihren Nachfolgestaaten weiterhin gültig; s. *Riering*, IPR-Gesetze in Europa, S. 307.

45 *Ember*, Internationales Erbrecht, Ungarn Grdz. C II Rn. 48 b, s. *Riering*, IPR-Gesetze in Europa, S. 385.

46 *Gec-Kovošec*, Internationales Erbrecht, Slowenien Grdz. C I Rn. 20, wobei für die gewillkürte Erbfolge das Heimatrecht zum Zeitpunkt der letztwilligen Verfügung und nicht dasjenige zum Zeitpunkt des Todes Erbstatut ist (Art. 30 II jug. IPRG); vgl. Kapitel IV, Art. 9 VIII, 2 span. Código civil, s. *Riering*, IPR-Gesetze in Europa, S. 269.

47 § 17 des tschechoslowakischen Gesetzes zum internationalen Privat- und Prozeßrecht gilt in der Slowakei auch nach der Auflösung der Tschechoslowakischen Föderativen Republik fort, s. *Riering*, IPR-Gesetze in Europa, S. 307.

In Bulgarien gilt gewohnheitsrechtlich die lex patriae als Erbstatut für den gesamten Nachlaß[48].

bb) Mischformen

Rumänien hat in seinem neuen IPR-Gesetz[49] auf ungewöhnliche Weise das Anknüpfungsmoment der Staatsangehörigkeit mit dem der Belegenheit kombiniert: Für bewegliche Sachen ist die lex patriae Erbstatut (Art. 66 lit. a rumän. IPRG), für unbewegliche Sachen und das zu einem Handelsgeschäft gehörige Vermögen (fondul de comerţ) gilt die lex rei sitae (Art. 66 lit. b rumän. IPRG). Rumänien ist demnach keinem der beiden Eingangsmodelle zuzuordnen.
Dies gilt auch für Litauen, das die lex patriae mit der lex domicilii als Hilfsanknüpfung für den Fall der Staatenlosigkeit beruft, in Litauen belegenes unbewegliches Vermögen dagegen immer litauischem Recht[50] unterstellt.

cc) Anhänger des „englischen Modells"

Estland und Zypern folgen dagegen weitgehend dem „englischen Modell": Die ehemalige britische Kronkolonie Zypern als stark vom Common Law beeinflußte Rechtsordnung wendet dessen Regeln auch im IPR an[51]. Estland beruft die lex domicilii zum Erbstatut, allerdings gilt für in Estland belegenes unbewegliches Vermögen estnisches Recht als lex rei sitae[52]. Die Rechtslage in Lettland ist aufgrund der Wiedereinführung des lettischen ZGB von 1937 unübersichtlich, da in diesem eine detaillierte Regelung des internationalen Erbrechts fehlt. Jedenfalls findet auf Inlandsvermögen lettisches Sachrecht Anwendung[53]. Strittig ist, ob der deutsch-sowjetische Konsularvertrag vom 25. 04. 1958[54] der in seinem Art. 28 III eine Kollisionsnorm enthält, die für die Rechtsnachfolge in unbewegliches Vermögen die lex rei sitae beruft (die Norm ist eine

48 *Staudinger-Dörner*, Anh. zu Art. 25 f. EGBGB Rn. 104.
49 Gesetz Nr. 105 zur Regelung der Rechtsverhältnisse des Internationalen Privatrechts; s. *Riering*, IPR-Gesetze in Europa, S. 133 ff. Dazu s. *Filipescu*, Drept internaţional privat, Band II, S. 190 ff.; *Munteanu/Leonhardt*, Internationales Erbrecht, Rumänien Grdz. C Rn. 23 ff.; *Leonhardt*, IPRax 1994, 156 ff. und *Cápăţ-înă*, RabelsZ 58 (1994), 465, 494 f.
50 Art. 621 IV ZGB der Republik Litauen, Nr. 1-636 vom 08. 11. 1994, s. IPRax 1997, 371, 373 in der Übersetzung von Ravluševicius; *Staudinger-Dörner*, Anh. zu Art. 25 f. EGBGB Rn. 387 f.
51 *Staudinger-Dörner*, Anh. zu Art. 25 f. EGBGB Rn. 762, 200.
52 *Staudinger-Dörner*, Anh. zu Art. 25 f. EGBGB Rn. 164 f.
53 *Staudinger-Dörner*, Anh. zu Art. 25 f. EGBGB Rn. 367.
54 BGBl. 1959 II, S. 469; s. *Jayme/Hausmann*, Internationales Privat- und Verfahrensrecht, 10. Auflage 2000, Nr. 61 Fn. 4; Nr. 33 Fn. 3; s. dazu *Staudinger-Dörner*, Anh. zu Art. 25 f. EGBGB Rn. 159.

Sachnormverweisung), im deutsch-estnischen Verhältnis weitergilt; eine Vereinbarung der Weitergeltung deutsch-sowjetischer Verträge wie mit einigen Nachfolgestaaten der UdSSR ist mit Estland nicht zustande gekommen. Angesichts der von Deutschland anerkannten Rechtsauffassung der baltischen Republiken, daß ihre Annexion durch die UdSSR 1940 völkerrechtlich ihren Fortbestand nicht unterbrochen hat, sie somit nie Teil der UdSSR waren, kann wohl nicht von der Geltung des deutsch-sowjetischen Konsularvertrages zwischen Estland und Deutschland ausgegangen werden.

III. Die Auslegung der Anknüpfungsmomente des Internationalen Erbrechts

Fraglich ist, im Sinne welchen Rechts die Anknüpfungsmomente des internationalen Erbrechts zu verstehen sind. Jedes nationale Gericht legt die Normen seiner Rechtsordnung, seien sie Sachrecht oder Kollisionsrecht, nach den Begriffen seiner eigenen Rechtsordnung aus und subsumiert Sachverhalte nur dann unter die Tatbestände dieser Normen (qualifiziert sie als unter die Norm fallend[55]), wenn dies nach den Grundsätzen der eigenen Rechtsordnung möglich ist (Prinzip der lex fori als Qualifikationsstatut[56]). Diese für die Rechtsanwendung gemeinhin banale Erkenntnis hat für das IPR durchaus ihren Wert, da sie hier in zwei wesentlichen Punkten bestritten wird - nämlich bei der Auslegung der Systembegriffe des eigenen IPR und bei der Qualifikation von Vorfragen.

1. Auslegung der Systembegriffe des eigenen Internationalen Privatrechts

a) Qualifikation nach der lex causae ?

Zunächst wird schon bei der Auslegung der Systembegriffe des eigenen Internationalen Privatrechts eine Qualifikation nach der lex causae erwogen[57]. Hierbei geht es beispielsweise um die Frage, ob nach deutschem IPR die Rechtsnachfolge in einen Kapitalgesellschaftsanteil zum internationalen Erbrecht gehört (in Art. 25 f. EGBGB geregelt) oder ob das internationale Gesellschaftsrecht die Rechtsordnung bestimmt, nach der sich diese Nachfolge vollzieht. Eine Qualifikation nach der lex causae würde bedeuten, nach der Zuweisung der Rechtsnachfolge von Todes wegen gem. Art. 25 I EGBGB an eine bestimmte Rechtsordnung, diese darüber entscheiden zu lassen, ob sie die Rechtsnachfolge in einen Kapitalgesellschaftsanteil als Frage des internationalen Erbrechts oder des internationalen Gesellschaftsrechts ansieht.

---

55 Zum Begriff der Qualifikation s. *Kropholler*, IPR, S. 109 ff.

56 *Kropholler*, IPR, S. 117; *Lüderitz*, IPR, S. 127.

57 Lex causae wird in dieser Arbeit im Einklang mit der vorherrschenden Terminologie als das durch eine Kollisionsnorm berufene Recht verstanden und nicht als das Recht, dem eine Kollisionsnorm angehört (so aber *Tiedemann*, RabelsZ 55 (1991), 17, 35 s. dazu *Kegel-Schurig*, IPR, S. 290 und *Schotten*, Das IPR in der notariellen Praxis, S. 36).

b) Qualifikation nach der lex fori

Sollte sich die nach Art. 25 I EGBGB berufene Rechtsordnung in der aufgeworfenen Frage für das internationale Gesellschaftsrecht entscheiden, so wäre die Verweisung des deutschen Rechts auf das ausländische Recht gescheitert; denn nach deutschem internationalen Gesellschaftsrecht ist für eine Gesellschaft, die ihren effektiven Verwaltungssitz in Deutschland hat, deutsches Recht das Gesellschaftsstatut[58].

Das deutsche Recht betrachtet die Nachfolge von Todes wegen in einen Kapitalgesellschaftsanteil aber als eine dem Erbstatut unterfallende Frage - mit dem Ergebnis, daß das deutsche IPR, folgte man der Theorie von der Qualifikation unter die internationalprivatrechtlichen Systembegriffe nach der lex causae, im gebildeten Beispiel die Vererbung des Geschäftsanteils überhaupt nicht geregelt hätte (sogenannter Fall des Normenmangels)[59]. Darüber hinaus hingen die Ergebnisse des deutschen IPR von den Zufälligkeiten des ausländischen Rechts ab[60]; aus diesen Gründen ist der Theorie der Qualifikation unter die Systembegriffe des IPR nach der lex fori der Vorzug zu geben[61]. Die Begriffe des IPR müssen dabei nicht zwingend mit den gleichnamigen Begriffen des materiellen Rechts derselben Rechtsordnung übereinstimmen - das IPR ist autonom[62].

2. Qualifikation von Vorfragen

Doch nicht nur bei den Systembegriffen des IPR ist die Anwendung der lex fori als Qualifikationsstatut umstritten; auch bei der Entscheidung von Vorfragen (Rechtsfolgen des materiellen Rechts als Tatbestandsmerkmale einer in- oder

58 *MünchKomm-Birk*, Art. 25 EGBGB, Rn. 182; *Großfeld*, Internationales und europäisches Unternehmensrecht, S. 39.

59 *Kegel-Schurig*, IPR, S. 123 f.

60 *Kegel-Schurig*, IPR, S. 291: „nach der lex causae-Theorie umschreibt die Kollisionsnorm durch ihren Systembegriff die zu verknüpfenden Sachverhalte und Normen nicht, sondern bezeichnet ein Systemschubfach, in das das ausländische Recht ... hineintun kann, was es will.".

61 Ganz h.M.; s. *BGHZ* 29, 139, 44, 124; 47, 332; *MünchKomm-Sonnenberger*, Einl. IPR, Rn. 459; *Schotten*, Das IPR in der notariellen Praxis, S. 39; *Dörner*, StAZ 1988, 345, 352; *Kropholler*, IPR, S. 117; *Lorenz*, ZEV 1996, 406, 407; *Kegel-Schurig*, IPR, S. 297 ff. allerdings unter Berücksichtigung der Funktion ausländischer, dem deutschen Recht unbekannter Rechtsinstitute, da sonst der Anwendungsbefehl des IPR bzgl. ausländischen Rechts weitgehend leerliefe. In Spanien ist dieser Grundsatz sogar gesetzlich festgelegt, s. Kapitel IV Art. 12 Nr. 1 span. Código civil; *Fischer/Fischer*, Spanisches Handels- und Wirtschaftsrecht, S. 337; *Ibán*, Einführung in das spanische Recht, S. 221.

62 *Kropholler*, IPR, S. 119 f.

ausländischen Sach- oder Kollisionsnorm[63]) geht es um die Frage, ob ein Gericht bei der Anwendung einer Norm eine Rechtsfolge nach eigenem Recht (d.h. zunächst eigenem IPR) beurteilt oder nach fremdem Recht (also zunächst fremdem IPR). Es kommen nur zwei Möglichkeiten in Betracht: wiederum die Qualifikation nach der lex fori (dem Heimat-IPR des Gerichts; selbständige Anknüpfung) oder die nach der lex causae (dem IPR, das die Hauptfrage beherrscht; unselbständige Anknüpfung).

a) Qualifikation nach der lex fori

Nach der lex fori zu urteilen würde beispielsweise für ein deutsches Gericht bedeuten, die Gültigkeit einer Ehe nach Art. 13 EGBGB zu beurteilen, auch wenn es um das gesetzliche Erbrecht des überlebenden Ehegatten gem. Art. 25 I EGBGB geht. Die Gültigkeit der Ehe würde sich also nach dem durch Art. 13 EGBGB berufenen Recht bestimmen (Eheschließungsstatut), nicht nach dem durch Art. 25 I EGBGB berufenen Erbstatut, obwohl erst dieses materielle Recht die Frage, ob eine gültige Ehe vorliegt, aufgeworfen hat.

b) Qualifikation nach der lex causae

Nach der Theorie der unselbständigen Anknüpfung entschiede hingegen das IPR des Staates, dessen Recht (hier: das Erbstatut) die Hauptfrage beherrscht, über die Gültigkeit der Ehe. Zugunsten der unselbständigen Anknüpfung spricht, daß es konsequent ist, bei der Anwendung ausländischen Rechts nicht auf halbem Wege stehen zu bleiben und es dem ausländischen Recht zu überlassen, seine Sachnormen mit Inhalt zu füllen (eben das ausländische Erbrecht auch entscheiden zu lassen, ob ein Ehegatte überhaupt vorhanden ist, wenn es ihn schon bedenkt). Auch der internationale Entscheidungseinklang wird befördert, da im Ausland naturgemäß die eigene lex fori (die für den inländischen Richter die lex causae ist) Anwendung findet[64].

c) Ergebnis

Doch verlangt die materielle Einheit der inländischen Rechtsordnung nach einer selbständigen Anknüpfung der Vorfrage; d.h. nach ihrer Behandlung als wäre sie eine Hauptfrage. Nur so kann verhindert werden, daß z.B. eine Ehe, wenn sich Eheschließungsstatut und Ehewirkungstatut unterscheiden und jeweils andere Eheschließungsvoraussetzungen zu beachten sind, zwar gültig geschlossen

---

63 *Kegel-Schurig*, IPR, S. 274.

64 *Kropholler*, IPR, S. 220; für unselbständige Qualifikation auch *MünchKomm-Sonnenberger*, Einl. IPR Rn.501 ff.

wurde, aber keine Ehewirkungen entfaltet, oder umgekehrt[65]. Bei unselbständiger Anknüpfung müßte bei jeder Rechtsfrage gesondert geklärt werden, ob die Ehe Rechtswirkungen hat. Daher werden Vorfragen (Rechtsfolgen im Tatbestand von Sach- oder Kollisionsnormen) selbständig angeknüpft, d.h. nach dem IPR der lex fori entschieden, auch wenn die Hauptfrage ausländischem IPR unterliegt[66].

3. Auslegung ausländischer Kollisionsnormen

Grundsätzlich ist also die lex fori Qualifikationsstatut. Fraglich ist aber, ob dies auch dann gilt, wenn ein Gericht ausländische Kollisionsnormen auszulegen hat. Grundsätzlich wendet jedes Gericht die Kollisionsnormen des eigenen Rechts an. Zur Anwendung ausländischen Kollisionsrechts kann es aber dann kommen, wenn das eigene IPR eine Rück- oder Weiterverweisung der von ihm berufenen lex causae anerkennt.

Das deutsche IPR tut dies in Art. 4 I, 1 und 2 EGBGB[67]. Auch das belgische Recht beachtet die Rückverweisung eines ausländischen Kollisionsrechts[68]. Dies gilt auch für die Common-Law-Rechtsordnungen[69], das finnische[70], fran-

---

65 *Kegel-Schurig*, IPR, S. 328; eingehend für die selbständige Anknüpfung auch *Schurig*, FS Kegel 1987, S. 549 ff.

66 *BGHZ* 43, 213, 218 ff.; *BGH*, NJW 1981, 1900, 1901 aE; *Kegel-Schurig*, IPR, S. 328 f.; *Schurig*, FS Kegel 1987, S. 549, 596 ff.; *Schotten*, Das IPR in der notariellen Praxis, S. 41 mNw. auch zur Gegenansicht. Der Meinungsstand zu dieser Frage im Ausland ist uneinheitlich. Im einzelnen: *Schmidt*, Recueil des Cours, 1992 II, 305 ff. Die unselbständige Anknüpfung ist im Common Law gemäß der „foreign court theory" verbreitet; s. *Henrich*, Internationales Erbrecht, Großbritannien Grdz. K III Rn. 270; *Kegel*, IPR, S. 289. In Frankreich dagegen überwiegt die Qualifikation nach der lex fori, s. *Guimezanes*, Introduction au droit français, S. 270.

67 S. zum renvoi im deutschen IPR *Ebenroth/Eyles*, IPRax 1989, 1 ff; kritisch *Mäsch*, RabelsZ 61 (1997), 285 ff.; grundlegend *Wengler*, Recueil des Cours, 1961 III, 273, 375 ff.; s. a. *Süß*, ZEV 2000, 486 ff.; *Kunz*, IPR, Rn. 203 ff.; *OLG Karlsruhe*, NJW 1990, 1420 ff.

68 *Staudinger-Hausmann*, Anh. zu Art. 4 EGBGB Rn. 182; *Cieslar*, Internationales Erbrecht, Belgien Grdz. B Rn. 8; *Staudinger-Dörner*, Anh. zu Art. 25 f. EGBGB Rn. 71.

69 In dem Bemühen, genauso zu entscheiden, wie der ausländische Richter („foreign court theory"), s. *Dicey and Morris*, The Conflict of Laws, S. 51 ff., bes. 59 ff.; *Schoenblum*, Multinational and Multistate Estate Planning, I. Band, S. 425, 428 f. mwN; *Henrich*, Internationales Erbrecht, Großbritannien Grdz. K III Rn. 270; *Staudinger-Hausmann*, Anh. zu Art. 4 EGBGB Rn. 13 ff.; *Staudinger-Dörner*, Anh. zu Art. 25 f. EGBGB Rn. 206.

70 *Staudinger-Hausmann*, Anh. zu Art. 4 EGBGB Rn. 140.

zösische[71], italienische[72], luxemburgische[73], österreichische[74] und das spanische Recht[75], wogegen das griechische Recht den renvoi ausdrücklich ablehnt[76]. Genauso verhält es sich in den Niederlanden[77], Dänemark[78], Schweden[79] und in Portugal[80]. In der Europäischen Union können sich demzufolge in den meisten Ländern Qualifikationsprobleme bei der Anwendung ausländischen Kollisionsrechts ergeben[81].

---

71 *Staudinger-Hausmann*, Anh. zu Art. 4 EGBGB Rn. 153 ff. mit Darstellung des für die Anerkennung des renvoi bahnbrechenden Entscheidung „Forgo"; *Mayer*, Droit international privé; Rn. 803; *Staudinger-Dörner*, Anh. zu Art. 25 f. EGBGB Rn. 173.

72 *Stadler*, Internationales Erbrecht, Italien Grdz. C I Rn. 14 a; vgl. Art. 13 I ital. IPRG, s. *Riering*, IPR-Gesetze in Europa, S. 49 (Rückverweisung ist immer beachtlich, Weiterverweisung nur bei Annahme durch das berufene Recht); s. auch *Kindler*, RabelsZ 61 (1997), 227, 265 f.; *Annibale*, Riforma del sistema italiano di diritto internazionale privato, S. 101 ff; *Staudinger-Hausmann*, Anh. zu Art. 4 EGBGB Rn. 221.

73 *Staudinger-Hausmann*, Anh. zu Art. 4 EGBGB Rn. 196; *Cieslar*, Internationales Erbrecht, Luxemburg Grdz. C Rn. 9.

74 *Schwind*, IPR, Rn. 367 f.; *Firsching*, Internationales Erbrecht, Österreich Grdz. C III Rn. 15; *Staudinger-Hausmann*, Anh. zu Art. 4 EGBGB Rn. 259; *Staudinger-Dörner*, Anh. zu Art. 25 f. EGBGB Rn. 489, s. § 5 I österr. IPRG; s. auch *Schwind*, IPRax 1993, 196 und *OGH* ebd. S. 188.

75 Kapitel IV, Art. 12 Nr. 2 span. Código civil (s. *Hierneis*, Internationales Erbrecht, Spanien Texte A I, S. 9); zu den Einschränkungen im Fall des auf Nachlaßspaltung beruhenden renvoi s. *López u.a.*, Derecho internacional privado español II, S. 240; *Fernández-Rozas/Sánchez-Lorenzo*, Derecho internacional privado, Rn. 505; *Staudinger-Hausmann*, Anh. zu Art. 4 EGBGB Rn. 246.

76 Art. 32 griech. ZGB, s. *Georgiades/Dimakou-Kiaou*, Internationales Erbrecht, Griechenland, Texte A I, S. 3; *Staudinger-Hausmann*, Anh. zu Art. 4 EGBGB Rn. 288.

77 *Staudinger-Hausmann*, Anh. zu Art. 4 EGBGB Rn. 207; *Staudinger-Dörner (1996)*, Anh. zu Art. 25 f. EGBGB Rn. 406; durch die Neukodifizierung des niederländischen IPR ändert sich insoweit nichts, da das Haager Erbrechtsübereinkommen (vom 01. 08. 1989; abgedruckt in *Staudinger-Dörner*, Vorbem. zu Art. 25 f. EGBGB Rn. 120), das die Niederlande umgesetzt haben, diesen ebenfalls ablehnt (Art. 17) s. *Boele-Woelki*, IPRax 1995, 264, 266.

78 *Philip*, Dansk international privat- og procesret, S. 50; *Staudinger-Hausmann*, Anh. zu Art. 4 EGBGB Rn. 103 f.; *Staudinger-Dörner*, Anh. zu Art. 25 f. EGBGB Rn. 143; *Kunz*, IPR, Rn. 234.

79 *Bogdan*, Svensk internationell privat- och processrätt, S. 48 f.; *ders.*, IPRax 1991, 70 f.; *Eek*, The Swedish Conflict of Laws, S. 176; *Staudinger-Hausmann*, Anh. zu Art. 4 EGBGB Rn. 122.

80 *Staudinger-Hausmann*, Anh. zu Art. 4 EGBGB Rn. 234 f., s. Artt. 16-18 port. Código civil, s. *Riering*, IPR-Gesetze in Europa, S. 109 ff.; das portugiesische renvoi-System ist allerdings verschachtelt; Rück- und Weiterverweisung sind nur in Ausnahmefällen zulässig; s. auch *Staudinger-Dörner*, Anh. zu Art. 25 f. EGBGB Rn. 541.

81 Genauso verhält es sich bei den Beitrittskandidaten zur Europäischen Union Polen (Art. 4 poln. Gesetz über das IPR, s. *Riering*, IPR-Gesetze in Europa, S. 95; *Staudinger-*

a) Domizil

aa) Alternativen

Die Anknüpfungsmomente des internationalen Erbrechts sind Tatbestandsmerkmale des Kollisionsrechts. Sie sind auch Vorfragen, weil es sich bei ihnen sämtlich um Rechtstatsachen des nationalen Rechts handelt[82]. Muß ein Gericht das eigene Kollisionsrecht auslegen, ergeben sich nach dem Gesagten keine Schwierigkeiten: Das englische Gericht entscheidet die Frage nach dem „domicile" nach englischem Recht (eine Qualifikation nach der lex causae scheidet hier schon deshalb aus, weil diese noch gar nicht feststeht, sondern gerade von der Feststellung des „domicile" abhängt[83]).

Wie würde nun ein deutsches Gericht bei der Auslegung der englischen Kollisionsnorm verfahren ?

Es könnte der allgemeinen Regel folgen und deutsches Recht als die lex fori bei der Auslegung der im ausländischen Kollisionsrecht auftauchenden Vorfrage anwenden; dann beurteilte sich das „domicile" nach dem deutschen Wohnsitzbegriff; oder es wendet englisches Recht als das Recht dem die anzuwendende Kollisionsnorm entstammt an. Ersteres würde bedeuten, die Frage nach dem „domicile" als Vorfrage bei der Feststellung, ob eine gem. Art. 4 I, 2 EGBGB anzunehmende Rückverweisung des englischen auf das deutsche Recht für die Beerbung eines Engländers vorliegt, nach deutschem Recht zu qualifizieren, also nach dem Wohnsitz des Engländers gemäß deutschem Recht zu entscheiden.

Hausmann, Anh. zu Art. 4 EGBGB Rn. 341), der tschechischen Republik und der Slowakei (§ 35 tschechoslow. IPRG, s. *Riering* aaO. S. 315; *Staudinger-Hausmann*, Anh. zu Art. 4 EGBGB Rn. 374) sowie Ungarn (§ 4 ung. IPRG akzeptiert allerdings nur Rückverweisungen, s. *Riering*, S. 367; *Staudinger-Hausmann*, Anh. zu Art. 4 EGBGB Rn. 382); für Slowenien s. *Staudinger-Hausmann*, Anh. zu Art. 4 EGBGB Rn. 325. Rumänien akzeptiert ebenso wie Ungarn nur Rückverweisungen, s. *Staudinger-Hausmann*, Anh. zu Art. 4 EGBGB Rn. 355; § 4 II rum. IPRG, s. *Riering*, S. 135.

82 S. *Kegel-Schurig*, IPR, S. 408 (die dortige Einordnung des Belegenheitsorts als reine Tatsache mag für körperliche Gegenstände noch einleuchten, bei unkörperlichen Gegenständen ist eine rechtliche Bewertung unumgänglich).

83 *Jochem* (in FamRZ 1964, 392, 393) nennt die Vorfragen, von deren Beantwortung die Ermittlung der lex causae abhängt „Erstfragen". Die Differenzierung ist nur dann notwendig, wenn man diese „Erstfragen" anders qualifiziert als andere Vorfragen.

bb) *Inkongruente Wohnsitzbegriffe*

Bedeutsam ist die Frage nach der zutreffenden Qualifikation, weil sich der deutsche Wohnsitzbegriff und der englische Domizilbegriff deutlich voneinander unterscheiden: Nach deutschem Recht ist Wohnsitz der räumliche Schwerpunkt der gesamten Lebensverhältnisse einer Person[84], wobei durchaus mehrere Wohnsitze durch dauerhafte Niederlassung begründet werden können (s. § 7 I und II BGB); nach englischem Recht ist „domicile“ das „permanent home“ einer Person und begründet eine ausschließliche Rechtsgebietszugehörigkeit[85]. Doch selbst diejenigen europäischen Rechtsordnungen, die das Domizil zum Anknüpfungsmoment ihres Internationalen Erbrechts machen, unterscheiden sich in ihren Wohnsitzbegriffen erheblich: Für Frankreich und Belgien sind die Artt. 102 ff. des jeweiligen Code civil maßgeblich, wonach sich das „domicile“ einer natürlichen Person nach ihrem „établissement principal“ richtet, also ihrer hauptsächlichen Niederlassung, wobei die unterschiedlichsten Umstände Beweisanzeichen sein können[86]. Dänemark sieht dagegen ein Domizil nur im Ort einer festen und dauerhaften Niederlassung, was nicht mit Rückkehrabsichten in Bezug auf das vorangegangene Domizil vereinbar ist[87], und kommt somit der englischen Auffassung nahe[88].

cc) *Konsequenzen der verschiedenen Ansichten*

Qualifiziert aber der deutsche Richter eine englische Kollisionsnorm nach seiner lex fori, um eine Rückverweisung des englischen Rechts auf das deutsche Recht festzustellen, so würde im Ergebnis nicht das vom deutschen IPR berufene englische Recht festlegen, nach welchen inhaltlichen Kriterien sich das auf die Vererbung beweglicher Gegenstände anwendbare Recht bestimmt, sondern das deutsche Recht würde dies tun. Der internationalprivatrechtlichen Anknüpfung liegt aber eine Bewertung der internationalprivatrechtlichen Interessen zugrunde[89].

Dies bedeutet, daß der Gesetzgeber bei der Schaffung einer IP-rechtlichen Norm die Parteiinteressen an der Anwendung eines bestimmten Rechts bewertet (neben Verkehrs- und Ordnungsinteressen). Dies ist nur sinnvoll möglich, wenn

84 *Jauernig-Jauernig*, §§ 7-11 BGB, Rn 1.

85 *Triebel u.a.*, Englisches Handels- und Wirtschaftsrecht, S. 378; *Staudinger-Dörner*, Anh. zu Art. 25 f. EGBGB Rn. 201.

86 S. *Dalloz*, Code civil, Art. 102, S. 137; *Riering*, ZEV 1994, 225, 227.

87 S. *Thorbek/Steininger*, Internationales Erbrecht, Dänemark Grdz. C I Rn. 2.

88 Im Allg. *Kropholler*, IPR, S. 256 f.

89 *BGHZ* 75, 31, 41: „Ausrichtung des IPR an der kollisionsrechtlichen Sachgerechtigkeit“; *Kegel-Schurig*, IPR, S. 114 ff.

er die Anwendung eines bestimmten Rechts an einen inhaltlich von ihm selbst definierten Tatbestand anknüpft. Die Anknüpfung an das letzte „domicile" hat den Sinn, eine Beerbung des Erblassers nach der Rechtsordnung, der er am stärksten verbunden ist, sicherzustellen. Diese Verbundenheit sieht der englische Gesetzgeber dort als gegeben an, wo der Erblasser sein letztes „domicile" nach englischem Recht gehabt hat; wollte man nun unter „domicile" den deutschen Wohnsitz verstehen, so entzöge man der Vermutung des englischen Gesetzgebers nach der engsten Verbundenheit die inhaltliche Basis. Der deutsche Richter würde unter Umständen eine vom englische Kollisionsrecht nie ausgesprochene „Rückverweisung" annehmen. Wenn das deutsche Recht aber schon ausländisches Kollisionsrecht anwenden will, so muß es die ausländischen Kollisonsnormen auch nach ihrem eigenen Recht qualifizieren.
Eine Qualifikation nach der lex fori liefe auf eine neue, eigenständige deutsche Kollisionsnorm hinaus, die derjenigen deutschen Kollisionsnorm, die das englische Recht für anwendbar erklärt hat, widerspräche. Die Annahme einer Rückverweisung nach Art. 4 I, 2 EGBGB hat aber nicht den Sinn, zufällige deutsche Kollisionsnormen zu schaffen, sondern als Ausnahme zu den eigenen Kollisionsregeln ausländische Kollisionsnormen anzuwenden.

dd) Ergebnis

Daher sind ausländische Kollisionsnormen immer gemäß dem betroffenen fremden Recht auszulegen[90]. Für die Behandlung der hier interessierenden Anknüpfungsmomente des internationalen Erbrechts bedeutet dies: sie sind grundsätzlich gemäß ihrem Herkunftsrecht auszulegen; die Subsumtion/Qualifikation unter sie erfolgt nach dieser Rechtsordnung, unabhängig davon, ob ein Gericht des Staates, zu dessen internationalem Erbrecht sie gehören, zu entscheiden hat oder ein ausländisches Gericht.

b) Bewegliches oder unbewegliches Vermögen

Auch bei der Feststellung der Zugehörigkeit zum unbeweglichen oder beweglichen Vermögen stellt sich die Frage nach der Qualifikation.

---

90 Dies ist trotz der Uneinigkeit, die bei der Qualifikation unter die internationalprivatrechtlichen Systembegriffe und der Anknüpfung von Vorfragen herrscht, allgemeine Meinung, s. unausgesprochen wie selbstverständlich *BGH*, NJW 1991, 3088; *MünchKomm-Sonnenberger*, Einl. IPR Rn. 487; Art. 4 Rn. 56; *MünchKomm-Birk*, Art. 25 EGBGB Rn. 91; *Soergel-Kegel*, Art. 4 EGBGB, Rn. 31; *Kropholler*, IPR., S. 117; *Jayme*, ZfRV 1976, 93; *Schotten*, Das IPR in der notariellen Praxis, S. 39; *Stoll*, Die Rechtswahl im Namens-, Ehe- und Erbrecht, S. 99; international s. *Schmidt*, Recueil des Cours 1992 II, 305, 382.

aa) Qualifikation nach der lex rei sitae?

Diese Frage beantwortet sich nach den Grundsätzen des internationalen Sachenrechts in den meisten Rechtsordnungen üblicherweise nach dem Recht des Belegenheitsortes (der lex rei sitae)[91]. Doch auch hier gilt die genannte Ausnahme: Bei den Verweisungsnormen des internationalen Erbrechts, die für bewegliches oder unbewegliches Vermögen die Anwendung bestimmter Sachrechte anordnen, ist für die Frage nach der Natur des Vermögens als beweglich oder unbeweglich die Anknüpfung an die lex rei sitae unsachgemäß, da sie den Anwendungsbereich der Kollisionsnormen des betroffenen internationalen Erbrechts überdehnen bzw. übermäßig einschränken würde:

(1) Art. 3 II französischer Code civil

Wenn das französische Recht nach Art. 3 II Code civil die lex rei sitae für die Erbfolge in unbewegliches Vermögen zur Anwendung ruft, geht es bei der notwendigen Abgrenzung zum beweglichen Vermögen von der eigenen Rechtsordnung aus, da der Zweck des Art. 3 II Code civil, dessen Wortlaut nur in Frankreich belegene Grundstücke betrifft, zuerst die Unterstellung bestimmter in Frankreich befindlicher Gegenstände, nämlich die nach französischem Recht unbeweglichen, unter französisches Recht ist.
Solange das französische Recht für im Ausland belegenes Vermögen keine Verweisung auf die lex rei sitae bezüglich ihrer Qualifikation als beweglich oder unbeweglich ausspricht (Qualifikationsverweisung[92]), muß es bei der Qualifikation nach französischem Recht bleiben, da sonst das ausländische Belegenheitsrecht über die Auslegung des französischen Kollisionsrechts entschiede[93]. In diesem Fall würde das deutsche IPR eine vom französischen Recht überhaupt nicht angeordnete „Rückverweisung" annehmen.

(2) Artt. 25 I, 4 I S. 2 EGBGB

Daher muß bei der Auslegung dieser französischen Kollisionsnorm durch einen deutschen Richter, der gem. Artt. 25 I, 4 I S. 2 EGBGB zu prüfen hat, ob auf in Deutschland belegenes Vermögen eines Franzosen entgegen der ursprünglichen Anknüpfung nach Art. 25 I EGBGB durch Rückverweisung des französischen IPR doch deutsches Sachrecht anzuwenden ist, sich die Auslegung des Tatbe-

91 *Staudinger-Stoll*, Internationales Sachenrecht Rn. 145; *Kegel-Schurig*, IPR, S. 661.
92 Zu diesem Begriff s. *Jayme*, ZfRV 1976, 93 ff.
93 *Ferid*, FS Hueck, S. 352; *ders.*, Internationales Erbrecht, Frankreich Grdz. C I Rn. 9; *Battifol/Lagarde*, Droit international privé II, Rn. 638-1; *De Meo*, ZfRV 28 (1987), 107, 143.

standsmerkmals „unbeweglich“ des französischen Kollisionsrechts nach französischem Recht richten. Es kann also auf einen Vermögensgegenstand, der nach deutschem Recht beweglich ist, deutsches Erbrecht anzuwenden sein, weil dieser Vermögensgegenstand nach französischem Sachrecht unbeweglich ist und das vom deutschen Kollisionsrecht berufene französische Kollisionsrecht für die Rechtsnachfolge in unbewegliches Vermögen auf das deutsche Recht zurückverweist, was vom deutschen IPR angenommen wird (Art. 4 I S. 2 EGBGB).

(3) Ergebnis

Für die Qualifikation eines Vermögensgegenstandes als beweglich oder unbeweglich in einer Kollisionsnorm ist demnach grundsätzlich deren eigene Rechtsordnung zuständig. Nur scheinbar gilt dieser Grundsatz nicht für die Common-Law-Rechtsordnungen innerhalb der Europäischen Union: Sie machen von der erwähnten Möglichkeit einer Qualifikationsverweisung in diesem Punkt Gebrauch[94]. Dies bedeutet, daß immer die lex rei sitae bestimmt, ob ein beweglicher oder ein unbeweglicher Vermögensgegenstand vorliegt. Es handelt sich demnach bei dieser Qualifikation nicht um eine Ausnahme vom Grundsatz der Qualifikation von Vorfragen, die zum Tatbestand von Kollisionsnormen gehören, nach deren eigenem Recht, sondern um die Anerkennung eines von diesem Recht ausgesprochenen Teilrenvois.
Fraglich ist für Deutschland, ob das deutsche Recht, das vom Grundsatz der Nachlaßeinheit ausgeht und daher der Zuordnung zum beweglichen oder unbeweglichen Vermögen im Grundsatz bei der Ermittlung des Erbstatuts keine Bedeutung zumißt, diese Qualifikationsverweisung annehmen sollte, oder ob es nicht angezeigt ist, mangels eigenen Regelungswillens das verweisende ausländische Recht qualifizieren zu lassen [95]. Die h.M. nimmt die Qualifikationsverweisung jedoch an, da seit der IPR-Reform 1986 auch das deutsche IPR den

---

94 *Ferid*, FS Hueck, S. 354; *Soergel-Schurig*, Art. 25 EGBGB Rn. 80; *Staudinger-Dörner*, Anh. zu Art. 25 f. Rn. 202; *Henrich*, Internationales Erbrecht, Großbritannien Grdz. K II Rn. 268; ausführlich zu Geschichte und Reichweite dieser Qualifikationsverweisung *Hering*, Die gesetzlichen Rechte des überlebenden Ehegatten in deutsch-kanadischen Erbfällen, S. 134 ff.; vgl. *Schurig*, IPRax 1990, 389, 390 f. anläßlich eines Falls vor dem OLG Karlsruhe für das IPR von Texas; anschaulich auch *BGH* NJW 2000, 2421 f. = ZEV 2000, 498 f. zum Recht von Ohio mit anschließender Qualifikation eines Restitutionsanspruchs nach dem VermG nach deutschem Recht; s. a. *Süß*, ZEV 2000, 486 ff.

95 Zur Vermeidung von Funktionsstörungen in diesem Sinne für Hypotheken *Jayme*, ZfRV 1976, 93, 101 ff., bes. 104-107; allgemein *Kunz*, IPR, Rn. 788 ff.; *Hering*, Die gesetzlichen Rechte des überlebenden Ehegatten in deutsch-kanadischen Erbfällen, S. 128 ff., 132, 210.

Begriff des unbeweglichen Vermögens mit kollisionsrechtlichen Folgen kenne und daher kein Grund zur Ablehnung der Qualifikationsverweisung bestehe[96].

bb) Bedeutung für die SPE

Der Anteil an einer SPE als Anteil an einer Kapitalgesellschaft würde jedoch grundsätzlich als beweglicher Vermögensgegenstand qualifiziert[97], weswegen die Frage, nach welcher Rechtsordnung der Begriff unbewegliches oder bewegliches Vermögen zu qualifizieren ist, für die SPE nicht von großer Bedeutung ist.

c) Belegenheit

aa) Qualifikation gemäß dem Ursprungsrecht der Norm

Das Anknüpfungsmoment der Belegenheit ist ebenfalls gemäß dem Recht, zu dem die Kollisionsnorm gehört, zu qualifizieren. Auch das Common Law überläßt die Feststellung des Belegenheitsortes nicht der lex rei sitae (methodisch ginge das auch schlecht, denn vor Feststellung des Belegenheitsortes steht diese noch nicht fest; in Betracht käme nur die inhaltliche Begrenzung des eigenen Belegenheitsbegriffs durch die Bedingung, einen Gegenstand nur dann als im Ausland belegen zu betrachten, wenn das ausländische Ortsrecht diesen Gegen-

---

96 *Soergel-Schurig*, Art. 25 EGBGB Rn. 80; *Staudinger-Dörner*, Anh. zu Art. 25 f. Rn. 202; *Henrich*, Internationales Erbrecht, Großbritannien Grdz. K II Rn. 268; so auch jüngst *BGH* NJW 2000, 2421 f.

97 Für Deutschland: *BGHZ* 24, 352, 368; *Palandt-Heldrich*, Art. 25 EGBGB Rn. 7; *MünchKomm-Birk*, Art. 25 EGBGB Rn. 65, 67; *von Oertzen*, IPRax 1994, 73, 79; *Tiedemann*, RabelsZ 55 (1991), 17, 34 ff.; *Ferid*, FS Hueck, S. 352 ff.; nur für Personenhandelsgesellschaften, deren Vermögen im wesentlichen aus Grundstücken besteht, wird von einer mM in weiter Auslegung der Rechtswahlmöglichkeit des Art. 25 II EGBGB in Verfolgung inländischer Ordnungs- und Verkehrsinteressen die Zuordnung zum unbeweglichen Vermögen vertreten, s. *Staudinger-Dörner*, Art. 25 EGBGB Rn. 485; *Dörner*, DNotZ 1988, 67, 95 f.. s. a. *Odersky*, ZEV 2000, 492, 493 mwN.
Der Rechtsausschuß des Bundestages bezieht den Begriff des unbeweglichen Vermögens aber nur auf Grundstücke (*BT-Drs.* 10/5632, S. 44 = *Staudinger-Dörner (1996)*, Vorbem. zu Art. 25 f. EGBGB Rn. 22); als einseitige Exklusivnorm (s. *Kegel-Schurig*, IPR, S. 857) ist Art. 25 II EGBGB außerdem eng auszulegen; restriktiv auch *BGH* NJW 2000, 2421 f. mwN.; für die vom Code civil beeinflußten Rechtsordnungen: Art. 529 belg. Code civil (s. *Les Codes Larcier*, Brüssel 1990, S. 72), Art. 529 frz. Code civil (*Dalloz*, Code civil 1995/1996, S. 408); für Großbritannien: *Henrich*, Internationales Erbrecht, Großbritannien Grdz. K II Rn. 268; *Triebel u.a.*, Englisches Handels- und Wirtschaftsrecht, S. 126.

stand auch als bei sich belegen ansieht), sondern bestimmt selbst den Ort der Belegenheit eines Gegenstandes[98].

bb) Relevanz für die SPE

Im Zusammenhang mit der SPE ist besonders die Belegenheit von Geschäftsanteilen, die nicht in Wertpapieren verkörpert sind, von Interesse; diese richtet sich, auch in den Rechtsordnungen, die für die Ermittlung des Gesellschaftsstatuts das Gründungsrecht heranziehen, nach dem effektiven Sitz der Gesellschaft[99]. Dank dieser Übereinstimmung können auch in diesem Punkt kaum Divergenzen durch unterschiedliche Qualifikation auftreten.

d) Rechtswahl

Mit dem Domizil, der Belegenheit und der Zuordnung zum beweglichen oder unbeweglichen Vermögen sind die Anknüpfungsmomente der Anhänger des „englischen Modells" und ihre Qualifikation behandelt; es bleiben die Anknüpfungsmomente der anderen Staatengruppe: Staatsangehörigkeit und Rechtswahl. Die Rechtswahl im Internationalen Erbrecht als erbrechtliches Gestaltungsrecht[100] ist den meisten europäischen Rechtsordnungen fremd. Deutschland und Italien gestatten sie in sehr begrenztem Umfang. Nur die Niederlande lassen Rechtswahl zwischen Heimat- und Domizilrecht mit allen Konsequenzen zu.

aa) Rechtswahl im deutschen Recht

(1) Art. 25 II EGBGB

Im deutschen Recht kann ein ausländischer Erblasser gem. Art. 25 II EGBGB für in Deutschland belegenes unbewegliches Vermögen durch Verfügung von Todes wegen deutsches Recht wählen[101]; das Formstatut richtet sich daher nach Art. 26 EGBGB, der das Haager Übereinkommen über das auf die Form letzt-

98 *Staudinger-Dörner*, Anh. zu Art. 25 f. EGBGB Rn. 202; zu weitgehend daher *Kropholler*, IPR, S. 118.

99 S. *von Bar*, IPR, S. 266, Fußnote 88; *Albrecht*, Die steuerliche Behandlung deutsch-englischer Erbfälle, S. 251; *Henrich*, Internationales Erbrecht, Großbritannien Grdz. K II Rn 268.

100 *Staudinger-Dörner*, Art. 25 EGBGB Rn. 473.

101 *MünchKomm- Birk*, Art. 25 EGBGB, Rn. 21 ff.; *Stoll*, Die Rechtswahl im Namens-, Ehe- und Erbrecht, S. 51 ff., 93 ff.; *Schotten*, Das IPR in der notariellen Praxis, S. 208 ff.; *Kunz*, IPR, Rn. 760 ff.

williger Verfügungen anzuwendende Recht[102] umsetzt. Danach gelten alternativ die Formvorschriften der lex patriae, der lex domicilii, der lex actus loci, der lex rei sitae, soweit Grundstücke betroffen sind, und des Erbstatuts zum Zeitpunkt der Rechtswahl oder des Erbfalls.
Deutsche Erblasser betrifft Art. 25 II EGBGB nicht, da für sie ohnehin deutsches Recht Erbstatut ist[103]. Eine analoge Anwendung der Norm auf im Ausland belegenes (unbewegliches) Vermögen scheidet aufgrund ihres Charakters als einseitiger Exklusivnorm zur Vereinfachung des inländischen Rechtsverkehrs[104] und der insoweit eindeutigen Gesetzesbegründung[105] aus[106]. Zu qualifizieren bleiben daher die Tatbestandsmerkmale „unbeweglich", „im Inland belegen" und die Gültigkeitsvoraussetzungen der „Verfügung". Nach der allgemeinen Regel der Qualifikation unter Kollisionsnormen gemäß dem Recht, dem diese angehören, ist nach deutschem Recht zu qualifizieren. Dies ergibt sich schon aus dem Umstand, daß es sich bei Art. 25 II EGBGB um eine deutsche Kollisionsnorm handelt[107], und nicht erst daraus, daß deutsches Recht als lex causae durch die Rechtswahl berufen wird.
Dem deutschen Sachrecht sind auch die Voraussetzungen des Wirksamkeit der Rechtswahl zu entnehmen; die Vereinfachung der Rechtsanwendung im Inland als Telos der Norm gebietet die Anwendung deutschen Sachrechts auch dann, wenn das deutsche IPR bei der Beurteilung der Gültigkeit der Rechtswahl ausländisches Recht beruft, wie gemäß Art. 7 I EGBGB das Heimatrecht für die Geschäftsfähigkeit; für die Fähigkeit zur Vornahme der Rechtswahl gem. Art.

---

102 S. *Jayme/Hausmann*, Internationales Privat- und Verfahrensrecht, 10. Auflage 2000, Nr. 60.

103 Für Nichtdeutsche, die Grundvermögen in Deutschland besitzen, kann sich eine Rechtswahl nach Art. 25 II EGBGB auch dann lohnen, wenn nach ihrem gem. Art. 25 I EGBGB anwendbaren Heimatrecht für unbewegliches Vermögen ohnehin die lex rei sitae anzuwenden ist; diese Rückverweisung ist zwar in Deutschland gem. Art. 4 I, 2 EGBGB anzunehmen, so daß es aus deutscher Sicht keiner Rechtswahl bedarf.
Doch würde z. B. der französische Richter die von Art. 25 I EGBGB ausgesprochene Rückverweisung des deutschen IPR für die Erbfolge auch in das unbewegliche, in Deutschland belegene Vermögen mit der Rechtsfolge der Anwendung französischen Sachrechts anerkennen (s. *Staudinger-Dörner*, Anh. zu Art. 25 f. EGBGB Rn. 173), so daß internationaler Entscheidungseinklang ohne eine Rechtswahl zugunsten des deutschen Rechts nicht erreicht würde (auch im Verhältnis Deutschland/Schweiz kann die Lage so sein s. *von Oertzen*, ZEV 2000, 495 f.); vgl. *Riering*, ZEV 1994, S. 225, 228 f.; *Kegel-Schurig*, IPR, S. 346 f.; *Lange*, ZEV 2000, 469, 471.

104 *Kegel-Schurig*, IPR, S. 857.

105 *BT-Drs.* 10/5632, S. 44 = *Staudinger-Dörner (1996)*, Vorbem. zu Art. 25 f. EGBGB Rn. 22.

106 *Siehr*, IPRax 1987, 4, 7; *Stoll*, Die Rechtswahl im Namens-, Ehe- und Erbrecht, S. 54; *Aretz/Korth*, Internationales Privat- und Verfahrensrecht, Rn. 229.

107 *MünchKomm-Birk*, Art. 25 EGBGB Rn. 63.

25 II EGBGB ist dann ausnahmsweise aus dem angeführten Grund entgegen der Grundregel des Art. 7 I EGBGB analog Artt. 27 IV, 31 I EGBGB deutsches Sachrecht anwendbar[108].

(2) Qualifikationsrückverweisung für den Begriff des unbeweglichen Vermögens ?

Bezüglich der Zugehörigkeit zum unbeweglichen Vermögen ist zu prüfen, ob eine Qualifikationsverweisung vorliegt[109]; also ob die lex rei sitae über diese Frage entscheidet. Dies ist z.B. der Fall bei der Sonderanknüpfung für Grundstücke im Rechtsgeschäfts-IPR (Artt. 11 IV, 12, 2 EGBGB). Die lex rei sitae als lex causae entscheidet hier über die Reichweite des Grundstücksbegriffs[110]. Für die andere Norm des deutschen IPR außer Art. 25 II EGBGB, die eine kollisionsrechtliche Sonderanknüpfung für das unbewegliche Vermögen vornimmt (Art. 15 II, Nr. 3 EGBGB bzgl. der Rechtswahl für die güterrechtlichen Ehewirkungen), gilt dagegen die Qualifikation (Auslegung des Begriffs „unbeweglich") gemäß dem die Kollisionsregel aufstellenden IPR, also nach deutschem Recht, nicht nach der lex rei sitae als lex causae[111]. Da sich Art. 25 II EGBGB aber ohnehin nur auf inländisches Vermögen bezieht, ist deutsches Recht insoweit immer Qualifikationsstatut[112].

Für die SPE als bewegliches Vermögen[113] kommt daher eine Rechtswahl gemäß Art. 25 II EGBGB letztlich nicht in Betracht.

bb) Rechtswahl im italienischen Recht

Von größerer Relevanz ist die durch Art. 46 II, 1 ital. IPRG[114] eingeräumte Möglichkeit der Wahl der lex domicilii als erbrechtliches Gesamtstatut anstelle der lex patriae.

---

108 *Staudinger-Dörner*, Art. 25 EGBGB Rn. 492 f.; *Kropholler*, IPR, S. 419; *Tiedemann*, RabelsZ 55 (1991), 17, 26. Die Formgültigkeit ist analog Art. 26 I EGBGB zu bestimmen, s. *Staudinger-Dörner*, Art. 25 EGBGB Rn. 498; *Tiedemann*, RabelsZ 55 (1991), 17, 31; *Riering*, ZEV 1995, 404, 405.

109 *Staudinger-Dörner*, Art. 25 EGBGB Rn. 477.

110 *Staudinger-Stoll*, Internationales Sachenrecht Rn. 146.

111 S. nur *Palandt-Heldrich*, Art. 15 EGBGB Rn. 22; *Böhringer*, BWNotZ 1987, 104, 109.

112 *Tiedemann*, RabelsZ 55 (1991), 17, 35; *Riering*, ZEV 1995, 404, 405; *Krzywon*, BWNotZ 1986, 154, 159 f.

113 *BGHZ* 24, 352, 368; *Palandt-Heldrich*, Art. 25 EGBGB, Rn. 7; *von Oertzen*, IPRax 1994, 73, 79; *Tiedemann*, RabelsZ 55 (1991), 17, 34 ff.; *Ferid*, FS Hueck, S. 352 ff.

114 *Riering*, IPR-Gesetze in Europa, S. 67; dazu s. *Kindler*, RabelsZ 61 (1997), 227, 269 ff.

Die Qualifikation erfolgt hier nach der allgemeinen Regel gemäß italienischem Recht, sofern keine Qualifikationsverweisung vorliegt; s. hierzu Artt. 23 IV, 47 (Testierfähigkeit bestimmt sich nach der lex patriae[115]), 48 (Formstatut sind neben der lex loci actus die lex patriae und die lex domicilii) ital. IPRG[116].

cc) Rechtswahl im niederländischen Recht

Existenz und materielle Wirksamkeit der Rechtswahl nach niederländischem Recht richten sich in Übereinstimmung mit Art. 5 Nr. 2, S. 2 des Haager Erbrechtsübereinkommens[117] nach den Regeln des gewählten Rechts[118]. Es herrscht also Qualifikation nach der lex causae. Die Rechtswahl hat in der Form einer Verfügung von Todes wegen zu erfolgen; damit findet - ebenso wie bei einer Rechtswahl nach Art. 25 II EGBGB[119]- inhaltlich das Haager Abkommen über das auf die Form letztwilliger Verfügungen Anwendung[120].

e) Staatsangehörigkeit

aa) Qualifikation nach dem Ursprungsrecht der Norm ?

Letztes wichtiges Anknüpfungsmoment im internationalen Erbrecht ist die Staatsangehörigkeit. Wollte man hier gemäß demjenigen Recht qualifizieren, das in seinem IPR die Staatsangehörigkeit zum Anknüpfungspunkt gemacht hat, so würde dies bedeuten, bei der Anwendung des Art. 25 I EGBGB dem deutschen Recht zu überlassen, ob der Erblasser z.B. Franzose oder Niederländer war. Das deutsche Recht regelt diese Fragen aber nicht; das Staatsangehörigkeitsgesetz[121] hat ausschließlich den Erwerb und den Verlust der deutschen Staatsangehörigkeit zum Gegenstand; der Besitz einer ausländischen Staatsan-

---

115 Eine Durchbrechung der Regeln des ital. IPRG zugunsten italienischen Sachrechts wie im deutschen Recht bei der Qualifikation des Art. 25 II EGBGB ist nicht angezeigt, da Art. 46 II, 2 ital. IPRG die Rechtswahl nicht auf Inlandssachverhalte oder Inlandsvermögen beschränkt, und die ausschließliche Anwendung italienischen Sachrechts bei Auslandssachverhalten unangemessen wäre.

116 *Riering*, IPR-Gesetze in Europa, S. 54 f., 67.

117 Vom 01. 08. 1989; abgedruckt in *Staudinger-Dörner*, Vorbem. zu Art. 25 f. EGBGB Rn. 120; das niederländische Internationale Erbrecht beruht auf der Umsetzung dieses Abkommens, s. *Boele-Woelki*, IPRax 1995, 264, 268.

118 *Staudinger-Dörner*, Vorbem. zu Art. 25 f. EGBGB Rn. 113; *Kunz*, ZRP 1990, 212, 213.

119 S. Art. 26 EGBGB.

120 S. *Jayme/Hausmann*, Internationales Privat- und Verfahrensrecht, 10. Auflage 2000, Nr. 60, bes. Fn. 6.

121 Vom 22. Juli 1913, s. BGBl. III, 102-1 (Sartorius I, Verfassungs- und Verwaltungsgesetze der Bundesrepublik Deutschland, Nr. 15 mit allen Änderungsnachweisen)

gehörigkeit ist zwar in einigen seiner Normen[122] Tatbestandsmerkmal, über Erwerb oder Verlust einer ausländischen Staatsangehörigkeit ist damit aber nichts gesagt.

Dies entspricht dem Grundsatz, die Frage, welche Staatsangehörigkeit (-en) eine Person innehat, nach dem Recht des betroffenen Staates zu beantworten[123]. Diesem Prinzip folgt auch das IPR[124]. Er ist allgemein anerkannt, so daß weitgehend internationale Entscheidungseinheit besteht[125]. Die Staatsangehörigkeit richtet sich daher ausschließlich nach dem Recht des Staates, um dessen Staatsangehörigkeit es geht. Nach diesem Recht sind folgerichtig auch alle bei der Bestimmung der Staatsangehörigkeit auftauchenden Vorfragen zu qualifizieren[126], was eine Ausnahme zur grundsätzlichen Qualifikation von Vorfragen nach der lex fori darstellt.

bb) Qualifikation nach der lex causae durch Qualifikationsweiterverweisung des Ursprungsrechts der Norm ?

Das Anknüpfungsmoment der Staatsangehörigkeit nimmt somit, was die Frage der zutreffenden Qualifikation angeht, scheinbar eine Sonderstellung unter den Anknüpfungsmomenten des internationalen Erbrechts in den europäischen Rechtsordnungen ein. Es ist das einzige Anknüpfungsmoment, das nicht nach der Rechtsordnung, dessen Kollisionsrecht es entstammt, qualifiziert wird, sondern nach der Rechtsordnung des Staates, um dessen Staatsangehörigkeit es geht, also nach der lex causae, da dieses Recht das einzige Recht ist, das sinnvollerweise durch die Anknüpfung an die Staatsangehörigkeit berufen werden kann.

Methodisch könnte man durchaus argumentieren, daß auch das Anknüpfungsmoment der Staatsangehörigkeit der allgemeinen Regel der Qualifikation gemäß dem Kollisionsrecht, dem es als Tatbestandsmerkmal angehört, folgt: dieses Recht enthält nun einmal überall in der Europäischen Union den Grundsatz, die

122 Z.B. § 25 StAG bzgl. der Auswirkungen des Erwerbes einer ausländischen Staatsangehörigkeit auf die deutsche Staatsangehörigkeit.

123 *Staudinger-Blumenwitz*, Art. 5 EGBGB Rn. 44 f.; *BGB-RGRK-Wengler*, Band VI, 1, S. 250; *Schoenblum*, Multinational and Multistate Estate Planning, I. Band, S. 443 ff.

124 *Kropholler*, IPR, S. 265; *Soergel-Kegel*, Art. 5 Rn. 1; *BGB-RGRK-Wengler*, Band VI, 1, S. 250; *Makarov*, Grundriß des IPR, S. 69; *Schnitzer*, Handbuch des IPR, Band 1, S. 150 f.

125 *Kegel-Schurig*, IPR, S. 363, 394 f.

126 *OLG Frankfurt am Main*, FamRZ 1967, 481, 483; *Staudinger-Blumenwitz*, Art. 5 EGBGB Rn. 47; *Soergel-Kegel*, Art. 5 EGBGB Rn. 3.

Staatsangehörigkeit nach dem Recht des betroffenen Staates zu bestimmen[127], verweist also auf die lex causae weiter, so wie das Common Law für die Zuordnung zum unbeweglichen Vermögen auf die lex rei sitae weiterverweist (s. o.). Es trifft auch zu, daß die Qualifikation der Staatsangehörigkeit nach der lex causae von einem Gericht deshalb zu beachten ist, weil das anzuwendende Kollisionsrecht dies bestimmt und nicht, weil die lex fori dies (ebenfalls) festlegt; das anzuwendende Kollisionsrecht könnte durchaus eine zu beachtende Qualifikation der Staatsangehörigkeit nach eigenen Regeln vornehmen, weil im IPR die Feststellung der Staatsangehörigkeit nur der Ermittlung der einer Partei typischerweise am engsten verbundenen Rechtsordnung gilt und nicht Selbstzweck ist[128]. Genauso wie sonst wäre auch hier eine vom deutschen IPR abweichende Wertung eines ausländischen IPR zu akzeptieren.

cc) Ergebnis

Die Frage, ob die allgemein anzuwendenden Regeln bzgl. der Bestimmung der Staatsangehörigkeit (Qualifikation nach der lex causae, solange diese völkerrechtskonform ist) nun auf der jeweiligen lex fori und ihrer völkerrechtlichen Bindungen beruhen (echte Ausnahme zum Prinzip der Qualifikation von ausländischen Kollisionsnormen nach ihrem eigenen Recht), oder auf der Rechtsordnung, deren Kollisionsnormen die Staatsangehörigkeit als Anknüpfungsmoment benutzen, und deren völkerrechtlichen Bindungen (nur scheinbare Ausnahme), kann zwar für die Rechtsanwendung dahinstehen. Doch rechtfertigt die Grenze der Völkerrechtskonformität bei der Anerkennung ausländischen Staatsangehörigkeitsrechts nicht die Annahme einer grundsätzlichen Qualifikation nach der lex fori, egal ob man diese Grenze im ordre public[129] verortet oder nicht, denn die Nichtanwendbarkeit ausländischen Staatsangehörigkeitsrechts wegen Völkerrechtswidrigkeit ist kein Problem der Qualifikation, sondern der Beachtung völkerrechtlicher Normen durch das nationale Recht und beruht daher auf demselben Grundgedanken wie die Durchsetzung des jeweiligen ordre

---

127 *Soergel-Kegel*, Art. 5 EGBGB Rn. 1 für Deutschland; allgemein: *Kegel-Schurig*, IPR, S. 363, 394 f.

128 *Kegel-Schurig*, IPR, S. 330 f.

129 So *Staudinger-Blumenwitz*, Art. 5 EGBGB Rn. 41; anders *Sorgel-Kegel*, Art. 5 EGBGB Rn. 4.

public, nämlich das, was an der eigenen Rechtsordnung unverzichtbar ist, nicht mittels einer IPR-Verweisung aufzugeben[130].

Dogmatisch handelt es sich bei der Qualifikation der Staatsangehörigkeit nach der lex causae demnach nicht um eine Ausnahme von der üblichen Qualifikation der Tatbestandsmerkmale von Kollisionsnormen nach ihrem eigenen Recht.

130 Zu den Grenzen der Anerkennung von anderen Staaten begründeter Staatsangehörigkeiten s. auch *BGB-RGRK-Wengler*, Band VI, 1, S. 250 f.

IV. Einheitliches Erbstatut für die Rechtsnachfolge in einen SPE-Anteil ?

Das Ergebnis dieser Analyse der internationalerbrechtlichen Anknüpfungsmomente der Rechte der EU-Mitgliedstaaten in Bezug auf die Rechtsnachfolge in einen SPE-Anteil muß daher lauten: Nach dem Erbstatut der SPE zu fragen, ist de lege lata nicht erfolgversprechend.

1. Einheitliches Gesamtstatut ?

Für die Rechtsnachfolge von Todes wegen ist jedem Erblasser (also jeder natürlichen Person) zunächst ein Gesamterbstatut zugeordnet; ob sich im Vermögen eines Erblassers ein SPE-Anteil befindet, ist bei der Ermittlung dieses Gesamtstatuts nicht von Belang, da die Ermittlung des Gesamterbstatuts personenbezogenen Tatbeständen (Staatsangehörigkeit oder Wohnsitz des Erblassers), nicht vermögensbezogenen Tatbeständen (wie z. B. Belegenheit oder Hinnahme materiellen oder kollisionsrechtlichen Sonderrechts für bestimmte Vermögensgegenstände) folgt.

Diese Anknüpfung ist auch folgerichtig: Jeder Erblasser wird über unterschiedliche Vermögensgegenstände verfügen; von einem bestimmten dieser Vermögensgegenstände das erbrechtliche Gesamtstatut abhängig zu machen, ist wenig sachgerecht, da von einem einzigen Vermögensgegenstand schwerlich auf eine besondere generelle Bindung des Erblassers an eine bestimmte Rechtsordnung geschlossen werden kann, eine angemessene Berücksichtigung der Parteiinteressen demnach nicht gewährleistet wäre. Auch Ordnungs- und Verkehrsinteressen würden durch eine willkürliche Anknüpfung des Gesamtstatuts an einem Vermögensgegenstand nicht befördert.
Das Gesamtstatut an personenbezogenen Merkmalen festzumachen, entspricht dagegen sowohl den Parteiinteressen, weil das dem Erblasser zumindest abstrakt nächste Recht zur Anwendung kommt, als auch dem Ordnungsinteresse, möglichst alle Vermögensgegenstände einem einheitlichen Statut zu unterwerfen. Auch dem Verkehrsinteresse der Abwicklung nach Ortsrecht wird zumindest potentiell genüge getan, da eine gewisse Wahrscheinlichkeit dafür besteht, daß ein Erblasser eher Vermögensgegenstände besitzen wird, die dem ihm nächsten Recht unterstehen, als solche, die im Geltungsgebiet einer ihm fremderen Rechtsordnung belegen sind.

2. Einheitliches Einzelstatut ?

Einige Rechtsordnungen berücksichtigen das Verkehrsinteresse an der Geltung der lex rei sitae noch zusätzlich durch Ausnahmen vom Gesamt-erbstatut für bestimmte Gegenstände. Diese Ausnahmen bestehen inhaltlich aus der Festlegung oder Hinnahme der lex rei sitae als Einzel-erbstatut fast ausschließlich für das unbewegliche Vermögen. Schon für dieses fehlt es an einer in allen EU-Staaten einheitlichen Sonderanknüpfung; die Anteile an einer SPE als Anteile an einer Kapitalgesellschaft fallen aber unter keinen Umständen unter das unbewegliche Vermögen. Für sie gibt es keine Sonderanknüpfung in Abweichung vom personenbezogenen Gesamtstatut; letzteres ist für ihre Vererbung demnach immer maßgeblich.

3. Ergebnis

Da sich die Rechtsnachfolge von Todes wegen in jeden einzelnen SPE-Anteil de lege lata immer nach dem von personenbezogenen Merkmalen abhängigen Gesamterbstatut ihres Gesellschafters richtet, gibt es kein einheitliches Erbstatut für die einzelne SPE.

V. Erbrechtskollision als Konsequenz der inhaltlichen Divergenzen der nationalen International-Erbrechte

Bei der Vielfalt der Anknüpfungen der Internationalprivatrechte der Mitgliedstaaten und der hierbei zu beachtenden Qualifikationsregeln kann es nicht nur einen gewissen Aufwand verursachen festzustellen, nach welchem Erbstatut sich die Erbfolge in einen SPE-Anteil richtet; ein wirkliches Problem entsteht, wenn mehrere Internationalprivatrechte in einem konkreten Erbfall oder für einen bestimmten Vermögensgegenstand zur Anwendbarkeit verschiedener Erbstatute (zumeist des eigenen, nationalen) kommen, und sich diese inhaltlich unterscheiden.

Dazu folgendes deutsch-belgisches Beispiel:

Der Deutsche D, Inhaber eines mittelständischen, in der Rechtsform einer GmbH organisierten Unternehmens, das Automobilzubehörteile herstellt, bringt seine GmbH in ein Gemeinschaftsunternehmen in der Rechtsform der SPE ein, das er gemeinsam mit einem belgischen Zulieferer gegründet hat, ein. D hält einen Anteil von 50 %. Die SPE nimmt ihren Sitz in Brüssel, wohin zwecks Mitarbeit in der Unternehmensleitung auch der D seinen Wohnsitz verlegt. Bald darauf verstirbt er unerwartet, ohne Verfügungen von Todes wegen getroffen zu haben. Seine Kinder und seine Ehefrau, allesamt in Heidelberg ansässig, fragen sich, ob ihnen Rechte an dem SPE-Anteil zustehen.

1. Erbstatute des SPE-Anteils

Zunächst ist festzustellen, welches Erbstatut die Erbfolge in den SPE-Anteil regelt. Dies ergibt sich aus den Internationalprivatrechten der für den Fall relevanten Rechtsordnungen.

a) Art. 25 I EGBGB

Nach deutschem IPR richtet sich die Erbfolge in das Vermögen des D gem. Art. 25 I EGBGB nach dem Recht des Staates, dem der Erblasser D zum Zeitpunkt seines Todes angehörte; demnach würde D nach deutschem materiellen Erbrecht beerbt.

b) Art. 3 III EGBGB

aa) Einzelstatut bricht Gesamtstatut

Allerdings könnte für den SPE-Anteil des D nach Art. 3 III EGBGB etwas anderes gelten. Diese Norm nimmt Gegenstände von den familien- und erbrechtlichen Verweisungen der Artt. 13-26 EGBGB aus, sofern diese in einem Staat belegen sind, dessen Recht von den genannten Vorschriften nicht berufen wird, und die dort besonderen Vorschriften unterliegen.
Dies bedeutet, daß das deutsche Recht der lex rei sitae den Vortritt läßt, wenn das Recht des Belegenheitsstaates einen Vermögensgegenstand durch Sachnormen zum Sondervermögen macht oder durch die Kollisionsnormen seines IPR alle solchen auf seinem Staatsgebiet liegenden Vermögensgegenstände der Herrschaft des eigenen Rechts unterwirft[131]. Bei solchen Vermögensgegenständen bricht also das ausländische Einzelstatut das (inländische) Gesamtstatut[132]. Rechtspolitischer Grund hierfür ist die praktische Undurchsetzbarkeit des deutschen Rechts, wenn der Belegenheitsstaat den betroffenen Vermögensgegenstand eigenen Vorschriften unterstellt[133].

bb) Beispiele

So erstreckt sich das gem. Art. 17 EGBGB anwendbare deutsche Scheidungsfolgenstatut wegen Art. 3 III EGBGB nicht auf die Armeepension eines US-Soldaten. Diese darf nach US-amerikanischem Recht niemals auch nur teilweise dem Ehepartner zufallen, da die USA mit der Gewährung dieser Pension ein besonderes militärpolitisches Ziel (Verhinderung einer Überalterung der Streitkräfte) verfolgen[134]. Eine gänzlich andere Frage ist, ob in Deutschland belegene

---

131 *BGHZ* 50, 63, 69 ff.; *BGH*, IPRax 1994, 375 mit zust. Anm. *Dörner*, ebd. S. 362; *BayObLG* IPRax 2000, 309 ff. instruktiv zu § 25 II RAG-DDR als Kollisionsnorm iSv. Art. 3 III EGBGB und so entstehender interlokaler Nachlaßspaltung, wenn auch iE. wohl neben der Sache wegen zu enger Auslegung des § 25 II RAG-DDR, daher zu Recht anders der Vorlagebeschluß des *KG* ZEV 2000, 504 f.; wie das BayObLG aber nunmehr *BGH*, ZEV 2001, 235 ff.; vgl. auch *BGHZ* 131, 22 ff. und *Kunz*, IPR, Rn. 264 ff. *MünchKomm-Sonnenberger*, Art. 3 EGBGB, Rn. 21-25; *Staudinger-Hausmann*, Art. 3 EGBGB, Rn. 60; *Lange*, ZEV 2000, 469, 472.

132 *Kropholler*, IPR, S. 179 f.; aA. *Soergel-Kegel*, Art. 3 EGBGB, Rn. 16; *Kegel-Schurig*, IPR, S. 374 ff., der sowohl das Vorliegen von materiellem Sonderrecht als auch von Sonderkollisionsrecht für die betroffenen Gegenstände für die Anwendung des Art. 3 III EGBGB verlangt. So auch *Solomon*, IPRax 1997, 81, 87; kritisch zur h.M. ebenfalls *Stoll*, Die Rechtswahl im Namens-, Ehe- und Erbrecht, S. 102 ff.

133 *Firsching*, Internationales Erbrecht, Deutschland C Rn. 50.

134 *AG Charlottenburg*, NJW 1984, 2042.

Versorgungsanwartschaften Sondervermögen im Sinne des Art. 3 III EGBGB sind, die immer nach deutschem Sachrecht auszugleichen wären. Dies wird zutreffend von der h.M. verneint, da Art. 17 III, 2 Nr. 1 EGBGB zwar eine Sonderanknüpfung für inländische Versorgungsanwartschaften für den Fall vorsieht, daß ein Versorgungsausgleich nach Art. 17 III, 1 EGBGB ausgeschlossen ist, die Billigkeit einen solchen aber gebietet - diese Norm aber lex specialis zu Art. 3 III EGBGB ist, weil sie den Bereich, in dem deutsches Sachrecht für deutsche Anwartschaften zwingend gelten soll, selbst abschließend festlegt[135].

Ein Beispiel für Sonderregeln für in Deutschland belegenes Vermögen ist die in der ehemaligen britischen Besatzungszone geltende Höfeordnung[136]. Ein nichtdeutscher Hofeigentümer wird also nicht nach seinem Heimatrecht beerbt, wie es die Grundregel des Art. 25 I EGBGB besagt, sondern gem. Art. 3 III EGBGB der Höfeordnung (materiellem deutschen Erbrecht) unterstellt[137]. Dagegen versteht sich für *Kegel*[138] die Verdrängung des Art. 25 EGBGB durch das deutsche Höferecht von selbst, da bei Inkrafttreten des EGBGB das Sonderrecht für Höfe als Landesrecht bestehen blieb[139] und daher auch die Zuständigkeit für das Internationale Privatrecht in diesem Punkt bei den Bundesstaaten verblieben war[140]. Art. 28 a.F. EGBGB (= Art. 3 III n.F.) konnte daher für dieses Sondervermögen nichts besagen. Die Höfeordnung ist aber seit 1949 partielles Bundesrecht[141]; seitdem ist Art. 28 a.F. bzw. Art. 3 III n.F. EGBGB für dieses Sondervermögen einschlägiges Kollisionsrecht.

cc) Einzelstatut für einen SPE-Anteil nach belgischem Recht ?

Es ist demnach zur Feststellung des Erbstatuts nach deutschem Recht zu prüfen, ob Belgien auf diese Weise mit Geschäftsanteilen verfährt, denn der Anteil an der SPE ist am Sitz der SPE, mithin in Belgien, belegen[142]. Im belgischen Kollisionsrecht herrscht der Grundsatz der „dualité de régimes" (Nachlaßspaltung). Art. 3 II des belgischen Code civil unterstellt alles in Belgien belegene Grundvermögen belgischem Recht. Daraus wird abgeleitet, daß sich die Erbfolge in

---

135 S. *Thoms*, Einzelstatut bricht Gesamtstatut, S. 15; *MünchKomm-Sonnenberger*, Art. 3 EGBGB Rn. 37.

136 *Stöcker*, WM 1980, 1134; *von Bar*, IPR, S. 266; *Thoms*, Einzelstatut bricht Gesamtstatut, S. 11.

137 *MünchKomm-Sonnenberger*, Art. 3 EGBGB Rn. 33.

138 *Kegel-Schurig*, IPR, S. 373.

139 Artt. 59, 62-64 EGBGB.

140 *Kegel-Schurig*, IPR, S. 186.

141 Art. 125 Nr. 1 GG, s. *Stöcker*, WM 1980, 1134.

142 *Henrich*, Internationales Erbrecht, Großbritannien Grdz. K II Rn. 268 für Großbritannien; *von Bar*, IPR, S. 266, Fußnote 88.

unbewegliches Vermögen stets nach der lex rei sitae richtet[143]. Ein Kapitalgesellschaftsanteil gehört jedoch nicht zum unbeweglichen Vermögen. Für das bewegliche Vermögen ist in Belgien das Erbrecht des letzten Wohnsitzes des Erblassers maßgeblich (die lex domicilii)[144]. Nach belgischem IPR wird daher der SPE-Anteil des D nach belgischem Erbrecht vererbt. Dies liegt aber nicht an Sonderregeln des belgischen Rechts für in Belgien belegene Geschäftsanteile oder an einer internationalerbrechtlichen Sonderanknüpfung für solche Anteile, sondern an einer vom deutschen Recht verschiedenen Anknüpfung zur Ermittlung des erbrechtlichen Gesamtstatuts.

Auf einen solchen Fall ist Art. 3 III EGBGB nicht anwendbar[145], da das belgische Recht über die Anwendung der lex domicilii auf das bewegliche Vermögen nicht bestimmtes, in Belgien belegenes Vermögen eigenem Recht unterwirft (das belgische Recht wird also nicht vermögensrechtliches Sonderstatut[146] für in Belgien belegenes Vermögen) sondern durchaus auch nichtbelgisches Recht gemäß dieser Kollisionsregel zur Anwendung kommen könnte[147]. Darin

---

143 *Cieslar*, Internationales Erbrecht, Belgien C Rn. 5.

144 Zum „ domicile" s. Art. 102, 103 belg. Code civil in: *Cieslar*, Internationales Erbrecht, Belgien Texte B, S. 3.

145 *Thoms*, Einzelstatut bricht Gesamtstatut, S. 20; *Firsching*, Internationales Erbrecht, Deutschland Grdz. C Rn. 50; *Ferid*, Internationales Erbrecht, Frankreich C I Rn. 11; *MünchKomm-Sonnenberger*, Art. 3 EGBGB, Rn. 25 aE; *Palandt-Heldrich*, Art. 3 EGBGB, Rn. 15; *Kropholler*, IPR, S. 180; *Lorenz*, DNotZ 1993, 148, 154 f. für das Wohnsitzrecht als Gesamtstatut gem. Art. 90 I schweiz. IPRG.

146 Vgl. *Staudinger-Stoll*, Internationales Sachenrecht Rn. 182 f., der unter Einzelstatut nur das Sachstatut versteht und daher von Ausnahmen zum vermögensrechtlichen Gesamtstatut spricht; gemeint ist ein für bestimmte Vermögensgegenstände ausschließlich geltendes Sonderstatut, das gerade ein Einzelstatut ist, weil es nur für bestimmte Gegenstände gilt und sich vom Gesamtstatut, das für das restliche Vermögen gilt, unterscheidet. Ein Beispiel für ein IPR, das auch bewegliches Vermögen in diesem Sinne zum kollisionsrechtlichen Sondervermögen macht, ist das IPR des US-Bundesstaates Mississippi (s. *Firsching/Heusler*, Internationales Erbrecht, USA Texte III Nr. 22, S. 1). Dort gilt bei gesetzlicher Erbfolge für das in Mississippi belegene bewegliche Vermögen die lex rei sitae, was nach Art. 3 III EGBGB anzuerkennen ist.

147 Vgl. *Kegel-Schurig* IPR, S. 372 bzgl. norwegischer Erbhöfe; die Nichtgeltung des Art. 3 III EGBGB im Fall der unterschiedlichen Gesamtanknüpfung ist für *Kegel* auch ein wichtiges Argument für die Ablehnung der Anwendung des Art. 3 III EGBGB auf die Fälle der bloßen kollisionsrechtlichen Nachlaßspaltung; die Ratio des Art. 3 III EGBGB sei die Anerkennung besonderer wirtschaftlicher oder politischer Ziele eines fremden Staates, die mit rein kollisionsrechtlichen Regeln aber nicht verfolgt würden, was die h.M. im Fall der abweichenden Gesamtanknüpfung auch einsehe (dies werde besonders deutlich bei den sogenannten Dänemarkfällen; die dortige Gesamtanknüpfung am Domizil führt unbestrittenerweise nicht zur Anwendung von Art. 3 III EGBGB; s. *Thoms*, Einzelstatut bricht Gesamtstatut, S. 62 f.; *Firsching*, Internationales Erbrecht, Deutsch-

kann eine bewußte Unterwerfung bestimmter in Belgien belegener Gegenstände unter belgisches Recht um dieser Gegenstände willen, die gemäß Art. 3 III EGBGB anzuerkennen wäre, nicht gesehen werden.

c) Ergebnis

Es bleibt somit im deutschen IPR bei der Grundregel des Art. 25 I EGBGB; D wird auch bzgl. seines SPE-Anteils nach deutschem Recht beerbt, Nachlaßspaltung[148] tritt nicht ein. Nach belgischem IPR findet dagegen belgisches Erbrecht Anwendung.

2. Konsequenzen der Erbrechtskollision

Welches nationale Erbrecht die gesetzliche Erbfolge regelt, ist von großer Bedeutung, da sich die nationalen Erbrechtsordnungen naturgemäß unterscheiden. Der für die Beerbung des D festgestellte positive Kompetenzkonflikt zwischen den nationalen Erbrechten Deutschlands und Belgiens führt zu zwei deutlich unterschiedlichen Erbgängen bezüglich desselben Vermögens:

a) Der Erbgang nach deutschem Recht

Angenommen, D hat neben seiner Frau F und seiner ehelichen Tochter K aus dieser Ehe noch eine Tochter T aus einer vorangegangenen Ehe und einen nichtehelichen Sohn S. Nach deutschem Erbrecht[149] erbt im Fall des gesetzli-

---

land Grdz. C Rn. 50); daher könne man über Art. 3 III EGBGB auf kollisionsrechtliche Besonderheiten anderer Staaten generell keine Rücksicht nehmen, unabhängig davon, ob sie in einem abweichenden Gesamt- oder Einzelstatut bestünden (aaO, S. 312 ff.); so auch *Solomon*, IPRax 1997, 81,84 ff.

148 Im Falle einer Nachlaßspaltung ist jeder Nachlaßteil grundsätzlich als selbständig anzusehen und wie ein eigenständiger Nachlaß zu behandeln; s. *BGHZ* 24, 352; *OLG Zweibrücken*, IPRax 1999, 110; *BayObLG*, IPRax 1982, 111; *BayObLGZ* 1971, 34, 47; *OLG Köln*, IPRspr. 1964/65 Nr. 72; *Kropholler*, IPR, S. 181, 417; *Coester*, JA 1979, 351, 352; *Aretz/Korth*, Internationales Privat- und Verfahrensrecht, Rn. 232 und *Kegel-Schurig*, IPR, S. 855 sowie *Solomon*, IPRax 1997, 81 mit Beispielen zu den Schwierigkeiten, die aus diesem Umstand erwachsen können und jüngst *Lange*, ZEV 2000, 469, 472.

149 Mit Wirkung vom 01. 04. 1998 ist die vollkommene Gleichstellung nichtehelicher Abkömmlinge und Aszendenten in der gesetzlichen Erbfolge nach deutschem Recht durch die ersatzlose Streichung der §§ 1934a bis 1934e BGB a.F. vollzogen worden. S. Art. 1 Nr. 3 des Gesetzes zur erbrechtlichen Gleichstellung nichtehelicher Kinder (Erbrechtsgleichstellungsgesetz- ErbGleichG vom 16. 12. 1997, BGBl. 1997 I, S. 2968).

chen Güterstandes die F gem. §§ 1931 I, 1, 1371 I BGB als überlebender Ehegatte zur Hälfte neben den Verwandten erster Ordnung K, T und S (§ 1924 I, IV BGB), die jeweils 1/6 der Erbschaft erhalten.

b) Der Erbgang nach belgischem Recht

Das belgische Recht berücksichtigt zwar ebenfalls in der beschriebenen Konstellation den überlebenden Ehegatten und die Abkömmlinge, doch unterscheidet es sich in Regelungsmechanismus und wertmäßiger Beteiligung der einzelnen Erben erheblich vom deutschen Recht. Gem. Art. 731, 745 ^{bis} des belgischen Code civil wird der überlebende Ehegatte neben Abkömmlingen nicht Erbe, erhält aber ein Nießbrauchsrecht am gesamten Nachlaß. Die Abkömmlinge werden zu gleichen Teilen (hier: 1/3) Erben; auf die eheliche Abstammung kommt es nicht an[150] (s. Art. 334 belg. Code civil).

Um die endgültige Aufteilung des Nachlasses zu ermöglichen, sieht Art. 745 ^{quater} ff. belg. Code civil für die Abkömmlinge und den überlebenden Ehegatten die Möglichkeit der Umwandlung des Nießbrauchsrechts in Volleigentum, eine Geldsumme oder eine Rente für den überlebenden Ehegatten vor[151].
Die Höhe der Abfindungssumme für den Ehegatten bestimmt sich gem. Art. 745 ^{sexies} § 3 belg. Code civil nach dem Wert der Erbschaft, ihrer Ertragslage und den auf ihr ruhenden Belastungen, sowie nach dem Alter des Ehegatten. Abkömmlinge aus außerehelichen Beziehungen haben dieses Umwandlungsrecht jedoch nicht; außerdem sind sie, sofern die im Moment ihrer Empfängnis beste-

---

Eine eingehende Darstellung der neuen Rechtslage findet sich bei *Rauscher*, ZEV 1998, 41 ff.. Nach alter Rechtslage hätte der Erbgang folgendermaßen ausgesehen: die Abkömmlinge wären neben der zur Hälfte erbenden Ehefrau (§§ 1931 I, 1, 1371 I BGB) grundsätzlich gem. §§ 1924 I, IV BGB zu gleichen Teilen zu Erben berufen, wobei allerdings dem S gem. § 1934 a I BGB a.F. nur ein Erbersatzanspruch in Höhe seines gesetzlichen Erbteils gegen die Erben zustünde. Erben würden also nur die F zu 1/2 und T und K zu je 1/4. Die Erbersatzanspruchslast in Höhe von 1/6 zugunsten des S hätten im Innenverhältnis K und T gem. §§ 1934 a II,1, 2320 I BGB a.F. zu tragen, da sie durch den Wegfall des S als gesetzlicher Erbe begünstigt würden. Wertmäßig erhielte die F also 1/2 des Nachlasses, die Abkömmlinge jeweils 1/6. Die Anteile an der SPE fielen dagegen in den Nachlaß, der gem. § 1922 BGB der Erbengemeinschaft aus F, K und T (zu den genannten Quoten) zustünde.

150 Die erbrechtliche Lage des nichtehelichen Kindes hat sich in Belgien durch das Abstammungsreformgesetz vom 31. 03. 1987 wesentlich verbessert (*Cieslar*, Internationales Erbrecht, Belgien Grdz. E III. Rn. 29). Angestoßen wurde diese Reform durch das sogenannte Marckx-Urteil des Europäischen Gerichtshofs für Menschenrechte vom 13. 06. 1979 (NJW 1979, 2449 ff.), das einen Verstoß der alten Rechtslage gegen die EMRK festgestellt hatte (im einzelnen: *Sturm*, FamRZ 1982, 1150 ff.).

151 *Cieslar*, Internationales Erbrecht, Belgien Grdz. E Rn. 36.

hende Ehe beim Tode des Erblassers noch besteht, und sie nicht im ehelichen Hausstand aufgewachsen sind, auch anderweitig benachteiligt: Sie können von den ehelichen Abkömmlingen (oder dem überlebenden Ehegatten, wenn dieser Erbe geworden ist) gem. Art. 837 belg. Code civil mit einer Geldsumme oder anderen Vermögensgegenständen abgefunden werden, was einem gewillkürten Erbersatzanspruch nahekommt.

c) Ergebnis

Die Ergebnisse der Anwendung der beiden Erbrechte auf den konkreten Fall sind also vollkommen unvereinbar: Nach deutschem Recht ist die F zur Hälfte dinglich am Nachlaß beteiligt, nach belgischem Recht überhaupt nicht, sie hat nur ein ihr auf Antrag der Erben entziehbares, weil umwandelbares Nießbrauchsrecht.
Der S hingegen ist zwar sowohl nach deutschem als auch nach belgischem Recht dinglich am Nachlaß beteiligt, er kann aber im belgischen Recht auf schuldrechtliche Ansprüche verwiesen werden, wenn er von seinen Halbgeschwistern K und T abgefunden wird.

Die Abkömmlinge K, T und S erben in Begien zu 1/3, in Deutschland zu 1/6; doch sind diese Erbteile in Belgien mit dem Nießbrauch der Ehefrau belastet. Selbst wenn man nach der Umwandlung des Nießbrauchs der F wertmäßig zu ähnlicher Berücksichtigung der Beteiligten in beiden Rechtsordnungen kommen sollte, was von der Bewertung des Nießbrauchsrechts durch das Nachlaßgericht abhängt, so sind die jeweiligen Rechte bei der Aufteilung des Nachlasses nicht in Übereinstimmung zu bringen.
Für die SPE ist die dingliche Beteiligung am Nachlaß besonders wichtig, da ohne diesbezügliche Regelungen im Gesellschaftsvertrag oder in einer Verfügung von Todes wegen sich diese Beteiligung in einer Beteiligung an der SPE fortsetzt, sei es, daß der SPE-Anteil an die Erbengemeinschaft aus F, T, K und S fällt (deutsche Lösung), oder an die belgischen Erben T, K und S in Form der „indivision“, allerdings vom Nießbrauchsrecht der F umfaßt.

3. Mehrfachkollision

Doch sind keinesfalls nur Fälle denkbar, in denen zwei Rechtsordnungen um die Regelung eines Erbfalls konkurrieren. Neben den von dem beschriebenen Kompetenzkonflikt betroffenen Erblassern, die in einem Staat leben, dessen Staatsangehörigkeit sie nicht haben, und der das Erbstatut nicht wie ihr Heimatstaat an die Staatsangehörigkeit, sondern an den letzten Wohnsitz anknüpft, sind unabhängig von ihrem Wohnsitz auch Doppelstaater von der mangelnden

Übereinstimmung der europäischen Internationalerbrechte betroffen, deren beide Heimatstaaten an die Staatsangehörigkeit anknüpfen, um das Erbstatut zu ermitteln. Für diese Gruppe ist allerdings nicht das beschriebene Auseinanderfallen der Anknüpfungsmomente problematisch, sondern vielmehr ihr genaues Übereinstimmen.

a) Abwandlung des Beispielsfalls

Angenommen, D sei ein Deutsch-Italiener, der im Kölner Raum eine Kette von Feinkostgeschäften in der Rechtsform einer GmbH betreibt. Er will den Einkauf in Italien besser organisieren und gründet zu diesem Zweck zusammen mit Betreibern ähnlicher Geschäfte aus Frankfurt am Main, Stuttgart, München, Wien und Amsterdam eine SPE mit Sitz in Florenz, deren Aufgabe es ist, den Einkauf in Italien zentral und kostengünstig zu erledigen. Die Anteile halten alle Teilnehmer persönlich. Die Familienverhältnisse des D seien unverändert, nur daß sein nichtehelicher Sohn S in Rom lebt, seine Kinder K und T dagegen in Köln. Die SPE erwirbt im Laufe der Zeit Grundstücke und Fahrzeuge und baut ein weitverzweigtes Netz von Geschäftsbeziehungen mit zahlreichen italienischen Produzenten auf. D verstirbt untestiert, nicht ohne seinen Wohnsitz zusammen mit der F aus steuerlichen Gründen nach Eupen in Ostbelgien verlegt zu haben.

b) Keine Änderung der Rechtslage in Deutschland und Belgien

Für das belgische Recht bleibt es bei der Anwendung des eigenen materiellen Erbrechts für das bewegliche Vermögen des D, da D auch hier seinen Wohnsitz in Belgien hat. Als Deutscher bleibt es für ihn nach deutschem IPR auch bei seiner Beerbung nach deutschem Erbrecht. Auch seine zusätzliche italienische Staatsangehörigkeit ändert hieran nichts, da seit der IPR-Reform von 1986 gem. Art. 5 I, 2 EGBGB im Falle mehrerer Staatsangehörigkeiten stets die deutsche vorgeht[152].

---

152 Dies widersprach der bis dahin überwiegenden Rechtsprechung, die auch für Deutsche mit mehreren Staatsangehörigkeiten an die effektivste Staatsangehörigkeit anknüpfte; s. Art. 5 I, 1 EGBGB; s. *BGHZ* 60, 68, 82 für den Anwendungsbereich des Haager Übereinkommens über die Zuständigkeit der Behörden und das anzuwendende Recht auf dem Gebiet des Schutzes von Minderjährigen (MSA s. BGBl. 1971 II, S. 219; vgl. dazu *BGH*, NJW 1997, 3024 f. zur heutigen Rechtslage); *BGHZ* 75, 32, 40 ff.; *BGH* IPRax 81, 25 mit abl. Anmerkung *Firsching*, ebd. S. 16, auf dessen Wirken die Neuregelung wesentlich zurückgeht; nuanciert auch *Makarov*, Grundriß des IPR, S. 69; s. zur Kritik hieran *Jayme*, Rechtssicherheit und Vorhersehbarkeit als Grundwerte des IPR, S. 38 f. und *Mansel*, Personalstatut, Staatsangehörigkeit und Effektivität, S. 203 ff.; ist aber international üblich, s. *Kegel-Schurig* IPR, S. 397; *Mansel* aaO. S. 123 ff.; *Schoenblum*, Multinational and Multistate Estate Planning, I. Band, S. 393, 394 f.; und vgl. neben

c) Erbstatut nach italienischem IPR

aa) Italienisches IPR

Italien unterstellt ebenso wie Deutschland die gesamte Erbfolge der lex patriae (Art. 46 I ital. IPR-Gesetz)[153], und analog zum deutschen Recht gibt es der eigenen Staatsangehörigkeit immer den Vorrang (Art. 19 II, 2 ital. IPR-Gesetz).

Deutschland und Italien: Art. 2 § 1 polnisches Gesetz über das IPR, s. *Riering*, IPR-Gesetze in Europa, S. 95;
§ 11 II ungarische Verordnung über das IPR (IPRVO), s. *Riering*, IPR-Gesetze in Europa, S. 369;
§ 9 I, 2 des österr. Bundesgesetzes über das IPR, s. *Riering*, IPR-Gesetze in Europa, S. 83; zu den aus dieser Rechtslage im deutsch-österreichischen Verhältnis resultierenden Gefahren s. *von Oertzen/Mondl*, ZEV 1997, 240, 242;
Kapitel IV, Art. 9 IX, 2 span. Código civil, s. *Riering*, IPR-Gesetze in Europa, S. 269;
§ 33 I des tschechoslowakischen Gesetzes zum Internationalen Privat- und Prozeßrecht (nach wie vor in Geltung in den Nachfolgestaaten der Tschechoslowakischen Föderativen Republik), s. *Riering*, IPR-Gesetze in Europa, S. 313;
Art. 12 II des rumänischen Gesetzes Nr. 105 zur Regelung der Rechtsverhältnisse des IPR, s. *Riering*, IPR-Gesetze in Europa, S. 137;
Art. 4 b) des türk. Gesetzes Nr. 2675 über das Internationale Privat- und Zivilverfahrensrecht, s. *Riering*, IPR-Gesetze in Europa, S. 341;
§ 1 I des schwed. Gesetzes betreffend internationaler Verhältnisse in Nachlaßsachen, s. *Staudinger-Dörner*, Anh. zu Art. 25 f. EGBGB Rn. 575;
Art. 11 I jugoslawisches IPR-Gesetz (nach wie vor in Geltung in den Nachfolgestaaten der Sozialistischen Föderativen Republik Jugoslawien, s. *Gec-Kovošec*, Internationales Erbrecht, Slowenien Grdz. C, Rn. 20);
Art. 31 Zivilgesetzbuch von Griechenland, s. *Georgiades/Dimakou-Kiaou*, Internationales Erbrecht, Griechenland Texte A I, S. 3;
Art. 23 I des albanischen Gesetzes Nr. 3920 über die Anwendung ausländischer Gesetze, s. *Stoppel*, Internationales Erbrecht, Albanien Texte A I, S. 3;
für Israel s. Nr. 59 des Palestine Order in Council vom 10. 08. 1922, s. *Assan/Margalith*, Internationales Erbrecht, Israel Texte, S. 118;
Art. 28 I, 2 des japanischen Gesetzes Nr.1 über die Anwendung der Gesetze, s. *Mori*, Internationales Erbrecht, Japan, Texte I, S. 2;
§ 2 I, 2 koreanisches IPR-Gesetz, s. *Kim-Ukkon*, Internationales Erbrecht, Republik Korea, Texte A II, S. 3;
Art. 39 III tunesisches IPRG, s. *Kropholler u.a.*, Außereuropäische IPR-Gesetze, S. 881, Hamburg/Würzburg 1999;
Ausnahme: Art. 23 II schweizerisches IPR-Gesetz, der auf die effektive Staatsangehörigkeit abstellt; näher: *Dutoit*, Commentaire de la loi fédérale du 18 décembre 1987, Art. 23 Rn. 2-4.

153 Gesetz vom 31. 05. 1995, Nr. 218, Reform des italienischen IPR, s. *Riering*, IPR-Gesetze in Europa, S. 42 ff.

Hiernach wird der D gem. italienischem IPR nach italienischem materiellen Erbrecht beerbt.

bb) Erbgang nach italienischem Erbrecht

Die F erbt neben des Abkömmlingen des D zu 1/3, gem. den Artt. 581, 469 Codice civile; die Abkömmlinge K, T und S erben im Übrigen zu gleichen Teilen (Art. 566 I Codice civile)[154] also jeweils zu 2/9. Allerdings haben die ehelichen Abkömmlinge ein Abfindungsrecht gegenüber nichtehelichen Abkömmlingen, s. Art. 566 II, 537 III Codice civile[155], so daß sie darüber entscheiden können, ob ihre nichtehelichen Geschwister an der Erbengemeinschaft teilnehmen.

d) Stellung der nichtehelichen Abkömmlinge im europäischen Vergleich als Quelle inhaltlicher Unterschiede der nationalen Erbrechtsordnungen

Damit war die Stellung der nichtehelichen Abkömmlinge[156] neben ehelichen Abkömmlingen in Italien derjenigen in Deutschland bis zum Inkrafttreten des ErbGleichG sehr ähnlich. Wie sich auch schon beim Vergleich mit dem belgischen materiellen Erbrecht[157] gezeigt hat, hat sich das deutsche Recht mit der zwingenden dinglichen Beteiligung nichtehelicher Abkömmlinge am Nachlaß bei gesetzlicher Erbfolge, auch wenn diese mit ehelichen Abkömmlingen oder dem überlebenden Ehegatten zusammentreffen, von der italienischen und der

154 *Salaris*, ZEV 1995, 240, 242; *Kindler*, Einführung in das italienische Recht, S. 228, 230 f.

155 *Stadler*, Internationales Erbrecht, Italien Grdz. E Rn. 52 a; *Kindler*, Einführung in das italienische Recht, S. 229.

156 Die Diskriminierung nichtehelicher Abkömmlinge im Erbrecht hat in den europäischen Rechtsordnungen eine lange Tradition; s. *Lange/Kuchinke*, Erbrecht, S. 277 ff. und für Deutschland *Schmidt-Wiegand*, Deutsche Rechtsregeln und Rechtssprichwörter, S. 94: „Wer nicht ebenbürtig ist, der mag kein Erbe nehmen.“, S. 168: „Unechten gebührt kein Heergewäte.“ (= urspr. kriegerische Ausrüstung, später auch sonstige Gebrauchsgegenstände); S. 230: „Kein unechter Sohn geht zur Losung.“.

157 Die belgische Lösung einer nur fakultativen Beteiligung von Abkömmlingen aus außerehelichen Beziehungen am Nachlaß, sofern die betroffene Ehe beim Tode des Erblassers noch besteht, und letztere nicht im Familienverband aufgewachsen sind, stellt m.E. angesichts der ungeschmälerten Testierfreiheit des Erblassers, auch solche Abkömmlinge zu Erben einzusetzen, einen besseren Ausgleich zwischen den widerstreitenden Interessen der Beteiligten dar. Kritisch zum nunmehr durchgeführten Reformvorhaben auch *Bosch*, FamRZ 1996, 3 ff. und zu ihrer Durchführung: *Schwab*, FamRZ 1997, 406 f.; uneingeschränkt positiv dagegen *Rauscher*, ZEV 1998, 41, 43, der Spannungen innerhalb einer inhomogenen Erbengemeinschaft zutreffenderweise nicht für gerade bei nichtehelichen Verwandschaftsverhältnissen typisch hält, dabei aber die Typizität solcher Spannungen bei außerehelichen Verwandtschaftsbeziehungen nicht berücksichtigt.

belgischen Rechtsordnung entfernt. Die vollständige Gleichstellung der nichtehelichen Abkömmlinge, besonders was ihre dingliche Beteiligung am Nachlaß angeht, teilt die europäischen Rechtsordnungen in zwei Lager:

Deutschland ist mit dem ErbGleichG[158] zu der für die Gleichstellung nichtehelicher Kinder stehenden Staatengruppe übergewechselt, zu der z.B. Österreich[159] und die skandinavischen Staaten[160] gehören; aber auch Portugal[161], Spanien[162] und Griechenland[163], Großbritannien[164], Irland[165]. Die Niederlande[166] und Luxemburg[167] haben sich mit der Ratifikation des Übereinkommens über die Rechtsstellung nichtehelicher Kinder[168] für eine weitgehende Gleichstellung nichtehelicher Abkömmlinge im gesetzlichen Erbrecht nach ihrem Vater entschieden, wobei allerdings im einzelnen auch in diesen Rechtsordnungen nach wie vor Ungleichheiten bestehen[169].
Eine Minderheit aller europäischen Staaten ist diesen Weg nicht mitgegangen: Neben Belgien und Italien hat besonders Frankreich die erbrechtliche Diskriminierung der sogenannten Ehebruchskinder aufrechterhalten, allerdings nicht durch den Ausschluß von der dinglichen Beteiligung am Nachlaß, sondern durch die Halbierung des diesen Kindern zustehenden gesetzlichen Erb- bzw. Pflichtteils[170].

---

158 Vom 16. 12. 1997, BGBl. 1997 I, S. 2968.

159 *Firsching*, Internationales Erbrecht, Österreich Grdz. E II. Rn. 66 lit. e (seit dem 1. Januar 1991); *Paliege*, ZfRV 32 (1991), 169, 174 ff.; s. allerdings S. 178 f. zur gegenläufigen Möglichkeit der Pflichtteilsminderung bei mangelndem Näheverhältnis in § 773 lit. a ABGB; *Ebenroth*, Erbrecht, S. 104 Rn. 177.

160 Für Dänemark, s. *Ebenroth*, Erbrecht, S. 101 Rn. 174; s. auch *Jayme/Hausmann*, Internationales Privat- und Verfahrensrecht, 10. Auflage 2000, Nr. 50 Fn. 1.

161 Artt. 2132 f., 2139 f., port. Código civil.

162 *Ebenroth*, Erbrecht, S. 99 Rn. 171 (Art. 108, 4 span. Código civil).

163 *Ebenroth*, Erbrecht, S. 100 Rn. 174.

164 *Ebenroth*, Erbrecht, S. 102 Rn. 175 (Family Law Reform Act 1969, allerdings mit Einschränkungen, s. *Lange/Kuchinke*, Erbrecht, S. 281).

165 *Ebenroth*, Erbrecht, S. 103 Rn. 175 (Status of Children Act 1987).

166 *Nieper/Westerdijk-Hein*, Niederländisches Bürgerliches Gesetzbuch, Buch 3-5, Einführung, S. XXIX.

167 *Cieslar*, Internationales Erbrecht, Luxemburg Grdz. F VI Rn. 89.

168 Straßburger Europäisches Übereinkommen über die Rechtsstellung nichtehelicher Kinder vom 15. 10. 1975, Art. 9; abgedruckt im österreichischen BGBl. 1980, S. 2274; s. auch *Jayme/Hausmann*, Internationales Privat- und Verfahrensrecht, 10. Auflage 2000, Nr. 50 Fn. 1.

169 *Lange/Kuchinke*, Erbrecht, S. 277 ff.

170 *Ferid*, Internationales Erbrecht Frankreich Grdz. F § 2 VI Rn. 213; *Gresser*, ZEV 1997, 492.

So kann die deutsche Reform durchaus als Schritt zu größerer Einheitlichkeit bzgl. der dinglichen Beteiligung nichtehelicher Kinder am Nachlaß ihres Vaters betrachtet werden[171], wobei eine bedeutende Minderheit von Staaten sich gewisse Differenzierungen vorbehält, was für die SPE die Problematik der unterschiedlichen Regelung der dinglichen Beteiligung von nichtehelichen Kindern am Nachlaß und damit an der Gesellschaft im Falle eines positiven Kompetenzkonfliktes verschiedener Internationalerbrechte lebendig erhält.

171 So auch *Ebenroth/Frank*, ZEV 1996, 167, 169.

4. Nachlaßverteilung im Beispielsfall

Die Verteilung des Nachlasses an die verschiedenen Beteiligten gestaltet sich also im Beispielsfall wie folgt:

	Deutschland §§ 1924 I, IV, 1931 I, 1, 1371 I BGB	Belgien Artt. 334, 731, 745 bis, 745 quater, 745 sexies, 837 Code civil	Italien Artt. 469, 537 566, 581 Codice civile
F	zu 1/2 Erbin (50 %)	Nießbrauch am ganzen Nachlaß, Abfindung durch Erben möglich	zu 1/3 Erbin (33, 3 %)
K	zu 1/6 Erbin (16, 7 %)	Erbin zu 1/3 (33, 3 %), aber belastet mit dem Nießbrauchsrecht der F, die aber abgefunden werden kann; außerdem Abfindungsrecht gegenüber dem S	Erbin zu 2/9 (22,2 %); außerdem Abfindungsrecht gegenüber dem S
T	s. K	s. K	s. K

S	s. K	Erbe zu 1/3 (33, 3 %), aber belastet mit dem Nießbrauchsrecht der F, die er nicht abfinden kann; er kann dagegen selbst abgefunden werden	Erbe zu 2/9 (22, 2 %), aber mgl. Abfindung durch K und T

Hieraus ergibt sich für das Verhältnis zwischen deutschem, belgischem und italienischem Recht, daß nicht nur die letztendlichen dinglichen Erbquoten unterschiedlich sind (F: 50 %, 0 %, 33,3 %; K und T: 16, 7 %, 33,3 (oder 50 %, wenn S abgefunden wird), 22,2 % (oder 33,3 %, wenn S abgefunden wird); S: 16, 7 %, 33,3 (oder 0 %), 22,2 (oder 0 %)), sondern auch die wertmäßige Beteiligung der Prätendenten je nach Rechtsordnung differiert (F : 50 %, je nach dem Wert des Nießbrauchs, 33,3 %; K, T und S: 16, 7 %, je nach dem Wert des Nießbrauchs, 22,2 %).

5. Ergebnis

Praktische Probleme bringt beides mit sich: Für die Prätendenten bedeutet die ungleiche wertmäßige Beteiligung Unfrieden über die jedem zustehende Bereicherung; die unterschiedliche dingliche Verteilung programmiert Streit bei der Verteilung einzelner Gegenstände und ihrer Verwaltung - und auch für die SPE ist in erster Linie die dingliche Beteiligung am Nachlaß von Bedeutung, da sie wissen muß, wer in Zukunft die Mitgliedschaftsrechte des verstorbenen Gesellschafters wahrnehmen kann.

VI. Auswege im nationalen Recht

1. Testierfreiheit

Macht der Erblasser von seiner Testierfreiheit Gebrauch, so kann dies die Folgen der Erbrechtskollision abmildern: Erkennen alle beteiligten Rechtsordnungen eine letztwillige Verfügung in vollem Umfang an, so ist es, von verfahrensrechtlichen Fragen einmal abgesehen, nicht mehr von großer Bedeutung, welchem Recht der Erbgang unterliegt. Der Grundsatz der Testierfreiheit ist in allen Mitgliedstaaten der EU als unverzichtbarer Teil[172] einer auf Privateigentum und Privatautonomie beruhenden Rechts- und Wirtschaftsordnung anerkannt; dennoch wird dieser Grundsatz überall in Europa durch bestimmte, der Disposition des Erblassers entzogene Rechte naher Angehöriger am Nachlaß eingeschränkt.

a) Deutsches Pflichtteilsrecht

Die Pflichtteilsrechte der Angehörigen des Erblassers scheinen zunächst für die Rechtsnachfolge in einen SPE-Anteil von geringer Bedeutung zu sein. Nach deutschem Recht steht den Abkömmlingen, dem Ehegatten und unter Umständen den Eltern des Erblassers gemäß § 2303 BGB für den Fall ihrer Enterbung ein Pflichtteilsanspruch in Geld in Höhe der Hälfte ihres gesetzlichen Erbteils zu.

Gehört nun ein SPE-Anteil zum Vermögen des Erblassers, so muß dieser zur Feststellung der Höhe des Pflichtteilsanspruchs zwar bewertet werden, doch ist die Befriedigung des Pflichtteilsberechtigten ausschließlich Sache des Erben. Nach deutschem Recht ist der Erblasser demnach, was die dingliche Nachfolge in seinen SPE-Anteil angeht, nicht gebunden.

b) Europäisches Pflichtteilsrecht

Dies gilt allerdings keineswegs für alle Rechtsordnungen innerhalb der EU. Oftmals ist der Pflichtteil nach römischer Rechtstradition[173] als ein bestimmten Personen zwingend zustehender Teil des Erbes ausgestaltet, d.h., diese Personen sind zu bestimmten Quoten als Erben an der Rechtsnachfolge in den Nachlaß beteiligt. Zumeist ist dieses materielle Noterbrecht durch eine Herabset-

172 *BVerfGE* 58, 377, 398; *Jarass/Pieroth*, GG, Art. 14 Rn 67 f.

173 *Coing*, Europäisches Privatrecht, S. 629, 631; *Telles*, Direito das Sucessões, S. 278.

zungsklage gegen die von der letztwilligen Verfügung begünstigten Erben oder Vermächtnisnehmer durchzusetzen.

Der französische Code civil verfährt auf diese Weise in seinen Artt. 913-930. Der verfügbare Teil (la portion de biens disponible) kann demnach auf 25 % des Nachlasses, dem Schenkungen des Erblassers hinzugerechnet werden, beschränkt sein.
Der Ausschluß von Noterbberechtigten von der Rechtsnachfolge in die SPE mittels Vermächnis des Anteils an einen Dritten ist nur dann möglich, wenn der Wert des Anteils den Wert der verfügbaren Nachlaßquote nicht übersteigt. Wird diese Beschränkung nicht eingehalten, so wird das Vermächtnis vor den anderen Verfügungen des Erblassers herabgesetzt und dann insoweit rückwirkend hinfällig (Artt. 923, 926 Code civil)[174]. Der vermachte Gegenstand fällt in diesem Umfang in den Pflichtteil, die „réserve". Die Herausgabeansprüche des Noterbberechtigten sind daher dinglicher Natur[175].

Die beschriebene Form des Noterbrechts ist die in der EU weithin übliche, wenn sich auch die Anzahl der Berechtigten und die ihnen zustehenden Erbquoten unterscheiden. So folgen diesem Modell außer Frankreich noch Belgien[176], Luxemburg[177], die Niederlande[178], Italien[179], Spanien[180], Katalonien[181], Portugal[182], Griechenland[183], Schweden[184] und Dänemark[185]. Irland[186] und

174 *Ferid*, Internationales Erbrecht Frankreich Grdz. F § 2 VI Rn. 220.

175 *Ferid*, aaO. Rn. 222.

176 Artt. 913 ff. belg. Code civil; s. *Cieslar*, Internationales Erbrecht, Belgien Grdz. F Rn. 77-86.

177 Artt. 913 ff. lux. Code civil; s. *Cieslar*, Internationales Erbrecht, Luxemburg Grdz. F Rn. 88 ff.

178 „legitieme portie" für Abkömmlinge und neuerdings auch für Ehegatten, Artt. 899 f. niederl. BGB, s. *Nieper/Westerdijk-Hein*, Niederl. Bürgerliches Gesetzbuch, S. XXIX f. und 155; zur alten Rechtslage s. *Weber*, Internationales Erbrecht, Niederlande Vorbem. Rn.17.

179 Artt. 536 ff. Codice civile mit dem Grundsatz der „intangibilità della riserva"; vgl. *Stadler*, Internationales Erbrecht, Italien Grdz. F Rn. 182 ff.

180 Artt. 806 ff. Código civil, s. *Hierneis*, Internationales Erbrecht, Spanien Texte A I, S. 54 ff.

181 *Hierneis*, Internationales Erbrecht, Spanien Texte B III, S. 253 ff.

182 *Telles*, Direito das Sucessões, S. 279.

183 Artt. 1825-1845 des griechischen ZGB; s. *Georgiades/Dimakou-Kiaou*, Internationales Erbrecht, Griechenland F Rn. 197-219.

184 Kapitel 7, § 1-3 des schwed. Erbgesetzes, s. *Carsten*, Internationales Erbrecht, Schweden Texte 4, S. 62.

185 § 25 dänisches Erbgesetz, s. *Thorbek/Steininger*, Internationales Erbrecht, Dänemark Grdz. F IV Rn. 134.

Schottland[187] gestalten die einigen Angehörigen zustehenden Pflichtteilsansprüche als schuldrechtliche Ansprüche auf Bruchteile des (in Schottland: beweglichen) Nachlasses aus, was im Ergebnis der französischen „réserve" näher kommt als dem deutschen Pflichtteilsanspruch. In Finnland[188] existiert zwar auch ein materielles Noterbrecht, doch kann der Erblasser durch Auflagen gegenüber den Testamensterben zugunsten der Berechtigten diese Noterbrechte de facto in schuldrechtliche Ansprüche umwandeln, was letztlich auf das deutsche Modell hinausläuft. Diesem folgt sonst nur Österreich[189]. England kennt als gesetzliche Einschränkung der Testierfreiheit nur Unterhaltsansprüche bedürftiger naher Verwandter in Geld und gibt damit dem Willen des Erblassers den breitesten Raum[190].

c) Einschränkung der Testierfreiheit durch mehrere Erbrechte

Treffen nun die Pflichtteilsrechte mehrerer Erbrechtsordnungen aufeinander, so verengt sich der Spielraum des Erblassers immer mehr, da sich die Pflichtteilsrechte nicht nur in ihrer Ausgestaltung, sondern auch in ihrer Höhe unterscheiden.
Um allen gerecht zu werden, muß im Beispielsfall der D jedem Pflichtteilsberechtigten den ihm nach der für ihn günstigsten Rechtsordnung zustehenden Teil des Nachlasses zuwenden. Nur in dem er so verfährt, kann er Ergebnisgleichheit bzgl. der Verteilung seines Nachlasses in allen betroffenen Rechtsordnungen herstellen.

aa) Anwendung auf den Beispielsfall

Im Beispielsfall bleibt von der Testierfreiheit des D nichts übrig:

Der gesamte Nachlaß des D ist bereits gebunden: So muß der Erblasser seiner Ehefrau 1/4 des Nachlasses unbeschränkt vermachen[191]. Ein weiteres Viertel

186 *Coester-Waltjen*, Internationales Erbrecht, Irland Grdz. C V Rn. 21.
187 *Henrich*, Internationales Erbrecht, Großbritannien Grdz. M III Rn. 306 ff.
188 7. Kapitel, § 1, 5 finn. Erbgesetz, s. Finnland Texte 1, S. 10 bei *Ferid/Firsching*, Internationales Erbrecht.
189 §§ 762 ff. ABGB; s. *Firsching*, Internationales Erbrecht, Österreich F III. Rn. 101 ff.; zum IPR-Problemen im österreichischen Pflichtteilsrecht s. *Schwind*, IPR, Rn. 369.
190 S. *Rauscher*, ZEuP 1998, 147, 156 f.; *Henrich*, Internationales Erbrecht, Großbritannien F XII, Rn. 229 ff.
191 Art. 542 II ital. Codice civile; s. *Stadler*, Internationales Erbrecht, Italien Grdz. F Rn. 185.

muß sie zum Nießbrauch erhalten[192], wobei alle drei Kinder jeweils 1/6 als freien Erbteil erhalten müssen[193]. Damit ist der Nachlaß rechnerisch ausgeschöpft. Der in deutscher Terminologie der F als Vorerbin hinterlassene Teil ist den drei Kindern als Nacherben zuzuwenden, da sie nach belgischem Recht diesen Teil bereits als „bloßes Eigentum“ erhalten[194], was der Stellung eines Nacherben weitgehend entspricht.
Die unterschiedlichen Regelungsinstrumente des belgischen und des deutschen Erbrechts zeigen, daß in diesem Fall, selbst wenn die wertmäßige Verteilung in Einklang mit den Pflichtteilsrechten aller drei Erbrechte vorgenommen werden kann, im Rahmen der Abwicklung des Erbgangs erhebliche Schwierigkeiten auftreten können. Denn was die F als Vorerbin nach deutschem Recht darf und was als Nießbraucherin nach belgischem Recht, mag sich im Einzelfall durchaus unterscheiden. Zudem sind verschiedene Testamente notwendig, um der F einmal nach belgischem Recht den ihr zustehenden Nießbrauch zuzuwenden, und zum anderen dies als Vorerbschaft dem deutschen Recht anzuverwandeln.

bb) Abwandlung

Käme im Beispielsfall anstelle des deutschen das niederländische Pflichtteilsrecht zur Anwendung, so wären sogar 17/16 des Nachlasses ihrem Wert nach bereits verteilt. Dies ergibt sich daraus, daß das niederländische Erbrecht beim Vorhandensein von drei Abkömmlingen und einem Ehegatten diese gleichberechtigt zu Erben beruft und ihnen im Fall ihrer Enterbung einen Pflichtteil von 75 % ihres gesetzlichen Erbteils zuerkennt[195]. Damit muß jeder 3/16 als freien Erbteil erhalten; nach belgischem Recht erstreckt sich der Nießbrauch des Ehegatten bereits auf 50 % (= 8/16) des Nachlasses[196]. Zusammen mit den Pflichtteilen der Kinder nach niederländischem Recht müssen somit 17/16 des Nachlasses verteilt werden - eine Anforderung, der auch der gutwilligste Erblasser nicht gerecht werden kann.

192 Art. 915 bis belg. Code civil; s. *Cieslar*, Internationales Erbrecht, Belgien Grdz. F Rn. 82.

193 Art. 542 II ital. Codice civile; s. *Stadler*, Internationales Erbrecht, Italien Grdz. F Rn. 185; treffen Ehegatte und mehrere Abkömmlinge aufeinander, so erhält der Ehegatte 1/4 des Nachlasses und die Kinder zu gleichen Teilen 1/2, also hier jedes Kind 1/6.

194 Artt. 913 ff. belg. Code civil; s. *Cieslar*, Internationales Erbrecht, Belgien Grdz. F Rn. 82.

195 Artt. 899 f. niederl. BGB, s. *Nieper/Westerdijk-Hein*, Niederl. Bürgerliches Gesetzbuch, S. XXIX f. und 155.

196 § 915 bis belg. Code civil; s. *Cieslar*, Internationales Erbrecht, Belgien Grdz. F Rn. 79; er kann sogar noch mehr betragen, wenn die Ehewohnung den wesentlichen Nachlaßwert ausmacht, s. Art. 915 bis § 2 III belg. Code civil; dies ist im hiesigen Zusammenhang jedoch nicht von Bedeutung.

d) Konsequenzen für die Gestaltung der Rechtsnachfolge in die SPE

Aus diesen Gründen kann der Gesellschafter einer SPE durch Ausnutzung seiner Testierfreiheit die Rechtsnachfolge in einen SPE-Anteil häufig überhaupt nicht nach seinem freien Willen regeln, da ihm bei Beachtung aller Pflichtteilsrechte kein Spielraum zur Ausübung seiner Testierfreiheit mehr verbleibt.

Selbst wenn die über das nationale IPR Geltung beanspruchenden Erbrechtsordnungen im Zusammenspiel den Nachlaß noch nicht vollständig binden, so kann ein SPE-Gesellschafter nach der Mehrzahl der EU-Rechtsordnungen nur dann durch letztwillige Verfügung über die Nachfolge in seinen Geschäftsanteil bestimmen, wenn dieser nicht den wesentlichen Teil seines Vermögens ausmacht.
Da gerade kleine und mittlere Unternehmen die Rechtsform der SPE wählen sollen, wird diese Bedingung häufig nicht erfüllt sein. Selbst wenn ein Gesellschafter sein Vermögen nicht nur in der SPE, sondern hauptsächlich in seinem Heimatunternehmen angelegt hat, ist ihm mit einem Auseinanderfallen der Rechtsnachfolger in beiden Unternehmen, welche die testamentarische Erbfolge in die SPE und diejenige gemäß dem nationalen Noterbrecht in Teile des Heimatunternehmens nach sich zöge, nicht gedient. Hierdurch wird klar, daß auch die Testierfreiheit den positiven Kompetenzkonflikt zwischen den Erbrechten nicht lösen kann.

2. Erbvertrag

Aus deutscher Sicht sind Erbvertrag (§§ 2274 ff. BGB) sowie Erb- und Pflichtteilsverzicht[197] (§§ 2346 ff. BGB) die geeigneten Instrumente, um im Einvernehmen mit den Erben eine bestimmte Nachlaßverteilung sicherzustellen und Streitigkeiten bei der Erbauseinandersetzung zu vermeiden.

a) Rechtslage in Deutschland

Der Erblasser kann mit jedem anderen einen Vertrag schließen, der Erbeinsetzungen, Vermächtnisse und Auflagen enthält (§ 2278 BGB). Durch Einbeziehung der Pflichtteilsberechtigten in eine solche Nachlaßregelung könnte auch im Fall der Erbrechtskollision das Schicksal des SPE-Anteils und der Ausgleich für die weichenden Erben im voraus bindend geregelt werden, wenn jede berufene Erbrechtsordnung dem deutschen Recht vergleichbare Erbverträge zuließe.

---

197 Zum Erbverzicht im IPR s. *Riering*, ZEV 1998, 248 ff.

Dies ist jedoch nicht der Fall.

b) Der Erbvertrag auf europäischer Ebene

Die Rechtslage innerhalb der Europäischen Union bezüglich der Zulässigkeit vertraglicher Bindungen über die Rechtsnachfolge von Todes wegen ist uneinheitlich und weitgehend erbvertragsfeindlich. Besonders die romanischen Rechtsordnungen stehen einer Bindung des Erblassers in seiner Testierfreiheit durch Vertrag ablehnend gegenüber, wogegen in Staaten germanischer Rechtstradition größere Aufgeschlossenheit gegenüber dieser Form der Erbschaftsregelung herrscht[198]. So statuiert Art. 1130 II Code civil in Frankreich ein umfassendes Erbvertragsverbot, das nur ausnahmsweise durch die Erlaubnis vertraglicher Vermächtnisse unter Ehegatten bei Eingehung[199] oder während[200] der Ehe mittels einer „Institution contractuelle“[201], aus deutscher Sicht einer Art Schenkungsversprechen von Todes wegen, durchbrochen wird. Die Rechtslage in Belgien und in Luxemburg entspricht weitgehend der in Frankreich; Art. 1130 II des jeweiligen Code civil entspricht wörtlich der französischen Norm[202]. Spanien kennt eine ähnliche Regelungsmöglichkeit[203]. Italien[204] und Portugal[205] kennen dagegen nicht einmal das Institut der „Institution contractuelle“; Erbverträge jeder Art sind nichtig. Die Niederlande[206] und Griechenland[207] lassen ebenfalls keine Erbverträge zu, desgleichen Schweden[208] und Finnland[209]. Nach österreichischem Recht ist der Abschluß von Erbverträgen unter Ehegatten zwar möglich, doch vielfältigen Einschränkungen unterworfen: Ein Viertel der Erbschaft muß „frei“ bleiben und zu Lebzeiten des Erblassers genießt der

198 *Coing*, Europäisches Privatrecht, S. 605 ff.; *Telles*, Direito das Sucessões, S. 125.

199 Artt. 1081 ff. frz. Code civil.

200 Artt. 1091 ff. frz. Code civil.

201 *Ferid*, Internationales Erbrecht Frankreich Grdz. F § 1 III Rn. 165 ff.; *Ferid/Sonnenberger*, Das französische Zivilrecht Bd. 3, S. 546 ff.

202 *Cieslar*, Internationales Erbrecht, Belgien Grdz. F Rn. 41, 46; *Cieslar*, Internationales Erbrecht, Luxemburg Grdz. F Rn. 59 ff.

203 Artt. 1341-1343 span. Código civil, s. *Hierneis*, Internationales Erbrecht, Spanien Texte A I, S. 109.

204 Art. 458, 1 ital. Codice civile; s. *Stadler*, Internationales Erbrecht, Italien Grdz. F Rn. 70.

205 Art. 2028 f. port. Código civil; *Telles*, Direito das Sucessões, S. 127.

206 *Weber*, Internationales Erbrecht, Niederlande Vorbem. Rn.10.

207 *Georgiades/Dimakou-Kiaou*, Internationales Erbrecht, Griechenland C I Rn. 11.

208 Kapitel 17 §§ 1-3 schwed. Erbgesetz; s. *Carsten*, Internationales Erbrecht, Schweden Texte 1, S. 27 f.

209 Kapitel 17 § 1 finn. Erbgesetz; s. Finnland Texte 1, S. 26 bei *Ferid/Firsching*, Internationales Erbrecht.

Vertragserbe keinerlei Schutz gegen beeinträchtigende Verfügungen[210]. Im Ergebnis ist dies weniger als nach französischem Recht vereinbart werden kann. Ähnliches gilt für Katalonien und Aragonien[211].

Der deutschen Rechtslage entsprechen in Ansätzen von den Wirkungen und der Reichweite der zulässigen Vereinbarungen her nur das englische Recht, welches Verträge, die den Erblasser zu bestimmten Verfügungen verpflichten, zuläßt, wobei eine Mißachtung seiner Verpflichtungen durch den Erblasser zwar letztlich möglich ist[212], aber durch das Institut der „equity“ eingeschränkt wird[213]; das dänische Recht[214], das Verträge über die Unveränderbarkeit der gesetzlichen oder testamentarischen Erbberechtigung kennt, sowie einige spanische Foralrechte[215].

c) Ergebnis

Folge dieser auf der römischen Rechtstradition fußenden Ablehnung des Erbvertrages in den meisten europäischen Staaten ist die weitgehende Nutzlosigkeit dieses Instruments zur Lösung einer Erbrechtskollision: Sollten Erblasser und Pflichtteilsberechtigte bereit sein, sich mittels Erbvertrag zu binden, so mögen sie dies aus z.B. deutscher Sicht wohl tun, doch entfaltet diese Bindung keinerlei Wirkung in dem im Beispielsfall mit dem deutschen Recht konkurrierenden italienischen Erbrecht. Der Erbvertrag ist damit letztlich kein Mittel, jenseits des Geltungsbereichs des BGB viel zu bewegen.

3. Testamentsvollstreckung

a) Rechtslage in Deutschland

Als Instrument zur Disziplinierung der vom Erblasser zu vernünftiger Vermögensverwaltung für unfähig oder für zu streitsüchtig gehaltenen Erben bietet sich nach deutschem Recht die Möglichkeit der Testamentsvollstreckung an, die

---

210 §§ 1249 ff. ABGB; s. *Firsching*, Internationales Erbrecht, Österreich Texte III Nr. 1, S. 141.

211 *Hierneis*, Internationales Erbrecht, Spanien Texte B I, S. 180 und Texte B III, S. 225 f.

212 *Henrich*, Internationales Erbrecht, Großbritannien C III Rn. 30; F, S. 69.

213 S. dazu *High Court of Justice, Chancery division*, vom 13. 12. 1995, ZEuP 1998, 140 ff. mit Anm. von *Rauscher*, aaO., 147 ff.

214 § 67 dän. Erbgesetz, „pactum de non mutando“; s. *Thorbek/Steininger*, Internationales Erbrecht, Dänemark Grdz. F IV Rn. 140 ff.

215 *Hierneis*, Internationales Erbrecht, Spanien Texte B IV, S. 343, 377 f.

zumindest an Kapitalgesellschaftsanteilen nach allgemeiner Meinung unbeschränkt möglich ist, da dort die Gesellschafterstellung keine persönliche Haftung mit sich bringt[216]. Bei der SPE als Kapitalgesellschaft könnte der Erblassergesellschafter gemäß §§ 2209, 2210 BGB eine Dauertestamentsvollstreckung[217] an dem SPE-Anteil anordnen, die notfalls bis zum Tode der Erben oder bis zu ihrer gütlichen Einigung über die Nachlaßauseinandersetzung fortgesetzt werden könnte.
In dieser Zeit hätte nur der Testamentsvollstrecker das Recht, den Nachlaß zu verwalten und über diesen zu verfügen. Es wäre daher auch einzig seine Aufgabe, die Mitgliedschaftsrechte an der SPE auszuüben. Wenn nun alle europäischen Erbrechte eine vergleichbare Möglichkeit der Nachlaßbindung eröffneten, dann könnten die Erben durch Einsetzung eines Dauertestamentsvollstreckers motiviert werden, ihre aus den verschiedenen zur Anwendung kommenden Erbrechten resultierenden miteinander unvereinbaren Ansprüche und Rechte im Wege des gegenseitigen Nachgebens zur Übereinstimmung zu bringen.

b) Testamentsvollstreckung auf europäischer Ebene

Die deutsche Dauertestamentsvollstreckung ist jedoch ebensowenig wie der Erbvertrag nach BGB ein in der Europäischen Union besonders weit verbreitetes Rechtsinstitut. Zwar verfügt Griechenland über eine dem BGB sehr ähnliche Regelung[218]. Ebenso ist in den Niederlanden eine längere Zeit andauernde Testamentsvollstreckung durch die Bestellung eines besonderen Vollstreckers („bewindvoerder") möglich[219]. In England geht jeder Nachlaß zunächst auf einen Testamentsvollstrecker („executor") über[220], der mittels Errichtung eines „trust" auch zur Dauerverwaltung bestellt sein kann[221].
In den übrigen kontinentaleuropäischen Rechtsordnungen ist die Testamentsvollstreckung dagegen lediglich als Abwicklungsvollstreckung ausgestaltet, so daß eine Gestaltung des Erbgangs mit diesem Instrument nicht möglich ist. So ist in Frankreich[222], Belgien[223] und Luxemburg[224] während der zeitlich be-

216 *MünchKomm-Brandner*, § 2205 BGB Rn. 41 ff.; *Lange/Kuchinke*, Erbrecht, S. 656.
217 Zur Rechtstellung des Dauer- bzw. Verwaltungsvollstreckers s. *MünchKomm-Brandner*, § 2209 BGB Rn. 10 ff.; *Lange/Kuchinke*, Erbrecht, S. 656 ff.
218 Artt. 2017-2031 griech. ZGB; *Georgiades/Dimakou-Kiaou*, Internationales Erbrecht, Griechenland F § 2 VI Rn. 184-196.
219 *Weber*, Internationales Erbrecht, Niederlande Vorbem. Rn.14; *Chorus u.a.-Kisch/Gerver*, Dutch Law, S. 153.
220 *Henrich*, Internationales Erbrecht, Großbritannien F X Rn. 192.
221 *Henrich*, aaO. Rn. 220.
222 *Ferid*, Internationales Erbrecht Frankreich Grdz. F § 2 III Rn. 195 ff.
223 *Cieslar*, Internationales Erbrecht, Belgien Grdz. F Rn. 76.
224 *Cieslar*, Internationales Erbrecht, Luxemburg Grdz. F Rn. 86.

grenzten Tätigkeit des Testamentsvollstreckers nicht einmal die Verfügungsbefugnis der Erben beschränkt. Die generell ablehnende Haltung des Code civil gegenüber Vermögensbindungen über den Tod des Erblassers hinaus kommt gerade in der schwachen Position des Testamentsvollstreckers zum Ausdruck[225]. In den übrigen romanischen Ländern[226] und in Skandinavien[227] orientiert sich die Stellung des Testamentsvollstreckers ebenfalls am Vorbild des französischen Code civil.

c) Ergebnis

Wegen der großen Unterschiede der durch Testamentsvollstreckung erreichbaren Bindung des Nachlasses in den einzelnen europäischen Rechtsordnungen bietet auch diese keine Lösung für die sich aus der Erbrechtskollision ergebenden Probleme.

4. Ergebnis

Der Vergleich der dem Erblasser zu Gebote stehenden Handlungsmöglichkeiten in den verschiedenen europäischen Rechtsordnungen hat erbracht, daß die inhaltlichen Unterschiede in der Nachlaßverteilung europaweit nicht mit den Regelungsinstrumenten des deutschen Erbrechts zu bewältigen sind. Zwar ist die Testierfreiheit europäisches Allgemeingut, doch sind die Pflichtteilsrechte derart unterschiedlich in Höhe und Verteilung ausgestaltet, daß eine gewillkürte Nachfolge in einen SPE-Anteil und in ein mögliches Heimatunternehmen im Fall der Erbrechtskollision kaum möglich ist.

Der Erbvertrag als zweiseitige gewillkürte Erbfolgeregelung ist in den meisten Mitgliedstaaten der Europäischen Union nicht als erbrechtliches Gestaltungsinstrument anerkannt; ebenso ist die Dauertestamentsvollstreckung im Grunde eine deutsch-britische Ausnahmeerscheinung. Hier wird auch deutlich, warum das Erbrecht sich bis heute als so harmonisierungsresistent erwiesen hat: Verantwortlich dafür sind nicht nur der Umstand, daß das Erbrecht kein unmittelbares Wirtschaftsrecht ist, sondern auch die großen, kulturell und historisch bedingten Unterschiede zwischen den einzelnen Erbrechtsordnungen. Bei der Fra-

---

225 *Coing*, Europäisches Privatrecht, S. 617; *Lange/Kuchinke*, Erbrecht, S. 626; *Ferid*, Internationales Erbrecht Frankreich Grdz. F § 2 III Rn. 197.

226 *Stadler*, Internationales Erbrecht, Italien Grdz. F § 2 V Rn. 173 ff.; Artt. 904 ff. span. Código civil; s. *Hierneis*, Internationales Erbrecht, Spanien Texte A I, S. 71 f.

227 *Thorbek/Steininger*, Internationales Erbrecht, Dänemark Grdz. F III, Rn. 112.; Kapitel 19 §§ 1-21 schwed. Erbgesetz; s. *Carsten*, Internationales Erbrecht, Schweden Texte 1, S. 32 ff.; Kapitel 19 § 1-21 finn. Erbgesetz; s. Finnland Texte 1, S. 29 ff. bei *Ferid/Firsching*, Internationales Erbrecht.

ge nach Testamentsvollstreckung und Erbvertrag besteht ein Gegensatz zwischen den vom Code civil geprägten Rechtsordnungen auf der einen und Deutschland und Großbritannnien auf der anderen Seite. Die Code-civil-Rechtsordnungen lehnen jede vertragliche Bindung des Erblassers vor seinem Tode ab und nehmen die Weitergeltung seines Willens nach dem Erbfall vermittels eines Dauertestamentsvollstreckers nicht hin. Langfristige Vermögensbindung über den Tod des Erblassers hinaus wird so ausgeschlossen[228]. Die vom germanischen Recht geprägten Erbrechte Deutschlands und Englands sind, was die Bindung von Nachlässen angeht, deutlich großzügiger; dies erklärt sich aus der lange vorherrschenden Ablehnung von gewillkürter Erbfolge überhaupt[229].

Im Ergebnis sind die inhaltlichen Divergenzen der nationalen Erbrechts so stark, daß die durch divergierendes IPR hervorgerufene Erb-rechtskollsion mit den Mitteln des nationalen Rechts nicht aufgelöst werden kann.

228 *Coing*, Europäisches Privatrecht, S. 617 f.
229 *Lange/Kuchinke*, Erbrecht, S. 625.

VII. Der Einfluß des Ehegüterrechts

Privatrechtskollision bei der Verteilung des Vermögens eines Verstorbenen kann sich nicht nur aus der Konkurrenz verschiedener Erbstatute ergeben, sondern auch durch nicht harmonisiertes internationales Ehegüterrecht. Hierbei sind allerdings zwei Fragen zu unterscheiden: Zum einen der Normenmangel oder die Normenhäufung, die durch das Aufeinandertreffen eines Erbstatuts mit einem ihm fremden Ehegüterstatut hervorgerufen werden können. Zum anderen der durch unterschiedliche Anknüpfungstatbestände hervorgerufene Fall der echten Ehegüterrechtskollision unabhängig vom Erbstatut.

1. Normenwiderspruch zwischen Erb- und Ehegüterstatut

a) Normenwiderspruch bei der Ehegattenversorgung

Viele Sachrechte versorgen den überlebenden Ehegatten durch eine güterrechtliche Beteiligung am Vermögen des anderen Ehegatten mittels lebzeitiger Gütergemeinschaft, andere durch einen Anteil am Nachlaß[230]. Deutschland geht einen Mittelweg (s. unten b). Herrscht nun ein Recht der ersten Gruppe über das Ehegüterrecht, aber eines der zweiten Gruppe über den Erbgang, kommt es zwangsläufig zur Überversorgung des überlebenden Ehegatten, der mehr erhält, als nach jedem der beiden beteiligten Rechte angemessen ist. Umgekehrt kommt es zum Normenmangel: Der überlebende Ehegatte erhält nichts. Diese Widersprüche sind am einfachsten durch internationalprivatrechtliche Anpassung aufzulösen[231]. Besteht bereits eine Gütergemeinschaft der Ehegatten, so ist auch die Versorgung des überlebenden Ehegatten nach diesem Recht zu regeln. Besteht keine Versorgung durch Gütergemeinschaft, so ist es ebenfalls am einfachsten, das Ehegüterstatut auch über die Nachlaßbeteiligung des Ehegatten entscheiden zu lassen[232]. Da viele Rechtsordnungen jedoch sowohl erb- als auch güterrecht-

230 Ausführlich hierzu *Kegel-Schurig*, IPR, S. 309 ff.

231 *Kegel-Schurig*, IPR, S. 314 ff., der zusätzlich eine Berücksichtigung des berufenen Erbstatuts fordert, wenn dieses den Ehegatten besser stellt als das berufene Güterrechtsstatut.

232 *Frankenstein*, IPR, IV. Band, S. 328, will einheitlich das letzte Personalstatut der Ehegatten entscheiden lassen, was unter der damals üblichen Staatsangehörigkeitsgesetzgebung, die für gemischtnationale Paare in den meisten Staaten den automatischen Erwerb der Staatsangehörigkeit des Ehemannes durch die Ehefrau unter Verlust ihrer ursprüng-

liche Mechanismen zur Beteiligung des überlebenden Ehegatten am Vermögen des anderen kennen, ist die Problematik nicht immer so einfach zu lösen. Als Beispiel mag das deutsche Recht dienen:

b) § 1371 I BGB

Aus deutscher Sicht ist bereits die Trennung von Ehegüter- und Erbstatut problematisch. Der gesetzliche Güterstand des deutschen Familienrechts ist die Zugewinngemeinschaft (§ 1363 ff. BGB); in ihr bleibt das Vermögen der Ehegatten während der Ehe getrennt (auch der gesetzliche Güterstand bedeutet daher Gütertrennung). Erst bei Beendigung des Güterstandes wird ein schuldrechtlicher Ausgleich zugunsten des Ehegatten, der während der Ehe sein Vermögen in geringerem Ausmaß vermehren konnte, vorgenommen (§ 1378 BGB). Im Fall der Beendigung des Güterstandes durch Tod eines Ehegatten sieht das Gesetz jedoch einen solchen Ausgleich grundsätzlich nicht vor, sondern erhöht statt dessen den gesetzlichen Erbteil des überlebenden Ehegatten um ¼ (§ 1371 I BGB)[233]. Diese Technik der erbrechtlichen Verwirklichung eines güterrechtlichen Anspruchs erschwert die Qualifikation des § 1371 I BGB im IPR.

Die wohl überwiegende Meinung[234] qualifiziert die Norm güterrechtlich: Sie findet nur Anwendung bei Geltung deutschen Ehegüterrechts unabhängig vom Erbstatut. Hierfür wird die Stellung des § 1371 I BGB im Gesetz, seine im Wortlaut beschriebene Funktion als Verwirklichung des Zugewinnausgleichs und der Umstand, daß die Erbteilserhöhung gerade keine Folge der Ehe, sondern lediglich der Zugewinngemeinschaft sei, ins Feld geführt. Trifft nun deutsches Ehegüterrecht mit ausländischem Erbrecht zusammen, sind nach dieser Ansicht folgende Konstellationen denkbar: Entweder das ausländische Erbrecht ist ebenfalls für die Verwirklichung güterrechtlicher Ziele unzuständig; dann stößt die Erhöhung des ausländischen Erbteils um ¼ gemäß § 1371 I BGB auf keine grundsätzlichen Probleme. Oder es übernimmt selbst die Aufgabe des güterrechtlichen Ausgleichs im Todesfall eines Ehegatten durch eine von vornherein aus deutscher Sicht hohe Nachlaßbeteiligung des Ehegatten. Dann erscheint eine weitere Erhöhung des Erbteils des Ehegatten gem. § 1371 I BGB als unangemessene Normenhäufung.

---

lichen Staatsangehörigkeit vorsah, nicht fernliegt, aber heute wohl nicht mehr praktikabel ist.

233 Erbschaftsteuerlich wird allerdings ein hierin enthaltener echter Zugewinn von der Besteuerung freigestellt, da bei sonstiger Beendigung des Güterstandes auch keine Besteuerung stattfindet (§ 5 I ErbStG).

234 *MünchKomm-Siehr*, Art. 15 EGBGB Rn. 114; *OLG Karlsruhe*, NJW 1990, 1420, 1421; *Palandt-Heldrich*, Art. 15 EGBGB, Rn. 26 mwN.; s. auch die Nachweise bei *Schotten*, Das IPR in der notariellen Praxis, S. 204 Fn. 93.

Die Normen widersprechen einander zwar nicht dergestalt, daß eine Anwendung beider Statute logisch ausgeschlossen ist; doch kann die Nachlaßbeteiligung des überlebenden Ehegatten so hoch sein, daß er mehr erhält als nach beiden Rechtsordnungen beabsichtigt. Dieser Sollenswiderspruch ist schwer hinzunehmen. Im umgekehrten Fall des Zusammentreffens deutschen Erbrechts mit ausländischem Ehegüterrecht bleibt es beim nicht erhöhten gesetzlichen Erbteil des überlebenden Ehegatten. Sieht nun das ausländische Güterrecht keinen Ausgleich im Todesfall vor, sondern erfüllt das zugehörige aber im konkreten Fall nicht anwendbare ausländische Erbrecht diese Funktion, kann es zu einem Fall von Normenmangel kommen. Außerdem ist fraglich, wie der überlebende Ehegatte bei einer rein güterrechtlichen Qualifikation des § 1371 II BGB, die weitgehend nicht in Frage gestellt wird[235], einen echten Zugewinnausgleich erreichen kann: Muß er ausschlagen, ohne daß eine § 1371 III BGB entsprechende Norm ihm die Nachlaßbeteiligung auch für diesen Fall sichert[236] ?

Eine Qualifikation des § 1371 I BGB als erbrechtlich[237] ändert an der Problematik des Normenwiderspruchs wenig: Sie kehrt die Gefahrenlage nur dergestalt um, daß beim Zusammentreffen deutschen Erbrechts mit ausländischem Güterrecht Normenhäufung[238] und im Fall der Kombination deutschen Güterrechts mit ausländischem Erbrecht Normenmangel herrschen kann, denn die Qualifikation des § 1371 I BGB als erbrechtlich bedeutet nicht, daß jedenfalls ein echter Zugewinnausgleich durchzuführen ist, sondern, daß die Folgen des gesetzlichen Güterstandes im Todesfall erbrechtliche Folgen sind und daher güterrechtlich gerade kein Anspruch besteht . Dies kann man sachrechtlich durch eine Anwendung des § 1371 II BGB anders sehen und einen Zugewinnausgleich so durchführen als wäre der überlebende Ehegatte nicht Erbe geworden[239]. Damit droht aber wieder eine Überversorgung des überlebenden Ehegatten.

---

235 S. *Hering*, Die gesetzlichen Rechte des überlebenden Ehegatten in deutsch-kanadischen Erbfällen, S. 187 ff.

236 Eingehend *Schotten*, Das IPR in der notariellen Praxis, S. 205 f. und *Hering*, Die gesetzlichen Rechte des überlebenden Ehegatten in deutsch-kanadischen Erbfällen, S. 188 ff.

237 Hierfür *Hering*, Die gesetzlichen Rechte des überlebenden Ehegatten in deutsch-kanadischen Erbfällen, S. 183 ff.

238 *Hering*, Die gesetzlichen Rechte des überlebenden Ehegatten in deutsch-kanadischen Erbfällen, S. 183.

239 *MünchKomm-Siehr*, Art. 15 EGBGB Rn. 115; so auch *Hering*, Die gesetzlichen Rechte des überlebenden Ehegatten in deutsch-kanadischen Erbfällen, S. 188 ff. für den Fall der gesetzlichen Erbfolge.

Ebenfalls vorgeschlagen wird eine Qualifikation des § 1371 I BGB als sowohl güter- als auch erbrechtlich; demnach soll die Norm nur zur Anwendung kommen, wenn sowohl deutsches Güter- als auch deutsches Erbrecht anwendbar sind[240]. Verfährt man so, herrscht in jedem Fall der Kombination deutschen Güter- oder Erbrechts mit ausländischen Statuten die Gefahr des Normenmangels, da das deutsche Recht dann keine Regelung mehr enthält, wie eine bestehende Ehe jenseits des einfachen Ehegattenerbrechts im Erbfall zu berücksichtigen ist. Führt man bei Geltung des deutschen Güterrechts immer einen echten Zugewinnausgleich durch[241], so bleibt es bei der Gefahr der Überversorgung. Durch starre Qualifikationsvorgaben ist das Problem mithin nicht zu lösen, sondern nur durch Anpassung im Einzelfall[242]. Da aber eine solche im Streitfall durch ein Gericht vorzunehmende Anpassung kaum vorhersehbar ist, muß nach anderen praktikablen Lösungswegen gesucht werden.

2. Das IPR des Ehegüterrechts

a) Die Rechtslage in Deutschland

Gemäß Art. 15 I EGBGB unterliegt der eheliche Güterstand unwandelbar dem Recht der allgemeinen Ehewirkungen bei Eheschließung. Dieses bestimmt Art. 14 I - III EGBGB. Gemäß Art. 14 I Nr. 1 EGBGB ist gemeinsame Staatsangehörigkeit der Ehegatten, also das Personalstatut aus Art. 5 I EGBGB, vorrangiges Anknüpfungmoment. Hilfsweise wird auf den gemeinsamen gewöhnlichen Aufenthalt (Art. 14 I Nr. 2 EGBGB), äußerst hilfsweise auf die sonstige engste gemeinsame Verbindung zu einem Staat abgestellt (Art. 14 I Nr. 3 EGBGB).
Die Rechtswahlmöglichkeiten des Art. 14 II und III EGBGB sind für das Ehegüterrecht nicht von Belang, da Art. 15 II EGBGB eine sehr viel weitreichendere Rechtswahl für die güterrechtlichen Wirkungen einer Ehe einräumt als Art. 14 EGBGB. So können die Ehegatten nicht nur jedes ihrer Heimatrechte als Güterrechtsstatut wählen (Art. 15 II Nr. 1 EGBGB), sondern auch das Recht des gewöhnlichen Aufenthalts eines jeden von ihnen (Art. 15 II Nr. 2 EGBGB). Die Wahlmöglichkeit der lex rei sitae für unbewegliches Vermögen gem. Art. 15 II Nr. 3 EGBGB soll hier nicht näher betrachtet werden, da diese Norm für die SPE als unbewegliches Vermögen nicht von Bedeutung ist. Eine solche

240 *MünchKomm-Siehr*, Art. 15 EGBGB Rn. 115; *Schotten*, Das IPR in der notariellen Praxis, S. 206 ff.; s. auch die Nachweise bei *Palandt-Heldrich*, Art. 15 EGBGB, Rn. 26.

241 So *Schotten*, Das IPR in der notariellen Praxis, S. 208.

242 Zu den mannigfach denkbaren Normwidersprüchen s. mit bedenkenswerten Lösungsvorschlägen *Hering*, Die gesetzlichen Rechte des überlebenden Ehegatten in deutsch-kanadischen Erbfällen, S. 180 ff.

Rechtswahl ist nicht nur vor oder bei der Eheschließung möglich, sondern jederzeit während der Ehe[243]; sie kann also den individuellen Erfordernissen der Eheleute angepaßt werden.
Demnach kann aus deutscher Sicht der Notwendigkeit einer Anpassung sich widersprechender Erb- und Ehegüterstatute durch Rechtswahl vorgegriffen werden. Zudem darf auch die materiell-rechtliche Ehevertragsfreiheit im deutschen Sachrecht nicht vergessen werden (§ 1408 BGB): Sie ermöglicht aufgrund ihres erheblichen Umfangs nach der Wahl deutschen Güterrechts in jedem Einzelfall sachgerechte Lösungen selbst für den Fall, daß beide Ehegatten verschiedene Erbstatute und aufgrund ihrer Vermögensverhältnisse Regelungsbedarf haben.

b) Die Rechtslage in Europa

Auch das Internationale Familien- bzw. Ehegüterrecht der Mitgliedstaaten der Europäischen Union ist nicht harmonisiert. Zwar besteht auch hier nach dem Vertrag von Amsterdam eine Regelungskompetenz der Union[244] und ein Aktionsplan des Rates und der Kommission, der sich auch mit dem IPR und dem IZVR[245] befaßt, sieht vor, innerhalb von fünf Jahren Maßnahmen zur Vereinheitlichung der Internationalen Ehegüter- und Erbrechts zu ergreifen[246]; doch ist in dieser Richtung bisher nichts geschehen. Im nationalen IPR des Güterstandes gibt es daher noch einige Unterschiede zwischen den mitgliedstaatlichen Rechtsordnungen:

Österreich folgt in §§ 18, 19 IPRG dem Staatsangehörigkeitsprinzip und knüpft hilfsweise an den gemeinsamen Aufenthalt bei Eheschließung an, erlaubt jedoch in Fällen mit Auslandsberührung die Rechtswahl. Im Sachrecht herrscht Ehevertragsfreiheit[247]. Spanien hat in Art. 9 II C.C. eine Art. 15 II EGBGB vergleichbare Regelung, also Anknüpfung an die Staatsangehörigkeit in Verbindung mit weitgehender Rechtswahlfreiheit. Die Foralrechte sowie der Código Civil gewähren auch weitgehende Ehevertragsfreiheit[248].

---

243 Allg.M. s. nur *Schotten*, Das IPR in der notariellen Praxis, S. 116 mwN; *Andrae*, Internationales Familienrecht, S. 135.

244 Art. 65 EG; s. *Jayme/Kohler*, IPRax 1999, 401.

245 Aktionsplan des Rates und der Kommission zur bestmöglichen Umsetzung der Bestimmungen des Amsterdamer Vertrages über den Aufbau eines Raumes der Freiheit, der Sicherheit und des Rechts vom 3. 12. 1998 (ABl EG 1999, C 19 1 ff.), IPRax 1999, 288 - 290.

246 Nr. 41 lit. c des Aktionsplans, IPRax 1999, 290; s. *Tarko*, ÖJZ 1999, 401, 407.

247 *Schwimann*, Internationales Ehe- und Kindschaftsrecht, Österreich, S. 41; *Schotten*, Das IPR in der notariellen Praxis, S. 351 ff.

248 *Schotten*, Das IPR in der notariellen Praxis, S. 370 ff.

Auch Portugal folgt dem Staatsangehörigkeitsprinzip und bei Fehlen einer gemeinsamen Staatsangehörigkeit zum Zeitpunkt der Eheschließung dem gemeinsamen Aufenthalt in diesem Moment. Rechtswahl ist beschränkt gestattet[249]; ist ausländisches Recht Güterrechtsstatut, so kann bei Wohnsitz eines der Ehegatten in Portugal portugiesisches Sachrecht gewählt werden (Art. 53 III port. C.C.). Darüber hinaus sind während der Ehe Änderrungen des Güterstandes zulässig, sofern das Ehewirkungsstatut dies zuläßt (Artt. 54, 52 port. C.C.); zudem herrscht im portugiesischen Ehegüterrecht Ehevertragsfreiheit[250]. Italien gestattet ebenso wie Spanien in Art. 30 I S. 2 ital. IPRG seit 1995 Rechtswahl bzgl. des Güterstandes in einem Art. 15 II EGBGB entsprechenden Umfang[251].

In Belgien ist anders als im Internationalen Erbrecht die letzte gemeinsame Staatsangehörigkeit der Eheleute und hilfsweise der erste gemeinsame Ehewohnsitz Anknüpfungsmoment für das Ehegüterrecht. Das Ehegüterstatut ist unwandelbar, eine Änderung der Anknüpfungsmomente bewirkt jedoch eine Verweisung auf das danach berufene Recht bzgl. der Frage, ob das Ehegüterstatut freiwillig geändert werden kann. Materiellrechtlich ist Ehevertragsfreiheit weitgehend gegeben[252].
Finnland folgt ebenfalls dem Staatsangehörigkeitsprinzip, wobei es auf das Heimatrecht des Ehemannes bei Eheschließung ankommt. Spätere Änderungen sind unbeachtlich; Rechtswahl ist grundsätzlich unzulässig; ehevertraglich kann aber finnisches Recht gewählt und sachrechtlich im Ergebnis Gütertrennung erreicht werden[253]. Die griechischen Kollisionsregeln bzgl. des Ehegüterrechts ähneln den deutschen, allerdings ohne Möglichkeit einer Rechtswahl. Ehevertraglich ist nur die Vereinbarung von Gütergemeinschaft anstelle der gesetzlichen Zugewinngemeinschaft möglich[254].
Dänemark dagegen folgt auch im Internationalen Ehegüterrecht dem Domizilprinzip. Maßgeblich ist das Domizil des Ehemanns zum Zeitpunkt der Heirat; ein Domizilwechsel eröffnet die Möglichkeit zur Änderung des ansonsten unwandelbaren Ehegüterstatuts. Rechtswahl ist nicht möglich. Staatsvertraglich gilt unter den skandinavischen Staaten ebenfalls das Domizilprinzip mit Inbe-

249 *Staudinger-von Bar/Mankowski*, Art. 15 EGBGB Rn. 94.

250 *Albuquerque-Pinto*, Internationales Ehe- und Kindschaftsrecht, Portugal, S. 10; *Schotten*, Das IPR in der notariellen Praxis, S. 356 ff.

251 Zur alten Rechtslage und zur Reform s. *Rieck/Diurni*, Internationales Ehe- und Kindschaftsrecht, Italien, S. 18 f.; *Schotten*, Das IPR in der notariellen Praxis, S. 325 ff.

252 *Pintens*, Internationales Ehe- und Kindschaftsrecht, Belgien, S. 28; *Schotten*, Das IPR in der notariellen Praxis, S. 287 ff.

253 *Korkisch*, Internationales Ehe- und Kindschaftsrecht, Finnland, S. 14; *Schotten*, Das IPR in der notariellen Praxis, S. 298 ff.

254 *Rieck/Buchner-Baucevich*, Internationales Ehe- und Kindschaftsrecht, Griechenland, S. 12 a f.; *Schotten*, Das IPR in der notariellen Praxis, S. 307 f.

zugnahme des ersten gemeinsamen Ehegattenwohnsitzes[255]; das Statut ist wandelbar. Zwar kennt das dänische Recht keine vertraglichen Güterstände, doch kann durch Ehevertrag Gütertrennung vereinbart werden[256]. Schweden knüpft an den gewöhnlichen Aufenthalt der Eheleute zum Zeitpunkt der Eheschließung an, gewährt aber Rechtswahlfreiheit in einem Art. 15 II EGBGB entsprechenden Umfang. Ehevertraglich ist Gütertrennung erreichbar[257].
Die Common-Law-Rechtsordnungen in Großbritannien und Irland folgen auch im Internationalen Ehegüterrecht dem Domizilprinzip, wobei das Domizil des Ehemanns zum Zeitpunkt der Eheschließung maßgeblich ist. Jedoch ist Rechtswahl in weitem Umfang möglich[258].

c) Das Haager Ehegüterrechtsabkommen

Frankreich, Luxemburg und die Niederlande sind Partner des Haager Ehegüterrechtsabkommens vom 14. 3. 1978[259]. Dieses Abkommen sucht einen Kompromiß zwischen Staatsangehörigkeits- und Domizilprinzip und ist sehr kompliziert geraten[260]. Es wirkt nicht nur zwischen den Vertragsstaaten, sondern ist allseitig wie autonomes IPR anzuwenden. Grundsätzlich ist der erste gemeinsame Aufenthalt der Ehegatten nach der Eheschließung maßgebliches Anknüpfungskriterium[261]; allerdings werden Ausnahmen zugunsten des Staatsangehörigkeitsprinzips gemacht, wenn ein Partnerstaat eine dementsprechende Erklärung abgibt[262]. All' dies sind jedoch nur Hilfsanknüpfungen, da das Abkommen den Ehegatten, ausgehend vom Grundsatz der Parteiautonomie, eine im wesentlichen Art. 15 II EGBGB entsprechende Rechtswahlfreiheit einräumt[263]. Eheverträge mit güterrechtlicher Wirkung sind in allen drei Staaten zudem grund-

255 Nordische Konvention vom 6. 2. 1931, s. Dopffel, Internationales Ehe- und Kindschaftsrecht, Dänemark, S. 33 ff.

256 *Dopffel*, Internationales Ehe- und Kindschaftsrecht, Dänemark, S. 20 f.; *Schotten*, Das IPR in der notariellen Praxis, S. 294 ff.

257 *Carsten*, Internationales Ehe- und Kindschaftsrecht, Schweden, S. 12; *Schotten*, Das IPR in der notariellen Praxis, S. 360 ff.

258 Für Großbritannien s. *Henrich*, Internationales Ehe- und Kindschaftsrecht, Großbritannien, S. 27 und Schottland S. 2; *Schotten*, Das IPR in der notariellen Praxis, S. 310 ff.; für Irland s. *Coester-Waltjen*, Internationales Ehe- und Kindschaftsrecht, Irland, S. 15; *Schotten*, Das IPR in der notariellen Praxis, S. 320 f.

259 Abgedruckt in RabelsZ 41 (1977), 554 ff.; s. *Kegel-Schurig*, IPR, S. 737 ff.

260 *Kropholler*, RabelsZ 57 (1993), 207, 216 f.; *Kegel-Schurig*, IPR, S. 738 f.

261 Art. 4 I des Abkommens.

262 Art. 4 II des Abkommens.

263 *Schotten*, Das IPR in der notariellen Praxis, S. 302 f.; zur Rechtswahlfreiheit im Ehegüterrecht in den USA vgl. *Schoenblum*, Multinational and Multistate Estate Planning, I. Band, S. 512 ff und 609 ff.

sätzlich möglich[264]. Aufgrund der erheblichen Kompliziertheit des Haager Ehegüterrechtsabkommens ist nicht mit seiner weiteren Verbreitung in der Europäischen Union zu rechnen; dies gilt auch für Deutschland[265], obwohl seine Ratifikation keine wesentlichen Änderungen des bestehenden Rechtszustandes in der Bundesrepublik bedeuten würde[266]. Dennoch reicht die Bedeutung des Abkommens weit über den beschränkten Rahmen seiner unmittelbaren Anwendung in drei EU-Mitgliedstaaten hinaus: Es hat weithin und besonders in Deutschland als Vorbild für die Gewährung von Rechtswahlfreiheit im Internationalen Ehegüterrecht gedient[267]. Seine allgemeine Annahme ist denn auch nicht an der Einführung von Parteiautonomie, sondern an dem als nicht glücklich empfundenen Kompromiß bzgl. der objektiven Anknüpfungsmomente gescheitert[268]. Allerdings war auch das Ergebnis der nationalen Diskussion zur Reform des Internationalen Ehegüterrechts überwiegend die Befürwortung beschränkter Parteiautonomie[269].

3. Kollisionsgefahr im Internationalen Ehegüterrecht

a) Echte IPR-Kollision

Nimmt man die objektiven Anküpfungen der nationalen Internationalehegüterrechte in den Blick, so ist im Internationalen Ehegüterrecht ähnlich wie im Internationalen Erbrecht eine Einteilung der Mitgliedstaaten in Anhönger des Staatsangehörigkeitsprinzips und des Domizilprinzips möglich.
Der Vergleich der verschiedenen nationalen Internationalehegüterrechte hat aber zudem gezeigt, daß bis auf vier kleinere Staaten (Belgien, Dänemark, Finnland und Griechenland) unionsweit eine in Voraussetzungen und Umfang ähnliche Anerkennung der Parteiautonomie herrscht.

---

264 *Ferid/Rieck/Chaussade-Klein*, Internationales Ehe- und Kindschaftsrecht, Frankreich, S. 37 zum autonomen Kollisionsrecht; *Schotten*, Das IPR in der notariellen Praxis, S. 302 ff. (zu Frankreich); *Cieslar*, Internationales Ehe- und Kindschaftsrecht, Luxemburg, S. 25; *Schotten*, Das IPR in der notariellen Praxis, S. 339 ff.(zu Luxemburg); *Weber*, Internationales Ehe- und Kindschaftsrecht, Niederlande, S. 23 f.; *Schotten*, Das IPR in der notariellen Praxis, S. 343 ff. (zu den Niederlanden).

265 *Kegel-Schurig*, IPR, S. 739.

266 *Staudinger-von Bar/Mankowski*, Art. 15 EGBGB Rn. 96.

267 S. die Begründung des IPR - NeuregelungsG/RegE, S. 58; *Staudinger-von Bar/Mankowski*, Art. 15 EGBGB Rn. 95 f.; *Kropholler*, RabelsZ 57 (1993), 207, 216 f.

268 *Kropholler*, RabelsZ 57 (1993), 207, 216 f.

269 *Staudinger-von Bar/Mankowski*, Art. 15 EGBGB Rn. 96 mwN.

Dies mildert den Gegensatz zwischen den beiden Staatengruppen erheblich ab. Hinzu kommt, daß in allen Mitgliedstaaten außer in Griechenland im Grundsatz materiell-rechtlich güterrechtliche Ehevertragsfreiheit herrscht. Eine Abstimmung seiner ehegüterrechtlichen Verhältnisse auf seine persönlichen Bedürfnisse ist dem SPE-Gesellschafter daher auf zwei Ebenen möglich: zum einen bei der Wahl des passenden Ehegüterrechts und dann im zweiten Schritt bei der Wahl des in diesem nationalen Recht passenden Güterstandes. Im Vergleich mit den Internationalerbrechten und den erbrechtlichen Sachnormen des nationalen Zivilrechts eröffnet sich ihm hierbei eine große Bandbreite an Gestaltungsmöglichkeiten, um echte Ehegüterrechtskollision auszuschließen und zudem auch sachrechtlich eine selbstbestimmte Rechtslage zu erreichen.
Echte Güterrechtskollision ohne Abhilfemöglichkeit durch Rechtswahl ist nur vorstellbar, wenn sich dänisches und griechisches (bzw. belgisches[270]) Recht gegenüberstehen: Hierzu müßte der Ehemann eines Ehepaares mit gemeinsamer Staatsangehörigkeit in einem anderen Staat domiziliert sein. Da Dänemark und Griechenland renvoifeindlich sind[271] (in Belgien mag ein Renvoi den Konflikt auflösen), kann es hier zu einer echten IPR-Kollision kommen. Auch die neue EU-Gerichtsstands- und Vollstreckungsverordnung für Ehe- und Sorgerechtssachen[272] hilft hier nicht: das eheliche Güterrecht ist ausdrücklich von dem Geltungsbereich der Verordnung ausgenommen[273]. Beruft nun eines der beiden Internationalprivatrechte das griechische Sachrecht, ist auch auf dieser Ebene keine hinreichende ehevertragliche Gestaltungsmöglichkeit gegeben. Diese doch begrenzte Reichweite echter Güterrechtskollision zeigt, daß das Problem der IPR-Kollision im Ehegüterrecht bei weitem nicht von derselben Relevanz ist wie im Internationalen Erbrecht.

270 Finnisches und Dänisches IPR kollidieren wegen des Nordischen Konvention vom 6. 2. 1931 nicht.

271 *Philip*, Dansk international privat- og procesret, S. 50; *Staudinger-Hausmann*, Anh. zu Art. 4 EGBGB Rn. 103 f.; *Staudinger-Dörner*, Anh. zu Art. 25 f. EGBGB Rn. 143; Art. 32 griech. ZGB, s. *Georgiades/Dimakou-Kiaou*, Internationales Erbrecht, Griechenland, Texte A I, S. 3; *Staudinger-Hausmann*, Anh. zu Art. 4 EGBGB Rn. 288.

272 *Jayme/Hausmann*, Internationales Privat- und Verfahrensrecht, 10. Auflage 2000, Nr. 170, Verordnung (EG) Nr. 1347/2000 des Rates über die Zuständigkeit und die Anerkennung und Vollstreckung von Entscheidungen in Ehesachen und in Verfahren betreffend die elterliche Verantwortung für die gemeinsamen Kinder der Ehegatten vom 29. Mai 2000 (ABl. EG 2000, Nr. 160, S. 19).

273 Erwägungsgrund 10 der VO, s. *Jayme/Hausmann*, Internationales Privat- und Verfahrensrecht, 10. Auflage 2000, Nr. 170, S. 371.

b) Normenwiderspruch zwischen Erb- und Ehegüterrechtsstatut

Wie gesehen, ergibt sich ein solcher Normenwiderspruch nicht aus IPR-Kollision, sondern aus mangelnder Abstimmung der verschiedenen nationalen Erb- und Güterrechtsstatute. Auch hier vermag die Wahl eines zum zwingenden Erbstatut passenden Güterrechtsstatuts mit anschließender Rechtsgestaltung durch Ehevertrag in diesem Statut einen möglichen Normenwiderspruch in den meisten Fällen aufzulösen und so Anpassung durch den Richter überflüssig machen.

c) Regelungsbedarf

Gestaltungsbedarf für den grenzüberschreitend tätigen SPE-Gesellschafter besteht nach alldem nicht nur im Bereich des Internationalen Erbrechts, sondern auch im Bereich des Internationalen Ehegüterrechts. Im Unterschied zum Internationalen Erbrecht gewähren die nationalen Rechtsordnungen im letztgenannten Bereich allerdings einen erheblichen Gestaltungsspielraum. Auch sind die Kollisionsfälle jenseits der weitgehenden Rechtswahlfreiheit schon durch die Art der objektiven Anknüpfung unwahrscheinlicher als im Internationalen Erbrecht:

Das Erbstatut ist grundsätzlich wandelbar, d. h. mit dem Wechsel von Staatsangehörigkeit oder Domizil bzw. Wohnsitz geht ein Wechsel des Erbstatuts einher. Doch dieser Wechsel wird je nach gewähltem Anknüpfungsmoment nicht von jeder Rechtsordnung mitvollzogen; die Folge ist Erbrechtskollision. Das Ehegüterrechtsstatut ist dagegen zumeist unwandelbar, zumindest nicht ohne Vornahme einer Rechtswahl. Daher kommt es nur auf die Anknüpfungsmomente im Moment der Eheschließung an, was die Kollisionsgefahr verringert. Auch im Bereich von Vorfragen, die jeweils selbständig anzuknüpfen sind, kommt als Problem wohl nur die Gültigkeit der Eheschließung und einer eventuellen Scheidung in Betracht. Nachdem seit einiger Zeit unionsweit Ehescheidung möglich ist und seit dem Inkrafttreten der europäischen Gerichtsstands- und Vollstreckungsverordnung für Ehe- und Sorgerechtssachen[274] auch eine unionsweite Anerkennung von Ehescheidungen gesichert ist, werden sich hier kaum entscheidende Diskrepanzen ergeben.

Gewichtiger, praktisch bedeutsamer und schwieriger zu lösen sind die Fälle von Normwiderspruch der berufenen Güterrechts- und Erbstatute, da die Ehevertragsfreiheit hier zwar viel bewirken kann, jedoch zu berücksichtigen ist, daß

274 Am 1. 3. 2001, s. *Jayme/Hausmann*, Internationales Privat- und Verfahrensrecht, 10. Auflage 2000, Nr. 170 Fn. 1.

die Ehegatten bei der Abstimmung ihrer Vereinbarungen unter Umständen zwei oder mehr Erbstatute mit dem gemeinsamen Güterrechtsstatut abgleichen müssen.

4. Ergebnis

Im Ergebnis bleibt festzuhalten, daß das Ehegüterrecht im Vergleich zum Erbrecht die Regelungsmaterie mit geringerer Anfälligkeit für Kollisionen zwischen den nationalen europäischen Rechtsordnungen ist und eine Lösung der sich hier weniger aus dem IPR als aus dem Sachrecht ergebenden Schwierigkeiten weit weniger dringlich ist als eine Regelung im Bereich des Internationalen Erbrechts. Trotzdem ist es im Interesse einer umfassenden Beseitigung aller sich für die SPE aus dem IPR im Fall des Anteilswechsels von Todes wegen ergebenden Probleme wünschenswert, auch in diesem Bereich zu einer einfachen und klaren Regelung zu kommen, die Klarheit über das Ehegüteterechtsstatut bzgl. des SPE-Anteils schafft.

C. Rechtsverfolgung in Europa unter kollidierenden Erbstatuten - Die Bedeutung der EuGV-VO für die SPE

I. Einleitung

Die materielle Erbrechtskollision, d.h. der Umstand, daß mehrere europäische Erbrechtsordnungen die Rechtsnachfolge in einen SPE-Anteil regeln wollen, führt in einem etwaigen Prozeß keineswegs zu Unklarheiten über das dort anzuwendende Recht:

Die mit einem Prätendentenstreit konfrontierten Gerichte sind nationale Gerichte und daher gehalten, ihr nationales IPR die Frage entscheiden zu lassen, nach welcher Rechtsordnung sich der Übergang des SPE-Anteils von Todes wegen gestaltet. Die vom nationalen IPR berufene Rechtsordnung bestimmt dann, wer zu welchem Anteil Erbe und damit SPE-Gesellschafter geworden ist. Dies gilt nicht nur für die Gerichte der Staaten, deren Rechtsordnungen die Regelung des Erbgangs beanspruchen, sondern auch für die Gerichte von Drittstaaten. Käme es - aus welchen Gründen auch immer - zu einem Rechtsstreit um den Nachlaß des D vor einem englischen Gericht, so würde der englische Richter wegen des „domicile" des D in Belgien nach belgischem Recht urteilen[1], der portugiesische Richter dagegen nach dem Recht des Landes, in dem D seinen gewöhnlichen Aufenthalt hatte, hilfsweise nach dem Recht des Landes, zu dem der D die stärkere Verbindung aufwies[2]. Der spanische Richter allerdings käme trotz der grundsätzlichen Berufung der lex patriae[3] zum Erbstatut zur Geltung materiellen belgischen Erbrechts, da der D als nichtspanischer Doppelstaater dort seinen letzten gewöhnlichen Aufenthalt hatte[4]. Für die Beteiligten entsteht dann ein Problem, wenn ein Rechtsstreit um den Nachlaß bzw. den SPE-Anteil vor Gerichten verschiedener Mitgliedstaaten möglich ist. In diesem Fall besteht die Gefahr, daß jede Partei sich den ihr günstigsten Gerichtsstand aussucht[5], und im weiteren sich widersprechende Urteile erstritten und nach Möglichkeit auch vollstreckt werden. Zur Feststellung, ob die materielle Erbrechtskollision für die

---

1 *Henrich*, Internationales Erbrecht, Großbritannien C IV Rn. 43, *Staudinger-Dörner*, Anh. zu Art. 25 f. EGBGB Rn. 200.

2 Art. 28 aE des port. Staatsangehörigkeitsgesetzes vom 03. 10. 1981, s. *Staudinger-Dörner*, Anh. zu Art. 25 EGBGB Rn. 539; vgl. *Jayme*, IPRax 1982, 166.

3 Kapitel IV, Art. 9 VIII, 1 span. Código civil, s. *Hierneis*, Internationales Erbrecht, Spanien Texte A I, S. 7; *Staudinger-Dörner*, Anh. zu Art. 25 f. EGBGB Rn. 628.

4 Kapitel IV, Art. 9 IX, 3 iVm Art. 9 X span. Código civil, s. *Hierneis* aaO. S. 7 f.

5 Sogenanntes „forum shopping", vgl. *MünchKommZPO-Patzina*, § 12 Rn. 99; *Geimer*, Internationales Zivilprozeßrecht, S. 306 ff.; *Siehr*, ZfRV 25 (1984), 124 ff.

SPE nicht nur ein theoretisches, sondern auch ein praktisches Problem ist, muß demnach die Gefahr konkurrierender Gerichtsstände für die aus der Rechtsnachfolge in einen SPE-Anteil herrührenden Streitigkeiten untersucht werden.

II. Klagen der Erbprätendenten gegen die SPE

In dieser Fallgruppe geht es um die Geltendmachung von Gesellschafterrechten, die den Prätendenten nur bei Anwendung einer der konkurrierenden Erbrechtsordnungen zustehen, nach den anderen in Rede stehenden Rechtsordnungen dagegen nicht. Die nach den konkurrierenden Erbrechtsordnungen zur Rechtsnachfolge in den SPE-Anteil berufenen Erben können auf vielfältige Weise gegen die SPE vorgehen, um ihre Ansprüche durchzusetzen: So könnte ein in der Gesellschafterversammlung bei Abstimmungen übergangener Gesellschafter gegen die dort gefaßten Beschlüsse klagen[6]. Der Prätendent könnte auch versucht sein, auf Auszahlung eines (höheren) Gewinnanteils zu klagen oder die Ausübung bestimmter anderer Gesellschafterrechte wie z. B. der Informationsrechte aus Artt. 30 f. des SPE-Statuts oder den Rückkauf seiner (vermeintlichen) Anteile gemäß Art. 21 Nr. 2 SPE-Statut zu erzwingen.

1. Klagen gegen Gesellschafterbeschlüsse

Angenommen, die in Deutschland ansässigen Angehörigen des D wollten an ihrem Heimatort die Beschlüsse der SPE – Gesellschafter angreifen, die nach dem Tode des D gefällt wurden, ohne daß sie selbst die ihnen nach deutschem Recht zustehenden Stimmrechte vollständig ausüben konnten. Eine gerichtliche Entscheidung über die Wirksamkeit des angegriffenen Beschlusses muß gem. Art. 19 SPE-Statut herbeigeführt werden. Dabei handelt es sich um eine Anfechtung durch Klage[7], nicht um eine Klage auf Feststellung der Nichtigkeit[8] des Beschlusses. Als Klagegegner kommt letztlich nur die Gesellschaft in Frage[9].

---

6 Inhaltlich geht es um die Verletzung der Satzungsbestimmungen der SPE bzgl. der Einberufung der Gesellschafter zur Entscheidungsfindung in Ausfüllung der Artt. 14 f. SPE-StatutE. Vgl. für fehlerhafte Gesellschafterbeschlüsse in der GmbH *Kübler*, Gesellschaftsrecht, S. 244; *Raiser*, Recht der Kapitalgesellschaften, S. 416 ff.; *K. Schmidt*, Gesellschaftsrecht, S. 453 ff., 1095 ff. jeweils mit Rspr.-Nachweisen.

7 Vgl.. § 243 I AktG; zu rechtswidrigen Hauptversammlungsbeschlüssen s. *Raiser*, Recht der Kapitalgesellschaften, S. 186 ff.; *K. Schmidt*, Gesellschaftsrecht, S. 864 ff.

8 Vgl. § 249 I AktG; für eine einheitliche gestaltend-negatorische Klage gegen rechtswidrige Gesellschafterbeschlüsse in allen Gesellschaftsformen *K. Schmidt*, Gesellschaftsrecht, S. 451 ff.

9 Vgl. für das deutsche Aktienrecht die §§ 243 I, 246 II, 1, 249 I, 1 AktG; für die entsprechende Anwendung für die GmbH s. *BGHZ* 51, 209, 210; *Lutter/Hommelhoff*, GmbHG,

Damit gehört ein Vorgehen von (vermeintlichen) Gesellschaftern gegen Gesellschafterbeschlüsse der SPE zu den Klagen gegen die Gesellschaft.

a) Internationale Zuständigkeit

Eine allgemeine Regelung der internationalen Zuständigkeit enthält das SPE-Statut nicht. Art. 28 Nr. 3 des Statuts weist die Auflösung für den Fall der Mißachtung der Vorschriften über das Vorgehen bei Kapitalverminderung den Gerichten des Sitzstaates zu; Art. 19 S. 1 spricht nur vom zuständigen Gericht für Anfechtungsklagen, ohne dieses Gericht näher zu bestimmen. Im weiteren wird daher die internationale Zuständigkeit weitgehend ohne Berücksichtigung des SPE-Statuts zu prüfen sein, um im Anschluß zu zeigen, wo in Ergänzung der EuGV-VO überhaupt Regelungsbedarf für eine besondere oder ausschließliche internationale Zuständigkeit für Streitigkeiten unter Beteiligung der SPE besteht.

aa) Autonomes deutsches Recht

Vorausgesetzt, das SPE-Statut enthält keine eigene Regelung der internationalen Zuständigkeit, beantwortet sich die Frage, ob die in Deutschland ansässigen Angehörigen des D mit dieser Klage überhaupt vor deutschen Gerichten gegen die SPE vorgehen dürfen, grundsätzlich nach den deutschen Regeln der Internationalen Zuständigkeit[10]. Von Ausnahmen abgesehen[11], enthält das deutsche Recht keine expliziten Normen zur Begründung der internationalen Zuständigkeit. Daher ergibt sich die internationale Zuständigkeit der deutschen Gerichte in ihrer Gesamtheit grundsätzlich aus der Doppelfunktionalität der Normen über die örtliche Zuständigkeit[12], d. h. sämtliche Normen der örtlichen Zuständigkeit sind geeignet, die internationale Zuständigkeit deutscher Gerichte zu begründen. Die in Frage kommenden Gerichtsstände sind in §§ 12 ff. ZPO geregelt.

Anh. § 47 Rn. 1, 34; *Rowedder u.a.*, GmbHG-*Koppensteiner*, § 47 Rn. 72 ff., 125; *K. Schmidt*, Gesellschaftsrecht, S. 453 ff., 1095 ff.

10 Grundsätzlich dazu *MünchKommZPO-Patzina* § 12 Rn. 55; *Linke*, Internationales Zivilprozeßrecht Rn. 116.

11 So § 606 a ZPO für Ehesachen, § 640 a II ZPO für Kindschaftssachen, § 35 b I, II FGG für Vormundschafts- und Familiensachen, § 43 a I FGG für die Ehelichkeitserklärung und § 43 b I FGG für die Annahme eines Kindes.

12 *BGHZ* 115, 91 f. st. Rspr. seit *BGHZ* 44, 46 ff. (Entscheidung des großen Zivilsenats); *MünchKommZPO-Patzina* § 12 Rn. 86; *Linke*, Internationales Zivilprozeßrecht Rn. 115; *Jauernig*, Zivilprozeßrecht, § 6 II 1, S. 22.

(1) Allgemeiner Gerichtsstand der juristischen Person

Für eine SPE von besonderer Bedeutung wäre der allgemeine Gerichtsstand der juristischen Person an ihrem Sitz aus § 17 I, 1 ZPO. Hiermit ist nicht der Verwaltungssitz der Gesellschaft gemeint, der nach deutschem Internationalen Gesellschaftsrecht maßgeblich ist, sondern primär der satzungsmäßige Sitz[13] der juristischen Person. Der Satzungssitz der SPE, an welcher der verstorbene D beteiligt war, befindet sich allerdings im Ausland, so daß sich aus § 17 I, 1 ZPO keine allgemeine Zuständigkeit der deutschen Gerichte für Klagen gegen diese SPE herleiten läßt.

(2) Besonderer Gerichtsstand für Klagen gegen Gesellschafterbeschlüsse ?

Im weiteren muß nach einem besonderen Gerichtsstand für die Klage gegen den Gesellschafterbeschluß im Inland gesucht werden. In Betracht kommt § 23 ZPO, der für vermögensrechtliche Ansprüche die internationale Zuständigkeit deutscher Gerichte eröffnet, sofern der Beklagte Vermögen im Inland hat; doch unabhängig von der Frage, ob es sich bei einer Klage gegen einen fehlerhaften Gesellschafterbeschluß durch einen Mitgesellschafter um eine vermögensrechtliche Streitigkeit handelt[14], könnte § 23 ZPO durch eine reziproke Anwendung des ausschließlichen Gerichtsstandes des § 246 III, 1 AktG ausgeschlossen sein.

(a) § 246 III, 1 AktG als Norm der ausschließlichen internationalen Zuständigkeit

Diese Norm weist die Klagen gegen Hauptversammlungsbeschlüsse einer deutschen Aktiengesellschaft ausschließlich dem Landgericht[15] am Sitz der AG zu; sie ist auf entsprechende Klagen gegen Gesellschafterbeschlüsse der GmbH analog anzuwenden[16]. Man könnte aus ihr das allgemeine Prinzip herleiten, die in Rede stehenden Klagen in Deutschland überhaupt nur im Fall der Ansässig-

---

13 S. *MünchKommZPO-Patzina* § 17 Rn. 9 f. Der im IPR maßgebliche effektive Verwaltungssitz ist nur hilfsweise heranzuziehen; s. § 17 I, 2 ZPO; *MünchKommZPO* aaO. Rn. 12; *Thomas/Putzo*, ZPO, § 17 Rn. 3.

14 Zum Begriff der vermögensrechtlichen Streitigkeit s. *BGHZ* 14, 74.

15 Sie enthält demnach nicht nur eine Regelung der örtlichen, sondern auch der sachlichen Zuständigkeit, s. *Hüffer*, AktG, § 246 Rn. 37; allgemein zu § 246 III, 1 AktG s. *Geßler/Hefermehl*, AktG-*Hüffer*, § 246 Rn. 69 ff.

16 *BGHZ* 22, 105; s. allgemein zur analogen Anwendung der Vorschriften über Klagen gegen Hauptversammlungsbeschlüsse auf fehlerhafte Gesellschafterbeschlüsse in der GmbH *BGHZ* 11, 231, 235; 36, 207, 210 f., 51, 209 f., 101, 113, 120; *Rowedder u.a.*, GmbHG-*Koppensteiner*, § 47 Rn. 73; *Lutter/Hommelhoff*, GmbHG, Anh. § 47 Rn. 1; *Kübler*, Gesellschaftsrecht, S. 244; *Raiser*, Recht der Kapitalgesellschaften, S. 416 ff.

keit der Gesellschaft im Inland zuzulassen. Da es sich bei der SPE um eine GmbH-ähnliche juristische Person handelt, wäre eine analoge Anwendung des § 246 III, 1 AktG auf die internationale Zuständigkeit für Klagen gegen ihre Gesellschafterbeschlüsse denkbar, da der Grund für die Beschränkung derartiger Klagen auf das Sitzgericht, nämlich widersprüchliche Entscheidungen für verschiedene Gesellschafter jedenfalls zu vermeiden[17], auch für die SPE Gültigkeit beansprucht.

Allerdings unterscheidet sich die SPE in einem wesentlichen Umstand von der AG: Der Maßstab, an dem die Wirksamkeit eines Gesellschafterbeschlusses in der SPE gemessen werden muß, ist in allen Mitgliedstaaten gleichermaßen bekanntes europäisches Recht, nicht, wie für das Vorgehen gegen fehlerhafte Hauptversammlungsbeschlüsse, das nur in Deutschland von der Rechtsprechung angewandte deutsche Aktienrecht. Daher könnte es als weniger geboten erscheinen, eine Klage gegen Gesellschafterbeschlüsse nur im Sitzstaat der Gesellschaft zuzulassen. Anders gewendet bedeutete dies, auch Klagen gegen die Gesellschafterbeschlüsse im Ausland ansässiger Gesellschaften in Deutschland zuzulassen, wenn sich denn ein passender inländischer Gerichtsstand findet, ohne über die reziproke Anwendung des § 246 III, 1 AktG diesen Gerichtsstand auszuschließen. Zudem wäre grundsätzlich die Frage aufzuwerfen, ob man nach allgemeinen Grundsätzen § 246 III, 1 AktG als doppelfunktional[18] auffassen kann:

Nach der im deutschen Internationalen Gesellschaftsrecht herrschenden Sitztheorie kann grundsätzlich nur eine Gesellschaft mit Sitz im Inland deutschem Aktien- oder GmbH-Recht unterfallen[19], da die Verlegung des Verwaltungssitzes ins Ausland einen Statutenwechsel und damit nach deutschem Sachrecht die Auflösung der Gesellschaft zur Folge hat. Verlegt eine deutsche Gesellschaft ihren Verwaltungssitz in einen Staat, in dem die Gründungstheorie herrscht und behält sie ihren Satzungssitz in Deutschland, findet allerdings im Wege des renvoi weiterhin deutsches Sachrecht auf die Gesellschaft Anwendung[20]. Eine Auflösung findet allerdings trotzdem statt, da die Zwangsauflösung

---

17 Dazu s. *Geßler/Hefermehl*, AktG-*Hüffer*, § 246 Rn. 73; für die AG legt § 248 I, 1 AktG die erweiterte Rechtskraftwirkung des Anfechtungsurteils für alle Aktionäre fest; dies ist mit widersprüchlichen Urteilen nicht kompatibel. Doch auch für die SPE wären derartige Widersprüche nicht hinnehmbar.

18 Also als örtlich und international ausschließlich zuständigkeitsbegründend.

19 *BGHZ* 97, 269, 272; *K. Schmidt*, Gesellschaftsrecht, S. 27; *Großfeld*, Internationales und europäisches Unternehmensrecht, S. 39; *Kegel-Schurig*, IPR, S. 502 ff. mit Rspr.Nw.

20 S. zum renvoi im Internationalen Gesellschaftsrecht *OLG Frankfurt*, AG 1990, 494; *OLG Hamburg*, RIW 1988, 816; *Roth*, ZEuP 1994, 5, 21.

im materiellen deutschen Gesellschaftsrecht nicht vom Statutenwechsel, sondern von der Sitzverlegung als solcher verursacht wird[21]. Die deutsche internationale Zuständigkeit ist demnach für Klagen gegen eine AG oder GmbH bereits über § 17 I, 1 oder 2 ZPO gegeben, da solche Gesellschaften zumindest ihren Satzungssitz in Deutschland haben müssen, wollen sie dem Schicksal der Zwangsauflösung entgehen, so daß § 246 III, 1 AktG nur als Begründung einer ausschließlichen örtlichen und sachlichen Zuständigkeit gesehen werden könnte. Doch kann das mit der Zuständigkeitsregel des § 246 III, 1 AktG verfolgte Ziel, binnen kurzer Zeit[22] Rechtssicherheit zu schaffen, nur bei einem Verständnis der Norm als auch international ausschließlich zuständigkeitsbegründend erreicht werden[23]. Nur so kann vermieden werden , daß gegebenenfalls im Ausland erstrittene Urteile gegen die Hauptversammlungsbeschlüsse in der Aktiengesellschaft in Deutschland anerkennungsfähig sind[24]. Außerdem wäre andernfalls die Vereinbarung eines ausländischen Gerichtsstandes möglich, was ebenfalls der mit § 246 III, 1 AktG intendierten Verfahrenskonzentration zuwiderliefe[25].

(b) Ergebnis

Demnach begründet § 246 III, 1 AktG nicht nur eine örtliche und sachliche, sondern auch eine internationale ausschließliche Zuständigkeit für Anfechtungsklagen gegen die Beschlüsse der Hauptversammlung einer Aktiengesellschaft. Daher könnte aus § 246 III, 1 AktG für das autonome deutsche Recht der internationalen Zuständigkeit der Grundsatz abgeleitet werden, Klagen gegen Beschlüsse juristischer Personen nur -aber dann ausschließlich- im Inland zuzulassen, wenn die verklagte juristische Person ihren Sitz im Inland hat.

---

21 *BayObLG*, NJW-RR 1993, 43; *Kegel-Schurig*, IPR, S. 508 f.; aA *Roth*, ZEuP 1994, 5, 21, der den Fortbestand der Gesellschaft im Ausland unter deutschem Recht annimmt und ebenfalls unter mE unzutreffender Berufung auf *BayObLG* aaO. vom Untergang der Gesellschaft nur bei Statutenwechsel als Folge der Sitzverlegung ausgeht.

22 Vgl. die kurze Klagefrist aus § 246 I AktG; dazu auch *K. Schmidt* in *Großkomm.* § 246 Rn. 12 ff. Zum Normzweck der Klagefrist, der sich aus der gestaltenden Wirkung der Anfechtungsklage ergibt, vgl. *K. Schmidt* aaO. § 246 Rn. 3.

23 Zu der mit mehreren Gerichtsständen unvereinbaren Rechtskrafterstreckung auf alle Aktionäre s. *K. Schmidt* in *Großkomm.* § 246 Rn. 29.

24 Gemäß § 328 I, Nr. 1 ZPO ist die Anerkennung eines ausländischen Urteils immer dann ausgeschlossen, wenn dem ausländischen Gericht bei spiegelbildlicher Anwendung der deutschen Regeln zur Begründung der internationalen Zuständigkeit letztere nicht zukommt.

25 Die Unzulässigkeit jeder Prorogation bzgl. der Anfechtungsklage betont auch *K. Schmidt* in *Großkomm.* AktG § 246 Rn. 63, wobei er zumindest mißverständlich eine solche Prorogation grundsätzlich nach Art. 17 EuGVÜ für denkbar hält; eine solche ist aber auch nach dem EuGVÜ stets unzulässig, vgl. Art. 17 III, 16 Nr. 2 EuGVÜ = Art. 23 V, 22 Nr. 2 EuGV-VO.

bb) Europäische Gerichtsstands- und Vollstreckungsverordnung[26]

Der Rückgriff auf das nationale Recht der internationalen Zuständigkeit ist aber dann ausgeschlossen, wenn die EuGV-VO für den fraglichen Rechtsstreit Anwendung findet; die dort festgelegten internationalen Zuständigkeiten[27] gehen sämtlichen nationalen Vorschriften vor[28]. Zu prüfen ist daher, ob die EuGV-VO auf Klagen gegen Gesellschafterbeschlüsse der SPE anwendbar wäre.

(1) Sachlicher Anwendungsbereich der EuGV-VO

(a) Grundsatz

Die EuGV-VO bestimmt ihren Anwendungsbereich in Art. 1 I, 1 EuGV-VO: Grundsätzlich unterfallen ihr alle Zivil- und Handelssachen, wobei es sich hier um einen europäischen Rechtsbegriff handelt, der nicht nach nationalem Recht auszulegen ist[29]. Klagen gegen juristische Personen des Privatrechts wegen Fehlerhaftigkeit ihrer Gesellschafterbeschlüsse fallen ohne weiteres unter diesen Begriff.

---

26 Verordnung (EG) Nr. 44/2001 des Rates vom 22. 12. 2000 über die gerichtliche Zuständigkeit und die Vollstreckung gerichtlicher Entscheidungen in Zivil- und Handelssachen, die gem. ihres Art. 76 am 01. 03. 2002 in Kraft tritt und das Brüsseler EWG-Übereinkommen über die gerichtliche Zuständigkeit und die Vollstreckung gerichtlicher Entscheidungen in Zivil- und Handelssachen vom 27. 09. 1968, BGBl. 1972 II, 774 ff. idF des 3. Beitrittsübereinkommens vom 26. 05. 1989, BGBl. 1994 II, 519 ff. und des 4. Beitrittsübereinkommens vom 29. 11. 1996, ABl. Nr. C 15/1 v. 15. 01. 1997 - dazu im einzelnen *Wagner*, RIW 1998, 590 ff. - ersetzt. Im Verhältnis zu Dänemark gilt das EuGVÜ weiter, s. Präambel Abs. 21 und 22 EuGV-VO. Im Verhältnis zu anderen europäischen Drittstaaten wie z. B. der Schweiz bleibt das weitgehend inhaltsgleiche Luganer Abkommen über die gerichtliche Zuständigkeit und die Vollstreckung gerichtlicher Entscheidungen in Zivil- und Handelssachen vom 16. 09. 1988 (BGBl. 1994 II, 2660 ff.) in Anwendung. Zu den nunmehr verwirklichten Reformbestrebungen nach Amsterdam s. *Heß*, NJW 2000, 23, 27. Soweit das EuGVÜ wortgleich durch die EuGV-VO übernommen worden ist, gilt die für das EuGVÜ gültige Auslegung weiter, s. *Micklitz/Rott*, EuZW 2001, 325, 327 mN.

27 *Habscheid* spricht von intereuropäischer Zuständigkeit, wobei mE dieser Begriff eher verdunkelt, worum es geht: die EuGV-VO enthält europäische Regeln über die internationale und die örtliche Zuständigkeit der nationalen Gerichte; eine neue Zuständigkeitskategorie zwischen beidem etabliert es nicht; s. *Habscheid* in: Gemeinsames Privatrecht der EG, S. 543, 545.

28 *Kropholler*, Europäisches Zivilprozeßrecht, Einl. Rn. 13; vor Art. 2 Rn. 16.

29 *EuGHE* 1976, 1541 ff. (Rs. 14/76 / LTU/Eurocontrol).

(b) Art. 1 II lit. a EuGV-VO als Ausschlußtatbestand

Allerdings sind einige Bereiche des Zivilrechts aus dem Geltungsbereich der EuGV-VO vollständig herausgenommen; dies bestimmt Art. 1 II lit. a aE EuGV-VO für das Erbrecht einschließlich des Testamentsrechts. Die Ursache des hier untersuchten Rechtsstreits zwischen vermeintlichen Erben eines SPE – Anteils und der SPE um die Gültigkeit eines Gesellschafterbeschlusses ist in der Tat keine gesellschaftsrechtliche, sondern eine erbrechtliche:
den klagenden Erbprätendenten steht ein bestimmter Anteil an der SPE nach einer der konkurrierenden europäischen Erbrechtsordnungen zu, nach einer anderen nicht. Die Erbprätendenten verlangen eine Mitwirkung an den Gesellschafterbeschlüssen nach dem ihnen günstigsten Recht, was ihnen die Gesellschaft verweigert. Die Entscheidung des Rechtsstreits hängt somit ausschließlich von der Beantwortung der umstrittenen erbrechtlichen Fragen ab. Daher stellt sich die Frage, ob die EuGV-VO auf diesen Rechtsstreit trotz des erbrechtlichen Vorbehalts aus Art. 1 II lit. a aE EuGV-VO Anwendung findet. Die Ausnahmetatbestände des Art. 1 II EuGV-VO sind ebenfalls autonom konventionsimmanent zu bestimmen[30]. Zum Erbrecht im Sinne der Verordnung gehören alle Ansprüche des Erben auf und an dem Nachlaß[31]. Nach allgemeiner Meinung greift Art. 1 II EuGV-VO aber nur dann ein, wenn die dort ausgeschlossenen Rechtsgebiete den Gegenstand des Verfahrens selbst bilden[32]. Art. 1 II EuGV-VO ist dagegen nicht einschlägig, wenn nur entscheidungserhebliche Vorfragen den dort ausgeschlossenen Rechtsgebieten entstammen, selbst wenn sie im Prozeß eine besonders wichtige Rolle spielen[33]. Sogar die Anwendung von Art. 1 II lit. a EuGV-VO auf die Herausgabeklage des Erbprätendenten ist strittig[34]. Auf Rechtsstreitigkeiten des Erben mit Dritten, für die die Erbberechtigung des Erben nur als Vorfrage erheblich ist, ist die Verordnung anwendbar[35].

---

30 *EuGHE* 1979, 733, 743 zu Art. 1 II Nr. 2 (Konkurse, Vergleiche und ähnliche Verfahren) (Rs. 133/78 / Gourdin/Nadler); *EuGHE* 1979, 1055 ff. zu Art. 1 II Nr. 1 (Personenstand und ehelicher Güterstand) (Rs. 143/78 / De Cavel/De Cavel); *Geimer/Schütze*, Europäisches Zivilverfahrensrecht, Art. 1 Rn. 39 ff.

31 *Schlosser*, Bericht zum EuGVÜ, Abl. 1979, Nr. C 59/89; *Kropholler*, Europäisches Zivilprozeßrecht, Art. 1 Rn. 28; *Geimer/Schütze*, Europäisches Zivilverfahrensrecht, Art. 1 Rn. 80.

32 *Kropholler*, Europäisches Zivilprozeßrecht, Art. 1 Rn. 17; *Thomas/Putzo-Hüßtege*, ZPO, Art. 1 EuGVÜ, Rn. 6.

33 *EuGHE* 1991, 3855 ff. (Rs. 190/89 / Marc Rich/Società Italiana Impianti); Bericht *Schlosser*, Abl. 1979 Nr. C 59/89; *Geimer/Schütze*, Europäisches Zivilverfahrensrecht, Art. 1 Rn. 45, 85; *Kropholler*, Europäisches Zivilprozeßrecht, Art. 1 Rn. 17; *Grunsky*, JZ 1973, 641, 643; *Geimer*, RIW 1976, 139, 144.

34 Vgl. hierzu *Kropholler*, Europäisches Zivilprozeßrecht, Art. 1 Rn. 19; *Grunsky*, JZ 1973, 641, 643; *Geimer*, RIW 1976, 139, 145.

35 *Kropholler*, Europäisches Zivilprozeßrecht, Art. 1 Rn. 28.

(c) Ergebnis

Die Klage der Erbprätendenten gegen die SPE wegen angeblich fehlerhafter Gesellschafterbeschlüsse müßte, um aus dem Anwendungsbereich der EuGV-VO gemäß Art. 1 II lit. a EuGV-VO herauszufallen, ihrem Gegenstand nach eine erbrechtliche Klage sein. Das Vorgehen vermeintlicher Gesellschafter gegen eine Gesellschaft mit dem Ziel, einen fehlerhaften Gesellschafterbeschluß zu Fall zu bringen, ist aber dem Gesellschaftsrecht und nicht dem Erbrecht zuzuordnen, da Gesellschafter aus dieser Rechtsstellung heraus und zur Verteidigung der damit verbundenen Rechte die Gesellschaft verklagen. Dem Erbrecht zugehörig ist dagegen nur die entscheidungserhebliche Vorfrage, ob die Kläger den Geschäftsanteil durch Rechtsnachfolge von Todes wegen in der behaupteten Höhe erworben haben oder nicht. Demnach ist für die hier untersuchte Klage die EuGV-VO einschlägig und so die internationale Zuständigkeit der europäischen Gerichte nach den Vorschriften dieser Verordnung zu bestimmen.

(2) Zuständigkeit nach Art. 22 Nr. 2 EuGV-VO

Zur Anwendbarkeit der EuGV-VO ist grundsätzlich neben der Zugehörigkeit zum sachlichen Anwendungsbereich der Verordnung auch der Wohnsitz des Beklagten in einem Unionsstaat erforderlich (vgl. Art. 2 I EuGV-VO). Anderes gilt jedoch für Klagen, die der Regelung des Art. 22 EuGV-VO unterfallen: Diese Klagen knüpfen an vom Wohnsitz des Beklagten unabhängige Verbindungen des Streitgegenstandes zu einem Unionsstaat an, wie z.B. die Belegenheit einer unbeweglichen Sache oder den Ort der beantragten Zwangsvollstreckung. Der Wohnsitz des Beklagten ist für die Zuständigkeitsregeln des Art. 22 EuGV-VO ohne Belang, was sich nicht nur aus dem Einleitungssatz der Norm, sondern auch aus dem Vorbehalt in Art. 4 EuGV-VO, der im Falle des Fehlens eines Wohnsitzes im Unionsgebiet grundsätzlich die nationalen Zuständigkeitsregeln beruft, zugunsten des Art. 22 EuGV-VO ergibt[36].

Unabhängig von den allgemeinen Vorschriften zur Internationalen Zuständigkeit (Art. 2 ff. EuGV-VO) könnte daher für Klagen gegen die SPE wegen eines fehlerhaften Gesellschafterbeschlusses die ausschließliche Zuständigkeit der Gerichte des Sitzstaates der SPE gemäß Art. 22 Nr. 2 EuGV-VO gegeben sein. Die Norm unterwirft neben Klagen bezüglich der Gültigkeit, Nichtigkeit oder Auflösung einer Gesellschaft auch Klagen, die sich auf die Gültigkeit der Beschlüsse ihrer Organe beziehen, einer solchen ausschließlichen internationalen Zuständigkeit. Klagen gegen Gesellschafterbeschlüsse einer juristischen Person des

36 Bericht *Jenard*, Abl. 1979, Nr. C 59/34; *Kropholler*, Europäisches Zivilprozeßrecht, Art. 16 Rn. 6.

Privatrechts gehören als Klagen gegen Organbeschlüsse zum klassischen Anwendungsbereich des Art. 22 Nr. 2 EuGV-VO[37]. Die Klageart ist für die Geltung des Art. 22 Nr. 2 EuGV-VO ohne Belang; er greift ein, egal ob die Fehlerhaftigkeit des Organbeschlusses der Gesellschaft im Wege einer Anfechtungsklage geltend gemacht werden muß, oder ob die aus der Fehlerhaftigkeit folgende Nichtigkeit mittels einer Feststellungsklage offenzulegen ist[38]. Im deutschen Gesellschaftsrecht sind besonders die Anfechtungs- und Nichtigkeitsklage gemäß §§ 246 ff. AktG betroffen sowie die entsprechenden Klagen gegen Gesellschafterbeschlüsse in der GmbH[39], aber auch Feststellungsklagen gemäß § 256 ZPO z.B. bezüglich der Nichtigkeit von Gesellschafterbeschlüssen einer OHG[40]. Die SPE ist eine GmbH-ähnliche juristische Person des Privatrechts. Für Klagen, die Beschlüsse der SPE-Gesellschafter zum Streitgegenstand haben, sind daher gemäß Art. 22 Nr. 2 EuGV-VO ausschließlich die Gerichte des Sitzstaates der SPE international zuständig.

b) Der Sitz der SPE in seiner zivilprozessualen Bedeutung

aa) Gesellschaften nationalen Rechts

Für Gesellschaften nationalen Rechts ist nach der Feststellung der ausschließlichen Zuständigkeit der Gerichte des Sitzstaates für bestimmte Klagen gemäß Art. 22 Nr. 2 EuGV-VO zur Feststellung der internationalen Zuständigkeit noch der Sitz der betroffenen Gesellschaft zu bestimmen. Im Gegensatz zu den meisten anderen Tatbestandsmerkmalen der EuGV-VO, die grundsätzlich autonom auszulegen sind[41], muß zur Bestimmung des Gesellschaftssitzes gemäß Art. 22 Nr. 2, 2 EuGV-VO das nationale IPR des entscheidenden Gerichts herangezogen werden. Für den deutschen Richter bedeutet dies, daß er den effektiven Verwaltungssitz[42] einer Gesellschaft ermitteln muß und er nur, wenn sich dieser in

---

37 *Geimer/Schütze*, Europäisches Zivilverfahrensrecht, Art. 16 Rn. 185; *Krop-holler*, Europäisches Zivilprozeßrecht, Art. 16 Rn. 37.

38 *Geimer/Schütze*, Europäisches Zivilverfahrensrecht, Art. 16 Rn. 186; *Krop-holler*, Europäisches Zivilprozeßrecht, Art. 16 Rn. 37.

39 *Geimer/Schütze*, Europäisches Zivilverfahrensrecht, Art. 16 Rn. 192 ff.; vgl. die Aufzählung bei *Thomas/Putzo-Hüßtege*, ZPO, Art. 16 EuGVÜ, Rn. 11.

40 *Geimer/Schütze*, Europäisches Zivilverfahrensrecht, Art. 16 Rn. 209.

41 Zurückhaltend der *EuGH* in *EuGHE* 1976, 1473, 1485 (Rs. 12/76 / Tessili/Dunlop); dagegen deutlicher zugunsten der autonomen Auslegung bei Divergenz der Nationalrechte in *EuGHE* 1978, 1431, 1445 (Rs. 150/77 / Bertrand/Ott); *Kropholler*, Europäisches Zivilprozeßrecht, Einl. Rn. 45.

42 *BGHZ* 97, 269, 272; *K. Schmidt*, Gesellschaftsrecht, S. 27; *Großfeld*, Internationales und europäisches Unternehmensrecht, S. 39; *Kegel-Schurig*, IPR, S. 502 ff. mit Rspr.N.

Deutschland befindet, für die Klagen, die Art. 22 Nr. 2 EuGV-VO unterfallen, international zuständig ist[43]. Im Vereinigten Königreich[44] und den Niederlanden[45] wird dagegen in erster Linie auf den satzungsmäßigen Sitz abgestellt. Es ist also durchaus möglich, daß sowohl Deutschland als auch die Niederlande den Sitz ein und derselben Gesellschaft im eigenen Land verorten (bei Verwaltungssitz in Deutschland und Satzungssitz in den Niederlanden). Der sich daraus ergebende positive Kompetenzkonflikt um die ausschließliche internationale Zuständigkeit muß nach dem Grundsatz der Priorität gelöst werden[46]. Auch ein negativer Kompetenzkonflikt ist vorstellbar; denn bei Satzungssitz in Deutschland und Verwaltungssitz in den Niederlanden liegt der Gesellschaftssitz nach nationalem IPR der beiden betroffenen Staaten im jeweils anderen Staat, so daß die ausschließliche Zuständigkeit des Sitzstaates gemäß Art. 22 Nr. 2 EuGV-VO ins Leere geht. Dieser negative Kompetenzkonflikt muß allein schon wegen des Rechtsgewährungsanspruchs der Kläger aus Art. 6 I S. 1 EMRK[47] im Sinne der Eröffnung einer Notzuständigkeit gelöst werden[48].

bb) Der Sitz der SPE

(1) Der Sitz der SPE als Sitz europäischen Rechts

Selbst wenn das SPE-Statut den Sitz der SPE nicht eigenständig regeln würde, könnte es für seine Ermittlung nicht auf das nationale IPR ankommen, da das nationale Internationale Gesellschaftsrecht nur den Zweck hat, eine für die Gesellschaft zuständige Rechtsordnung festzulegen.

---

43 Da Art. 22 Nr. 2, 2 EuGV-VO auf das Internationale Privatrecht und nicht auf das Internationale Verfahrensrecht der Mitgliedstaaten verweist, ist § 17 I ZPO mit der dort festgelegten Maßgeblichkeit des Satzungssitzes nicht anzuwenden; vgl. *Kropholler*, Europäisches Zivilprozeßrecht, Art. 53 Rn. 2; *Geimer/Schütze*, Europäisches Zivilverfahrensrecht, Art. 53 Rn. 3.

44 *Großfeld*, Internationales und europäisches Unternehmensrecht, S. 43 f.; *Kropholler*, Europäisches Zivilprozeßrecht, Art. 53 Rn. 3.

45 *Großfeld*, Internationales und europäisches Unternehmensrecht, S. 43 f.; *Kropholler*, Europäisches Zivilprozeßrecht, Art. 53 Rn. 2.

46 Gemäß Art. 29 EuGV-VO; s. *Geimer/Schütze*, Europäisches Zivilverfahrensrecht, Art. 53 Rn. 2; *Kropholler*, Europäisches Zivilprozeßrecht, vor Art. 21 Rn. 1.

47 (Europäische) Konvention zum Schutze der Menschenrechte und Grundfreiheiten vom 4. 11. 1950, BGBl. 1952 II, S. 686 idF vom 6. 5. 1963, BGBl. 1968 II, S. 1116; Art. 6 I, S. 1 EMRK lautet auszugsweise: „Jeder hat Anspruch darauf, daß seine Sache ... gehört wird, und zwar von einem unabhängigen ... Gericht, das über zivilrechtliche Ansprüche ... zu entscheiden hat.“. S. auch *Matscher*, FS Schwind, S. 71, 79 ff.

48 *Geimer*, RIW 1975, 81, 82 f.; *Lüke*, Gedächtnisschrift Arens, S. 273, 287 f.; *Kropholler*, Europäisches Zivilprozeßrecht, vor Art. 2 Rn. 22.

Art. 12 SPE-Statut untersagt jedoch den Rückgriff auf nationales Gesellschaftsrecht explizit. Er legt vielmehr selbst abschließend das anwendbare europäische Recht als Gesellschaftsstatut der SPE fest. Dem nationalen Internationalen Gesellschaftsrecht verbleibt somit kein Regelungsbereich mehr; es hat demnach zur Lösung der Frage, wo sich der Sitz der SPE befindet, nichts beizutragen. Damit geht die Verweisung des Art. 22 Nr.2, 2 EuGV-VO, das Gericht habe zur Feststellung des Gesellschaftssitzes auf das eigene IPR zurückzugreifen, scheinbar ins Leere, weil das durch dieses IPR berufene nationale Recht den Sitz der SPE nicht regeln darf. Die Funktion des Internationalen Gesellschaftsrechts übernimmt bei der SPE Art. 12 des Statuts. Diese Regelung über das anwendbare Recht bindet den nationalen Richter. Er hat damit zur Feststellung des Sitzes das für die SPE unionsweit gültige europäische Gesellschaftsrecht der SPE anzuwenden; der Sitz der SPE bestimmt sich demnach nach dem in Art. 12 SPE-Statut berufenen europäischen Recht; das IPR der Mitgliedstaaten wird verdrängt. Auf dieses europäische Recht verweist daher auch Art. 22 Nr. 2, 2 EuGV-VO.

(2) Der Sitz der SPE ohne explizite Festlegung im Statut

Wenn das SPE-Statut auf eine Festlegung des Sitzes verzichten würde, müßte man diesen anhand allgemeiner Grundsätze des europäischen Gesellschaftsrechts festmachen, wie es Art. 12 des SPE-Statuts für den Fall des Fehlens einer Regelung durch das Statut selbst festlegt. Das europäische Gesellschaftsrecht befaßt sich in Artt. 12-14 der EWIV-Verordnung[49] mit dieser Problematik. Es bestimmt, daß sich der Sitz der EWIV am Ort ihrer Hauptverwaltung oder derjenigen eines ihrer Mitglieder zu befinden hat[50]. Der Sitz der EWIV kann in einen anderen Mitgliedstaat verlegt werden; doch wird diese Verlegung erst wirksam, wenn ein formalisiertes Verfahren durchgeführt worden ist, das mit der Eintragung der EWIV im Register ihres neuen Sitzes endet[51]. Das europäische Gesellschaftsrecht folgt demnach von der Sache her der Sitztheorie, wenn es den Sitz der EWIV letztlich von ihrer Hauptverwaltung abhängig macht. Doch enthält die Regelung für die EWIV auch Elemente der Gründungstheorie: Der Sitz der Gesellschaft ist der statutarische Sitz; ändert sich der Ort der Hauptverwaltung, so folgt der Sitz der EWIV nicht ex lege automatisch, so wie es der Sitzbegriff des auf dem Kontinent vorherrschenden IPR bestimmt, sondern es erwächst für die EWIV in einem solchen Fall lediglich die Verpflichtung, das von der Verordnung vorgesehene Verlegungsverfahren[52] zu durchlaufen. Diesem in

49 VO des Rates vom 25. 07. 1985 Nr. 2137/85, Abl. 1985, Nr. L 199.
50 Art. 12 lit. a und lit. b EWIV-VO.
51 Artt. 13 I, 14 I, 4 EWIV-VO.
52 Art. 14 EWIV-VO.

der EWIV-Verordnung verwirklichten Modell folgt auch der Entwurf der Kommission für ein SE-Statut von 1991[53]. Gemäß Art. 5 SE-StatutE sollte sich der Sitz der SE nach ihrer Satzung bestimmen, wobei eine Pflicht zur Übereinstimmung mit dem Sitz der Hauptversammlung vorgesehen ist. Art. 5 lit. a des Entwurfs sieht für die Sitzverlegung ein besonderes Verfahren vor – erst nach Abschluß dieses Verfahrens sollte die Sitzverlegung wirksam werden, unabhängig davon, wann der effektive Verwaltungssitz verlegt worden war[54]. Es böte sich daher auch für die SPE an, eine derartige Lösung aus den allgemeinen Grundsätzen des europäischen Gesellschaftsrecht abzuleiten.

(3) Der Sitz der SPE nach dem SPE-Statut

Jenseits dieser allgemeinen Erwägungen regelt das SPE-Statut in Art. 6 auch die Sitzfrage - doch ganz im Sinne des von der EWIV-VO vorgegebenen Weges: Fast wörtlich entspricht die vorgesehene Regelung dem Modell der EWIV-VO, was den Zwang zur Übereinstimmung des Verwaltungssitzes mit dem Satzungssitz und die Verlegbarkeit des Gesellschaftssitzes angeht. In Art. 6 Nr. 4 des SPE-Statuts wird deutlich, daß die Verlegung des Verwaltungssitzes mitnichten die automatische Änderung des Gesellschaftssitzes zur Folge hat; das Auseinanderfallen von Verwaltungssitz und Satzungssitz zieht nur eine Verpflichtung der Gesellschaft nach sich, binnen drei Monaten auch den Satzungssitz entsprechend zu ändern. Ein Verstoß gegen diese Pflicht führt ebenfalls nicht zum erzwungenen Sitzwechsel, sondern (weit strenger) zur erzwungenen Auflösung der SPE.

c) Ergebnis

Unabhängig von der Frage, ob das SPE-Statut den Sitz der SPE explizit regelt oder nicht, verweist Art. 22 Nr. 2, 2 EuGV-VO auf das Internationale Gesellschaftsrecht des angerufenen Gerichtes, womit wegen Art. 12 SPE-Statut im Fall der SPE eine Verweisung auf europäisches Recht verbunden ist. Demnach kann es bei der Feststellung des Sitzes der SPE zur Ermittlung der ausschließlichen internationalen Zuständigkeit nach Art. 22 Nr. 2 EuGV-VO nicht zu Kompetenzkonflikten kommen. Für Klagen gegen Gesellschafterbeschlüsse der SPE sind daher immer nur die Gerichte des Staates international zuständig, in dem sich laut Satzung der SPE der Sitz der Gesellschaft befindet; dieser Sitz muß allerdings unter der Sanktionsdrohung der Zwangsauflösung mit dem Verwaltungssitz übereinstimmen. Für Klagen gegen Gesellschafter- und sonstige Organbeschlüsse der SPE ist die Einführung einer besonderen internationalen Zuständigkeitsregel aus diesem Grunde überflüssig.

53 Abl. 1991, C 176/7 ff.

54 Kritisch zum SE-Entwurf von 1991 *Merkt*, BB 1992, 652; *Hauschka*, EuZW 1992, 147.

2. Klagen gegen andere Organbeschlüsse

Neben Klagen der Erbprätendenten gegen Gesellschafterbeschlüsse sind auch Klagen gegen Beschlüsse anderer Organe der SPE, bei deren Einrichtung und Kompetenzuordnung die SPE weitgehende Satzungsfreiheit genießt[55], in Art. 19 SPE-Statut vorgesehen.

Im deutschen Recht sind gegen solche Beschlüsse in erster Linie Feststellungsklagen gemäß § 256 ZPO zu richten[56]. Doch auch Unterlassungs- und Beseitigungsklagen kommen in Betracht[57]. Unabhängig von der Klageart, die sich aus Sicht der EuGV-VO nach nationalem Recht richtet[58], unterfallen sämtliche Klagen, welche die Gültigkeit oder Nichtigkeit von Organbeschlüssen einer Gesellschaft zum Gegenstand haben, der ausschließlichen Zuständigkeit des Sitzstaates gem. Art. 22 Nr. 2 EuGV-VO[59].

Unterlassungsklagen, die sich unmittelbar auf befürchtete rechtswidrige Organbeschlüsse beziehen, sollten im Wege einer weiten Auslegung wegen ihrer faktischen Gleichwertigkeit mit dem Angriff auf schon gefaßte Beschlüsse dem Anwendungsbereich des Art. 22 Nr. 2 EuGV-VO unterstellt werden. Im Wege einer Annexzuständigkeit sollte dies auch für auf rechtswidrige Organbeschlüsse bezogene Beseitigungsklagen ebenso wie für mit der Anfechtungsklage verbundene Klagen auf Feststellung des richtigen Beschlusses[60] gelten. Damit beansprucht das für Klagen gegen Gesellschafterbeschlüsse herausgearbeitete Ergebnis für sämtliche Klagen gegen Organbeschlüsse der SPE Geltung: Für derartige Klagen sind die Gerichte des Sitzstaates der SPE ausschließlich zuständig, wobei wegen des einheitlichen europäischen Sitzbegriffs aus Art. 6 des SPE-Statuts keine konkurrierenden Zuständigkeiten innerhalb der Europäischen Union denkbar sind. Art. 19 SPE – Statut verzichtet also aus gutem Grund auf die Regelung der internationalen Zuständigkeit: diese ist bereits in Art. 22 Nr. 2 EuGV-VO sinnvoll und klar geregelt.

---

55 S. Art. 14 SPE-StatutE.

56 Berühmtestes Beispiel für ein derartiges Vorgehen gegen den Vorstandsbeschluß einer Aktiengesellschaft mittels kombinierter Unterlassungs- und Feststellungsklage ist wohl der Fall Holzmüller, *BGHZ* 83, 122 ff.

57 Dazu eingehend: *Raiser*, Recht der Kapitalgesellschaften, S. 61 ff., 306 ff., s. zum Verhältnis von Anfechtungs- und Feststellungsklage *Hüffer*, AktG, § 246 Rn. 41 ff.

58 *Geimer/Schütze*, Europäisches Zivilverfahrensrecht, Art. 16 Rn. 186, 192.

59 *MünchKommZPO-Gottwald*, Art. 16 EuGVÜ Rn. 17; *Geimer/Schütze*, Europäisches Zivilverfahrensrecht, Art. 16 Rn. 185, 203.

60 *Geimer/Schütze*, Europäisches Zivilverfahrensrecht, Art. 16 Rn. 189 ff.

3. Sonstige Klagen, die der ausschließlichen Zuständigkeit der Gerichte des Sitzstaates unterfallen

Ebenfalls der ausschließlichen internationalen Zuständigkeit des Art. 22 Nr. 2 EuGV-VO unterfallen alle Klagen, welche die Gültigkeit, Nichtigkeit oder die Auflösung einer Gesellschaft zum Gegenstand haben. Im deutschen Recht sind dies z.B. die Nichtigkeitsklagen gegen eine Aktiengesellschaft gemäß § 275 AktG[61] oder eine GmbH gemäß § 75 GmbHG, die ebenso wie die Klage auf Auflösung der GmbH gemäß § 61 GmbHG auf die Auflösung der juristischen Person gerichtete Gestaltungsklagen sind[62]. Für die Erbprätendenten in der SPE werden zur Durchsetzung ihrer Interessen eher Auflösungsklagen wegen nach ihrem Eintritt in die Gesellschaft eintretender Umstände von Interesse sein.

a) Regelungen im SPE-Statut

Das SPE-Statut enthält einige wenige Aussagen zur Nichtigkeit und Auflösung der SPE: So verweist Art. 11 bezüglich der Nichtigkeit der Gesellschaft auf das harmonisierte nationale Recht, ohne auf Zuständigkeitsfragen oder den Kreis der Aktivlegitimierten in einem diesbezüglichen Prozeß näher einzugehen. Art. 36 Nr. 1 unterstellt die SPE bzgl. ihrer Auflösung ihrem Sitzrecht.

b) Einseitige Amtsverfahren zur Auflösung der SPE

In den Artt. 6 Nr. 4, 28 Nr. 3 des SPE-Statuts wird die zwangsweise Auflösung im Fall des schweren Kapitalverlustes und der mangelnden Übereinstimmung des Verwaltungssitzes mit dem Satzungssitz vorgesehen und den Gerichten des Sitzstaates zugewiesen. Überflüssig sind diese Zuweisungen nicht, da es sich bei diesen Verfahren nicht um Parteiprozesse handelt, für die schon Art. 22 Nr. 2 EuGV-VO eingreift, sondern um einseitige Amtsverfahren wie die Auflösung einer GmbH oder AG nach § 144 lit. a FGG. In diesem Fall ist Art. 22 Nr. 2 EuGV-VO nicht einschlägig[63]. Derartige Amtsverfahren könnten demnach aus dem Statut heraus nur am Sitz der SPE stattfinden - dies ist eine Erweiterung[64]

---

61 Dazu *Raiser*, Recht der Kapitalgesellschaften, S. 52; *Geimer/Schütze*, Europäisches Zivilverfahrensrecht, Art. 16 Rn. 157.

62 *Lutter/Hommelhoff*, GmbHG § 75 Rn. 2; *Raiser*, Recht der Kapitalgesellschaften, S. 52; *Geimer/Schütze*, Europäisches Zivilverfahrensrecht Art. 16 Rn. 155, 167.

63 *MünchKommZPO-Gottwald*, Art. 16 EuGVÜ Rn. 14; *Kropholler*, Europäisches Zivilprozeßrecht, Art. 16 Rn. 33; *Thomas/Putzo-Hüßtege*, ZPO, Art. 16 EuGVÜ, Rn. 11.

64 Eine solche Erweiterung durch europäisches Recht ist wegen der Subsidiarität der Abkommen nach Art. 293 EG im Verhältnis zum europäischen Recht auch durchaus zulässig; vgl. dazu *Grabitz/Hilf-Schweitzer*, Kommentar zur Europäischen Union, Art. 220

des beschränkten Anwendungsbereichs des Art. 22 Nr. 2 EuGV-VO für die SPE[65].

c) Echte kontradiktorische Verfahren zur Auflösung der SPE

Echte Parteiprozesse zur Auflösung der SPE oder zur Feststellung ihrer Nichtigkeit sind demnach im SPE-Statut nicht vorgesehen. Fraglich ist, auf welcher Rechtsgrundlage solche Klagen stattfinden könnten. Art. 11 des SPE-Statuts beruft zur Regelung der Nichtigkeit der Gesellschaft das Sitzrecht, wobei problematisch ist, daß das nationale Recht naturgemäß keine Regelung zur Nichtigkeit einer SPE enthält und z.B. in Deutschland diese Frage je nach der Gesellschaftsform unterschiedlich beurteilt wird[66]. Entsprechend dem Verweis auf das Sitzrecht für die Feststellung der Nichtigkeit verweist Art. 36 Nr. 1 SPE-Statut für die Auflösung der Gesellschaft ebenfalls auf das nationale Sitzrecht der SPE, wobei der systematische Zusammenhang mit der gleichfalls in diesem Artikel geregelten Insolvenz die Frage nahelegt, ob mit dieser Berufung des nationalen Rechts nicht nur die prozedurale Abwicklung der Gesellschaftsauflösung gemeint ist, nicht dagegen die gesellschaftsrechtlichen Gründe, die z.B. einen Gesellschafter zur Klage auf Auflösung berechtigen. Der Vergleich mit Art. 11 des SPE-Statuts, der die Nichtigkeit der Gesellschaft und damit eine rein gesellschaftsrechtliche Frage nationalem Recht unterstellt, spricht aber eher für einen materiell-gesellschaftsrechtlichen Verweis. Doch legt das SPE-Statut immerhin in Art. 6 Nr. 4 und Art. 28 Nr. 3 Fälle fest, in denen zur Auflösung der SPE geschritten werden kann. Außerdem kann jeder Gesellschafter gemäß Art. 21 Nr. 2 des Statuts aus wichtigem Grund den Rückkauf seiner Anteile verlangen, was eine Auflösungsklage weitgehend überflüssig macht[67]. Dies legt nahe, für nachträgliche Auflösungsgründe jenseits des wirtschaftlichen Zusammenbruchs der Gesellschaft keinen Verweis auf das nationale Recht in Art 36 Nr. 1 SPE-Statut anzunehmen - im Unterschied zu den anfänglichen Nichtigkeitsgründen des Art. 11 SPE-Statut. Aber welche Klagen bezüglich der Nichtigkeit oder Auflösung der SPE auch immer nach europäischem oder nationalem Recht zulässig sein sollten - für Parteiprozesse besteht keine Notwendigkeit einer Regelung der internationalen Zuständigkeit im Rahmen des SPE-Statuts, da Art. 22 Nr. 2

Rn. 2; *Dauses-Voß*, Handbuch des EG-Wirtschaftsrechts, J Rn. 52; *von der Groeben/Thiesing/Ehlermann-Schwartz*, Kommentar zum EGV, Art. 220 Rn. 4, 55.

65 Allerdings sind Fälle, in denen ein Staat sich anmaßt, ein Amtsverfahren zur Auflösung einer nicht auf seinem Gebiet ansässigen Gesellschaft durchzuführen, schwer vorstellbar.

66 Vgl. den Überblick bei *Geimer/Schütze*, Europäisches Zivilverfahrensrecht, Art. 16 Rn. 154 ff.

67 Vgl. zum deutschen Recht *Lutter/Hommelhoff*, GmbHG § 61 Rn. 1.

EuGV-VO diese Klagen ausschließlich den Gerichten des Sitzstaates der SPE zuweist.

4. Sonstige Klagen der Erbprätendenten gegen die SPE aus eigenem Recht

Neben Klagen gegen Organbeschlüsse sind aber noch zahlreiche andere Wege vorstellbar, auf denen ein Erbprätendent versuchen könnte, die ihm nach dem günstigsten Erbstatut zustehenden Rechte gegen die Gesellschaft durchzusetzen. Beispielhaft für alle übrigen Klagen der Gesellschafter gegen die Gesellschaft soll hier eine Klage auf Auszahlung eines bestimmten Gewinnanteils behandelt werden. Die Wahrscheinlichkeit solcher Klagen liegt auf der Hand: Sollten verschiedene Erbprätendenten die Rechtsnachfolge in einen Geschäftsanteil an einer SPE beanspruchen, so werden sie jedenfalls persönlich in den Genuß der Erträge „ihrer" Beteiligung kommen wollen. Eine Klage auf Auszahlung eines bestimmten Gewinnanteils ist naturgemäß gegen die Gesellschaft zu richten. Ebenso wie bei den Klagen gegen Organbeschlüsse werden die nationalen Vorschriften zur internationalen Zuständigkeit von der EuGV-VO verdrängt, soweit es sich bei dem Streitgegenstand um eine dem Übereinkommen unterfallende zivil- oder handelsrechtliche Streitigkeit handelt[68], was bei Gewinnauszahlungsansprüchen gegen juristische Personen des Privatrechts immer der Fall ist[69].

a) Keine ausschließliche Zuständigkeit gemäß Art. 22 Nr. 2 EuGV-VO

Für Klagen auf Auszahlung eines Gewinnanteils statuiert Art. 22 Nr. 2 EuGV-VO keine ausschließliche internationale Zuständigkeit der Gerichte des Sitzstaates der SPE. Da Art. 22 EuGV-VO eine ausschließliche internationale Zuständigkeit festlegt, ist er im Zweifel eng auszulegen[70]; der Begriff „ausschließliche Zuständigkeit" in der EuGV-VO bedeutet nämlich nicht nur, daß das nationale Recht keine internationale Zuständigkeit für die betroffenen Streitgegenstände mehr begründen kann; in diesem Sinne ist die EuGV-VO ohnehin abschließend[71]. Die ausschließlichen Gerichtsstände des Art. 22 EuGV-VO bewirken darüber hinaus eine Verdrängung des Wohnsitzgerichtsstandes aus Art. 2 EuGV-VO und aller besonderen Gerichtsstände der Artt. 5 ff. EuGV-VO. Zu-

68 *Kropholler*, Europäisches Zivilprozeßrecht, vor Art. 2 Rn. 16 ff.

69 Zur Abgrenzung von öffentlich-rechtlichen Streitigkeiten s. *EuGHE* 1976, 1541, 1551 (Rs. 29/76 / LTU/Eurocontrol); *EuGHE* 1980, 3807, 3819 (Rs. 814/79 / Niederlande/Rüffer).

70 *Kropholler*, Europäisches Zivilprozeßrecht, Art. 16 Rn. 10.

71 *Kropholler*, Europäisches Zivilprozeßrecht, vor Art. 2 Rn. 16 ff.

dem kann ein ausschließlicher Gerichtsstand im Unterschied zu den anderen Gerichtsständen der EuGV-VO nicht abbedungen werden (Art. 23 V EuGV-VO)[72]. Diese Erschwerung für die Parteien gibt Anlaß, den Anwendungsbereich des Art. 22 EuGV-VO nicht durch Analogien oder Rechtsfortbildung zu erweitern[73]. Für alle Klagen der Gesellschafter gegen die Gesellschaft aus ihrer Gesellschafterposition heraus, die nicht die in Art. 22 EuGV-VO aufgezählten Materien zum Streitgegenstand haben, gilt somit keine ausschließliche Zuständigkeit der Gerichte des Sitzstaates der SPE.

b) Internationale Zuständigkeit nach den allgemeinen Vorschriften der EuGV-VO

Alle übrigen Klagen der Gesellschafter gegen die Gesellschaft richten sich in Ermangelung einer Sondervorschrift nach den allgemeinen Regeln der EuGV-VO.

aa) Sitz der SPE im Unionsgebiet

Voraussetzung für die Anwendbarkeit der Verordnung ist hier aber über die Zugehörigkeit zum sachlichen Anwendungsbereich hinaus das Vorliegen eines Wohnsitzes des Beklagten in einem Unionsstaat außer Dänemark (Art. 2 I EuGV-VO). Die SPE als juristische Person hat naturgemäß keinen Wohnsitz - doch stellt Art. 60 I lit. a-c EuGV-VO den satzungsmäßigen und den tatsächlichen Sitz juristischer Personen und anderer Gesellschaften, resultierend aus ihrer Hauptniederlassung oder Hauptverwaltung, dem Wohnsitz der natürlichen Personen bei der Anwendung dieser Verordnung gleich. Art. 6 Nr. 1, S. 1 des SPE-Statuts legt fest, daß der Sitz der SPE „auf dem Gebiet der Union“ gewählt werden muß. Daher ist die Anwendbarkeitsvoraussetzung des Sitzes innerhalb der Union immer erfüllt; hat die SPE ihren Sitz in Dänemark, so gilt weiterhin das EuGVÜ, woraus sich hier keine Abweichungen ergeben.

bb) Sitz der SPE als Anknüpfungkriterium der internationalen Zuständigkeit für gegen sie gerichtete Klagen nach der EuGV-VO

Gemäß Art. 2 I EuGV-VO sind für Klagen gegen alle Personen, die ihren Wohnsitz im Gebiet eines der Unionsstaaten haben, die Gerichte dieses Unions-

---

72 Zur Zuständigkeitsvereinbarung nach dem EuGVÜ / der EuGV-VO s. *Kropholler/Pfeifer*, FS Nagel, S. 157 ff.

73 *EuGHE* 1977, 2383 (Rs. 73/77 / Sanders/van der Putte); *EuGHE* 1990 I, 27, Nr. 9 (Rs. 115/88 / Reichert/Dresdner Bank); *EuGHE* 1994 I, 2535 Nr. 12 (Rs. 292/93 / Lieber/Göbel).

staates ausschließlich international zuständig. Wegen der Gleichstellung des Sitzes der Gesellschaften und juristischen Personen im oben beschriebenen Sinne mit dem Wohnsitz der natürlichen Personen in Art. 60 I EuGV-VO kann die SPE von ihren Gesellschaftern nur vor den Gerichten ihres Sitzstaates im Sinne des Art. 60 EuGV-VO verklagt werden. Hiernach kann es mehrere Zuständigkeiten geben, da der Satzungssitz und der Ort der Hauptniederlassung durchaus auseinanderfallen können. Hier hat die EuGV-VO gegenüber dem EuGVÜ die Gefahr einander widersprechender Entscheidungen vergrößert: Wie schon festgestellt, richtet sich der dort maßgebliche internationalprivatrechtliche Sitz der SPE ausschließlich nach europäischem Recht und nicht nach den Grundsätzen des nationalen Internationalen Gesellschaftsrechts. Das SPE-Statut bestimmt in Art. 12 mit Wirkung in allen Mitgliedstaaten, daß europäisches Recht das Gesellschaftsstatut der SPE ist - demgemäß verweist auch Art. 22 Nr.2, 2 EuGV-VO zur Feststellung des Sitzes auf das SPE-Statut. Eine unterschiedliche Beurteilung der Frage, wo die SPE ihren Sitz hat, ist daher anders als bei nationalen Gesellschaften für die SPE ausgeschlossen. Für alle Klagen gem. Art. 22 Nr. 2 EuGV-VO sind demnach grundsätzlich die Gerichte des Sitzstaates der SPE international zuständig.

cc) Anwendungsvoraussetzung „Internationaler Sachverhalt“

Anders als bei den Klagen, die Art. 22 EuGV-VO unterfallen, ist für die Anwendung der allgemeinen Zuständigkeitsregelungen der EuGV-VO strittig, inwieweit ein internationaler Sachverhalt Gegenstand des Rechtsstreits sein muß, damit die EuGV-VO die nationalen Vorschriften über die internationale Zuständigkeit verdrängt. So soll die EuGV-VO für einen Rechtsstreit, an dem nur in einem Unionsstaat wohnhafte Parteien beteiligt sind, nicht gelten, sondern die nationalen Vorschriften zur Begründung der internationalen Zuständigkeit anwendbar sein[74]. Demnach steht die Anwendung der EuGV-VO auf die Klage eines deutschen Gesellschafters gegen eine in Deutschland ansässige SPE in Frage. Doch selbst bei ausschließlicher Anwendung des nationalen Rechts bei der Beantwortung der Frage der internationalen Zuständigkeit kann in diesen Fällen kein von Art. 2 I EuGV-VO abweichendes Ergebnis zustande kommen: Sollte sich das nationale Gericht am Sitz der SPE aufgrund seines Rechts für international zuständig halten, so entspricht dies der Wertung der EuGV-VO, das ebenfalls die Gerichte des Sitzstaates beruft. Hält es sich für nach nationalem Recht unzuständig, so kann dies nur auf einem Umstand beruhen, der eine internationale Komponente enthält, was wiederum die Anwendung der EuGV-VO und damit des Art. 2 EuGV-VO nach sich ziehen muß. Für den Zweck dieser Untersuchung sind aber nur solche Abweichungen von der EuGV-VO von

74 Bericht *Jenard*, ABl. 1979 Nr. C 59/8; Bericht *Schlosser*, ABl. 1979 Nr. C 59/81.

Interesse, die eine internationale Zuständigkeit eines anderen EU-Staates, der nicht der Sitzstaat der verklagten Gesellschaft ist, begründen.

c) Besondere Zuständigkeiten nach Artt. 5, 6 EuGV-VO

aa) Die besonderen Gerichtsstände des Art. 5 EuGV-VO

Die besonderen Gerichtsstände des Art. 5 EuGV-VO, die die internationale Zuständigkeit der Gerichte des Sitzstaates nicht verdrängen, sondern zusätzliche, fakultative internationale Zuständigkeiten in bestimmten Fällen eröffnen[75], betreffen den Fall einer Klage eines SPE-Gesellschafters auf Auszahlung seines Gewinnanteils nicht, ebensowenig wie alle sonstigen Klagen eines Gesellschafters gegen eine Gesellschaft, die sich auf seine Rechte als solcher stützen.

bb) Die besonderen Gerichtsstände des Art. 6 EuGV-VO

In Betracht kommt hier einmal der Gerichtsstand der Streitgenossenschaft, wenn mehrere Personen gemeinsam verklagt werden (Art. 6 Nr. 1 EuGV-VO); zum anderen könnte der Gerichtsstand der Widerklage nach Art. 6 Nr. 3 EuGV-VO einschlägig sein. Ob für den Gesellschafter eine Möglichkeit besteht, die SPE mit anderen, in einem anderen Staat wohnhaften Personen zusammen zu verklagen oder sich im Wege der Widerklage ein anderes Forum zu verschaffen, soll jedoch später bei der Behandlung anderer Klagekonstellationen geklärt werden.

d) Ergebnis

Es bleibt daher festzuhalten, daß bei ausschließlich von den Gesellschaftern der SPE gegen diese Gesellschaft gerichteten Klagen, die das Gesellschaftsverhältnis zum Gegenstand haben, die EuGV-VO grundsätzlich garantiert, daß immer nur die Gerichte des Sitzstaates der SPE international zuständig sind und daher eine Gefahr einander widersprechender Entscheidungen insoweit nicht besteht. Anderes gilt nur bei Abweichung von Satzungssitz und Sitz der Hauptniederlassung (Art. 60 EuGV-VO). Für solche Klagen besteht demgemäß keine besondere Notwendigkeit einer besonderen Regelung der internationalen Zuständigkeit im SPE-Statut selbst. In diesen Fällen setzt sich somit das Internationale Erbrecht des Sitzstaates der SPE durch; im Beispielsfall also das belgische IPR, das für die Beerbung des D belgisches materielles Erbrecht beruft.

---

75 Bericht *Jenard*, ABl. 1979 Nr. C 59/22.

III. Klagen gegen den Geschäftsführer der SPE

Art. 18 Nr. 2 des SPE-Statuts gestattet die Erhebung einer „actio pro socio"[76] gegen den die SPE schädigenden Geschäftsführer durch eine Gesellschafterminderheit von 10 %. Diese Klage wird nicht im Zentrum der von vermeintlichen Gesellschaftererben erhobenen Klagen stehen, da es diesen nicht um die Verfolgung einer Schädigung der Gesellschaft, sondern um die Durchsetzung ihrer vermeintlichen Mitgliedschaftsrechte geht. Entschlösse sich ein vermeintlicher Gesellschaftererbe dennoch, auf diesem Wege gegen einen der Mehrheit willfährigen Geschäftsführer vorzugehen, so könnte er dies nach Art. 2 I EuGV-VO grundsätzlich nur am Wohnsitz des Geschäftsführers.

Dieser wird aber zumeist in demselben Staat gelegen sein, in dem die SPE ihren Sitz hat. Aus diesem Grund kann sich der Gesellschaftererbe kein von Klagen gegen die Gesellschaft abweichendes Ergebnis erhoffen. Dasselbe gilt auch für die gemäß Art. 18 Nr. 1 SPE-Statut jedem Gesellschafter gestattete Geltendmachung von Eigenschäden. Hat der Geschäftsführer aber seinen Wohnsitz in einem andern Staat als dem Sitzstaat der SPE -was in Grenznähe[77] nicht fernliegt-, so ist die Anwendung des SPE-Sitzrechts bei der Entscheidung, ob der Kläger Gesellschafter ist, nicht mehr garantiert.

Hier ergäbe sich also ein Anwendungsbereich für eine eigenständige Regelung der internationalen Zuständigkeit im SPE-Statut. Zur Vermeidung einander widersprechender Entscheidungen wäre eine ausschließliche Zuweisung der Klagen nach Art. 18 SPE-Statut an die Gerichte des Sitzstaates der SPE erforderlich.

76 Zu dieser Klage ausführlich *K. Schmidt*, Gesellschaftsrecht, S. 631 ff.; *Raiser*, Recht der Kapitalgesellschaften, S. 306 ff.; für die GmbH *Lutter/Hommelhoff*, GmbHG, § 13 Rn. 17 ff. mwN.

77 Die SPE soll gerade die grenzüberschreitende Kooperation fördern.

IV. Klagen der SPE gegen die Gesellschafter

Umgekehrt hat natürlich auch die SPE ein Interesse daran, Klarheit über ihren Gesellschafterbestand zu gewinnen und könnte daher ihrerseits versucht sein, gerichtlich gegen die vermeintlichen Gesellschaftererben vorzugehen, z. B. im Wege einer negativen Feststellungsklage auf Nichtbestehen der Gesellschafterstellung. Auch für derartige Klagen gelten lediglich die allgemeinen Vorschriften der EuGV-VO, die internationale Zuständigkeit läge grundsätzlich beim Wohnsitzstaat des verklagten Gesellschafters. Dieser wird wegen der Internationalität der SPE-Gesellschafter häufig in einem anderen Mitgliedstaat der Union liegen. Jeder vermeintliche Gesellschaftererbe könnte nur in seinem Heimatstaat verklagt werden, was, wenn sich die SPE auf das an ihrem Sitz effektive Erbrecht und der Gesellschaftererbe auf sein Heimatrecht berufen, für die SPE von geringer Erfolgssaussicht wäre.

1. Funktion einer eigenständigen Gerichtsstandsklausel

Zu fragen ist, ob eine Regelung der internationalen Zuständigkeit im SPE-Statut auch für solche Klagen sinnvoll wäre. Solange der Status des Gesellschaftererben als Gesellschafter nicht strittig ist, sondern nur um die Höhe seiner Beteiligung gestritten wird, wird man ohne große Schwierigkeiten eine solche Auseinandersetzung als Gesellschaftsinternum beschreiben können und eine Zuständigkeitsbegründung im Sitzstaat der SPE befürworten können.

Doch wenn um das Bestehen der Gesellschafterstellung überhaupt gestritten wird, so wäre es aus der Sicht der klagenden SPE kaum begründbar, diesen Streit als Streit innerhalb der Gesellschaft zu betrachten, denn sie bestreitet ja gerade die Eigenschaft des Beklagten als Gesellschafter; für die SPE ist er nur ein Dritter, der sich eine ihm nicht zustehende Gesellschafterposition anmaßt. Andererseits ist in einem solchen Fall die Gesellschafterstellung selbst Streitgegenstand, so daß im Ergebnis über das Binnengefüge der SPE entschieden wird. So scheint es vertretbar, auch für Klagen der SPE gegen vermeintliche Gesellschafter, sofern der Streitgegenstand dem Sozialverhältnis entstammt, über das SPE-Statut eine zumindest konkurrierende internationalen Zuständigkeit der Gerichte des Sitzstaates über die EuGV-VO hinaus zu begründen.

2. Risiken einer Klage der SPE gegen die Gesellschaftererben

a) Der Gerichtsstand der Widerklage

Dies ist auch deshalb geboten, weil die EuGV-VO mit der besonderen Zuständigkeit des Art. 6 Nr. 3 ein qualifiziertes Risiko für die SPE bereithält: den Gerichtsstand der Widerklage. Hiernach kann gegen einen Kläger mit Wohnsitz im Unionsgebiet eine Widerklage vor dem Gericht der Hauptsache erhoben werden, wenn sich diese Widerklage auf denselben Vertrag oder Sachverhalt stützt wie die bereits vor diesem Gericht anhängige Klage.

Das Erfordernis der Konnexität in Art. 6 Nr. 3 EuGV-VO ist autonom auszulegen[78]. Sollte die SPE daher gegen Gesellschaftererbprätendenten außerhalb ihres Sitzstaates gerichtlich vorgehen und dabei die Gesellschafterstellung des Beklagten Streitgegenstand sein, so könnte der beklagte Prätendent vor dem für diese Klage zuständigen Gericht alle übrigen vorstellbaren Ansprüche, die aus seiner vermeintlichen Gesellschafterstellung herrühren, geltend machen. Damit eröffnete die SPE dem Prätendenten selbst ein neues Forum zur Durchsetzung seiner am Sitzstaat der SPE nicht mit Aussicht auf Erfolg einklagbaren Ansprüche. Zur Effektivierung der wünschenswerten Regelung über die internationale Zuständigkeit der Gerichte des Sitzstaates sollte diese daher auch dann eingreifen, wenn die SPE die Gesellschafterstellung eines Prätendenten generell bestreitet. Gäbe es überhaupt keine Zuständigkeit der Gerichte des Sitzstaates für Klagen der SPE gegen ihre Gesellschafter im SPE-Statut, könnte sich dies zu einem generellen Hindernis beim Vorgehen der Gesellschaft gegen einen Gesellschafter entwickeln, so z.B. wenn die Beteiligung des Gesellschafters sicher, deren Höhe aber umstritten ist:

Hat die SPE Ansprüche gegen den Gesellschafter, die direkt nichts mit dem Streit um die Höhe der Beteiligungsquote zu tun haben, so könnten nach der EuGV-VO diese Ansprüche nur im Heimatstaat des Gesellschafters eingeklagt werden. Da sie aber aus demselben Sachverhalt wie der Streit um die Beteiligungsquote stammen, hätte jede Klageerhebung zur Folge, daß die SPE auch in dieser Frage vor dem Heimatgericht des Prätendenten verklagt werden könnte - aus diesem Grund könnte die SPE davon Abstand nehmen, ihre Ansprüche gegen den Gesellschafter durchzusetzen.

---

78 *Kropholler*, Europäisches Zivilprozeßrecht, Art. 6 Rn. 35; *Geimer/Schütze*, Europäisches Zivilverfahrensrecht, Art. 6 Rn. 59.

b) Erfordernis einer konkurrierenden internationalen Zuständigkeit für Klagen der SPE gegen ihre Gesellschafter im Sitzstaat

Auch deshalb erscheint es notwendig, zumindest eine konkurrierende internationale Zuständigkeit des Sitzstaates der SPE für alle Klagen der SPE gegen (vermeintliche) Gesellschafter aus dem Sozialverhältnis zu begründen. Schon im EuGVÜ ist die Einräumung einer solchen konkurrierenden internationalen Zuständigkeit der Gerichte des Sitzstaates einer Gesellschaft für Klagen mit gesellschaftsrechtlichem Streitgegenstand vermißt worden, da diese Streitfragen allgemein einen starken Bezug zu der Gesellschaft und damit häufig zu deren Sitzrecht aufweisen[79]. Der Umstand, daß bei ausschließlicher Geltung der EuGV-VO (vermeintliche) Gesellschafter auch bei Klagen aus dem Sozialverhältnis nur in ihrem Wohnsitzstaat verklagt werden können, birgt für die SPE das Risiko sich widersprechender Entscheidungen, da das Gericht am Wohnort des beklagten Gesellschaftererbprätendenten sein eigenes Internationales Erbrecht anwendet; zudem eröffnet die EuGV-VO dem verklagten Prätendenten den Gerichtsstand der Widerklage.

Aus diesen Gründen ist die Ausdehnung der internationalen Zuständigkeit auch auf Klagen der SPE gegen die Gesellschafter als zumindest konkurrierender internationaler Gerichtsstand vorzusehen. Die Gefahr miteinander unvereinbarer Urteile kann für derartige Klagen auf diesem Wege gebannt werden.

---

79 *Kropholler*, Europäisches Zivilprozeßrecht, Art. 16 Rn 38; *Geimer/Schütze*, Europäisches Zivilverfahrensrecht, Art. 16 Rn. 142.

V. Klagen der Gesellschaftererbprätendenten untereinander

Bis hierhin hat sich gezeigt, daß die geltende Rechtslage bezüglich der internationalen Zuständigkeit für Klagen gegen die SPE, die deren Gesellschafterbestand zum Gegenstand oder zur entscheidungserheblichen Vorfrage haben, dank der EuGV-VO europaweit im Normalfall einheitlich und eindeutig ist:

Art. 22 Nr. 2 EuGV-VO und Art. 2 I, 60 I EuGV-VO beschränken das Vorgehen potentieller Gesellschaftererbprätendenten auf die Gerichte des Sitzstaates der SPE, der nach europäischem Recht immer eindeutig feststellbar ist, sofern Satzungssitz und Hauptverwaltung- bzw. –niederlassung nicht auseinanderfallen. Zur Ergänzung dieser Regeln sollte eine Gerichtsstandsklausel im SPE-Statut auch für Klagen der SPE gegen Gesellschafter eine konkurrierende internationale Zuständigkeit am Sitz der SPE eröffnen. Damit bestünde für Prozesse, in denen die SPE Partei ist, im wesentlichen keine Gefahr der doppelten internationalen Zuständigkeit innerhalb Europas mehr. Anderes gilt für Prozesse zwischen verschiedenen Erbprätendenten. Diese lassen sich zur Feststellung der internationalen Zuständigkeit in zwei Kategorien aufteilen: zum einen handelt es sich um erbrechtliche Streitigkeiten, die gemäß Art. 1 II lit. a aE EuGV-VO diesem nicht unterfallen; zum anderen sind Klagen denkbar, die keinen erbrechtlichen Streitgegenstand haben, deren Entscheidung aber von der Klärung erbrechtlicher Vorfragen abhängt. Eine echte erbrechtliche Streitigkeit wäre z.B. eine Auseinandersetzung vor einem deutschen Nachlaßgericht[80] um die Erteilung eines Erbscheins gemäß §§ 2353 BGB, 72 ff. FGG bzgl. eines Nachlasses, der einen SPE-Anteil enthält. Eine „gewöhnliche" zivilrechtliche Klage mit erbrechtlicher Vorfrage wäre dagegen die Geltendmachung eines Anspruchs aus ungerechtfertigter Bereicherung gegen einen anderen Gesellschaftererbprätendenten wegen genehmigter[81] Auszahlung eines umstrittenen Gewinnanteils an diesen durch die SPE.

80 Nach § 72 FGG sind die Amtsgerichte Nachlaßgerichte; anderes gilt allerdings in Baden-Württemberg, wo gem. § 38 des LFGG (Landesgesetz über die freiwillige Gerichtsbarkeit, GBl. 1975, S. 116) das Notariat Nachlaßgericht ist; vgl. Art. 147 EGBGB, der landesrechtliche Abweichungen bei der Bestimmung der Nachlaß- und Vormundschaftsgerichte zuläßt.

81 Denkbar wäre eine Genehmigung der Leistung an den anderen Prätendenten nach §§ 362 II, 185 BGB zur Herstellung eines Anspruchs gegen diesen zwecks Begründung eines anderen Forums.

1. Prozesse unter Gesellschaftererbprätendenten, die der EuGV-VO unterfallen

Der EuGV-VO unterfallen alle Zivilsachen, die nicht den Rechtsgebieten angehören, die gemäß Art. 1 II EuGV-VO ausgeschlossen sind, wobei hier nur das Gebiet des Erbrechts einschließlich des Testamentsrechts interessieren soll. Die EuGV-VO ist daher auf alle Streitigkeiten unter Erbprätendenten anwendbar, die keinen erbrechtlichen Streitgegenstand haben, sondern deren Entscheidung lediglich von erbrechtlichen Vorfragen abhängt[82]. Neben der erwähnten Bereicherungsklage kämen auch Unterlassungsklagen bzgl. der Ausübung angemaßter Gesellschafterrechte in Betracht sowie Klagen mit dem Ziel der Herausgabe gesellschaftsrelevanter Dokumente[83].

a) Der Wohnsitz der natürlichen Person nach dem EuGV-VO

Beklagter in einem derartigen Prozeß ist der konkurrierende Erbprätendent, nicht die SPE. Daher bestimmt sich die internationale Zuständigkeit in einem solchen Verfahren nicht nach dem Sitz der SPE, sondern nach dem Wohnsitz des verklagten Prätendenten gemäß Art. 2 I EuGV-VO. Solange der verklagte Erbprätendent seinen Wohnsitz im Sitzstaat der SPE hat, sind unvereinbare Entscheidungen nicht zu befürchten; doch soll die SPE gerade ein Instrument zum wirtschaftlichen Engagement über die Binnengrenzen des gemeinsamen Marktes hinaus sein. Demzufolge werden schon die Gesellschafter einer SPE ihren Wohnsitz häufig in einem anderen Mitgliedstaat haben - um so größer ist dann aber die Wahrscheinlichkeit, daß es sich bei ihren Erben so verhält.

aa) Art. 59 EuGV-VO als dynamische Verweisung auf das nationale Recht

Darüber hinaus ist es nicht möglich, den Wohnsitz einer natürlichen Person mit derselben Eindeutigkeit zu bestimmen, wie den Sitz der SPE. Die EuGV-VO verzichtet nämlich auf eine eigenständige Definition des Wohnsitzbegriffs und verweist in Art. 59 I EuGV-VO auf das jeweils nationale Recht. Begründet wurde dies für das EuGVÜ damit, daß ein verfahrensrechtliches internationales Abkommen nicht der richtige Ort für eine derartige Festlegung sei, da sich durch

82 *EuGHE* 1991, 3855 ff. (Rs. 190/89 / Marc Rich/Società Italiana Impianti); Bericht *Schlosser*, ABl. 1979, Nr. C 59/89; *Geimer/Schütze*, Europäisches Zivilverfahrensrecht, Art. 1 Rn. 45, 85; *Kropholler*, Europäisches Zivilprozeßrecht, Art. 1 Rn. 17; *Grunsky*, JZ 1973, 641, 643; *Geimer*, RIW 1976, 139, 144.

83 Wobei umstritten ist, ob auf Nachlaßgegenstände bezogene Herausgabeklagen eines Erbprätendenten nicht doch dem Ausnahmetatbestand des Art. 1 II lit. a aE EuGV-VO unterfallen; s. *Grunsky* JZ 1973, 641, 643; *Geimer* RIW 1976, 139, 145.

die Vielzahl internationaler Abkommen das Risiko der Entstehung einer Vielzahl von unterschiedlichen Definitionen ergäbe und überdies das nationale Recht über den Konventionsbegriff mit der Zeit hinweggehen könnte[84]. Auch bei der Erarbeiteung der EuGV-VO scheiterte im Gegensatz zur Sitzfrage bei Gesellschaften die Vereinheitlichung des Wohnsitzbegriffes[85]. Im einzelnen legt Art. 59 I EuGV-VO fest, daß jedes Gericht sein eigenes nationales Recht anzuwenden hat, wenn es um die Feststellung geht, ob der Beklagte einen Wohnsitz im Gerichtsstaat hat und demnach dort verklagt werden kann. Die Verweisung bezieht sich auf das jeweils nationale Prozeßrecht[86]. Gemäß Art. 59 II EuGV-VO ist für die Feststellung eines Wohnsitzes in einem anderen Mitgliedstaat dessen Recht heranzuziehen, um die Anerkennung der divergierenden Wohnsitzbegriffe der Mitgliedstaaten im gesamten Unionsgebiet sicherzustellen[87].

bb) Grenzen der dynamischen Verweisung

Bis zur Grenze der nicht mehr anzuerkennenden Begründung neuer exorbitanter Gerichtsstände durch Erweiterung des nationalen Wohnsitzbegriffs ist die Verweisung des Art. 59 EuGV-VO demnach dynamisch[88]. Die inhaltlichen Grenzen der Verweisung auf den nationalen Wohnsitzbegriff werden aber auch deutlich, wenn man sich die Besonderheiten bezüglich der angelsächsischen Rechtsordnungen vor Augen führt: Der „domicile"-Begriff dieser Rechtsordnungen bezeichnet eine Zugehörigkeit zu einem Rechtsgebiet und nicht wie die kontinentalen Wohnsitzbegriffe eine örtliche Zuordnung zu einer kleinen räumlichen Untergliederung des Staatsgebietes. Zur Vermeidung von Ungleichgewichten in der Reichweite der jeweiligen internationalen Zuständigkeit waren Großbritannien und Irland gezwungen, eigene, dem kontinentalen Rechtsverständnis angepaßte Wohnsitzbegriffe zu schaffen[89].

---

84 Bericht *Jenard*, ABl. 1979, Nr. C 59/15.

85 S. *Micklitz/Rott*, EuZW 2001, 325, 327.

86 *Geimer/Schütze*, Europäisches Zivilverfahrensrecht, Art. 52 Rn. 8, *Kropholler*, Europäisches Zivilprozeßrecht, Art. 52 Rn. 1.

87 Bericht *Jenard*, ABl. 1979, Nr. C 59/17.

88 *Geimer/Schütze*, Europäisches Zivilverfahrensrecht, Art. 52 Rn. 6 f.

89 S. sec. 41 ff. des Civil Jurisdiction and Judgments Act 1982; dazu *Kropholler*, Europäisches Zivilprozeßrecht, Art. 52 Rn. 3 f.; *Geimer/Schütze*, Europäisches Zivilverfahrensrecht, Art. 52 Rn. 12 ff.

cc) Positiver Kompetenzkonflikt als Folge von Art. 59 EuGV-VO

Positive Kompetenzkonflikte sind durch die beschriebene Bestimmung des Wohnsitzes des Beklagten gemäß Art. 59 EuGV-VO nicht ausgeschlossen[90]. Durch die unterschiedlich weiten Wohnsitzbegriffe der nationalen Prozeßrechte ist es nämlich ohne weiteres möglich, daß eine natürliche Person in mehreren Mitgliedstaaten einen Wohnsitz unterhält. Demzufolge kann die betroffene natürliche Person in jedem Mitgliedstaat verklagt werden, der ihr einen Wohnsitz auf dem eigenen Territorium beilegt. Dieser Umstand wurde bei Abfassung des Abkommens durchaus gesehen und hingenommen, da dies die unabwendbare Konsequenz eines gespaltenen Wohnsitzbegriffes sei und positive Kompetenzkonflikte nach den Regeln über Sachzusammenhang und Rechtshängigkeit (Art. 27 ff. EuGV-VO) gelöst werden könnten[91].

dd) Ergebnis

Für die Klagen der Gesellschaftererbprätendenten untereinander hat dies zur Konsequenz, daß jede Niederlassung eines Prätendenten außerhalb des Sitzstaates der SPE, auch wenn der Wohnsitz in diesem Staat beibehalten wird, die Gefahr der Eröffnung anderer internationaler Zuständigkeiten in sich birgt.

b) In Zusammenhang stehende Verfahren nach Art. 28 EuGV-VO

Durch die Regeln über Sachzusammenhang und Rechtshängigkeit mag zwar die Möglichkeit unterbunden werden, denselben Prozeß zweimal zu führen, und damit dem Erfordernis der EuGV-VO nach der Begründung irgendeines vorrangigen Forums genügt werden[92]; doch werden die Interessen der SPE an der Konzentration aller Streitigkeiten, die ihren Gesellschafterbestand zum Gegenstand oder zur Vorfrage haben, nicht in befriedigendem Ausmaß berücksichtigt. Auch Art. 28 EuGV-VO, nach dem das später angerufene Gericht bei zusammenhängenden Klagen das Verfahren aussetzen oder sich für unzuständig erklären kann[93], hilft nicht: Die inhaltlichen Voraussetzungen des Art. 28 EuGV-VO sind zwar denkbar gering; weder Streitgegenstands- noch Parteiidentität werden verlangt, sondern nur, daß zwischen beiden Klagen ein derartiger Zusammenhang besteht, daß die Vermeidung einander widersprechender Entscheidungen

---

90 Daher zu der gesamten Regelung kritisch: *Kropholler*, Europäisches Zivilprozeßrecht, Art. 52 Rn. 3; s. a. *Thomas/Putzo-Hüßtege*, ZPO, Art. 52 EuGVÜ, Rn. 3 f.

91 Bericht *Jenard*, ABl. 1979, Nr. C 59/16 f.

92 Zur internationalen Rechtshängigkeit nach dem EuGVÜ / der EuGV-VO s. *Wolf*, FS Schwab, S. 561 ff.; *Leipold*, Gedächtnisschrift Arens, S. 227 ff.; *Schütze*, RIW 1975, 78 ff.

93 Zu Sinn und Zweck dieser Regelung s. Bericht *Jenard*, ABl. 1979, Nr. C 59/41 f.

geboten erscheint[94]. Ein solcher Zusammenhang kann also durchaus auch zwischen den Klagen eines Gesellschaftererbprätendenten gegen die SPE und gegen den Konkurrenzprätendenten gesehen werden. Doch muß das zuerst angerufene und daher von Art. 28 EuGV-VO begünstigte Gericht keineswegs das zuständige Gericht im Sitzstaat der SPE sein. Außerdem erlaubt Art. 28 EuGV-VO dem später angerufenen Gericht ein solches Vorgehen nur, wenn das zuerst angerufene Gericht für beide Klagen zuständig ist[95], was in den hier gebildeten Fällen aufgrund des Auseinanderfallens des Gesellschafterwohnsitzes und des SPE-Sitzes gerade nicht der Fall ist. Für die Klagen der Gesellschaftererbprätendenten untereinander ergibt demnach die EuGV-VO, soweit es für diese Verfahren überhaupt einschlägig ist, keine Konzentration auf die Gerichte des Sitzstaates der SPE. Die internationale Zuständigkeit hängt vielmehr von dem durch nationales Recht festgelegten Wohnsitz der verklagten natürlichen Person ab, wodurch praktisch jeder Staat zum Forum werden kann.

c) Wirkung der Begründung der internationalen Zuständigkeit im SPE-Statut

Die Reichweite der internationalen Zuständigkeit der Gerichte des Sitzstaates der SPE sollte, wie dargelegt, zumindest die Entscheidung über Ansprüche der Gesellschafter gegen die Gesellschaft und umgekehrt aus dem Sozialverhältnis umfassen. Wie schon gezeigt, hätte die Regelung der internationalen Zuständigkeit im SPE-Statut für Klagen, die ausschließlich gegen die SPE gerichtet sind, keine besondere Bedeutung, da für solche Klagen schon die Artt. 22 Nr. 2, 2 I, 60 I EuGV-VO für eine weitgehende Konzentration der internationalen Zuständigkeit sorgen. Für Klagen der Gesellschaft gegen die Gesellschafter dagegen ist eine zumindest konkurrierende internationale Zuständigkeit der Gerichte des Sitzstaates sinnvoll und nur über eine Ergänzung der Regelungen der EuGV-VO durch das SPE-Statut zu erreichen. Zur Überwindung der Erbrechtskollision durch Konzentration der internationalen Zuständigkeit beim Sitzstaat der SPE auch für das Rechtsverhältnis der Prätendenten untereinander kann dagegen die Eröffnung einer konkurrierenden Zuständigkeit dieser Gerichte nicht ausreichen; wenn die Erweiterung der internationalen Zuständigkeit der Sitzgerichte im SPE-Statut in diesem Zusammenhang einen Sinn haben soll, so muß sie als ausschließliche internationale Zuständigkeit der Gerichte des Sitzstaates für alle Auseinandersetzungen zwischen möglichen Gesellschaftern der SPE, die sich

94 Zum Begriff der Konnexität, der dem französischen und belgischen Recht entlehnt ist s. *Schütze*, RIW 1975, 543 f.; *Leipold*, Gedächtnisschrift Arens, S. 227, 236 ff.; *MünchKommZPO-Gottwald*, Art. 22 EuGVÜ Rn. 2; *Kropholler*, Europäisches Zivilprozeßrecht, Art. 22 Rn. 3, 5.

95 *Schütze*, RIW 1975, 543, 544; *Kropholler*, Europäisches Zivilprozeßrecht, Art. 22 Rn. 8.

aus dem Sozialverhältnis ergeben, begründet werden. Die Streitigkeiten unter Gesellschaftererbprätendenten, die keinen erb-rechtlichen Streitgegenstand haben, sondern deren Entscheidung nur von einer erbrechtlichen Vorfrage abhängt, und die damit der EuGV-VO unterfallen, wären von einer so verstandenen Zuständigkeitsregelung ausnahmslos betroffen, weil sich eine derartige Klage nur auf die vermeintliche Rechtsstellung als Gesellschafter, erworben durch Erbgang, gründen könnte.

d) Der Gerichtsstand der Streitgenossenschaft nach Art. 6 Nr. 1 EuGV-VO

Will man die Erbrechtskollision durch Zuständigkeitskonzentration entschärfen, so ist eine solche Konzentration der internationalen Zuständigkeit auch für Klagen der Gesellschafter untereinander nicht nur wegen der Widersprüche, die zwischen der für die SPE auf der einen Seite und für die einzelnen Gesellschafter auf der anderen effektiven Rechtsordnung auftreten können, notwendig; trotz des weitgehenden Schutzes der SPE vor Klagen vor einem für sie fremden Forum durch die EuGV-VO kann es nämlich Fälle geben, in denen dieser Schutz versagt: Art. 6 Nr. 1 EuGV-VO eröffnet die Möglichkeit, mehrere Personen vor dem zuständigen Gericht am Wohnsitz nur eines Beklagten zu verklagen (Gerichtsstand der Streitgenossenschaft). Nach allgemeiner Ansicht ist Identität des Streitgegenstandes der Klageansprüche gegen die einzelnen Beklagten keine Voraussetzung der Anwendung des Art. 6 Nr. 1 EuGV-VO, sondern es genügt ein bestimmter Zusammenhang, eine Konnexität[96]. Der Begriff der Konnexität ist autonom unter Rückgriff auf Art. 28 III EuGV-VO zu bestimmen[97], so daß die Gebotenheit einer Vermeidung einander widersprechender Entscheidungen im Vordergrund steht. Zu vermeiden sind einander widersprechende Entscheidungen immer dann, wenn die Klagen im wesentlichen tatsächlich oder rechtlich gleichartig sind, so z.B. bei der Feststellungsklage gegen mehrere Vertragsbeteiligte auf Feststellung der Wirksamkeit eines Vertrages[98]. Demnach könnte ein Gesellschaftererbprätendent die SPE gemeinsam mit dem Konkurrenzprätendenten am Wohnort des letzteren auf Feststellung des Bestehens seiner Gesellschafterstellung verklagen und auf diesem Wege zu einem Forum gegen die SPE außerhalb ihres Sitzstaates gelangen. Zwar besteht anerkannterweise auch[99]

---

96 *EuGHE* 1988, 5565, 5584 (Rs. 189/87 / Kalfelis/*Schröder* u.a.); *Jenard*, ABl. 1979, Nr. C 59/26; *Geimer/Schütze*, Europäisches Zivilverfahrensrecht, Art. 6 Rn. 16; *Kropholler*, Europäisches Zivilprozeßrecht, Art. 6 Rn. 6. *Thomas/Putzo-Hüßtege*, ZPO, Art. 6 EuGVÜ, Rn. 5.

97 *EuGHE* aaO.; *MünchKommZPO-Gottwald*, Art. 6 EuGVÜ Rn. 5; *Geimer/Schütze*, Europäisches Zivilverfahrensrecht, Art. 6 Rn. 18; *Kropholler*, Europäisches Zivilprozeßrecht, Art. 6 Rn. 7.

98 *Geimer/Schütze*, Europäisches Zivilverfahrensrecht, Art. 6 Rn. 20 f.

99 Vgl. den Wortlaut von Art. 6 Nr. 2 EuGV-VO.

im Rahmen des Art. 6 Nr. 1 EuGV-VO ein Verbot der Zuständigkeitserschleichung[100], was bedeutet, daß die Klage nicht nur erhoben werden darf, um den Beklagten dem für ihn zuständigen Gericht zu entziehen[101], doch liegt in der Wahl des für den Konkurrenzprätendenten zuständigen Gerichts keine Arglist oder Treuwidrigkeit; der Kläger würde nur ein ihm von der EuGV-VO eingeräumtes Wahlrecht nutzen - bei vernünftiger Handhabung des Konnexitätsprinzips sind Mißbrauchsfälle ohnehin schwer vorstellbar.

e) Erfordernis einer weiten Gerichtsstandsklausel im SPE-Statut

Die SPE könnte demnach vor einander widersprechenden Urteilen bzgl. ihres Gesellschafterbestandes nur durch eine über die EuGV-VO hinausgehende Konzentration der internationalen Zuständigkeit für alle Klagen aus dem Sozialverhältnis zwischen ihr und ihren (vermeintlichen) Gesellschaftern einerseits und zwischen den Prätendenten andererseits bei den Gerichten ihres Sitzstaates bewahrt werden.

2. Prozesse unter Gesellschaftererbprätendenten, die der EuGV-VO nicht unterfallen

Wie gesehen, ergibt sich aus dem Vorbehalt zugunsten der nationalen Kompetenz zur Regelung der internationalen Zuständigkeit im Bereich des Erb- und Testamentsrechts in Art. 1 II lit. a aE EuGV-VO, daß rein erbrechtliche Streitigkeiten unter den Gesellschaftererbprätendenten nicht dem Regelungsbereich der EuGV-VO unterfallen. All' diese erbrechtlichen Verfahren erlauben es dem Erbprätendenten, wenn er ein vom Sitzstaat der SPE verschiedenes Forum findet, welches das ihm günstige Erbrecht anwendet, dieses Erbrecht zumindest auf dem Territorium des Gerichtsstaates zu effektivieren, so daß aus einer materiellrechtlichen Erbrechtskollision in verschiedenen Teilen der EU tatsächlich wirksame Rechtsspaltung wird.

---

100 *MünchKommZPO-Gottwald*, Art. 6 EuGVÜ Rn. 7; *Geimer/Schütze*, Europäisches Zivilverfahrensrecht, Art. 6 Rn. 23; *Kropholler*, Europäisches Zivilprozeßrecht, Art. 6 Rn. 6, Fn. 14.

101 *Geimer/Schütze*, Europäisches Zivilverfahrensrecht, Art. 6 Rn. 23

a) Internationale Zuständigkeit nach autonomem nationalen Recht

aa) Deutschland

(1) Verfahren vor den Nachlaßgerichten

Die Nachlaßgerichte in Deutschland sind u. a. für die Erteilung von Erbscheinen[102] und Testamentsvollstreckerzeugnissen[103], sowie für die Sicherung des Nachlasses[104] zuständig. Im deutschen Recht ist die internationale Zuständigkeit der deutschen Nachlaßgerichte nicht ausdrücklich normiert und daher Gegenstand eines alten Streites zwischen der h.M.[105], die auf der Grundlage der „Gleichlauftheorie" die deutschen Nachlaßgerichte immer dann für international zuständig erachtet, wenn der Erbgang materiellem deutschen Erbrecht untersteht, und einer verbreiteten Meinung in der Literatur, die wie im deutschen autonomen internationalen Zivilprozeßrecht allgemein üblich, an die Regeln über die örtliche Zuständigkeit der Nachlaßgerichte anknüpfen will[106]. Ein praktischer Unterschied für deutsche Erblasser ergibt sich durch diesen Streit[107] indes nicht: Entweder die deutschen Gerichte sind mit der h.M. zuständig, weil der Erbgang von der lex patriae (dem deutschen Sachrecht) gem. Art. 25 I (mgl. iVm Art. 5 I, 2) EGBGB beherrscht wird, oder sie sind es mit der Mindermeinung in Anwendung des § 73 I FGG, der an den Wohnsitz bzw. Aufenthalt anknüpft, oder letztlich gemäß § 73 II FGG, der für alle deutschen Erblasser ohne

102 § 2353 BGB; s. *Brox*, Erbrecht, Rn. 592 ff.

103 § 2368 I, 1 BGB; s. *Brox*, Erbrecht Rn. 598 ff.

104 § 1960 I, 1 BGB; s. *Brox*, Erbrecht, Rn. 606 f.

105 *BayObLG*, ZEV 1994, 175; NJW-RR 1991, 1098, 1099; DNotZ 1984, 47; *OLG Karlsruhe*, IPRax 1990, 407; *OLG Köln*, DNotZ 1993, 171, 172 aE; *OLG Zweibrücken*, IPRax 1987, 108 mit Anm. von *Witz/Bopp*, aaO., 83 ff.; *Firsching*, in: Vorschläge und Gutachten zur Reform des deutschen internationalen Personen-, Familien- und Erbrechts, S. 202, 212 f.; s. dazu *Berenbrok*, Internationale Nachlaßabwicklung, S. 16 ff. mwN.

106 *Kegel-Schurig*, IPR, S. 869 ff.; *Schröder*, Vorschläge und Gutachten zur Reform des deutschen internationalen Personen., Familien- und Erbrechts, S. 226, 242; *Neuhaus*, FamRZ 1970, 12, 14; s. dazu *Pfeiffer*, Internationale Zuständigkeit und prozessuale Gerechtigkeit, S. 730 ff.; *Berenbrok*, Internationale Nachlaßabwicklung, S. 46 ff.; *Gottwald*, IPRax 1984, 57, 59.

107 Zu den Voraussetzungen eines sog. Femdrechtserbscheins nach einem ausländischen Erblasser s. dagegen *Edenfeld*, ZEV 2000, 482 ff. Eine Darstellung zur Gesamtproblematik findet sich auch bei *Sipp-Mercier*, Die Abwicklung deutsch-französischer Erbfälle in der Bundesrepublik Deutschland und in Frankreich, S. 62 ff. und bei *Pecher*, Die internationale Erbschaftsverwaltung bei deutsch-englischen Erbfällen, S. 115 f.

Wohnsitz und Aufenthalt in Deutschland die Zuständigkeit des AG Berlin-Schöneberg begründet. Problematisch für die SPE im Fall der materiellen Erbrechtskollision kann besonders das Erbscheinsverfahren und die Sicherung des Nachlasses sein, so z.B., wenn ein Erbe nach deutschem Recht einen Erbschein über einen Nachlaß erhält, der einen SPE-Anteil umfaßt. Durch die Erlangung des Erbscheins kann der Erbe nach deutschem Recht seine faktische Rechtsposition bedeutend verbessern, da er nun sein Erbrecht zumindest in Deutschland effektiv verwirklichen kann[108].

(2) Verfahren vor Prozeßgerichten

Von mindestens gleicher Bedeutung sind aber die streitigen Verfahren wie z.B. die Erbrechtsfeststellungsklage gemäß § 256 ZPO, die Auseinandersetzungsklage eines Miterben gem. § 2042 I BGB oder die Durchsetzung von Ansprüchen aus Vermächtnissen, anderen Verfügungen von Todes wegen oder von Pflichtteilsrechten. Für derlei Prozesse sind nicht die Nachlaßgerichte, sondern die allgemeinen Prozeßgerichte zuständig[109]. Die internationale Zuständigkeit für derartige Klagen ergibt sich nach autonomem deutschen Recht aus § 27 ZPO[110]. Diese Norm bezweckt die Erleichterung der Rechtverfolgung durch fakultative Konzentration aller mit einem bestimmten Erbfall zusammenhängenden Streitigkeiten vor einem Gericht[111]. War der Erblasser Deutscher, eröffnet § 27 II ZPO ähnlich wie die Gleichlauftheorie oder § 73 II, 1 FGG immer einen inländischen Gerichtsstand, da über den Verweis auf § 15 I, 2 ZPO für Deutsche bei Fehlen eines inländischen (letzten) Wohnsitzes letztlich immer ein Gerichtsstand am Sitz der Bundesregierung gegeben ist[112]. Daher findet jeder, der sich auf die Geltung deutschen materiellen Erbrechts beruft, für erbrechtliche Klagen in jedem Fall ein nach deutschem Recht international zuständiges Forum.

bb) Frankreich / England

In Frankreich entspricht die internationale Zuständigkeit für Nachlaßsachen im Ergebnis weitgehend den Grundsätzen der „Gleichlauftheorie", da, so wie im französischen Internationalen Erbrecht die Belegenheit einer Immobilie in Frankreich und der Wohnsitz des Erblassers dort die Anwendung französischen

108 Der öffentliche Glaube des Erbscheins gem. § 2366 BGB ist hier nur über das durch ihn erhöhte Vertrauen in die Rechtsstellung des Erben von Bedeutung; Erbe ist der Inhaber nach deutschem Recht ohnehin, weswegen er als Berechtigter verfügt und demnach die Fiktion der Richtigkeit des Erbscheins für ihn gegenstandslos ist.

109 Zum Verhältnis beider Verfahren s. *Brox*, Erbrecht, Rn. 597.

110 *MünchKommZPO-Patzina*, § 27 Rn. 14; *Thomas/Putzo*, ZPO, § 27 Rn. 1 ff.

111 *MünchKommZPO-Patzina*, § 27 Rn. 1.

112 *Thomas/Putzo*, ZPO, § 27 Rn. 6.

materiellen Rechts zur Folge haben, diese Umstände prozessual die internationale Zuständigkeit französischer Gerichte eröffnen, allerdings erweitert um alle Fälle, an denen ein Franzose als Kläger oder Beklagter beteiligt ist[113]. Die englischen Gerichte betrachten sich im wesentlichen nur für in England belegenen Nachlaß als zuständig[114].

cc) Kollisionsgefahr

Schon diese kurze Gegenüberstellung dreier bedeutender europäischer Rechtsordnungen macht deutlich, daß die autonomen nationalen Regelungen der internationalen Zuständigkeit auf vielfältige Weise miteinander in Gestalt von Mehrfachzuständigkeiten kollidieren können: So erweitert der Gleichlauf von internationaler Zuständigkeit und internationalprivatrechtlicher Berufung des eigenen Erbrechts die materielle Erbrechtskollision um eine spiegelbildliche prozessuale Komponente, und jede über die Gleichlauftheorie hinausgehende Begründung der internationalen Zuständigkeit der eigenen Gerichte vervielfacht die möglichen Konflikte zusätzlich. Nun könnte man die Ansicht vertreten, diese prozessualen Doppelzuständigkeiten seien für die SPE hinnehmbar, da sie selbst nicht von ihnen betroffen sein könne. Doch übersähe man hier Wesentliches: Für die Akzeptanz der SPE kommt es nicht nur auf die Stellung der Gesellschaft selbst im Rechtsverkehr an, sondern auch auf die Behandlung ihrer Anteile. Kann über diese zwischen den Erbprätendenten vor den Gerichten verschiedener Mitgliedstaaten gestritten werden, steht die SPE vor der Situation, daß ihr Gesellschafterbestand letztlich doch trotz der Konzentrationswirkung des Art. 22 EuGV-VO in den verschiedenen Staaten der Union unterschiedlich ist - und dies nicht nur abstrakt, sondern auch in der Realität gerichtlicher Verfahren, deren Ergebnisse mit Zwang durchsetzbar sind.

b) Ausschließliche internationale Zuständigkeit des Sitzstaates der SPE auch für rein erbrechtliche Verfahren ?

Die Schaffung einer auch die erbrechtlichen Folgestreitigkeiten umfassenden Gerichtsstandsklausel im SPE-Statut gestaltet sich deutlich schwieriger als die Konzentration aller dem Sozialverhältnis entstammenden Klagen unter den vermeintlichen Gesellschaftern am Sitz der SPE. Dies liegt daran, daß erbrechtliche Streitigkeiten immer im Gesamtzusammenhang der Nachlaßabwicklung und -

113 *Sipp-Mercier*, Die Abwicklung deutsch-französischer Erbfälle in der Bundesrepublik Deutschland und in Frankreich, S. 102; *Mezger*, FS Nagel, S. 246, 253 (Art. 45 des nouveau code de procédure civil); *Lipstein*, RabelsZ 39 (1975), 29, 35.

114 *Pecher*, Die internationale Erbschaftsverwaltung bei deutsch-englischen Erbfällen, S. 117 ff.

verteilung stehen. Daher wäre der Eingriff in die nationalen Rechtsordnungen auch materiell bedeutsam: Das deutsche Nachlaßgericht müßte womöglich vom deutschen Recht in keiner Weise vorgesehene inhaltlich beschränkte Erbscheine erlassen, da es trotz einer grundsätzlich gegebenen Zuständigkeit über den zu einem Nachlaß gehörenden SPE-Anteil keine Aussage machen dürfte.

aa) Faktische Nachlaßspaltung durch Zuständigkeitsbegrenzung?

Angenommen, vor einem deutschen Gericht liefe ein Prozeß zur Teilung einer Erbschaft unter den Erben, und dieses Gericht sei durch eine Zuständigkeitsregelung im SPE-Statut daran gehindert, den zum Nachlaß gehörenden Anteil an einer SPE mit Sitz in Belgien so wie den übrigen Nachlaß zu verteilen. Verteilte das Gericht nun einfach den übrigen Nachlaß gemäß den deutschen Vorschriften und ließe es den SPE-Anteil gänzlich unberücksichtigt, liefe dies auf eine materielle Nachlaßspaltung wie gemäß Art. 3 III EGBGB bei im Ausland befindlichem Sondervermögen vorgesehen hinaus[115]. Überhaupt erfüllte eine ausschließliche Zuweisung erbrechtlicher Streitigkeiten unter den vom Tode eines SPE-Gesellschafters Begünstigten nur ihren Zweck der Vermeidung konkurrierender Gerichtsstände, die jeweils anderes Erbrecht anwenden, wenn sie alle denkbaren Fälle umfaßte und damit einer materiellen Nachlaßspaltung gleichkäme. Nicht einmal eine Beschränkung auf die erbrechtlichen Streitigkeiten der vermeintlichen Gesellschaftererben kann genügen: Die Ansprüche von Pflichtteilsberechtigten, die nach deutschem Recht keine Erben sind, und daher auch nicht für die erbrechtliche Nachfolge in einen Geschäftsanteil in Betracht kommen[116], hängen von der Höhe des Gesamtnachlasses ab[117]. Ein Prozeß über den Anspruch eines Pflichtteilsberechtigten nach deutschem Recht kann demnach, solange vom Grundsatz der Nachlaßeinheit auszugehen ist, nur unter Berücksichtigung des Wertes des gesamten Nachlasses geführt werden. Konzentriert man nun lediglich die erbrechtlichen Streitigkeiten potentieller Gesellschaftererben im Sitzstaat der SPE, so sind die Pflichtteilsberechtigten und ihre Ansprüche nicht betroffen. Da diese aber zumindest wertmäßig ebenfalls an dem zum Nachlaß gehörenden SPE-Anteil beteiligt sind, untersteht dieser in der Sache doch zwei verschiedenen Foren. Dem kann man nur begegnen, indem man nicht nur die Abwicklung der Nachfolge in einen SPE-Anteil ausschließlich den Gerichten des Sitzstaates zuordnet, sondern den Gerichten der anderen Mitgliedstaaten jede Berücksichtigung des Vorhandenseins des SPE-Anteils verwehrt. Eine derart weit verstandene Zuordnung der internationalen Zuständigkeit be-

115 Zur ausnahmsweisen Nachlaßspaltung im deutschen IPR s. *Kropholler*, IPR, S. 416 f.

116 Vgl. zur Vererbung eines GmbH-Anteils nach deutschem Recht *Lutter/Hommelhoff*, GmbHG, § 15 Rn. 2 ff.; *K. Schmidt*, Gesellschaftsrecht, S. 1050 ff.

117 S. §§ 2303 ff. BGB; *Brox*, Erbrecht, Rn. 522 ff.

züglich der Nachfolge in einen SPE-Anteil ist der Sache nach nichts anderes als eine materielle Nachlaßspaltung[118] mit der Einführung der lex rei sitae für Anteile an einer SPE[119]. Allerdings würde hier die lex rei sitae indirekt mittels einer Gesamtverweisung berufen, da die Gerichte des Sitzstaates auch ihr Kollisionsrecht und nicht nur ihr Sachrecht anwenden. Die europäischen Internationalerbrechte berufen für Geschäftsanteile an einer SPE gerade nicht die eigene lex rei sitae, sondern knüpfen an persönlichen Merkmalen des Erblassergesellschafters wie Staatsangehörigkeit oder Domizil an. Will man dennoch eine solche faktische Nachlaßspaltung, so ist eine internationalprivatrechtliche Regelung komplizierten und in ihrer Reichweite streitanfälligen Eingriffen in die sehr unterschiedlichen Nachlaßabwicklungsverfahren der Mitgliedstaaten vorzuziehen. Der Vorwurf der Umgehung einer eigentlich erforderlichen internationalprivatrechtlichen Regelung kann nicht mit demselben Recht den übrigen hier vorgeschlagenen Zuweisungen der internationalen Zuständigkeit gemacht werden. Die Konzentration aller Streitigkeiten, die auf dem Sozialverhältnis der Gesellschafter einer SPE beruhen, bei den Gerichten des Sitzstaates dient keineswegs der Umgehung der nationalen Internationalgesellschaftsrechte; diese sind für die SPE durch den Vorrang des SPE-Statut als europäisches Gesellschaftsrecht ohnehin obsolet. Ganz im Gegenteil verstärkt diese Konzentration lediglich die sowohl der EuGV-VO als auch dem SPE-Statut innewohnende Tendenz[120], gesellschaftsrechtliche Fragen durch die Gerichte des Sitzstaates einer Gesellschaft beantworten zu lassen. In das Internationale Erbrecht der Mitgliedstaaten wird gerade nicht eingegriffen.

bb) Das Haager Abkommen über die internationale Nachlaßabwicklung[121]

Das Haager Abkommen über die internationale Nachlaßabwicklung, seine Diskussion und seine mangelnde Akzeptanz[122] zeigen deutlich, wie schwierig und

118 Im Falle einer Nachlaßspaltung ist jeder Nachlaßteil grundsätzlich als selbständig anzusehen und wie ein eigenständiger Nachlaß zu behandeln; s. *BGHZ* 24, 352; *OLG Köln*, IPRspr. 1964/65 Nr. 72; *Kropholler*, IPR, S. 181, 417; *Kegel-Schurig*, IPR, S. 855, *Coester*, JA 1979, 351, 352. Dies gilt im besonderen auch für Pflichtteilsansprüche; vgl. aber *Pentz*, ZEV 1998, 449, 451 f. mNw zur Gegenansicht bzgl. der Pflichtteilsansprüche.

119 Allgemein zum Verhältnis von internationaler Zuständigkeit und anwendbarem Recht *Breuleux*, Internationale Zuständigkeit und anwendbares Recht, S. 95 ff.

120 S. Artt. 22 Nr. 2 EuGV-VO, Artt. 6 Nr. 4, 28 Nr. 3 SPE-StatutE.

121 Vom 2. 10. 1973; abgedruckt in RabelsZ 39 (1975), 104-127 und bei *Staudinger-Dörner*, Vorbem. zu Art. 25 f. EGBGB Rn. 128; besprochen von *Lipstein*, RabelsZ 39 (1975), 29-55.

letztlich aussichtslos es ist, Kollisionsrecht auf dem Wege der Zuständigkeitsbegrenzung gleichsam „unter der Hand“ vereinheitlichen zu wollen. Die Grundidee dieses Abkommens war, zur Vereinfachung der internationalen Nachlaßabwicklung ein internationales Nachlaßvertretungszeugnis, das in allen Vertragsstaaten gleichermaßen Geltung finden sollte, einzuführen. Der Inhaber dieses Zeugnisses sollte berechtigt sein, den gesamten beweglichen Nachlaß unabhängig von dessen Belegenheit abzuwickeln[123]. Das Zertifikat sollte grundsätzlich nach dem Recht des letzten Wohnsitzes des Erblassers[124], und nur ausnahmsweise nach seinem Heimatrecht erteilt werden[125]. Eine Vereinheitlichung der Kollisionsregeln der Vertragsstaaten sollte mit diesen Bestimmungen über das auf das Zertifikat anzuwendende Recht (Zertifikatsstatut) jedoch nicht verbunden sein, da man von der Aussichtslosigkeit eines derartigen Unterfangens überzeugt war[126]. Unter dem Zertifikatsstatut des Wohnsitzstaates ist denn auch keineswegs das Erbstatut für das bewegliche Vermögen nach dem Kollisionsrecht dieses Staates zu verstehen, sondern allein sein Sachrecht[127]. Vereinfachend hätte die Verwirklichung dieses Abkommens wohl für all' diejenigen Nachlässe wirken können, für die das Internationale Erbrecht der Belegenheitsstaaten zur Anwendung desselben Sachrechts gelangt[128]; doch für die hier im Vordergrund stehenden Fälle der positiven Erbrechtskollision krankt es an unüberwindbaren Schwächen. Will man das Abkommen tatsächlich als kollisions-

---

122 S. IPRax 1993, 200, 202 (Mitteilungen); für Deutschland ist dieses Abkommen nie in Kraft getreten; es gilt lediglich für Portugal und die Tschechische sowie die Slowakische Republik; s. auch *Kegel-Schurig*, IPR, S. 880 f.; *Kropholler*, IPR, S. 432 f.

123 S. Art. 1 des Abkommens, RabelsZ 39 (1975), 104; *Lipstein*, RabelsZ 39 (1975), 29, 47 ff.; *Berenbrok*, Internationale Nachlaßabwicklung, S. 161 ff.

124 Art. 3, 1. HS des Abkommens.

125 Art. 3, 2. HS Nr. 1 des Abkommens sieht eine ausnahmsweise Errichtung des Zertifikats nach dem Sachrecht des Heimatstaates des Erblassers vor, wenn der Heimatstaat und der Wohnsitzstaat eine entsprechende Erklärung gem. Art. 31 des Abkommens für ihre Staatsangehörigen abgegeben haben.
Hat nur der Heimatstaat eine solche Erklärung abgegeben, kommt das Wohnsitzrecht erst nach einer Aufenthaltsdauer von 5 Jahren zur Anwendung, s. Art. 3, 2.HS Nr. 2 des Abkommens. Außerdem kann jeder Staat gem. Art. 4 die Rechtswahl des Erblassers zwischen Heimat- und Wohnsitzrecht zur Festlegung des Zertifikatsstatuts zulassen. S. *Sipp-Mercier* aaO., S. 124 f.; *Lipstein*, RabelsZ 39 (1975), 29, 41 f.

126 *Lipstein*, RabelsZ 39 (1975), 29, 39; *Berenbrok*, Internationale Nachlaßabwicklung, S. 160.

127 S. *Lipstein*, RabelsZ 39 (1975), 29, 41 unter Verweis auf den Text von Art. 3 des Abkommens, der mit dem Verweis auf das „internal law“ anstelle des „domestic law“ jede Rück- oder Weiterverweisung ausschließt.

128 *Sipp-Mercier* aaO., S. 131.

rechtsneutral begreifen[129], so könnte folgende Situation eintreten: Ein in Frankreich domizilierter deutscher Erblasser wird nach deutschem Recht von X und nach französischem Recht von Y beerbt. Das nach französischem Recht ausgestellte Zertifikat weist den Y als abwicklungsberechtigten Erben aus; es ist in Deutschland anzuerkennen[130]. Demnach kann der Y entgegen deutschem IPR auch den in Deutschland belegenen Nachlaß verwalten[131]. Ließe man ihn gewähren, so käme man zu einer kollisionsrechtlichen Wirkung des Zertifikats, die dieses gerade nicht haben soll. Daher muß er in Deutschland nach deutschem Recht den Nachlaß an den X herausgeben[132]. Doch zu einer Aufteilung nach den Grundsätzen des jeweiligen Belegenheitsstaats wird es wohl nur kommen, wenn der Zertifikatsinhaber dort auch verklagt werden kann. Damit nicht genug: Zeitigt das Abkommen mitsamt dem Zertifikat wirklich keine kollisionsrechtliche Wirkungen, so ist X in Deutschland der einzige Berechtigte am gesamten Nachlaß, auch an dem in Frankreich belegenen beweglichen Vermögen. Erhält er Gelegenheit, den Y in Deutschland zu verklagen, so wird er eben diese Rechtsposition zur Gänze durchsetzen wollen. Widersprüchlicher geht es kaum mehr:

Der Y soll zwar in Deutschland belegenen Nachlaß verwalten dürfen, aber gleichzeitig dort zur Herausgabe des gesamten beweglichen Nachlasses verpflichtet sein. Diese Divergenz wird mit Recht als untragbar bezeichnet[133]. Ob allerdings die Verwaltung eines Nachlasses durch einen nach dem eigenen Recht nicht materiell Berechtigten offensichtlich mit dem ordre public unvereinbar ist[134], ist zweifelhaft[135]. Die berechtigte Kritik an den inneren Widersprüchen dieses Haager Abkommens zeigt, daß im Bereich der Nachlaßverwaltung durch Konzentration der Zuständigkeit zur Erteilung eines Nachlaßverwalterzertifikats in einem Staat ohne Vereinheitlichung der Kollisionsrechte letztlich nichts gewonnen wird, wenn der Geltungsanspruch der einzelnen Rechtsordnungen doch

129 Was angesichts der beschränkten Absichten der Autoren und des Wortlauts des Abkommens allgemeine Meinung ist; vgl. *Lipstein*, RabelsZ 39 (1975), 29, 41; *Sipp-Mercier* aaO., S. 128 f.; *Berenbrok*, Internationale Nachlaßabwicklung, S. 160, 164.

130 S. Art. 9-19 des Abkommens bzgl. der automatischen Anerkennung des Zertifikats und der wenigen Versagungsgründe; s. auch *Lipstein*, RabelsZ 39 (1975), 29, 45 ff.; *Sipp-Mercier*, aaO., S. 125 f.; *Coester-Waltjen*, RabelsZ 57 (1993), 263, 269 ff.

131 Ein ähnliches und weitere Beispiele sehr anschaulich bei *Kegel-Schurig*, IPR, S. 880 f.

132 *Berenbrok*, Internationale Nachlaßabwicklung, S. 160, 164 Fn. 82.

133 Deutlich wird *Kegel*; für ihn ist Y in einem vergleichbaren Fall der zum Gärtner gemachte Bock, s. *Kegel-Schurig*, IPR, S. 880 f. Ablehnend auch *Kropholler*, IPR, S. 433; *Berenbrok*, Internationale Nachlaßabwicklung, S. 162 ff.; *Sipp-Mercier*, aaO., S. 131 f.

134 Dies ist die Vorraussetzung für eine Nichtanerkennung des Zertifikats gemäß Art. 17 des Abkommens.

135 S. *Kegel-Schurig*, IPR, S. 881.

noch auf anderen Wegen versuchen kann, sich durchzusetzen. Eine Zuständigkeitskonzentration muß daher, um effektiv zu sein, alle Foren, die das aus der Sicht des Konzentrationsforums falsche Recht anwenden – und dies ist letztlich potentiell jedes Forum, das nicht das eigene Kollisionsrecht anwendet – von der Behandlung der Sachfrage, um derentwillen die Zuständigkeitskonzentration etabliert worden ist, ausschließen. Dies bedeutet für den Fall, daß man den Konflikt divergierender Internationalerbrechte für bestimmte Vermögensgegenstände auf diesem Wege entschärfen will, faktische Nachlaßspaltung.

Damit ist eine derartige Zuständigkeitskonzentration funktionales Kollisionsrecht in falschem Gewande.

Darüber hinaus sind IPR-ersetzende ausschließliche internationale Gerichtsstände noch unter einem anderen zivilprozessual bedeutsamen Gesichtspunkt hochproblematisch: dem der Anerkennung ausländischer Entscheidungen.

VI. Die Anerkennung ausländischer Entscheidungen im Fall der Erbrechtskollision in der SPE

1. Anerkennung nach der EuGV-VO

Die Begründung eines Systems von internationalen Zuständigkeitstatbeständen wie z. B. durch die EuGV-VO ist unvollkommen und nicht effektiv ohne die Anerkennung der gemäß dieser Zuständigkeiten zustande gekommenen Entscheidungen im gesamten Unionsgebiet. Daher sieht die EuGV-VO in Art. 33 I die automatische Anerkennung der in einem anderen Unionsstaat ergangenen Entscheidungen vor[136]. Im Unterschied zu der in den autonomen nationalen Rechten vorherrschenden Praxis, daß ausländische Entscheidungen nur bei Erfüllung bestimmter Bedingungen anerkannt werden[137], sind Entscheidungen aus Unionsstaaten nur ausnahmsweise bei Vorliegen der Ausschlußtatbestände des Art. 34 EuGV-VO nicht anerkennungsfähig. Mit diesem System der Anerkennung ex jure vervollkommnet und effektiviert die EuGV-VO den durch sie selbst geschaffenen einheitlichen europäischen Rechtsraum: Die gemäß der Zuständigkeitsordnung der Verordnung gefällten Urteile sollen im gesamten Unionsgebiet Geltung haben; Anerkennung im Rahmen der EuGV-VO bedeutet nichts anderes als Erstreckung der rechtlichen Wirkung eines Urteils auf das Gebiet des anerkennenden Staates[138]. Grundsätzlich gewährleistet die EuGV-VO demnach in ihrem Geltungsbereich[139] die Anerkennung aller ausländischen Entscheidungen.

a) Ausnahme von der automatischen Anerkennung nach Art. 27 Nr. 4 EuGVÜ

Art. 34 EuGV-VO (Art. 27 EuGVÜ) enthält einen Katalog von Ausnahmetatbeständen, bei deren Vorliegen die Verpflichtung der Mitgliedstaaten zur automatischen und vorbehaltlosen Anerkennung ausländischer Entscheidungen entfällt. Von besonderer Bedeutung für den Fall der Erbrechtskollision in der SPE

136 Dazu s. Bericht *Jenard*, ABl. 1979, Nr. C 59/43; *Kropholler*, Europäisches Zivilprozeßrecht, Art. 26 Rn. 1; vgl. zur Anerkennung nach den Haager Übereinkommen *Coester-Waltjen*, RabelsZ 57 (1993), 263 ff.

137 S. nur § 328 ZPO sowie Bericht *Jenard*, ABl. 1979, Nr. C 59/43.

138 In diesem Sinne *EuGHE* 1988, 645 ff. (Rs. 145/86 / Hoffmann/Krieg); Bericht *Jenard*, ABl. 1979, Nr. C 59/43; *Kropholler*, Europäisches Zivilprozeßrecht, vor Art. 26 Rn 9; *Geimer*, RIW 1976, 139, 141 f.; dies entspricht der Rechtslage in Deutschland, vgl. *Zöller-Geimer*, ZPO, § 328 Rn. 18 ff.

139 Zu dem das Erbrecht gem. Art. 1 II lit. a aE EuGV-VO nicht gehört.

war/ist Art. 27 Nr. 4 EuGVÜ, der nicht in die EuGV-VO übernommen wurde und daher nur noch gegenüber Dänemark und im Anwendungsbereich des Luganer Abkommens gilt. Diese Norm verlängert den Vorbehalt aus Art. 1 II Nr. 1 EuGVÜ (Art. 1 I lit. a EuGV-VO) auf die Anerkennung ausländischer Entscheidungen und erweitert damit den indirekten Anwendungsbereich dieses Katalogs der von der Geltung des EuGVÜ ausgeschlossenen Rechtsgebiete erheblich.

Gemäß Art. 27 Nr. 4 EuGVÜ entfällt die Pflicht zur Anerkennung einer ausländische Entscheidung immer dann, wenn sie bei der Beurteilung einer Vorfrage das Internationale Privatrecht des Anerkennungsstaates bezüglich der in Art. 1 II Nr. 1 EuGVÜ ausgeschlossenen Rechtsgebiete nicht beachtet hat und dadurch zu einem anderen Ergebnis als bei Anwendung dieses Rechts gekommen ist[140]. Ein abstrakter Widerspruch der Kollisionsrechte kann demnach eine Anerkennungsversagung nicht rechtfertigen[141], sondern nur ein im konkreten Fall relevanter Unterschied zwischen den berufenen Sachrechten. Der Begriff der Vorfrage ist hier nicht mit der Vorfrage des IPR gleichzusetzen, sondern meint jedes für die ausländische Entscheidung präjudizielle Rechtsverhältnis[142]. Da das Erbrecht zu den von der Geltung des EuGVÜ ausgenommenen Rechtsgebieten gehört, berechtigen Widersprüche zwischen den Internationalen Erbrechten der Vertragsstaaten diese dazu, ausländischen Entscheidungen die Anerkennung zu versagen, wenn diese auf der Anwendung eines anderen Internationalen Erbrechts beruhen[143] und das berufene materielle Erbrecht präjudizielle Umstände entscheidungserheblich anders behandelt.

Dies ist genau die im Fall der materiellen Erbrechtskollision häufig gegebene Situation: In zwei Staaten führen die unterschiedlichen Internationalerbrechte zur Geltung verschiedenen materiellen Erbrechts, so daß der Nachlaß nach zwei Rechtsordnungen aufgeteilt wird, was beinahe zwangsläufig zu verschiedenen Erbquoten und damit Beteiligungsquoten an der SPE führt. Stellt diese unterschiedliche Beteiligung eine entscheidungserhebliche Vorfrage in einem Rechts-

---

140 *MünchKommZPO-Gottwald*, Art. 27 EuGVÜ Rn. 35; sonstige Widersprüche zum IPR des Anerkennungsstaates rechtfertigen daher keine Verweigerung der Anerkennung; zu den sich aus diesem Umstand ergebenden Problemen s. *Kohler*, IPRax 1992, 277, 282 f.

141 Nach der ganz h.M. ist unter „Ergebnis" nicht das kollisionsrechtliche, sondern das materiellrechtliche zu verstehen; s. *Martiny*, Hb. des IZVR III/2, § 1 Kap. II Rn. 158; *Geimer/Schütze*, Europäisches Zivilverfahrensrecht, Art. 27 Rn. 151; *Kropholler*, Europäisches Zivilprozeßrecht, Art. 27 Rn. 55.

142 *Martiny*, Hb. des IZVR III/2, § 1 Kap. II Rn. 155 f.; *Kropholler*, Europäisches Zivilprozeßrecht, Art. 27 Rn. 53; *Thomas/Putzo-Hüßtege*, ZPO, Art. 27 EuGVÜ, Rn. 18.

143 Was immer der Fall ist, sobald sich einem ausländischen Richter die Frage nach dem anwendbaren Erbrecht stellt, da z.B. deutsches IPR außer in den Fällen des renvoi nur von deutschen Gerichten angewandt wird.

streit dar, ist Art. 27 Nr. 4 EuGVÜ einschlägig. Die in Art. 27 EuGVÜ statuierten Ausnahmen von der Urteilsanerkennung ex jure gemäß Art. 26 I EuGVÜ beziehen sich auf sämtliche Entscheidungen der Gericht eines Vertragsstaates im Sinne des Art. 25 EuGVÜ. Ob diese auf einer Zuständigkeitsnorm des 2. Titels des EuGVÜ beruhen und gegebenenfalls auf welcher, ist für die Artt. 25 ff. EuGVÜ ohne Belang - vorbehaltlich der Ausnahmetatbestände in Artt. 27 f. EuGVÜ ist jede Entscheidung eines anderen Vertragsstaates anzuerkennen[144]. Daraus ergibt sich, daß auch Entscheidungen, die gemäß einer ausschließlichen Zuständigkeit nach Art. 16 EuGVÜ (= Art. 22 EuGV-VO) ergangen sind, in einem andern Mitgliedstaat nicht anzuerkennen sind, wenn Art. 27 Nr. 4 EuGVÜ erfüllt ist. Art. 28 I EuGVÜ erweitert lediglich die Nichtanerkennung auf die Fälle, in denen die Zuständigkeitsvorschriften der Artt. 7-16 EuGVÜ durch den Erstrichter verletzt wurden; er sagt mitnichten, daß Urteilen, die auf besonderen oder ausschließlichen Zuständigkeiten beruhen, eine weitergehende Anerkennung als anderen Entscheidungen zuteil werden soll[145].

aa) Beispiele

Wenn beispielsweise ein Gesellschaftererbe nach belgischem Recht gegen eine SPE mit Sitz in Brüssel, die (aus welchem Grund auch immer) die Erben nach einem anderen Recht begünstigt, gemäß Art. 19 SPE-Statut mittels Anfechtung eines Gesellschafterbeschlusses vorgeht, wird er vor den belgischen Gerichten obsiegen. Verlegt die SPE daraufhin ihren Sitz nach Dänemark, das den anderen Erbprätendenten begünstigt, findet das belgische Urteil dort wegen Art. 27 Nr. 4 EuGVÜ keine Anerkennung. Der Kläger muß erneut am nunmehrigen Sitz der Gesellschaft klagen und wird den Zweitprozeß verlieren. Die Eröffnung der Möglichkeit des Sitzwechsels für die SPE[146] in Verbindung mit Art. 27 Nr. 4 EuGVÜ erlaubt demnach sogar ein „Forumshopping“ nach einem verlorenen Prozeß. Aber nicht nur in Zusammenhang mit einer Sitzverlegung behindert Art. 27 Nr. 4 EuGVÜ die konfliktvermeidende Wirkung[147] der Zuweisungen der internationalen Zuständigkeit nach dem EuGVÜ. Angenommen, derselbe Gesellschaftererbe nach belgischem Recht verklagt die SPE auf Auszahlung eines Gewinnanteils und obsiegt; Vermögen, in das vollstreckt werden könnte, findet sich aber nach dem Ende des Prozesses nur noch in Dänemark. Auch in diesem

144 *Kropholler*, Europäisches Zivilprozeßrecht, Art. 25 Rn. 4.
145 Vgl. hierzu *Kropholler*, Europäisches Zivilprozeßrecht, Art. 28 Rn. 10 ff.
146 Art. 6 I, S. 1 SPE-StatutE.
147 So bezeichnet *Gottwald* Art. 27 Nr. 4 EuGVÜ als eine mit den Grundprinzipien des Übereinkommens schwer vereinbare Ausnahme; s. *MünchKommZPO-Gottwald*, Art. 27 EuGVÜ Rn. 35. Den Ausnahmecharakter betont auch *Martiny*, Hb. des IZVR III/2 § 1 Kap. II Rn. 151 aE.

Fall sind dem Gesellschaftererben über Art. 27 Nr. 4 EuGVÜ sowohl Anerkennung des erstrittenen Urteils als auch Vollstreckung aus demselben verwehrt.

bb) Wiederholung der Klage im Zweitstaat

In einem solchen Fall scheint es zunächst, als könnte der Kläger seine Ansprüche überhaupt nicht effektiv durchsetzen: Im Sitzstaat der SPE hat er zwar ein obsiegendes Urteil erstritten, doch kann er es dort mangels Vermögen der SPE nicht vollstrecken. In dem Staat, in welchem sich das Vermögen der SPE befindet, wird das Urteil aus dem Erststaat nicht anerkannt. Darüber hinaus fehlt es dort an einer internationalen Zuständigkeit für eine erneute Klage auf Auszahlung eines Gewinnanteils, da die SPE in diesem Staat keinen Sitz hat[148], denn dieser liegt nach wie vor im Erststaat. Eine solche Rechtsverweigerung kann nicht Sinn und Zweck des EuGVÜ sein und würde überdies gegen Art. 6 I der EMRK[149] verstoßen, an die alle Mitgliedstaaten der Europäischen Union gebunden sind[150].

Daher muß der die Anerkennung verweigernde Staat einen neuen Prozeß vor seinen eigenen Gerichten zulassen[151]. Damit wird zwar ein durch Art. 27 Nr. 4 EuGVÜ hervorgerufener „déni de justice" vermieden, geholfen ist dem Kläger damit aber nicht; denn das Gericht des Zweitstaates wendet naturgemäß sein eigenes Internationales Erbrecht an, dessen Nichtbeachtung und die daraus erwachsende Entscheidungsdivergenz gerade der Grund für die Nichtanerkennung des Ersturteils waren. Der Kläger wird daher vor dem Gericht des Zweitstaates unterliegen[152], so daß ihm die zusätzliche Rechtsgewähr wenig nützt.

---

148 Artt. 2 I, 60 I EuGV-VO.

149 (Europäische) Konvention zum Schutze der Menschenrechte und Grundfreiheiten vom 4. 11. 1950, BGBl. 1952 II, S. 686 idF vom 6. 5. 1963, BGBl. 1968 II, S. 1116; Art. 6 I, S. 1 EMRK lautet auszugsweise: „Jeder hat Anspruch darauf, daß seine Sache ... gehört wird, und zwar von einem unabhängigen ... Gericht, das über zivilrechtliche Ansprüche ... zu entscheiden hat.". Dazu s. auch *Pfeiffer*, Internationale Zuständigkeit und prozessuale Gerechtigkeit, S. 347 f. und *Matscher*, FS Schwind, S. 71, 79 ff. Zum völkerrechtlichen Verbot des „déni de justice" s. *Geimer*, FS Nagel, S. 36, 37 f. und *ders.* , Internationales Zivilprozeßrecht Rn. 849.

150 S. Völkerrechtliche Verträge, Hrsg. *Albrecht Randelzhofer*, 7. Auflage, Berlin 1995, S. 162 Fn. 3.

151 *Geimer/Schütze*, Europäisches Zivilverfahrensrecht, Art. 27 Rn. 167; *Geimer*, RIW 1975, 81, 82 f.; *Kropholler*, Europäisches Zivilprozeßrecht, vor Art. 2 Rn. 22.

152 So auch *Geimer/Schütze*, Europäisches Zivilverfahrensrecht, Art. 27 Rn. 168.

c) Zwischenergebnis

Das EuGVÜ schützt die SPE zwar durch die Ausrichtung der internationalen Zuständigkeit für gegen sie gerichtete Klagen an ihrem Sitz[153] weitgehend vor der Anrufung verschiedener Foren im Fall der Erbrechtskollision, doch ist diesem Schutz durch den IPR-Vorbehalt des Art. 27 Nr. 4 EuGVÜ im Rahmen der Anerkennung viel von seiner Wirkung genommen, da auch die SPE häufig an der Vollstreckung der von ihr im Sitzstaat erstrittenen Urteile gehindert ist. Ein einheitlicher Rechtsraum wird in diesen Fällen für die SPE gerade nicht erreicht. Hier hat die Einführung der EuGV-VO eine echte Verbesserung der Qualität des einheitlichen europäischen Rechtsraumes gebracht, da das Anerkennungshindernis des Art. 27 Nr. 4 EuGVÜ zumindest in allen Mitgliedstaaten außer Dänemark weggefallen ist.

2. Art. 34 Nr. 1 EuGV-VO (Ordre Public)

a) Die anerkennungsfreundlichen Regeln autonomen Rechts

Die Mitgliedstaaten sind durch die EuGV-VO nunmehr verpflichtet, Entscheidungen, die ihren eigenen internationalerbrechtlichen Wertungen widersprechen, anzuerkennen. In Deutschland käme jedoch eine Anerkennung solcher Entscheidungen ohnehin gemäß dem autonomen Anerkennungsrechts in Betracht. § 328 ZPO bzw. § 16 lit. a FGG legen die Anerkennungshindernisse des deutschen internationalen Zivilprozeßrechts abschließend fest. Diese Vorschriften enthalten keinen dem Art. 27 Nr. 4 EuGVÜ vergleichbaren kollisionsrechtlichen Vorbehalt bezüglich erbrechtlicher Vorfragen. Demnach darf nach deutschem autonomen Anerkennungsrecht einer ausländischen Entscheidung nicht wegen kollisionsrechtlicher Abweichungen vom deutschen Recht die Anerkennung versagt werden[154]. Da das EuGVÜ wie alle internationalen Anerkennungsverträge die internationale Freizügigkeit gerichtlicher Entscheidungen fördern und nicht beschränken will[155], ist es den Vertragsstaaten unbenommen, von den Ermächtigungen zur Anerkennungsverweigerung des Art. 27 EuGVÜ keinen Gebrauch zu machen und ihr eigenes, anerkennungsfreundlicheres Recht anzuwenden[156].

---

153 S. Artt. 2 I, 60 I und 22 Nr. 2 EuGV-VO.

154 *Geimer/Schütze*, Europäisches Zivilverfahrensrecht, Art. 27 Rn. 153.

155 *Geimer*, Internationales Zivilprozeßrecht, Rn. 2766.

156 So die h.M., s. *BGH* NJW 1987, 3083; *BayObLG* FamRZ 1990, 898; *Geimer/Schütze*, Europäisches Zivilverfahrensrecht, Art. 27 Rn. 152; *Geimer*, Internationales Zivilpro-

b) Ordre Public

Gänzlich gesichert ist die Anerkennung von Entscheidungen, die im Sinne des Art. 27 Nr. 4 EuGVÜ vom deutschen Recht abweichen, trotz der Einführung der EuGV-VO und der Geltung der nationalen Anerkennungsregeln aber auch in Deutschland nicht. In Übereinstimmung mit § 328 Nr. 4 ZPO[157] versagt Art. 34 Nr. 1 EuGV-VO die Anerkennung ausländischer Urteile, wenn die Anerkennung zu einem mit wesentlichen Grundsätzen des deutschen Rechts, insbesondere mit den Grundrechten unvereinbaren Ergebnis führen würde[158]. Dies kann auch durch eine vom deutschen IPR verschiedene kollisionsrechtliche Anknüpfung, wie sie hier im Raume steht, verursacht werden[159].

Sie allein kann allerdings zur Bejahung eines Verstoßes gegen den ordre public niemals hinreichend sein; es kommt immer auf das konkrete Ergebnis der Rechtsanwendung an[160]. Im Erbrecht ist die Vorbehaltsklausel gegenüber anderen europäischen Rechten nicht von großer Bedeutung[161]. Dies ist einerseits auf die sich annähernden Wertvorstellungen innerhalb Europas[162] in erbrechtlichen Fragen zurückzuführen - andererseits beruhen die europäischen Erbrechte ohne Ausnahme auf den Grundsätzen der Familienerbfolge und der Testierfreiheit, so daß Abweichungen im einzelnen, so wichtig sie für die Betroffenen sein mögen, kaum einen Verstoß gegen den nationalen ordre public nach sich ziehen können[163]. Zudem hat sich die gegenseitige Anerkennung von Testamenten durch das Haager Übereinkommen über das auf die Form letztwilliger Verfügungen

---

zeßrecht, Rn. 2766; *Kropholler*, Europäisches Zivilprozeßrecht, Art. 25 Rn. 8; aA *Martiny*, Hdb. des IZVR III/2 § 1 Kap. 2 Rn. 199.

157 § 16 lit. a Nr. 4 FGG entspricht wörtlich § 328 ZPO.

158 Zum Verhältnis des ordre public des IZVR zu demjenigen des IPR s. *Martiny*, Hbd. IZVR III/1 § 1 Kap. I Rn. 1012 ff.; allgemein zum ordre public des IZVR s. *Roth*, Der Vorbehalt des ordre public gegenüber fremden gerichtlichen Entscheidungen; zum ordre public im Verhältnis zum Europäischen Gemeinschaftsrecht s. *Martiny*, in Europäisches Gemeinschaftsrecht und IPR, S. 211 ff.

159 *Kropholler*, Europäisches Zivilprozeßrecht, Art. 27 Rn. 13; *Martiny*, Hbd. IZVR III/1 § 1 Kap. I Rn. 1031.

160 *Kropholler*, Europäisches Zivilprozeßrecht, Art. 27 Rn. 13; *Geimer/Schütze*, Europäisches Zivilverfahrensrecht, Art. 27 Rn. 37.

161 Dazu *Martiny*, Hbd. IZVR III/1 § 1 Kap. I Rn. 1086.

162 Vgl. zur Rechtsstellung des nichtehelichen Kindes das Straßburger Europäische Übereinkommen über die Rechtsstellung nichtehelicher Kinder vom 15. 10. 1975, Art. 9; abgedruckt im österreichischen BGBl. 1980, S. 2274; s. auch *Jayme/Hausmann*, Internationales Privat- und Verfahrensrecht, 9. Auflage 1998, Nr. 30 Fn. 1.

163 Hierzu s. *Stöcker*, RabelsZ 38 (1974), 79, 117 ff.

anzuwendende Recht[164] stark verbessert, da durch die alternative Anknüpfung der Formvoraussetzungen im nationalen IPR Formverstöße bei der Abfassung von Testamenten im Ausland seltener geworden sind. Problematisch kann aber neben einer gleichheitswidrigen[165] Schlechterstellung von nichtehelichen Abkömmlingen[166] auch die unterschiedliche Ausgestaltung von Pflichtteilsansprüchen[167] - besonders das Fehlen derartiger Ansprüche im englischen Recht[168] - sein. Zwar wurde bislang in der Anwendung ausländischen Erbrechts, das keine Pflichtteilsansprüche kennt, im Inland kein Verstoß gegen den ordre public gesehen[169]. Doch beruhte diese Wertung wesentlich auf der stärkeren Verbindung des Erblassers zu der ausländischen Rechtsordnung, der das deutsche IPR selbst die Rechtsnachfolge von Todes wegen im konkreten Fall unterstellt hatte. Hier geht es aber um Fälle, in denen das deutsche Internationale Erbrecht deutsches Recht beruft und das ausländische Gericht von dieser Anknüpfung abweicht. Denkbar bleibt daher, daß in solchen Fällen der stärkeren Verbindung zur deutschen Rechtsordnung der ordre-public-Vorbehalt[170] in Zukunft zur Vermeidung zu großer Abweichungen vom deutschen Familienerbrecht bemüht werden wird[171].

---

164 Umgesetzt in Art. 26 EGBGB, abgedruckt bei *Jayme/Hausmann*, Internationales Privat- und Verfahrensrecht, 9. Auflage 1998, Nr. 39.

165 S. Art. 6 V GG.

166 *Stöcker*, RabelsZ 38 (1974), 79, 119 f.

167 *Stöcker*, RabelsZ 38 (1974), 79, 118 f.

168 *Henrich*, Internationales Erbrecht, Großbritannien Grdz. F XII Rn. 229-231.

169 So *OLG Köln*, IPRspr. 1975, 295, 298 (Nr. 116) und bereits das Reichsgericht in JW 1912, 22. In *BGH*, IPRax 1994, 375 prüft der *BGH* die Frage nicht und nimmt ohne weiteres die Geltung des pflichtteilslosen ausländischen Erbrechts an; im konkreten Fall handelte es sich aber nicht um bedürftige Abkömmlinge und Inlandsvermögen war nicht vorhanden, so daß sich die Frage einer wirksamen Korrektur untragbarer Ergebnisse nicht stellte.

170 Zum ordre public aus ausländischer Sicht vgl. *Martiny*, Hdb. des IZVR III/1 § 1 Kap. I Rn. 963 ff.; *Bucher*, Recueil des Cours 1993 II, 9 ff.; *ders.*, Grundfragen der Anknüpfungsgerechtigkeit im IPR, S. 115 ff.; *Mosconi*, Recueil des Cours 1989 V, 9 ff. Italien konkretisiert seinen ordre public im Internationalen Erbrecht durch Beschränkung der an sich zulässigen Rechtswahl des Wohnsitzrechts durch italienische Erblasser, indem italienischen Erben mit Aufenthalt in Italien die Rechte nach italienischem Sachrecht garantiert werden, vgl. *Maglio/Thorn*, ZVglRWiss 96 (1997), 347, 366; *Kindler*, RabelsZ 61 (1997), 227, 273 f.; zum ordre public der romanischen Rechtsordnungen und dem deutschen Institut des Erbverzichts s. *Riering*, ZEV 1998, 248 ff. mwN.
Für Österreich s. bejahend zur ordre-public-Relevanz des Pflichtteilsrechts *Schwind*, ZfRV 35 (1994), 29; dagegen wohl *Hoyer*, ZfRV 34 (1993), 165, 167. S. auch *OGH*, ebd. S. 164 f. = IPRax 1993, 188 f. und *Schwind*, IPRax 1993, 196.

171 So auch *BGB-RGRK-Wengler*, Bd. VI, 1, S. 699; bei vollständiger Ausschließung minderjähriger oder bedürftiger Kinder vom Nachlaß glaubt auch *Dörner*, IPRax 1994, 362,

c) Ergebnis

Im Ergebnis bleibt festzuhalten, daß selbst nach Einführung der EuGV-VO und aus der Sicht des anerkennungsfreundlichen deutschen Rechts die Anerkennung eines dem deutschen Internationale Erbrecht zuwiderlaufenden Urteils nicht gesichert ist. Unabhängig davon kann letztlich die für den ausländischen Rechtsanwender schwierig festzustellende und der Disposition der nationalen Gesetzgeber unterliegende Anerkennung nach autonomem nationalen Recht den Vorbehalt des partiell noch gültigen Art. 27 Nr. 4 EuGVÜ nicht ausgleichen.

363, den deutschen ordre public verletzt; in diesem Sinne auch *Klingelhöffer*, ZEV 1996, 258 f.; *Pentz*, ZEV 1998, 449, 451.

VII. Klagen aufgrund europarechtlicher Regelungen der internationalen Zuständigkeit im SPE-Statut

Eigenständige, über die EuGV-VO hinausgehende Regelungen der internationalen Zuständigkeit für Klagen gegen die SPE oder ihre Gesellschafter, sofern die dort geltend gemachten Ansprüche auf dem Sozialverhältnis beruhen, hätten den Sinn, Streitigkeiten aus dem Innenverhältnis der Gesellschaft bei den Gerichten des Sitzstaates zu konzentrieren.

1. Privilegiertes Anerkennungsregime für Entscheidungen, die das Innenverhältnis der SPE betreffen?

Die Anerkennung von Entscheidungen, die auf Sonderzuweisungen an den Sitzstaat der SPE beruhen, in den übrigen Mitgliedstaaten würde sich zunächst nach den Artt. 33 ff. EuGV-VO richten, da es für die automatische Anerkennung nach diesen Vorschriften nicht auf die Rechtsgrundlage der internationalen Zuständigkeit der Gerichte des anderen Unionstaates ankommt[172]. Damit bestünden aber für diese Entscheidungen dieselben Anerkennungshindernisse gemäß Art. 34 EuGV-VO wie für alle anderen Entscheidungen - es sei denn, die Verordnung über die SPE enthielte neben einer Regelung der internationalen Zuständigkeit für Klagen aus dem Sozialverhältnis zwischen SPE-Gesellschaftern oder zwischen ihnen und der Gesellschaft noch eine Bestimmung, welche die unionsweite automatische Anerkennung dieser Entscheidungen bewirken würde.

Dann wäre die SPE auf besondere Weise privilegiert: Jenseits des Order-Public-Vorbehalts der Unionsstaaten bei der Anerkennung ausländischer Entscheidungen aus Art. 34 Nr. 1, wäre bei Streitigkeiten betreffend ihres Innenverhältnisses ein einheitlicher zivilprozessualer Rechtsraum gewährleistet. Doch sind gegen ein solches Vorgehen gravierende Bedenken zu erheben: Zum einen ist es systematisch unglücklich, für bestimmte Verfahren ein sekundärrechtliches Zuständigkeits- und Anerkennungsregime einzurichten, anstatt die EuGV-VO entsprechend zu ändern. Zum anderen ist eine derartige Privilegierung inhaltlich kaum begründbar:

a) Ratio des Art. 34 Nr. 1 EuGV-VO

Eine inhaltliche Rechtfertigung für die mit einer besonderen Zuständigkeitsregelung verbundene Geltungserweiterung für besagte Entscheidungen der Gerichte des SPE-Sitzstaates gegenüber den Entscheidungen der Gerichte anderer

172 *Kropholler*, Europäisches Zivilprozeßrecht, Einleitung Rn. 16 und Art. 25 Rn. 4.

Unionsstaaten gibt es nämlich in diesem Zusammenhang nicht. Eine solche Rechtfertigung könnte nur darin bestehen, daß die Ordre-Public-Vorbehalte aus Art. 34 Nr. 1 EuGV-VO gerade in Zusammenhang mit der neuen supranationalen Rechtsform der SPE keine Berücksichtigung mehr finden müssen. Dies könnte sich aus der Geltung europäischen Sekundärrechts für das von der in Rede stehenden Vorschrift betroffene Sozialverhältnis der SPE und ihrer Gesellschafter ergeben. Ein Vorbehalt gesellschaftsrechtlichen Kollisionsrechts wäre hier in der Tat gegenstandslos, da das einzelne nationale Gesellschaftsrecht auf eine SPE unter keinen Umständen mehr Anwendung finden kann.

Doch geht es in dem Vorbehalt aus Art. 34 Nr. 1 EuGV-VO in den hier interessierenden Fällen um Rechtsgebiete, die im SPE-Statut nicht durch supranationale Vorschriften geregelt werden sollen, da sie nicht gesellschaftsrechtlicher Natur sind, wie z.B. das Erbrecht. Der Hintergrund dieses Vorbehalts, das eigene Recht vor dem Eindringen unannehmbarer fremder Wertungen über den Weg der Anerkennung ausländischer Entscheidungen zu schützen, ist bei einer SPE soviel oder sowenig gerechtfertigt wie bei jeder anderen Gesellschaftsform, solange es die entsprechenden Unterschiede z.B. im Erbrecht der Mitgliedstaaten gibt. Grund für die inhaltliche Aufgabe des Vorbehalts wäre denn auch das Bedürfnis nach europaweitem Entscheidungseinklang bei Prozessen, in denen es um eine SPE und die Rechtsnachfolge von Todes wegen in ihre Anteile geht, das sich aus der Befürchtung erklärt, eine grenzüberschreitende Gesellschaftsform wie die SPE könne die ihr zugedachte Aufgabe der Ermöglichung rechtlich einfachen europaweiten unternehmerischen Handelns auch für kleine und mittlere Unternehmen[173] ohne Rechtssicherheit im Erbfall nur unzureichend erfüllen.

b) Lösung kollisionsrechtlicher Probleme im Kollisionsrecht

Erkennt man dieses Bedürfnis als gegeben an, so ergibt sich daraus jedoch die Notwendigkeit einer materiellen Vermeidung der Erbrechtskollision, und letztlich liefe eine vollständige Konzentration der internationalen Zuständigkeit bei den Gerichten des Sitzstaates auf die Durchsetzung des dortigen Internationalen Erbrechts und damit eine partielle Einführung der lex rei sitae hinaus. Systematisch gehört eine solche kollisionsrechtliche Entscheidung aber nicht in den Zusammenhang der internationalen Zuständigkeit der Gerichte, sondern in das Kollisionsrecht selbst. Besonders deutlich ist dies schon bei der Behandlung der Frage geworden, ob eine Erstreckung einer eventuellen Zuweisung möglichst aller Klagen an die Sitzgerichte der SPE auch für die nicht der EuGV-VO unterliegenden rein erbrechtlichen Verfahren in Frage kommt. Dort hatte sich gezeigt, daß einzig eine vollkommene prozessuale Trennung des SPE-Anteils vom übri-

173 *Hommelhoff*, WM 1997, 2101, 2102 ff.

gen Nachlaß und seine Behandlung durch die Sitzgerichte dem Zweck der Schaffung von Rechtseinheit genügen kann. Der Normbefehl würde demnach lauten:

„Für die Rechtsnachfolge von Todes wegen in einen SPE-Anteil kommt zwar nationales Internationales Erbrecht aller Mitgliedstaaten zur Anwendung, doch im Streitfall entscheiden ausschließlich die Gerichte des Sitzstaates nach ihrem eigenen Recht, deren Entscheidungen unionsweit anzuerkennen sind.“

Dies ist nichts anderes als die Einführung der lex rei sitae für Anteile an einer SPE im Wege einer Gesamtverweisung. Daher wäre es unsystematisch, das Ziel des internationalen Entscheidungseinklangs prozessual dadurch erreichen zu wollen, daß man nur noch einem Staat zu entscheiden gestattet[174]. Zudem sprechen zwei weitere Gesichtspunkte gegen den Versuch, die lex rei sitae auf prozessualem Wege einzuführen: einerseits die Verfahrensinteressen der Beteiligten und andererseits die notwendige Unvollkommenheit einer streitgegenstandsbezogenen ausschließlichen Zuständigkeit im Sitzstaat der SPE.

2. Parteiinteressen im Bereich der internationalen Zuständigkeit

Trotz der gerade innerhalb des Geltungsbereichs der EuGV-VO erzielten Fortschritte im innereuropäischen Rechtsverkehr besteht nach wie vor grundsätzlich ein Interesse jeder Partei daran, ein allfälliges Verfahren im eigenen Land durchführen zu können[175]. Kommen die Parteien jedoch aus verschiedenen Mitgliedstaaten der Union, so muß mindestens auf der Seite einer Partei dieses Interesse zurückstehen. Bei Klagen der Gesellschafter gegen die SPE entspricht daher eine ausschließliche Zuständigkeit der Gerichte ihres Sitzstaates, solange es um Fragen des Sozialverhältnisses geht, den Interessen der Parteien, denn diese haben für den Sitz ihrer Gesellschaft und damit das Zentrum ihres unternehmerischen Handelns diesen Staat gewählt. Bei Klagen der SPE gegen einzelne Gesellschafter mag dagegen eine konkurrierende Zuständigkeit an deren Wohnsitz für die Rechtsverfolgung praktischer sein. Die SPE könnte dann zwischen dem ihr vertrauten Sitzstaat und dem Heimatstaat des Gesellschafters wählen, in dem womöglich ohnehin vollstreckt werden müßte, weswegen ein Vorgehen dort

174 Zu den kollisionsrechtlichen Auswirkungen von Anerkennungsregeln bereits *Wengler*, Recueil des Cours, 1961 III, 273, 443 ff.; *Kohler*, IPRax 1992, 277, 281 f.

175 *BGH*, NJW 1981, 2644; allgemein hierzu *Martiny*, Hb. des IZVR III/1 § 1 Kap. I Rn. 81; *Schröder*, Internationale Zuständigkeit, S. 117 ff, s. auch grundsätzlich zur Interessenanalyse bzgl. der internationalen Zuständigkeit *Pfeiffer*, Internationale Zuständigkeit und prozessuale Gerechtigkeit, S. 167 ff.

schon im Erkenntnisverfahren ein einheitliches schnelleres Verfahren verspricht. Diese Interessenbewertung läßt sich auch auf das Verhältnis zweier Gesellschafter aus verschiedenen Mitgliedstaaten ausdehnen: einerseits die Eröffnung einer internationalen Zuständigkeit am Sitz der Gesellschaft als Ergebnis der freien Entscheidung der Gesellschafter über ihre Niederlassung - zum anderen eine konkurrierende Zuständigkeit im Wohnsitzstaat des Beklagten. Im Parteiinteresse läge es daher, wenn man von den erbrechtlichen Risiken einmal absieht, für Klagen, deren Gegenstand dem Sozialverhältnis entstammt, konkurrierende Zuständigkeiten sowohl am Sitz der Gesellschaft als auch am jeweiligen (Wohn)sitz des beklagten Gesellschafters vorzusehen[176]. Für den Fall, daß zwei Gesellschafter oder Gesellschafterprätendenten aus ein und demselben Staat stammen, besteht sogar ein besonders starkes Interesse der Parteien, zumindest auch in ihrem Heimatstaat Rechtsschutz zu finden. Verlangt z.B. ein Erbprätendent vom anderen die Herausgabe bestimmter gesellschaftsbezogener Unterlagen, und sind beide in einem anderen Staat als dem Sitzstaat ansässig, so ist es am einfachsten und unaufwendigsten, den Streit vor den dortigen Gerichten auszutragen.

Ließe man dies aber zu, so wäre wieder die Gefahr unterschiedlicher Entscheidungen aufgrund kollidierender Erbrechte zu befürchten. Doch in vielen Fällen wird die besagte Erbrechtskollision nicht eintreten: Bei den meisten Erblassern werden Domizil und Staatsangehörigkeit übereinstimmen. Die Erben dieser Erblasser haben ein Interesse daran, alle mit dem Erbfall zusammenhängenden Probleme in ihrem Heimatstaat zu regeln. Sie profitieren nicht von der Konzentration von Zuständigkeiten am Sitz der SPE, für sie ergibt sich die lästige Notwendigkeit, die Nachlaßauseinandersetzung in zwei verschiedenen Staaten zu betreiben.

3. Übermäßige Reichweite einer effektiven Beschränkung der internationalen Zuständigkeit

Jenseits der unflexiblen Hintanstellung dieser Parteibedürfnisse[177] muß man auch die Frage stellen, ob eine alle maßgeblichen Konstellationen, in denen die materielle Erbrechtskollision in einem Prozeß problematisch werden kann, umfassende Zuweisung der internationalen Zuständigkeit im SPE – Statut überhaupt geleistet werden kann. Es müßten letztlich nicht nur alle Klagen erfaßt

176 So auch für Gesellschaften allgemein *Geimer/Schütze*, Europäisches Zivilverfahrensrecht, Art. 16 Rn. 142 und *Kropholler*, Europäisches Zivilprozeßrecht, Art. 16 Rn. 38.

177 Für weitgehende Fungibilität der Gerichte verschiedender Staaten auch *Neuhaus*, RabelsZ 35 (1971), 401, 418.

werden, bei denen der Streitgegenstand dem Sozialverhältnis der SPE entstammt, sondern auch alle Klagen, in denen dieses Sozialverhältnis der Entscheidung vorgreiflich ist, also als entscheidungserhebliche Vorfrage auftaucht[178].

Dies ginge weit über Klagen zwischen der SPE und ihren Gesellschaftern oder unter ihnen hinaus. Angenommen, ein vermeintlicher Gesellschaftererbe tritt „seinen" Gewinnanspruch in bestimmter Höhe an einen Dritten ab; beide sind nicht im Sitzstaat der SPE ansässig. Der Zessionar will, da ihm der Geschäftsleiter der SPE bedeutet hat, sein Zedent sei mitnichten Gesellschafter, da er nie Erbe geworden sei, gegen diesen wegen Rechtsmangels vorgehen. Im Wohnsitzstaat des Zessionars ist dieser aber durchaus Erbe. Gerade diese entscheidungserhebliche Vorfrage wird das Gericht zu beantworten haben, so daß zur Vermeidung widersprüchlicher Urteile im Grunde eine ausschließliche Zuweisung dieser Klage an die Gerichte des Sitzstaates notwendig wäre. Letztlich kann es bei vielen gerichtlichen Auseinandersetzungen der SPE mit ihren Geschäftspartnern auf ihren Gesellschafterbestand ankommen. Gesetzt den Fall, zwei Erbprätendenten halten sich jeweils für den Alleingesellschafter, bestellen sich selbst zum Geschäftsleiter und schließen in verschiedenen Ländern der Gemeinschaft Verträge ab. Die Geltung dieser Verträge hängt, etwaige Registereintragungen außen vor gelassen, naturgemäß von der Beantwortung der Vorfrage ab, welches Erbrecht die Nachfolge in die Einmann – SPE regelt; sollte man wirklich alle aus diesen Prozessen möglicherweise resultierenden Klagen im Sitzstaat der SPE konzentrieren? Eine abstrakt formulierte Norm ist letzlich nur noch so vorstellbar:

„ Für Klagen, bei denen die Frage nach den Veränderungen im Gesellschafterbestand der SPE mittels Erbgang vorgreiflich wird, sind die Gerichte des Staates zuständig, in dem die SPE ihren Sitz hat. Deren Entscheidungen sind unionsweit anzuerkennen."

Dies wird häufig dem Parteiinteresse in derartigen Prozessen zuwiderlaufen und ist offenkundig undurchführbar, da sich eine Vorgreiflichkeit im beschriebenen Sinne häufig erst im Verlauf des Prozesses herausstellen wird. Damit wird die Funktion von Zuständigkeitszuweisungen, abstrakt im Vorhinein das zuständige Forum zu bestimmen, gänzlich verfehlt, zumal auch die Vorgreiflichkeit selbst Gegenstand eventueller Rechtsbehelfe gegen die Abweisung wegen internationaler Unzulässigkeit sein kann.

---

178 S. *Geimer*, Internationales Zivilprozeßrecht Rn. 1103, allgemein zur Einführung streitgegenstandsbezogener ausschließlicher internationaler Zuständigkeiten.

4. Ergebnis

Der Versuch, die positiven Kompetenzkonflikte auf dem Gebiet des internationalen Erbrechts der EU-Mitgliedstaaten für die supranationale Rechtsform der SPE auf dem Wege einer umfassenden Konzentration der internationalen Zuständigkeit der Gerichte des Sitzstaates der SPE zu lösen, ist aus diesen Gründen abzulehnen[179]. Zwar entlastet die bestehende Rechtslage (insbesondere die ausschließliche Zuständigkeit im Sitzstaat der SPE gemäß Art. 22 Nr. 2 EuGV-VO) die SPE in gewissem Umfang von der Unsicherheit über ihren Gesellschafterbestand. Auch kann eine behutsame Erweiterung der internationalen Zuständigkeit der Gerichte des Sitzstaates auf Klagen gegen Gesellschafter, deren Streitgegenstand dem Sozialverhältnis entstammt, in diesem Sinne wirken. Eine ausschließliche Zuständigkeit für derartige Klagen widerspricht jedoch den Parteiinteressen und ist daher nicht anzustreben.

Für rein erbrechtliche Klagen empfiehlt sich ebenfalls aus verfahrensökonomischen Gründen keine Zersplitterung des Nachlaßabwicklungsverfahrens. Zudem liefe eine konsequente Verfahrenszuweisung zur Abwicklung eines im Nachlaß befindlichen SPE-Anteils im Ergebnis weitgehend auf eine materielle Nachlaßspaltung hinaus. Der Platz für eine solche Regelung ist aber das Kollisionsrecht. Letztlich scheitert die vollständige Zuständigkeitskonzentration aber jedenfalls an der Problematik der entscheidungserheblichen Vorfrage. Sind Prozesse, in denen das materielle Erbrecht eine solche Vorfrage darstellt, von der Konzentration im Sitzstaat ausgenommen, so erfüllt diese ihre Aufgabe nicht mehr. Ihre Einbeziehung dagegen macht die Reichweite der Konzentrationsnorm im SPE – Statut uferlos und verhindert eine der Rechtssicherheit entsprechende, vorhersehbare Anwendung der Vorschrift.

Die Lösung der internationalprivatrechtlich verursachten Erbrechtskollision ist daher nicht im prozessualen, sondern im materiellen Recht zu suchen.

179 Obwohl im internationalen Ehe- und Sorgerecht der EU-Gesetzgeber mit der Verordnung (EG) Nr. 1347/2000 vom 29. 5. 2000 (EheVO - s. *Jayme/Hausmann*, Internationales Privat- und Verfahrensrecht, 10. Auflage 2000, Nr. 170) genau diesen Weg der Zuständigkeitsregelung ohne Vereinheitlichung des materiellen Rechts beschritten hat; kritisch hierzu *Jayme/Kohler*, IPRax 2000, 454, 456 f.

D. Die SPE und die Erbschaftsteuer

Keine Erörterung der Folgen erbrechtlicher Kollisionen für die rechtspraktische Akzeptanz einer supranationalen europäischen Gesellschaftsform kann der Frage ausweichen, in welchem Umfang diese sich auf die an einen Erwerb von Todes wegen anknüpfenden finanziellen Ansprüche der Mitgliedstaaten auswirken. Konkret geht es um die Gefahr finanzieller Schlechterstellung der SPE-Gesellschafter durch die nationalen Erbschaftsteuergesetzgeber aufgrund des Binnenmarktbezugs ihres wirtschaftlichen Engagements und der damit einhergehenden Berührung mit mehreren nationalen Rechtsordungen. Hierbei muß der Blick von den steuerlichen Nachteilen, die sich aus zivilrechtlichen Erbrechtskollisionen ergeben über mögliche direkte Diskriminierungen bis hin zur klassischen Doppelbesteuerung reichen. Auch hier ist die SPE nicht rechtlich, aber doch faktisch wegen ihres Binnenmarktbezugs in deutlich stärkerem Ausmaß betroffen als Gesellschaften nationalen Rechts, weswegen die Behandlung dieses Problemkreises für den Erfolg der SPE als Rechtsform von herausragender Bedeutung ist.

I. Die SPE als Erbschaftsteuerschuldnerin und zu versteuernder Vermögensgegenstand

1. Erbfähigkeit der SPE als Voraussetzung der direkten Betroffenheit durch Erbschaftsteuern

Die SPE als juristische Person kann von einer Erbschaftsteuer direkt nur dann betroffen sein, wenn sie selbst Erbin wird und diesen Erwerb gemäß einer Erbanfallsteuer[1] versteuern muß, bzw. ihr Erwerb von einer vorab zu entrichtenden Nachlaßsteuer[2] geschmälert wird. Erbin kann die SPE nur werden, wenn sie erbfähig ist.

1 Steuerobjekt ist der rechtliche Vorgang des Nachlaßerwerbs; der Erwerber wird nach dem Zuwachs seiner wirtschaftlichen Leistungsfähigkeit besteuert (s. *Crezelius*, Erbschaft- und Schenkungsteuer in zivilrechtlicher Sicht, S. 26; eine derartige Steuer ist die deutsche Erbschaft- und Schenkungsteuer, s. *Brox*, Erbrecht, Rn. 34).

2 Eine Nachlaßsteuer ist die letzte Vermögensteuer des Erblassers; sie knüpft nur an das Vorhandensein eines Nachlasses an (s. *Crezelius*, Erbschaft- und Schenkungsteuer in zivilrechtlicher Sicht, S. 24 f.). Z.B. erhebt Italien eine solche Nachlaßsteuer zusätzlich zu einer Erbanfallsteuer, s. *Troll*, ErbStG-*Jülicher*, § 21 Rn. 106; *Kindler*, Einführung in

a) Gesellschaftsstatut der SPE

Über die Erbfähigkeit einer juristischen Person nationalen Rechts entscheidet das Erbstatut[3]. Sie ist dann gegeben, wenn die juristische Person rechtsfähig ist[4]. Nach welcher Rechtsordnung dies zu beurteilen ist, richtet sich wiederum nach dem internationalen Gesellschaftsrecht des oder besser der Erbstatute. In Deutschland entscheiden sich Rechts- und damit Erbfähigkeit einer juristischen Person nach dem Recht ihres effektiven Verwaltungssitzes[5]. Dies ist die in Kontinentaleuropa vorherrschende Anknüpfung.

In Großbritannien und den Niederlanden herrscht dagegen die sogenannte Gründungstheorie, wonach die Gesellschaft dem Recht, nach welchem sie gegründet ist, untersteht[6]; diesem Prinzip folgt in Europa außerdem Dänemark und die Schweiz[7]. Solange die SPE nur auf dem Gebiet der EU gründbar ist und nur dort ihren Sitz haben darf, verursacht die Divergenz der nationalen Internationalgesellschaftsrechte keine unterschiedliche Beurteilung der SPE in ihrer Rechtsfähigkeit; denn durch die Berufung des Gründungsrechts oder des Sitzrechts kann nur eine der Gemeinschaft angehörige Rechtsordnung berufen werden, die als solche gemäß dem Gemeinschaftsrecht die SPE als rechtsfähig anerkennt.

Das Internationale Gesellschaftsrecht der EU-Mitgliedstaaten befindet sich seit dem so lapidaren wie umstrittenen „Centros-Urteil" des EuGH[8] im Zustande allgemeiner Ratlosigkeit zwischen Triumph auf der einen[9] und kaum verhüllter rechtspolitischer Empörung auf der anderen Seite[10], je nach Haltung zur Sitztheorie. Der EuGH hat in seinem Urteil die dänischen Behörden verpflichtet, die Zweigniederlassung einer von Dänen zwecks Aufnahme von haftungsbeschränkter Geschäftstätigkeit ausschließlich in Dänemark in Großbritannien ge-

das italienische Recht, S. 240 f.. Ebenso verhält es sich in Großbritannien (*Troll*, ErbStG-*Jülicher*, § 21 Rn. 102; *Albrecht*, Die steuerliche Behandlung deutsch-englischer Erbfälle, S. 23). Auch in den USA wird eine Bundesnachlaßsteuer erhoben, s. *Laubrock*, Nachlaß und Erbschaft in den USA, S. 22.

3 *Kegel-Schurig*, IPR, S. 858 f.; *Kropholler*, IPR, S. 420; *Battifol/Lagarde*, Droit international privé II, Rn. 646-1.

4 Für Deutschland: *Palandt-Edenhofer*, § 1923 Rn. 1.

5 *BHGZ* 97, 269, 272; *Schmidt*, Gesellschaftsrecht, S. 27; *Großfeld*, Internationales und europäisches Unternehmensrecht, S. 39.

6 *Großfeld*, Internationales und europäisches Unternehmensrecht, S. 43 f.

7 *Dutoit*, Commentaire de la loi fédérale du 18 décembre 1987, Art. 154 Rn. 1: „théorie du siège social/de l'incorporation"; der effektive Verwaltungssitz ist nur Hilfsanknüpfung in Art. 154 II schweiz. IPR-Gesetz.

8 EuGH, Urt. v. 9. 3. 1999 - Rs. C-212/97 (Centros Ltd/Erhvervs- og Selskabsstyrelsen), EuZW 1999, 216 ff. = NJW 1999, 2027 ff.

9 *Behrens*, IPRax 1999, 323 ff. mwN.

10 *Kindler*, NJW 1999, 1993 ff. mwN.

gründeten Limited Company in das dänische Gesellschaftsregister einzutragen und dieser damit die Geschäftstätigkeit in Dänemark zu gestatten. Diese Pflicht folge unmittelbar aus der im EGV garantierten Niederlassungsfreiheit und sei nicht von einer vorangehenden Harmonisierung der nationalen Gesellschaftsrechte abhängig[11]. Einer in einem EU-Mitgliedstaat wirksam gegründeten Gesellschaft darf demnach unionsweit die Anerkennung als Rechtsperson und die Aufnahme von Geschäftstätigkeit nicht versagt werden[12]. Nicht überzeugend erscheint die Auffassung, der EuGH mache sein Urteil von der im dänischen Internationalen Gesellschaftsrecht herrschenden Gründungstheorie abhängig, wonach die Centros Ltd. trotz ihres Verwaltungssitzes in Dänemark ihrem englischen Gründungsrecht untersteht und damit grundsätzlich als bestehende englische Gesellschaft anerkannt wird[13]. Der EuGH spricht nur von den nach dem Recht eines Mitgliedstaates gegründeten Gesellschaften[14], wobei hier wenig dafür spricht, daß nicht das englische Gründungsrecht, sondern das dänische IPR gemeint sein könnte, zumal der EuGH seine Auslegung der Niederlassungsfreiheit ausdrücklich als unabhängig von den jeweiligen Anknüpfungen des nationalen IPR bezeichnet[15].

Zugleich betont der EuGH die Achtung des Gemeinschaftsrechts vor den unterschiedlichen internationalgesellschaftsrechtlichen Anknüpfungen der nationalen Rechtsordnungen[16]. Hierbei verwundert in der Tat, daß der EuGH dem z.B. deutschen Recht nicht verwehrt, eine in England gegründete Gesellschaft mit Verwaltungssitz in Deutschland durch Anknüpfung des Gesellschaftsstatuts an das Recht des effektiven Sitzes dem deutschen Gesellschaftsrecht zu unterstellen, aber gleichzeitig eine Anerkennung dieser Gesellschaft als Rechtsperson und die Gestattung ihrer Geschäftstätigkeit zu verlangen. Das deutsche Recht hat bis heute eine Anerkennung einer solchen Gesellschaft abgelehnt, was nach dem Centros-Urteil kaum so bleiben kann; auch eine Limited Company mit Verwaltungssitz in Deutschland ist nach englischem Recht als rechtsfähig anzuerkennen. Damit fragt man sich zu Recht, was die angeblich anerkannte Anknüpfung des deutschen IPR an den Verwaltungssitz noch in praxi bedeuten soll, wenn eben nicht deutsches sondern englisches Gesellschaftsrecht zur Anwendung kommen muß[17].

---

11 S. Nr. 27 und 28 der Urteilsbegründung.

12 So in kaum zu übergehender Deutlichkeit Nr. 19, 20 und 39 der Urteilsgründe sogar für den Fall der planvollen Umgehung des nationalen Rechts.

13 So aber *Kindler*, NJW 1999, 1993, 1997; ähnlich *Ebke*, JZ 1999, 656, 658; *Koenig/Braun/Capito*, EWS 1999, 410, 408 f.

14 Nr. 19 f. der Urteilsgründe.

15 Nr. 19 f. der Urteilsgründe.

16 Nr. 20 der Urteilsgründe.

17 Vgl. *Ulmer*, JZ 1999, 662 ff. zu möglichen Reaktionen im nationalen Recht und mwN.

Jedenfalls wird angesichts dieser Zweifelsfragen klar, daß auch nach dem Centros-Urteil wegen der generell gehaltenen Urteilsgründe und des sich formierenden Widerstandes keinesfalls von einer gesicherten unionsweiten Anerkennung aller in einem Mitgliedstaat gegründeten Gesellschaften die Rede sein kann, sondern ein solcher Rechtszustand wohl nur das Ergebnis weiterer Vorlagen an den EuGH[18] sein könnte. Daher ist die Frage nach dem anwendbaren Gesellschaftsstatut für die Gesellschaften nationalen Rechts nach wie vor von großer Bedeutung und die mangelnde Harmonisierung des nationalen und internationalen Gesellschaftsrechts innerhalb der EU für diese bei grenzüberschreitender Tätigkeit immer noch ein Problem; um so dringlicher ist für die kleinen und mittleren Unternehmen das Projekt der SPE, die als Gesellschaft europäischen Rechts frei von Zweifeln über das auf sie anwendbare nationale Gesellschaftsstatut und die möglichen Folgen von grenzüberschreitender Sitzverlegung oder Handeln unter falschem Recht wäre.

b) Europäische Rechtsfähigkeit der SPE

Unabhängig von den Fragen der Europarechtskonformität des nationalen Internationalen Gesellschaftsrechts ist jedenfalls eines sicher: innerhalb der EU darf nach Einführung einer supranationalen Gesellschaftsform dieser schon gemeinschaftsrechtlich die Anerkennung als rechts- und damit erbfähig nicht versagt werden; das nationale Recht hätte für diese Frage ohnehin keine Regelungskompetenz mehr. Die SPE ist jenseits der nationalen Gesellschaftsstatute schon aus europäischem Recht heraus rechtsfähig. Das Centros-Urteil ist somit für die SPE letztlich schon deshalb ohne Belang. Die Erbfähigkeit der SPE bereitet daher unionsweit keine Schwierigkeiten.

2. Die SPE als Steuerschuldnerin von Erbanfallsteuern

Fraglich ist, ob damit automatisch ihre Eigenschaft als Steuerschuldnerin von Erbanfallsteuern verbunden ist.

a) Behandlung ausländischer Gesellschaften in Deutschland

Über die Einstufung ausländischer Gesellschaften als Erwerber und daher Steuerschuldner im Sinne des § 20 I ErbStG herrscht Streit. Die Qualifikation ausländischen Gesellschaften nach Internationalem Gesellschaftsrecht ergäbe, Gesellschaften mit Sitz im Ausland dann als Erwerber zu betrachten, wenn sie nach ausländischem Recht rechtsfähig sind - andernfalls würde die Gesellschaft als transparent angesehen und bestenfalls die hinter ihr stehenden Gesellschafter

18 *BGH*, DB 2000, 1114 ff. (30.03.2000 – VII ZR 370/98), s. dazu *Walden*, EWS 2001, 256 ff. und die Vorlage des *LG Salzburg*, NZG 2001, 459 ff. S. auch *OLG Düsseldorf*, ZIP 2001, 790 f.; *OLG Hamm*, ZIP 2001, 791 ff.

könnten Erwerber im Sinne des § 20 I ErbStG sein. Dies soll im Einkommens- uns Körperschaftsteuerrecht einen Verstoß gegen den Gleichheitsgrundsatz beinhalten, da wirtschaftlich gleiche Lebenssachverhalte durch vom deutschen Recht abweichende Wertungen des ausländischen Zivilrechts eine unterschiedliche inländische Steuerfolge (Unterwerfung unter die Körperschaftsteuer oder nicht) nach sich ziehen könnten; aus diesem Grund müsse durch einen Strukturvergleich ermittelt werden, ob die ausländische Gesellschaft aus der Sicht des deutschen Zivilrechts eher einer Personengesellschaft oder einer Kapitalgesellschaft gleicht[19].

Da im Erbschaftsteuerrecht ebenfalls das Prinzip gilt, wirtschaftlich gleiche Tatbestände der gleichen Steuer zu unterwerfen, verlangt der Gleichheitsgrundsatz auch hier die Beurteilung der Subjektsqualität einer Gesellschaft ausländischen Rechts gemäß einem wirtschaftlichen Vergleich mit den Gesellschaften deutschen Rechts, die Erbschaftsteuersubjekt sind[20].

b) Die Rechtslage für die SPE

Die SPE wäre aber, unabhängig von ihrem Sitz keine Gesellschaft ausländischen Rechts, sondern eine Gesellschaft auch in Deutschland geltenden europäischen Rechts; ihre Subjektsqualität im deutschen Erbschaftsteuerrecht ergibt sich demnach aus ihrer Eigenschaft als rechts- und damit erwerbsfähig gemäß in Deutschland geltendem Recht; sie wäre ohne weiteres Erwerber im Sinne des § 20 I ErbStG, ohne daß es auf das Internationale Gesellschaftsrecht oder einen wirtschaftlichen Vergleich mit dem übrigen deutschen Zivilrecht ankäme[21].
In Deutschland wäre eine SPE als Erwerberin gemäß § 20 ErbStG jedenfalls steuerpflichtig, wenn sie ihren Sitz im Inland hätte (§ 2 I Nr. 1 lit. d ErbStG), andernfalls bei Erwerb eines der in den §§ 2 I Nr. 3 ErbStG, 121 BewG aufgeführten Vermögensgegenstände.

---

19 *Haas*, Erbschaftsteuerrecht und gesellschaftsrechtliche Nachfolge, S. 49.

20 *Haas*, aaO., S. 53.

21 Allerdings würde auch für eine im europäischen Ausland ansässige SPE selbst gemäß dem Internationalen Gesellschaftsrecht oder nach einem wirtschaftlichen Vergleich im Ergebnis nichts anderes gelten: Der Sitzstaat der SPE gibt ihr selbstredend die Rechtsfähigkeit, was nach der Auffassung, die die Erwerbereigenschaft auch im Steuerrecht nach der Rechtsfähigkeit gemäß IPR beantwortet, maßgeblich wäre, und bei einem wirtschaftlichen Vergleich mit einer deutschen SPE müßte wegen der weitgehenden Identität der Struktur beider Gesellschaften die ausländische SPE genauso behandelt werden wie die deutsche SPE und wäre damit ebenfalls Subjekt der Erbschaftsteuer.

3. Die Erbschaftsbesteuerung der Anteile an einer SPE

Praktisch wichtiger, besonders im Hinblick auf die Attraktivität der SPE als Form unternehmerischen Handelns, ist ihre Unterwerfung unter die nationalen Erbschaftssteuern, ihre Behandlung, wenn sie zum Objekt von Erbschaftsteuern wird. Auch im Erbschaftsteuerrecht gilt, wie im materiellen Erbrecht selbst:

Die Eigenschaft der SPE als Vermögensgut europäischen Rechts, als europäische supranationale Gesellschaft bedeutet für die Anwendung des nationalen Rechts auf den ihm verbleibenden Regelungsgebieten zunächst gar nichts. Ein Anteil an der europäischen SPE ist genauso zur Besteuerung nach den nationalen Erbschaftsteuern heranzuziehen wie ein Anteil an einer Kapitalgesellschaft nationalen Rechts. Eine Besonderheit der SPE ist auch im Erbschaftsteuerrecht ihre Problemanfälligkeit wegen der hier typischerweise gegebenen Internationalität des Gesellschafterbestandes. Dabei geht es nicht um die Erbschaftsteuerpflichtigkeit des Erwerbes von SPE-Anteilen im allgemeinen; eine Privilegierung supranationaler Rechtsformen bei der Steuerpflicht als solcher wäre nicht gerechtfertigt, müßte wettbewerbsverzerrend wirken und könnte eine unsachgemäß motivierte Flucht aus den nationalen Gesellschaftsrechten hervorrufen. Befürchtungen, deren Erosion könnte die Folge der Einführung der SPE sein, stellen aber gerade eines der schwerwiegendsten Hindernisse für die Verwirklichung dieses Vorhabens dar; ihnen darf auch auf steuerrechtlichem Gebiet keine Nahrung gegeben werden.

4. Doppelbesteuerung als erbschaftsteuerlicher Nachteil bei der Versteuerung von SPE – Anteilen

Im Gegenteil droht der SPE jedoch wegen der Internationalität ihres Gesellschafterbestandes ein schwerer erbschaftsteuerlicher Nachteil: Sie ist eher als rein nationale Gesellschaften der Gefahr der Doppelbesteuerung ausgesetzt; genauer formuliert läuft ein Nachlaß, dem ein SPE-Anteil angehört, oder ein Erbe, der einen solchen von Todes wegen erwirbt, wegen der Internationalität der SPE in viel größerem Ausmaß Gefahr, in mehreren EU-Staaten zur Besteuerung nach den jeweiligen Erbschaftsteuern herangezogen zu werden als ein Nachlaß oder Erbe, bei dem dies nicht der Fall ist.

Die Gefahr nähert sich auf zwei Wegen:

Einem internationalsteuerrechtlichen und einem internationalprivatrechtlichen. Der erste folgt aus der mangelnden Abstimmung der Reichweite der Besteuerung in den verschiedenen Rechtsordnungen allgemein; denn die Gesellschafter der SPE und ihre Erben werden aufgrund ihrer Bindungen an verschiedene Staaten der EU sehr leicht unter die subjektiven Anknüpfungsmerkmale des jeweiligen Erbschaftsteuerrechts mehrerer Staaten fallen, ohne daß dies durch Doppelbesteuerungsabkommen oder Anrechnungsbestimmungen ausreichend kompensiert würde[22]; der zweite aus dem Rückgriff des Erbschaftsteuerrechts auf das Internationale Privatrecht zur Ermittlung der Steuerbemessungsgrundlage. Auf diese Weise werden die diskutierten positiven Kompetenzkonflikte auf dem Gebiet des internationalen Erbrechts zu positiven Kompetenzkonflikten auf dem Gebiet der Erbschaftsbesteuerung.

22 S. dazu *Flick/Piltz*, Der Internationale Erbfall, Rn. 1342 ff.

II. Internationalprivatrechtlich verursachte wirtschaftliche Doppelbesteuerung

1. Privatrecht als Grundlage der erbschaftsteuerlichen Bereicherung

Internationalprivatrechtlich verursachte Doppelbesteuerung kann deshalb auftauchen, weil im Erbschaftsteuerrecht ein zivilrechtlicher Vorgang der Vermögensübertragung die Grundlage der Besteuerung bildet[23]. In Deutschland wird mit der Erbschaftsteuer eine an der Bereicherung des Erben orientierte Erbanfallsteuer erhoben (s.§ 10 I, 1 ErbStG)[24]. Hier sollen nur die Fälle interessieren, in denen der Erwerb von Todes wegen zur Steuerpflichtigkeit führt (§ 1 I, 1 Nr. 1 und § 3 ErbStG). Ob überhaupt ein solcher Erwerb vorliegt, den das Steuerrecht aufgrund eigener Anknüpfungspunkte möglicherweise besteuert, bestimmt das Zivilrecht.

a) Maßgeblichkeit des IPR

Stirbt der Erblasser, so ist zunächst gemäß Art. 25 EGBGB das Erbstatut zu ermitteln. Nur dieses bestimmt, ob der Erwerber einen Vermögensgegenstand erlangt hat[25]. Jeder persönlich Erbschaftsteuerpflichtige, der nach diesen Regeln zivilrechtlich etwas erlangt hat und dadurch bereichert ist, muß in Deutschland die ihm vom deutschen Recht zugesprochene Vermögensmehrung versteuern.

b) Besteuerung des Fremdrechtserwerbs

Dabei ist es ohne Belang, ob sich sein Erwerb in den Bahnen der in § 3 ErbStG aufgezählten Mechanismen des deutschen materiellen Erbrechts bewegt oder ob gemäß Art. 25 EGBGB wegen der ausländischen Staatsangehörigkeit des Erblassers ausländisches Zivilrecht den Erbgang regiert. Dies kann deshalb häufig vorkommen, weil die Anknüpfungsmerkmale des IPR, die zur Geltung des deutschen materiellen Erbrechts führen (deutsche Staatsangehörigkeit des Erblassers, Rechtswahl) mit den Anknüpfungspunkten der deutschen Erbschaftssteuer-

---

23 §§ 1, 3 ErbStG; s. *Albrecht*, Die steuerliche Behandlung deutsch-englischer Erbfälle, S. 277.

24 St. Rspr. seit *BFH* 65, 562, 564; *Crezelius*, Erbschaft- und Schenkungsteuer in zivilrechtlicher Sicht, S. 27.

25 *Real*, RIW 1996, 54, 56; *Meincke*, ErbStG, § 3 Rn. 30; *Schaumburg*, Internationales Steuerrecht, S. 230; *Crezelius*, Erbschaft- und Schenkungsteuer in zivilrechtlicher Sicht, S. 30 ff.; *Fischer*, BB 1984, 1033.

pflicht (in erster Linie Wohnsitz des Erblassers oder Erben und die Belegenheit gewisser Vermögensgegenstände, s. § 2 ErbStG) nicht übereinstimmen.

Die ganz h.M. unterstellt auch den Fremdrechtserwerb persönlich Steuerpflichtiger der Besteuerung nach dem ErbStG[26], sofern der Rechtsvorgang nach ausländischem Recht strukturell den Vorgängen des deutschen Zivilrechts aus § 3 ErbStG entspricht[27]. Gleicht der Auslandserwerb keinem der in § 3 ErbStG aufgezählten Rechtsinstitute, so ist durch einen ökonomischen Vergleich zu ermitteln, ob eine dem deutschen Erbrecht wirtschaftlich entsprechende Bereicherung vorliegt[28]. Gegen dieses Vorgehen sind Bedenken erhoben worden[29], die sich nicht durchgesetzt haben. Welchen Erwerb ein Steuerpflichtiger in Deutschland zu versteuern hat, hängt demnach von seiner Bereicherung nach deutschem (Internationalen) Privatrecht ab[30].

2. Konsequenz „hinkender Erwerbe"

a) Wirtschaftliche Doppelbesteuerung

Eine Doppelbesteuerungsgefahr ergibt sich aus diesem Umstand zwar nicht dergestalt, daß ein Steuerpflichtiger persönlich zweimal zur Versteuerung ein und desselben Vermögensgegenstandes herangezogen wird - doch besteht die Gefahr, daß er einen Erwerb versteuern muß, der nach deutschem Recht zwar angefallen ist, nach ausländischem Recht aber nicht, oder zumindest nicht in der vom deutschen Recht festgelegten Höhe.

---

26 St. Rspr. seit *BFH* BStBl. 1972 II, S. 462; *Meincke*, ErbStG, § 3 Rn. 30; *Albrecht*, Die steuerliche Behandlung deutsch-englischer Erbfälle, S. 277 ff.; *Schindhelm*, ZEV 1997, 8, 12.

27 Näher: *Haas*, Erbschaftsteuerrecht und gesellschaftsrechtliche Nachfolge, S. 42-46.

28 *BFH*, BStBl. II 1972, S. 462; *Geck*, ZEV 1995, 249, 250.

29 *Crezelius*, Erbschaft- und Schenkungsteuer in zivilrechtlicher Sicht, S. 62 ff., der auf einen streng zivilrechtlichen Rechtsvergleich der ausländischen Rechtsinstitute mit den in § 3 ErbStG aufgezählten deutschen Rechtsinstituten hinauswill, diese bei Übereinstimmung allerdings ebenfalls der deutschen Erbschaftsteuer unterwerfen möchte, hält die wirtschaftliche Betrachtungsweise des *BFH* für einen Verstoß gegen das Prinzip der Tatbestandsmäßigkeit der Besteuerung (Art. 20 III GG).

30 *Vogel*, Doppelbesteuerungsabkommen, Einl. Rn. 25; sehr interessant zum Zusammenspiel von IPR und ErbStG bei der Anwendung von § 5 I ErbStG in Fällen mit Auslandsberührung (fiktiver Zugewinnausgleich): *von Oertzen*, ZEV 1994, 93 ff., der allerdings den Fall eines positiven Kompetenzkonflikts zweier Internationalprivatrechte nicht behandelt, was seinen Grund darin hat, daß er nur die Situation aus der Sicht des deutschen Steuerrechts beschreibt, für welches auch dort nur das deutsche IPR maßgeblich ist.

Darin liegt ein Element der Doppelbesteuerung, weil die ausländische Rechtsordnung sich womöglich nicht mit der abweichenden Beurteilung des Erbgangs begnügen wird, sondern die von ihr Begünstigten ebenfalls zur Erbschaftsteuer heranziehen wird. Damit muß zwar nicht ein Steuerpflichtiger denselben Vermögensgegenstand zweimal versteuern, aber derselbe Vermögensgegenstand muß jeweils von zwei Steuerpflichtigen versteuert werden.

b) Belastung ohne Bereicherung

Wenn ein Steuerpflichtiger auf der Grundlage eines im Ausland nicht anerkannten Erwerbes zur Erbschaftsteuer herangezogen wird, so ist damit noch nicht gesagt, daß er auch dort steuerliche Schwierigkeiten hat: Er ist nach ausländischem Recht überhaupt nicht Erbe und damit nicht steuerpflichtig. Er könnte aber im Inland Vermögen versteuern müssen, das er nicht effektiv in Besitz nehmen kann, da es im Ausland belegen ist und er dort nicht als der Berechtigte angesehen wird. Jenseits der möglichen wirtschaftlichen Doppelbesteuerung eines Vermögensguts liegt hierin jedenfalls eine Belastung ohne rechtfertigende Bereicherung.

3. Besteuerung des Fremdrechtserwerbs als Ursache wirtschaftlicher Doppelbesteuerung ?

Die Subsumtion ausländischer Zivilrechtstatbestände als unter eine inländische Erbschaftsteuernorm fallend[31], ist für die Gefahr wirtschaftlicher Doppelbesteuerung nicht verantwortlich; solange alle Rechtsordnungen, die den Erwerb von Todes wegen besteuern wollen, über die Frage, ob ein Erwerb stattgefunden hat, einig sind, besteht das beschriebene Problem nicht. Diese Einigkeit kann, außer im Fall zufällig übereinstimmenden materiellen Erbrechts, aber nur im Fall des

31 Dies soll ein Problem der Qualifikation des internationalen Steuerrechts sein (*BFH* 71, 360, 361). Diese Terminologie ist irreführend, weil es sich hier nicht wie bei der Qualifikation im IPR um die Frage handelt, ob ein Sachverhalt unter den Tatbestand einer Kollisionsnorm fällt, oder, weiter gefaßt, um die Frage, gemäß welchem Recht ein Tatbestandmerkmal einer Norm auszulegen ist (s. *Kropholler*, IPR, S. 109-111).
Hier geht es schlicht um die Auslegung einer Norm des deutschen Öffentlichen Rechts; daß diese Auslegung aus der Norm selbst heraus und damit nach deutschem Recht vorgenommen werden muß, steht nicht in Zweifel - zweifelhaft ist nur, ob das deutsche Steuerrecht z.B. mit dem Begriff „Erwerb von Todes wegen" auch Vorgänge nach ausländischem Recht meint. Keineswegs ist zweifelhaft, ob man nicht den Begriff „Erwerb von Todes wegen" im Sinne ausländischen Rechts begreifen soll; nicht was das ausländische Recht zu diesem Begriff meint, ist von Bedeutung, sondern wie weit das deutsche Steuerrecht ihn autonom faßt. S. auch *Albrecht*, Die steuerliche Behandlung deutsch-englischer Erbfälle, S. 278.

internationalen Entscheidungseinklangs bzgl. des anzuwendenden Erbrechts auftreten; dann muß naturgemäß eine der beteiligten Rechtsordnungen ausländisches materielles Erbrecht anwenden.

4. Erbschaftsteuerliche Maßgeblichkeit der Rechtsinstitute des Zivilrechts als Ursache wirtschaftlicher Doppelbesteuerung ?

Die Ursache der Besteuerung eines dem Steuerpflichtigen nach ausländischem Recht nicht zustehenden Gegenstandes liegt auch nicht in der Maßgeblichkeit der Rechtsinstitute des deutschen Zivilrechts für das deutsche Erbschaftssteuerrecht (s. §§ 1 I, Nr. 1, und 3 ErbStG); dies ergibt sich aus einem Vergleich des deutschen mit dem englischen Erbschaftsteuerrecht:

Jedes nationale Erbschaftsteuerrecht ist auf die Feststellung eines steuerpflichtigen Erwerbes oder Vermögenssüberganges angewiesen; zwei Fragen sind hierbei zu beantworten: Zunächst der Umfang des Nachlasses, also die Bestimmung der Zuordnung von Vermögensgegenständen zum Vermögen des Erblassers und ihre prinzipielle Unterwerfung unter eine Erbschaftsteuer, und im weiteren die Verteilung unter die Begünstigten. Für die Erbanfallsteuer ist der letzte Punkt die Grundlage für die persönliche Steuerpflichtigkeit der Erwerber (s. § 10 I, 1 ErbStG für Deutschland). Mit der Feststellung der auf den Einzelnen entfallenden Bereicherung unauflöslich verbunden ist die Feststellung des Nachlaßumfangs, besonders bei der Nachfolge in das Vermögen des Erblassers nach Quoten. Doch auch für die Nachlaßsteuer ist nicht nur der Nachlaßumfang, sondern auch die Ermittlung der Erwerber und ihrer Bereicherung von großer Bedeutung, da im Zweifel die Erwerber die Steuer im Verhältnis ihrer Empfänge zu tragen haben[32]. Zur Ermittlung der verschiedenen Vermögensmassen (steuerlich relevanter Nachlaß und steuerlich relevante jeweilige Bereicherung) stehen dem Erbschaftsteuerrecht grundsätzlich zwei Möglichkeiten zur Verfügung:

Entweder es schafft sich eine eigene Begrifflichkeit, oder es greift für die Bildung seiner Tatbestände auf das Rechtsgebiet zurück, das für die Feststellung von Vermögenszuordnung üblicherweise zuständig ist: das nationale Zivilrecht unter Einschluß des nationalen IPR. Allein findet weder die eine noch die andere Methode Anwendung.

---

32 Für die USA s. *Laubrock*, Nachlaß und Erbschaft in den USA, S. 20; vgl. *Schoenblum*, Multinational and Multistate Estate Planning, II. Band zu den verschiedenen Besteuerungsarten.

a) Das deutsche Modell

Das deutsche Modell der Anlehnung des Erbschaftsteuerrechts an das nationale Zivilrecht findet wie beschrieben seine Grenze bereits in der konsequenten Anwendung des eigenen IPR:

aa) § 3 ErbStG als Grundlage der Maßgeblichkeit der Rechtsinstitute des Zivilrechts für die Erbschaftsbesteuerung

Die Geltung ausländischen Zivilrechts für die Rechtsnachfolge von Todes wegen führt dazu, daß die Tatbestände des deutschen materiellen Rechts aus § 3 ErbStG von ihrem Wortlaut her nicht mehr unmittelbar greifen. Ausländisches Zivilrecht wird trotzdem als Grundlage der Besteuerung in Deutschland herangezogen; und weil es nicht möglich ist, alle vorstellbaren ausländischen Rechtsinstitute durch Aufzählung zu erfassen, erweitert man den von den deutschen Rechtsvorgängen des § 3 ErbStG erfaßten Bereich durch wirtschaftlichen Vergleich mit der Funktion ausländischer Rechtsvorgänge[33]. Der steuerlich relevante Nachlaß ergibt sich demnach zwar aus der Feststellung des zivilrechtlichen Vermögensüberganges, solange inländisches Zivilrecht in Rede steht; bei Rechtsnachfolge von Todes wegen gemäß ausländischem Recht zählt § 3 ErbStG jedoch nicht einfach Tatbestände des Zivilrechts auf, an welche die Steuerpflicht anknüpft, sondern § 3 ErbStG benennt bestimmte zivilrechtliche Vorgänge als Tatbestandsmerkmale, deren Inhalt nicht zivilrechtlich zu bestimmen ist, sondern wirtschaftlich oder funktional im Sinne der Ratio des Steuerrechts.

bb) Autonomie der Begriffsbildung im deutschen Erbschaftsteuerrecht

Das ErbStG verwendet also z.B. in § 3 I, Nr. 1, 1. Var. ErbStG mit dem Tatbestandsmerkmal „Erwerb durch Erbanfall (§ 1922 des BGB)“ das Zivilrecht zur Begriffsbildung; doch zumindest im Fall der Anwendung dieses Tatbestandes auf ausländisches Zivilrecht ist diese Begriffsbildung autonom. An anderer Stelle folgt das Erbschaftssteuerrecht noch offensichtlicher dem Prinzip eigener Begriffsbildung.

So werden in § 13 ErbStG gewisse Gegenstände vom steuerlich relevanten Erwerb ausgenommen; diese Ausnahmen folgen aus erbschaftsteuerlichen Wertungen, und sind nur teilweise dem Zivilrecht entlehnt („Wertpapier“ und „Grundbesitz“ mögen noch zivilrechtlich bestimmte oder bestimmbare Begriffe sein; „Wäsche“, „Edelsteine“ und „Bibliotheken..., der Volksbildung nutzbar

33 Sei es im Wege der Auslegung oder der Analogie; s. *Crezelius*, Erbschaft- und Schenkungsteuer in zivilrechtlicher Sicht, S. 59 ff.; *Albrecht*, Die steuerliche Behandlung deutsch-englischer Erbfälle, S. 278 ff. (bes. S. 281).

gemacht..." sind in diesem Zusammenhang dagegen rein steuerrechtliche Begriffe). Die Tatbestände des deutschen Erbschaftsteuerrechts folgen demnach bei der Festlegung des steuerlich relevanten Erwerbes nur für die Feststellung des die Steuerpflichtigkeit auslösenden Erwerbstatbestandes dem Zivilrecht, und das auch nur, wenn es um Erwerbsvorgänge geht, die deutschem Zivilrecht unterstehen. Sonst ist es in Begriffsbildung und -auslegung weitgehend autonom[34].

b) Das englische Modell

Das englische Erbschaftsteuerrecht, das mit der Besteuerung eines jeden „chargeable transfer"[35] eine vom Zivilrecht weitgehend losgelöste Begrifflichkeit aufweist und daher nicht das Problem hat, ausländische Rechtsinstitute durch (wirtschaftlichen) Vergleich mit dem inländischen Zivilrecht unter seine Tatbestände subsumieren zu müssen, ist aber so wenig vom Zivilrecht unabhängig, wie das deutsche ErbStG von der Notwendigkeit autonomer Begriffsbildung befreit ist. Es legt zwar unabhängig vom zivilrechtlichen Weg der Vermögensübertragung diejenigen wirtschaftlichen Erfolge fest, welche eine Steuerpflicht zur Folge haben; doch kann es nicht umhin, zur Feststellung eines solchen Erfolges den zivilrechtlichen Weg dorthin zu überprüfen. Liegt ein Erwerb nach englischem (internationalen) Privatrecht vor, so ist er auch „chargeable" im Sinne des „Inheritance Tax Act"[36].

Hält demnach das englische IPR englisches Erbrecht für einschlägig, so wird der nach diesem Recht festgestellte Vorgang der Vermögensübertragung unter die Normen des englischen Erbschaftsteuerrechts subsumiert[37]; der Umstand, daß nach ausländischem Recht dieser Erwerb womöglich gar nicht stattgefunden hat, ist nicht von Belang. Die internationalprivatrechtliche Kollision bzgl. des Erbrechtes kann demnach aus der Perspektive des englischen Rechts genauso auftreten wie aus deutscher Sicht. Entscheidend ist, daß ein Erbschaftsteuerrecht gar nicht anders kann, als auf zivilrechtliche Vorgänge abzustellen, sei es direkt durch Übernahme zivilrechtlicher Begriffe in die eigenen Tatbestände oder durch Formulierung eigener Begriffe, die eine Vielzahl zivilrechtlicher Vorgänge abdecken. Der zivilrechtliche Vorgang der Rechtsnachfolge von Todes wegen gehört in den Kernbereich der von Erbschaftsteuern betroffenen Vermögensübertragungen - wenn er für das (Internationale) Privatrecht der Rechtsordnung, die besteuert, eingetreten ist, so fällt er auch unter den Tatbestand des Steuergesetzes.

34 *Haas*, Erbschaftsteuerrecht und zivilrechtliche Nachfolge, S. 50, 56.
35 *Albrecht*, Die steuerliche Behandlung deutsch-englischer Erbfälle, S. 11.
36 *Albrecht*, aaO., S. 265.
37 *Albrecht*, aaO., S. 265 f.

5. Keine Abhilfe durch Doppelbesteuerungsabkommen

Doppelbesteuerungsabkommen betreffen nicht den Fall, daß verschiedene Rechtsordnungen schon den Umstand, ob überhaupt ein Erwerb stattgefunden hat, unterschiedlich beurteilen. Sie regeln die an Erblasser und Erben oder der Belegenheit des Vermögens festmachenden Anknüpfungspunkte zur Ermittlung der persönlichen Steuerpflicht, um zu verhindern, daß derselbe Erwerb einer Person in beiden Vertragsstaaten versteuert werden muß[38]. Dabei beschränken sie sich auf die Fälle, in denen sich Erblasser, Erbe und der Nachlaß in den Vertragsstaaten befinden.

6. Keine Abhilfe durch Anrechnungsbestimmungen

Neben Doppelbesteuerungsabkommen gibt es einen weiteren Mechanismus, um Doppelbesteuerung zu vermeiden. Die meisten Rechtsordnungen sehen die Möglichkeit vor, die im Ausland auf dort belegene Gegenstände gezahlte Erbschaftsteuer auf die inländische Erbschaftsteuer anzurechnen[39].

Auch dieser Mechanismus hilft dem beschriebenen Steuerpflichtigen, der einen nicht realisierbaren Erwerb im Inland versteuern muß, naturgemäß nicht, da es für ihn persönlich nicht um eine doppelte, sondern um eine nicht durch seine Bereicherung gerechtfertigte Belastung geht. In Deutschland regelt § 21 ErbStG die Anrechnung ausländischer Erbschaftsteuer[40]. Voraussetzung einer Anrechnung von im Ausland gezahlter Erbschaftsteuer ist zumeist die unbeschränkte Steuerpflichtigkeit mit dem Weltvermögen im Inland, die Gleichartigkeit der gezahlten Steuer und ihre ungefähr zeitgleiche Erhebung. Außerdem wird nur die auf das vom inländischen Recht als Auslandsvermögen anerkannte Vermögen zu entrichtende Steuer als abzugsfähig angesehen, begrenzt durch die Höhe der im Inland auf diesen Vermögensgegenstand zu entrichtenden Steuer[41].

---

38 *Wacker*, Steuerberaterkongreßreport 1989, 439, 452.

39 *Schindhelm*, ZEV 1997, 8, 13; für die EU s. *Troll*, ErbStG-*Jülicher* , § 21 Rn. 93 (Belgien); Rn. 100 (Frankreich); Rn. 101 (Griechenland); Rn. 102 (Großbritannien); Rn. 103 (Irland); Rn. 106 (Italien); Rn. 115 (Luxemburg); Rn. 119 (Niederlande); Rn. 130 (Spanien).

40 Dazu *Jülicher*, ZEV 1996, 295 ff.; *Piltz*, ZEV 1997, 494 f.; *Dißars/Dißars*, RIW 1996, 144 ff.

41 *Meincke*, ErbStG, § 21 Rn. 5; *Fischer*, BB 1984, 1033; 1035 für Deutschland; *Troll*, ErbStG-*Jülicher*, § 21 aaO. für die Länder der EU.

7. Beispielsfall

a) Sachverhalt

Für den Fall der internationalprivatrechtlichen Kollision sind diese Anrechnungsvorschriften weitgehend unergiebig, wie das folgende Beispiel zeigt:

Angenommen, A erbt in Frankreich belegenes Vermögen zu 50 % nach französischem Recht; in Deutschland, wo er ebenfalls unbeschränkt erbschaftsteuerpflichtig ist, erbt er nach deutschem Recht zu 75 %. Ein deutsch-französisches Doppelbesteuerungsabkommen gibt es (noch[42]) nicht; daher stellt sich zunächst die Frage der Doppelbesteuerung in ihrer klassischen Form (zweimalige Unterwerfung desselben Erwerbes eines Steuerpflichtigen unter die Erbschaftsteuer in zwei Staaten).

b) Anrechnung

Unterstellt, die Erbschaft bestünde ausschließlich aus in Frankreich belegenem Vermögen, das von Deutschland als Auslandsvermögen anerkannt wird[43], so könnte der A die in Frankreich erhobene Erbschaftsteuer grundsätzlich auf die in Deutschland fällige Erbschaftsteuer anrechnen[44]. Diese Anrechnung ist jedoch nur für die auf das in Frankreich belegene und steuerpflichtige Vermögen (50 % des Nachlasses) entfallende deutsche Erbschaftsteuer möglich. Für diese 50 % wird der A demnach in Deutschland keine Erbschaftsteuer zu entrichten haben, da die Belastung durch die französische Steuer durchweg bedeutend höher ist als durch die deutsche Steuer[45]. Die 25 % des Nachlasses, die ihm das deutsche (internationale) Privatrecht zuspricht, sind dagegen in Deutschland zu versteuern, und zwar mit dem sich aus der Gesamtsumme in Höhe von 75 % des Nachlasses ergebenden Steuersatz. Der Umstand, daß auf die ersten 50 % des Nachlasses in Frankreich eine deutlich höhere Steuer als in Deutschland zu entrichten war, bleibt unbeachtet, was allerdings für sich genommen der Logik einseitiger Anrechnung entspricht.

---

42 Verhandlungen sind im Gange, s. *Troll*, ErbStG-*Jülicher*, § 21 Rn. 59.

43 Gemäß §§ 21 I, S. 1, II und 2 I, Nr. 1, ErbStG, § 121 BewG.

44 Eine Anrechnung der in Deutschland erhobenen Steuer in Frankreich kommt nicht in Betracht, da es sich bei dem Nachlaß aus französischer Sicht ausschließlich um Inlandsvermögen handelt, vgl. *Troll*, ErbStG-*Jülicher*, § 21 Rn. 100 aE.

45 *Troll*, ErbStG-*Jülicher*, § 21 Rn. 100 (dies ergibt sich aus geringeren Freibeträgen und deutlich höheren Steuersätzen).

c) Ergebnis

Der internationalerbrechtlichen Kollision ist dagegen die Belastung des A mit einer Erbschaftsteuer auf die 25 % des Nachlasses in Deutschland geschuldet, die er in Frankreich kaum wird in Besitz nehmen können, da sie ihm nach dortigem Recht nicht zustehen. Faktisch wird A also trotz § 21 ErbStG ein Opfer von Doppelbesteuerung:

Er muß aus dem ihn effektiv bereichernden Nachlaß (50 %) sowohl die an diesem Erwerb festmachende Belastung mit französischer Erbschaftsteuer tragen, als auch diejenige mit deutscher Erbschaftsteuer, die sich auf den nichteffektiven zusätzlichen Erwerb nach deutschem IPR bezieht[46].

46 Ein Anspruch auf Billigkeitserlaß gemäß § 163 AO wird kaum mit Aussicht auf Erfolg geltend gemacht werden können, da er schon bei feststehender internationaler Doppelbesteuerung nicht begründet ist; wieviel geringer sind dann die Aussichten bei ungewisser Nichtdurchsetzbarkeit des Erbrechts im Ausland ? s. *Piltz*, ZEV 1997, 494.

III. Die Gefahr juristischer Doppelbesteuerung der Anteile an einer SPE

Jenseits der sich aus den internationalerbrechtlichen Kollisionen ergebenden Risiken müssen die SPE-Gesellschafter und ihre Erben auch derjenigen Doppelbesteuerungsgefahr gewärtig sein, welche die mangelnde Abstimmung des internationalen Erbschaftsteuerrechts der EU-Staaten mit sich bringt. Hierbei handelt es sich um die „klassische" doppelte Versteuerung eines Vermögens durch einen Erwerber[47].

1. Gleichheit der Anknüpfungsmomente im Internationalen Erbschaftsteuerrecht als Ursache von Doppelbesteuerung

Ursachen der Doppelbesteuerung sind das Zusammentreffen subjektiver Anknüpfungmomente wie Wohnsitz und Staatsangehörigkeit des Erben oder Erblassers und die zusätzliche Inanspruchnahme von Vermögen nach dem Belegenheitsprinzip; die Anknüpfungsmomente des internationalen Erbschaftsteuerrechts sind denjenigen des internationalen Erbrechts sehr ähnlich; dennoch herrscht in Europa im zuerst genannten Rechtsgebiet eine größere Einheitlichkeit der Anknüpfung als im letztgenannten. Dies führt aber wegen der Weite der eine Steuerpflicht nach sich ziehenden Tatbestände nicht zu einer Verringerung der Kollisionsfälle, sondern zu ihrer Zunahme. So liegt die hohe Wahrscheinlichkeit einer Doppelbesteuerung in den Fällen, in denen sowohl der Wohnsitz des Erblassers als auch derjenige des Erben eine Steuerpflicht nach sich zieht, oder wenn neben diesen Momenten auch noch der Belegenheit eines Vermögensgegenstandes eine solche Qualität zugemessen wird, klar zu Tage[48].

2. Das deutsche System

In Deutschland richtet sich die persönliche Erbschaftsteuerpflicht nach § 2 I ErbStG. Eine Analyse dieser Vorschrift ergibt, daß, so zurückhaltend die Be-

---

47 *Wilke*, Lehrbuch des internationalen Steuerrechts, S. 32 Rn. 22: Internationale Doppelbesteuerung liegt vor, wenn konkurrierende, gleichartige Steueransprüche zweier Staaten bei Identität von Steuerschuldner und Besteuerungstatbestand gegeben sind. S. auch *Vogel*, Doppelbesteuerungsabkommen, Einl. Rn. 01; *Albrecht*, die steuerliche Behandlung deutsch-englischer Erbfälle, S. 325.

48 *Schindhelm*, ZEV 1997, 8, 12, für die USA vgl. *Schoenblum*, Multinational and Multistate Estate Planning, II. Band, S. 15 ff., 110 ff., 119 ff.

steuerung im Vergleich zu den meist sehr hohen Steuersätzen der europäischen Nachbarn ist, das deutsche Erbschaftsteuerrecht in seiner Reichweite ein Vorbild für überdurchschnittlichen Erfassungseifer darstellt:

Unbeschränkte Steuerpflicht mit dem Weltvermögen zieht der Wohnsitz oder ständige Aufenthalt des Erblassers oder des Erben in Deutschland nach sich, bei deutschen Staatsbürgern mit fünfjähriger Nachwirkung[49]. Das deutsche Erbschaftsteuerrecht folgt demnach in erster Linie dem Wohnsitzprinzip[50] und nur zur Vermeidung einer Steuerumgehung durch kurzfristige Wohnsitzverlegung dem Staatsangehörigkeitsprinzip.

a) Belegenheitsprinzip im deutschen Internationalen Erbschaftsteuerrecht

aa) Beschränkte Erbschaftsteuerpflicht

Außerdem ist die Belegenheit bestimmter Vermögensgegenstände Anknüpfungsmoment für eine auf dieses Vermögen (das sogenannte „Inlandsvermögen", welches nicht mit dem im Inland befindlichen Vermögen gleichgesetzt werden darf) beschränkte Steuerpflicht (§ 2 I Nr. 3, S. 1 ErbStG und § 121 BewG). Besonderer Nachteil dieser „beschränkten Erbschaftsteuerpflicht" ist die für alle Steuerklassen einheitliche Beschränkung des Freibetrags auf 1.100,- Euro (§§ 16 II, 2 I Nr. 3 ErbStG).

Zum allein durch seine Belegenheit im Inland steuerpflichtigen Vermögen gehören neben inländischem Grundbesitz und Rechten an diesem auch das inländische Betriebsvermögen (§ 121 Nr. 3 BewG).

bb) Konsequenzen für die SPE

Diese Vermögensgegenstände werden zwar häufig zum Vermögen einer SPE gehören, da es aber in diesem Zusammenhang nur auf das Vermögen des SPE-Gesellschafters (Erblassers) ankommt, kann ihr Vorhandensein im Vermögen der SPE keine beschränkte Steuerpflicht auslösen. Wesentlich ist dagegen § 121 Nr. 4 BewG, der Beteiligungen an inländischen Kapitalgesellschaften, sofern sie

49 *Wacker*, Steuerberaterkongreßreport 1989, 439, 450; *Geck*, ZEV 1995, 249, 250 f.; vgl. § 2 I Nr. 1 b ErbStG. Bei Wegzug eines Erblassers in ein Niedrigsteuergebiet beläuft sich die Nachwirkungsfrist bei Aufrechterhaltung wesentlicher wirtschaftlicher Interessen im Inland sogar auf zehn Jahre; versteuert werden muß das sogenannte „erweiterte Inlandsvermögen" (erweiterte beschränkte Erbschaftsteuerpflicht) gem. §§ 3, 4 AStG, das weitgehend dem Gesamtvermögen unter Abzug des Auslandsvermögens (verstanden als die im Ausland befindlichen Vermögensgüter des § 121 BewG) entspricht.

50 *Schaumburg*, Internationales Steuerrecht, S. 227.

mindestens 10 % ausmachen, zu Inlandvermögen im Sinne des Erbschaftsteuerrechts macht. Für die SPE bedeutet dies:

Sind weder Erblasser (SPE-Gesellschafter) noch Erbe Inländer im Sinne des § 2 Nr. 1 ErbStG, so kann der SPE-Anteil dennoch der deutschen Erbschaftsteuer unterworfen sein, wenn der Erblasser mit mindestens 10 % Kapitalanteil an einer in Deutschland ansässigen SPE beteiligt ist. Da die SPE in erster Linie für die Kooperation kleiner und mittlerer Unternehmen gedacht ist, die häufig in der Hand einer oder doch einiger weniger Personen sind, wird diese Schwelle von vielen SPE-Gesellschaftern überschritten werden, zumal zur Ermittlung des gehaltenen Anteils die Beteiligungen des Erblassers und ihm nahestehender Personen im Sinne des § 1 II AStG zusammengerechnet werden (§ 121 Nr. 4 BewG)[51].

b) Doppelbesteuerung als Konsequenz der Anknüpfungsmomente des deutschen Internationalen Erbschaftsteuerrechts

Damit ist für die Gesellschafter der SPE im deutschen Erbschaftsteuerrecht der Boden für eine klassische Doppelbesteuerungslage bereitet: Unabhängig von persönlichen Anknüpfungspunkten wird ein Anteil an einer SPE mit Sitz in Deutschland zumeist der deutschen Erbschaftsteuer unterworfen werden, und die Beteiligungen an einer SPE im europäischen Ausland wird immer dann zu versteuern sein, wenn Erblasser oder Erbe Steuerinländer (Wohnsitz oder ständiger Aufenthalt im Inland mit den genannten Erweiterungen) sind.

Teilt ein anderer Staat diese Anknüpfungspunkte, so ist kaum mehr ein Fall denkbar, in dem die Beteiligung eines Bewohners eines der beiden Staaten an einer SPE mit Sitz im jeweils anderen Staat nicht der Doppelbesteuerung unterliegt. Auch die Zwischenschaltung einer ausländischen Kapitalgesellschaft würde an der Steuerpflichtigkeit nichts ändern, da über § 121 Nr. 4 BewG auch die mittelbare Beteiligung an einer inländischen Kapitalgesellschaft erfaßt wird[52]. Allerdings böte im Falle perfekter Spiegelung der Erbschaftsteuersysteme § 21 ErbStG Schutz, denn er erlaubt jedenfalls die Anrechnung von auf Auslandsvermögen, verstanden als die im Ausland belegenen Vermögensgüter des § 121 BewG, entfallenden Steuern auf die im Inland fällige Steuer (§ 21 II Nr. 1 ErbStG), wenn der Erwerber unbeschränkt steuerpflichtig ist. Demnach könnte jeder unbeschränkt Steuerpflichtige seine durch den SPE-Anteil verursachte Steuerlast auf die höhere der beiden fälligen Steuern beschränken. Doch in der

51 *Rössler/Troll*, BewG, § 121 Rn. 28.
52 *Rössler/Troll*, BewG, § 121 Rn. 25 f.

Realität sind die Anknüpfungsmomente der europäischen Erbschaftsteuern keineswegs immer deckungsgleich.

3. Kollision mit anderen Systemen[53] im Internationalen Erbschaftsteuerrecht

a) Belgien

aa) Das belgische Außenerbschaftsteuerrecht

Belgien z.B. erhebt eine Erbschaftsteuer auf das Weltvermögen, wenn der Erblasser in Belgien ansässig ist oder sich der Hauptteil seines Vermögens dort befindet und andernfalls eine Nachlaßsteuer auf inländisches Grundvermögen[54]. Eine im Ausland auf ausländische Grundstücke erhobene Erbschaftsteuer wird bei unbeschränkter Steuerpflicht angerechnet[55].

Hier zeigt sich die Grundtendenz, ausländische Steuern immer dann zu berücksichtigen, wenn sie sich auf Gegenstände beziehen, die man, sofern sie sich im eigenen Land befinden, selbst auch ohne das Vorliegen einer subjektiven Anknüpfung bei den betroffenen Vermögensträgern der eigenen Steuer unterwirft. Das Territorialitätsprinzip wird insoweit allgemein anerkannt, wie man es selbst in Anspruch nimmt. Diesem Prinzip folgt auch das deutsche Erbschaftsteuerrecht in § 21 II Nr. 1 ErbStG iVm § 121 BewG.

bb) Doppelbesteuerung im deutsch-belgischen Verhältnis

Zu Fällen von Doppelbesteuerung kann es im deutsch-belgischen Verhältnis[56] dann kommen, wenn der Erblasser in Belgien seinen Wohnsitz hatte, der Erbe dagegen in Deutschland:

---

53 Eine kurze aktuelle Übersicht über die Erbschaftssteuersysteme aller EU-Staaten findet sich bei ; *Nagel*, ZEV 1998, 463 ff.

54 Artt. 1, 2, 15, 18 Arrêté Royal Nr. 308 vom 31. 03. 1936 idF des Arrêté Royal Nr. 12 vom 18. 04. 1967, s. *Cieslar*, Internationales Erbrecht, Belgien Grdz. L Rn. 109; *Flick/Piltz*, Der Internationale Erbfall, Rn. 1656.

55 Art. 17 Arrêté Royal Nr. 308 vom 31. 03. 1936 idF des Arrêté Royal Nr. 12 vom 18. 04. 1967, s. *Cieslar*, Internationales Erbrecht, Belgien Grdz. L Rn. 109; *Troll*, ErbStG-*Jülicher*, § 21 Rn. 93.

56 Ein Doppelbesteuerungsabkommen bzgl. der Erbschaftsteuer gibt es zwischen den beiden Staaten nicht, s. *Wacker*, Steuerberaterkongreßreport 1989, 439, 452.

In Belgien könnte der Steuerschuldner zwar die auf seinen deutschen Grundbesitz entfallende deutsche Steuer zur Anrechnung bringen, und in Deutschland die auf sein Vermögen, das nicht Inlandsvermögen im Sinne von § 121 BewG (s. § 21 II Nr. 2 ErbStG) ist, im Ausland zu entrichtende Steuer, doch bleibt eine Doppelbesteuerung für das Inlandsvermögen in Deutschland mit Ausnahme des Grundbesitzes. In Belgien wohnhafte Gesellschafter einer deutschen SPE[57], die mittel- oder unmittelbar an dieser mehr als 10 % halten, müssen bei der Vererbung ihres Anteils mit doppelter Steuerbelastung rechnen, die leicht den gesamten Wert des Anteils aufzehren kann. Dabei kommt es auf den Wohnsitz des Erben gar nicht mehr an: Der Anteil an der deutschen SPE wird ohnehin in jedem Fall der deutschen Erbschaftsteuer unterworfen, da es sich ja um Inlandsvermögen im Sinne des § 121 BewG handelt. Belgien erlaubt die Anrechnung aber nur für ausländische Grundstücke, so daß in beiden Ländern voll zu zahlen ist.

b) Luxemburg

aa) Übertragung des belgischen Beispielsfalls auf Luxemburg

Eine geringere Tendenz zur Doppelbesteuerung scheint dagegen das deutsch-luxemburgische Verhältnis aufzuweisen: Luxemburg befreit ausländisches bewegliches Vermögen, wenn dieses dort nur wegen der Staatsangehörigkeit des Erblassers besteuert wird. Dennoch ist der gleich große Anteil eines Luxemburgers an der deutschen SPE nicht nur in Deutschland gemäß § 2 I Nr. 3 ErbStG iVm § 121 BewG der Erbschaftsteuer unterworfen; in Luxemburg ist der Gesellschafter wegen seines Wohnsitzes dort ebenfalls unbeschränkt steuerpflichtig[58], und eine Befreiung scheidet aus, da der SPE-Anteil von mehr als 10 % in Deutschland nicht wegen der Staatsangehörigkeit des Erblassers, sondern wegen seiner Belegenheit besteuert wird[59]. Wenn der Gesellschafter Deutscher und in Luxemburg ansässig ist, ändert sich hieran nichts, denn auch in diesem Fall wird

57 Wenn von „deutscher" oder „französischer" SPE die Rede ist, erscheint dies als Widerspruch zu der Qualität der SPE als europäischer Gesellschaft, die gesellschaftsrechtlich gerade von den nationalen Rechtsordnungen unabhängig sein soll; gemeint ist diejenige Rechtsordnung, mit der die SPE aufgrund ihres Sitzes und der daraus folgenden Belegenheit die engsten Verbindungen aufweist. Besonders steuerrechtlich wird sich aus dem europarechtlichen SPE-Statut direkt nichts herleiten lassen, so daß die Besteuerung der SPE vom nationalen Steuerrecht abhängen wird, womit ihr Sitz von großer Bedeutung ist.

58 *Cieslar*, Internationales Erbrecht, Luxemburg Grdz. L Rn. 117; *Troll*, ErbStG-*Jülicher*, § 21 Rn. 115; *Flick/Piltz*, Der Internationale Erbfall, Rn. 1755; *Nagel*, ZEV 1998, 463, 467.

59 *Troll*, ErbStG-*Jülicher*, § 21 Rn. 115.

der Anteil in Deutschland nicht nur wegen der Staatsangehörigkeit des Erblassers, sondern auch wegen seiner Belegenheit in Deutschland besteuert, so daß eine Befreiung in Luxemburg ausscheidet.

bb) Doppelbesteuerung zwischen Deutschland und Luxemburg

Auch sonst kann es zwischen Deutschland und Luxemburg leicht zu einem doppelten Zugriff auf denselben Nachlaß kommen: Angenommen, der Erblasser sei Deutscher und innerhalb von fünf Jahren nach seinem Umzug nach Luxemburg verstorben. In dieser Konstellation nehmen beide Staaten unter Berufung auf die Eigenschaft des Erblassers als Steuerinländer den Nachlaß unbeschränkt in Anspruch[60].

Für Vermögen in Deutschland beläßt es Luxemburg nach dem Gesagten generell bei dem Vorrang der deutschen Erbschaftsteuer; für das Vermögen in Luxemburg gilt dies aus deutscher Sicht aber nur eingeschränkt. Gemäß § 21 II Nr. 1 ErbStG darf nur die auf Auslandsvermögen, verstanden als die Vermögensgüter des § 121 BewG, die im Ausland belegen sind, entfallende Steuer angerechnet werden; für das sonstige in Luxemburg belegene Vermögen tritt eine Doppelbesteuerung ein.

Ist der Erblasser demnach an einer luxemburgischen SPE mit mindestens 10 % beteiligt, so wird die luxemburgische Steuer in Deutschland angerechnet; beträgt sein Anteil weniger als 10 %, ist dagegen auch in Deutschland unbeschränkt zu zahlen[61]. Das Erreichen von 10 % bei einer SPE-Beteiligung kann erbschaftsteuerlich also durchaus in einer Konstellation günstig, in einer anderen dagegen sehr ungünstig sein[62]. Eine Inanspruchnahme des Erblassers als Steuerinländer in beiden Staaten ist auch nicht auf die Fälle der „Verlängerung" des Aufenthalts im Inland durch das deutsche Außensteuerrecht beschränkt. Nach deutschem Recht kann man durchaus auch steuerlich mehrere (Neben-) Wohnsitze haben[63],

---

60 *Cieslar*, Internationales Erbrecht, Luxemburg Grdz. L Rn. 117, s.a. § 2 I Nr. 1 lit. b ErbStG.

61 S. § 121 Nr. 4 BewG; zu dieser sinnwidrigen Verkehrung der die Steuerlast beschränkenden Wirkung des § 121 BewG durch § 21 II Nr. 1 ErbStG s. *Meincke*, ErbStG § 21 Rn. 30. Es zeigt sich hier besonders deutlich, daß die Respektierung des Territorialitätsprinzips für ausländisches Vermögen in dem Umfang, in dem man ihm selbst für die nur an die Belegenheit anknüpfende Besteuerung folgt, im Fall der Überschneidung der subjektiven Anknüpfungspunkte der unbeschränkten Steuerpflicht zur Vermeidung der Doppelbesteuerung unzureichend ist.

62 *Piltz*, ZEV 1997, 494.

63 *Meincke*, ErbStG § 2 Rn. 6 mit Rspr.-Nachweisen; *Geck*, ZEV 1995, 249, 250; so reicht z.B. zur Begründung eines steuerlichen Wohnsitzes die Unterhaltung einer nur zwei- bis dreimal im Jahr besuchten Wohnung aus.

so daß ein Erblasser mit Hauptwohnsitz in Luxemburg durchaus wegen einer Zweitwohnung in Deutschland dort unbeschränkt steuerpflichtig werden kann.

c) Die Niederlande

Die Niederlande knüpfen eine unbeschränkte Erbschaftsteuerpflicht an den Wohnsitz des Erblassers in den Niederlanden; von einer Besitzwechselsteuer sind bestimmte Vermögensgegenstände bei Belegenheit dort betroffen. Bei unbeschränkter Steuerpflicht des Zuwenders werden auf Auslandsvermögen entfallende Erbschaftsteuern in den Niederlanden angerechnet[64]. Zu den Vermögensgegenständen, die der Besitzwechselsteuer unterliegen, gehören auch Anteile an inländischen Unternehmen im Falle der Mitunternehmerschaft; hält ein deutscher Erblasser einen Anteil an einer niederländischen SPE als Mitunternehmer, der 10 % erreicht, so ist der SPE-Anteil zwar in beiden Staaten zu versteuern, doch erlaubt Deutschland die Anrechnung der niederländischen Steuer (§ 21 II Nr. 1 ErbStG, § 121 Nr. 4 BewG); sollte aus niederländischer Sicht jedoch auch bei einem Anteil von unter 10 % Mitunternehmerschaft vorliegen, muß zweimal gezahlt werden: in Deutschland die Erbschaftsteuer, weil der Erblasser Steuerinländer war, und Deutschland seinen SPE-Anteil nicht als Auslandsvermögen anerkennt; in den Niederlanden wegen der dortigen Belegenheit der Gesellschaft und der Mitunternehmereigenschaft des Erblassers die Besitzwechselsteuer (Fall des steuerlichen Doppelsitus eines Gegenstandes). Wird der Erblasser sowohl von Deutschland als auch von den Niederlanden als Steuerinländer betrachtet (Fall der Doppelinländereigenschaft), ergibt sich dieselbe Doppelbesteuerungsproblematik bei die 10 %-Schwelle nicht erreichenden SPE-Beteiligungen in den Niederlanden wie im deutsch-luxemburgischen Verhältnis unabhängig von der Qualität des Erblassers als Mitunternehmer. Ist die SPE dagegen eine deutsche SPE, so tritt wegen der das Territorialitätsprinzip konsequenter verwirklichenden Anrechnungsvorschriften der Niederlande und Luxemburgs keine Doppelbesteuerung auf, bzw. beschränken sich die Folgen der Verwirklichung der eine Steuerpflicht in zwei Staaten nach sich ziehenden Tatbestände auf die effektive Steuerpflichtigkeit nach dem höher besteuernden Recht.

d) Frankreich

In Frankreich ist die Rechtslage ähnlich wie in den Niederlanden; auch dort folgt aus dem Wohnsitz des Erblassers in Frankreich die unbeschränkte Erbschaftsteuerpflicht; der beschränkten Erbschaftsteuerpflicht unterliegen bestimmte in Frankreich belegene Gegenstände, wobei beschränkte Erbschaftsteuerpflicht wie in Deutschland die Beschränkung der Bemessungsgrundlage auf

64 *Troll*, ErbStG-*Jülicher*, § 21 Rn. 119; *Flick/Piltz*, Der Internationale Erbfall, Rn. 1766.

das Inlandsvermögen (nach französischem Recht) bezeichnet. Bei unbeschränkter Steuerpflicht des Zuwenders in Frankreich ist die Anrechnung von auf im Ausland befindliches Vermögen erhobener ausländischer Erbschaftsteuer zulässig[65]. Auch hier droht Doppelbesteuerung aus der ungenügenden Anerkennung der ausländischen Steuergewalt[66] durch das deutsche ErbStG bei Kapitalgesellschaftsanteilen, die 10 % nicht erreichen.

e) Großbritannien

In Großbritannien wird das dort belegene Vermögen unabhängig von der Person des Erblassers oder des Erben gemäß dem Inheritance Tax Act besteuert; hatte der Erblasser sein „domicile“[67] in Großbritannien, so unterliegt das Weltvermögen dieser Steuer[68]. Die auf im Ausland befindliches Vermögen entfallende Steuer kann angerechnet werden. Britische Kapitalgesellschaftsanteile unter 10 % sind daher auch im deutsch-britischen Verhältnis häufig doppelbesteuerungsanfällig: einmal bei doppelter Inländereigenschaft[69] wie meist; aber auch im Falle doppelter steuerlicher Belegenheit. Diese tritt ein, wenn der Erblasser in Deutschland wohnhaft war und daher ein britischer SPE-Anteil unter 10 % gemäß § 21 II Nr. 1 ErbStG und § 121 BewG nicht als Auslandsvermögen anerkannt wird.

---

65 *Troll*, ErbStG-*Jülicher*, § 21 Rn. 100; *Flick/Piltz*, Der Internationale Erbfall, Rn. 1686; sehr instruktiv zur deutsch-französischen Doppelbesteuerungsproblematik im Erbfall s. *Bärtels*, RIW 1999, 22 ff.

66 Zwischen Frankreich und Deutschland ist am 28. 04. 1995 ein Doppelbesteuerungsabkommen bzgl. der Erbschaft- und Schenkungsteuer paraphiert worden, wobei die Ratifikation noch aussteht, so daß sich die obigen Ausführungen an der noch geltenden Rechtslage orientieren (s. *Troll*, ErbStG-*Jülicher*, § 2 Rn. 206).
Allerdings gilt zwischen Frankreich und Deutschland für Personen, die ihren (Wohn -) sitz im Saarland haben das in der Anlage 4 des Saarvertrages vom 27. 10. 1956 (BGBl. 1956 II, S. 1587 ff.) vereinbarte Doppelbesteuerungsabkommen auch auf dem Gebiet des Erbrechts fort (vgl. *Troll*, ErbStG-*Jülicher*, § 2 Rn. 205, 259). Das Unterfallen unter den sachlichen Anwendungsbereich unterstellt, würde gem. Art. 27 II, I, lit. a und b der Anlage 4 zum Saarvertrag ein SPE - Anteil anteilig nach dem Wertverhältnis der Betriebsstätten der SPE in beiden Ländern zur Erbschaftsteuer herangezogen.

67 Der Begriff ist mit dem „domicile“ des englischen IPR identisch, vgl. *Albrecht*, Die steuerliche Behandlung deutsch-englischer Erbfälle, S. 241.

68 *Henrich*, Internationales Erbrecht, Großbritannien Grdz. H V Rn. 262 f.; *Albrecht*, aaO., S. 237; *Flick/Piltz*, Der Internationale Erbfall, Rn. 1706.

69 Die im deutsch-britischen Verhältnis wegen der Nichtkongruenz von „domicile“ und „Wohnsitz“ leicht vorkommen kann.

Dieser Anteil unterfällt damit dem ErbStG ebenso wie dem Inheritance Tax Act[70]. Im Unterschied zu den meisten anderen Steuerrechtsordnungen kommt Großbritannien dem Steuerpflichtigen in solchen Fällen des Doppelsitus durch eine teilweise Anrechnung entgegen[71], ganz vermieden wird die Doppelbesteuerung dadurch aber nicht. Auch stößt im deutsch-britischen Verhältnis bei Vorliegen der Doppelinländereigenschaft des Erblassers die Anrechnungsmethode grundsätzlich an Grenzen.

f) Dreifachkollision: Deutschland / Großbritannien / Niederlande

Jenseits der in erster Linie dem mißglückten § 21 II Nr. 1 ErbStG zuzuschreibenden Inkongruenz der Auslandsvermögensbegriffe des deutschen und des britischen Rechts kommt man mit der Anrechnungsmethode häufig dann nicht mehr zu tragbaren Ergebnissen, wenn neben den Staaten, die den Erblasser als Inländer betrachten, noch weitere Staaten an der Besteuerung des Nachlasses beteiligt sind. Angenommen, ein Erblasser sei sowohl in Deutschland als auch in Großbritannien Steuerinländer und daher unbeschränkt erbschaftsteuerpflichtig. Er ist an einer niederländischen SPE als Mitunternehmer mit mehr als 10 % beteiligt. Zwar ist die ungeschmälert fällige niederländische Besitzwechselsteuer[72] in Großbritannien wie auch in Deutschland anrechenbar.

Sollte diese Steuer aber niedriger sein als die nach ErbStG und Inheritance Act zu entrichtende Steuer, so ist der in Großbritannien fällige Restbetrag in Deutschland nicht anrechenbar, weil nach § 21 II Nr. 1 ErbStG mit der Formulierung „Vermögensgegenstände, ... die auf einen ausländischen Staat entfallen" nur derjenige Staat gemeint ist, auf den diese Vermögensgegenstände aus deutscher Sicht entfallen, und daher auch nur die in diesem Staat erhobenen Steuern anrechenbar sind[73]. Dies ergibt sich auch aus dem Sinn der ausnahmsweisen Begrenzung des Zugriffs des deutschen Fiskus auf Auslandsvermögen: Für besondere Vermögensgegenstände soll dem Belegenheitsstaat aus deutscher Sicht der erste Zugriff eingeräumt werden, weil der deutsche Fiskus ihn bei in Deutschland belegenen Vermögensgegenständen dieser Art selbst beansprucht; Drittstaaten sollen nicht begünstigt werden. Der in Deutschland fällige Restbetrag nach Abzug der niederländischen Steuer kann seinerseits in Großbritannien nur eingeschränkt angerechnet werden[74]. Der Steuerpflichtige muß also hoffen, daß die niederländische Besitzwechselsteuer mindestens so hoch ist wie die

70 Das Beispiel zeigt, wie wenig die steuerliche Belegenheit jedenfalls in Deutschland mit geographischen Gesichtspunkten zu tun hat.

71 S. Sec. 159 (3) (b) Inheritance Tax Act, vgl. *Albrecht*, aaO. S. 336, 328 ff.

72 *Troll*, ErbStG-*Jülicher*, § 21 Rn. 119.

73 *Albrecht*, aaO., S. 339 f.

74 *Albrecht*, aaO., S. 341, 328 ff. Eine Modellrechnung findet sich auf S. 330.

niedrigere seiner beiden Heimatsteuern. Auch dieses Resultat befremdet. Die beschriebene Problematik ist nicht auf das deutsch-britische Verhältnis beschränkt; sie kann immer dann auftreten, wenn beide Seiten einen Erblasser als Steuerinländer betrachten.

g) Irland

Das internationale Erbschaftsteuerrecht Irlands entspricht im wesentlichen demjenigen Großbritanniens - mit einer rechtstechnisch interessanten Ausnahme: Abgesehen von der beschränkten Steuerpflicht für in Irland belegenes Vermögen führt neben dem Domizil in Irland auch die Beherrschung des Erbgangs durch irisches Recht zur Steuerpflichtigkeit des gesamten Vermögens[75].

Da jedoch in Irland für das bewegliche Vermögen ohnehin nur dann irisches Recht gilt, wenn der Erblasser sein Domizil in Irland hatte, und nur für in Irland belegenes unbewegliches Vermögen das irische Recht als die lex rei sitae anzuwenden ist[76], erscheint diese zusätzliche Anknüpfung überflüssig, weil ohnehin nur bereits über das Domizil oder die Belegenheit der irischen Steuer unterfallendes Vermögen betroffen scheint. Doch führt die internationalprivatrechtliche Nachlaßspaltung, wenn der Erblasser zwar nicht in Irland domiziliert ist, zu seinem Nachlaß aber irische Grundstücke gehören, über die Anwendung irischen Rechts auf die Vererbung dieser Grundstücke zur Unterwerfung des gesamten Nachlasses und nicht nur der betroffenen Grundstücke unter die irische Erbschaftsteuer. Dies erscheint sehr weitgehend, doch greift auch der deutsche Fiskus durch die geringen Voraussetzungen, die an das Vorliegen eines die unbeschränkte Steuerpflicht auslösenden Wohnsitzes im Inland gestellt werden, ohne Zurückhaltung auf das Vermögen von Erblassern zu, die nur eine sehr geringe Verbindung zum Inland aufweisen[77]. Allerdings kann in Irland die auf im Ausland befindliches Vermögen erhobene Steuer auf die irische Erbschaftsteuer angerechnet werden[78]. Die Doppelbesteuerungsprobleme im deutsch-irischen Verhältnis entsprechen daher weitgehend denen des deutsch-britischen Verhältnisses.

75 *Coester-Waltjen*, Internationales Erbrecht, Irland Grdz. H II Rn. 117; *Troll*, ErbStG-*Jülicher*, § 21 Rn. 103.

76 *Coester-Waltjen*, Internationales Erbrecht, Irland Grdz. C I Rn. 4; *Staudinger-Dörner*, Anh. zu Art. 25 f. EGBGB Rn. 247.

77 Dazu die Beispiele bei *Meincke*, ErbStG § 2 Rn. 6; *Geck*, ZEV 1995, 249, 250.

78 *Troll*, ErbStG-*Jülicher*, § 21 Rn. 103.

h) Italien / Spanien / Portugal

Italien erhob bis zum 31. 12. 2000 eine Nachlaß- und eine Erbanfallsteuer auf das Weltvermögen. Die Nachlaßsteuer ist nun abgeschafft[79]. Im besonderen wird sämtliches im Inland belegene Vermögen einschließlich der Beteiligungsrechte an in Italien ansässigen Gesellschaften der Besteuerung unterworfen[80]. Die auf Auslandsvermögen entfallende Auslandssteuer ist anrechenbar[81]. Im Vergleich mit dem deutsch-britischen Verhältnis ergeben sich für die Doppelbesteuerung daher keine Besonderheiten.

Das spanische internationale Erbschaftsteuerrecht entspricht im wesentlichen dem italienischen[82].

Portugal verwirklicht konsequent das Territorialitätsprinzip: In Portugal belegenes Vermögen - und nur dieses - ist erbschaftsteuerpflichtig, unabhängig von allen persönlichen Eigenschaften des Erblassers oder des Erben; eine Anrechnung ausländischer Steuern findet nicht statt[83]. Für Dividenden portugiesischer Gesellschaften wird eine Erbersatzsteuer erhoben, die ihrerseits in Deutschland auf die Erbschaftssteuer nicht anrechenbar ist[84] und auch nicht in das Doppelbesteuerungsabkommen Einkommenssteuer einbezogen wurde[85]. Wäre der Anteilseigner einer portugiesischen SPE in Deutschland unbeschränkt erbschaftsteuerpflichtig, so träte daher immer eine Doppelsteuerung des Anteils mit deutscher Erbschaftsteuer und portugiesischer Erbersatzsteuer ein[86].

---

79 *Lobis*, ZEV 2000, 497.

80 *Stadler*, Internationales Erbrecht, Italien Grdz. L V Rn. 286; *Troll*, ErbStG-*Jülicher*, § 21 Rn. 106; *Flick/Piltz*, Der Internationale Erbfall, Rn. 1726.

81 *Stadler*, Internationales Erbrecht, Italien Grdz. L V Rn. 287; *Troll*, ErbStG-*Jülicher*, § 21 Rn. 64.

82 *Troll*, ErbStG-*Jülicher*, § 21 Rn. 130; *Flick/Piltz*, Der Internationale Erbfall, Rn. 1826; ein besonderes Problem stellt aber die „plus valia", eine von den Gemeinden erhobene Wertzuwachssteuer, dar, weil ihre Anrechenbarkeit in Deutschland nicht gesichert ist, s. dazu *Jülicher*, ZEV 1996, 295, 296 f.; Zum spanischen Erbschaftssteuerrecht im einzelnen s. *Herzig/Watrin/Walter*, ZEV 2000, 473 ff.; *Reckhorn-Hengemühle*, RIW 1996, 212 ff.; *Reichmann/Luitjens*, IPRax 1989, 191 ff. und *Gebel*, RIW 1998, 210 ff. speziell zum Immobilienerwerb.

83 *Troll*, ErbStG-*Jülicher*, § 21 Rn. 123.

84 *Meincke*, ErbStG § 21 Rn. 11; *Jülicher*, ZEV 1996, 295, 296.

85 *Troll*, ErbStG-*Jülicher*, § 21 Rn. 123.

86 Die allerdings bei Bestehen einer Einkommenssteuerpflicht in Deutschland trotz der Nichteinbeziehung in das DBA zur Einkommenssteuer mittels Anrechnung dort gemildert würde; s. *Jülicher*, ZEV 1996, 295, 296.

4. Resümee

Der Vergleich des deutschen internationalen Erbschaftsteuerrechts mit den einschlägigen Vorschriften der Rechte anderer Mitgliedstaaten der EU hat bis hierher erbracht, daß in zahlreichen Fällen eine den Nachlaß bzw. den SPE-Anteil möglicherweise sogar aufzehrende Doppelbesteuerungsgefahr besteht.

a) Generelle Anrechnung gemäß § 10 V ErbStG ?

Es wird zwar vertreten, daß in Deutschland im Ausland gezahlte Erbschaftsteuern immer zumindest als Nachlaßkosten gemäß § 10 V ErbStG von der Bemessungsgrundlage abzugsfähig seien[87], doch ist diese Ansicht - aus systematischen Gründen zutreffenderweise - nicht herrschend[88]. Zunächst steht der Wortlaut des § 10 VIII ErbStG entgegen, der einen Abzug der auf den Erwerber entfallenden Erbschaftsteuer von der Bemessungsgrundlage nicht zuläßt. Bezöge sich diese Vorschrift nur auf die deutsche Erbschaftsteuer, wäre sie überflüssig, da sich die Höhe der Steuer gemäß § 19 ErbStG erst aus dem gemäß § 10 ErbStG ermittelten Wert des steuerpflichtigen Erwerbes ergibt, und es daher den Gesetzen der Logik widerspräche, die so festgestellte Steuer von der Bemessungsgrundlage abzuziehen, weil dies wiederum die Höhe der Steuer verändern müßte, womit wieder fraglich wäre, ob der erste Abzug gerechtfertigt war[89].

b) Ergebnis

Ausschlaggebend für die Ablehnung des Abzugs ausländischer Erbschaftsteuer gem. § 10 V ErbStG ist die Regelung des § 21 ErbStG, durch die der deutsche Gesetzgeber sehr genau festlegt, inwieweit er seinen in § 2 ErbStG statuierten Zugriff auf das Vermögen der Steuerpflichtigen zugunsten ausländischer Staaten ausnahmsweise zurücknehmen will; dieses System würde durch einen Abzug der oft sehr erheblichen ausländischen Steuer von der Bemessungsgrundlage für die deutsche Erbschaftsteuer weitgehend unterlaufen.

5. Doppelbesteuerungsabkommen zwischen Deutschland und anderen Mitgliedstaaten der EU auf dem Gebiet der Erbschaftsteuer

Die bisherige Betrachtung hat gezeigt, daß Deutschland mit den meisten Mitgliedstaaten der EU auf dem Gebiet der Erbschaftsteuer keine Doppelbesteue-

---

87 *Meincke*, ErbStG § 10 Rn. 59.

88 *Troll*, ErbStG-*Gebel*, § 10 Rn. 268; *Schaumburg*, Internationales Steuerrecht, S. 546.

89 AA. *Meincke*, ErbStG § 10 Rn. 59.

rungsabkommen abgeschlossen hat[90], so daß man sich zur Vermeidung einer Doppelbesteuerung weitgehend mit den oft ungenügenden Anrechnungsvorschriften der einzelnen Steuerrechte begnügen muß. Anders verhält es sich zwischen Deutschland und einer Minderheit von vier[91] EU-Staaten: Zwischen der Bundesrepublik und Griechenland[92], Österreich[93], Schweden[94] und seit neuestem Dänemark[95] ist der Abschluß von Doppelbesteuerungsabkommen gelungen.

a) Das DBA mit Griechenland

aa) Inhaltliche Begrenzung

Das DBA Griechenland betrifft nur das auf dem Staatsgebiet der Vertragsparteien belegene bewegliche Vermögen deutscher und griechischer Erblasser. Falls weder der griechische Erblasser noch seine Erben in Deutschland ansässig sind, bleibt sein in Deutschland belegenes Vermögen von der deutschen Erbschaftsteuer verschont, und umgekehrt[96]. Mit dieser Regelung wird eine SPE-Beteiligung deutscher oder griechischer Staatsbürger im jeweilig anderen Staat entgegen den allgemeinen Regeln des internationalen Erbschaftsteuerrechts beider Staaten bei Nichtansässigkeit sowohl des Erben als auch des Erblassers von der Erbschaftsteuer des Belegenheitsstaates ausgenommen.

bb) Bedeutung für die SPE

Damit gilt in diesen Fällen § 2 I Nr. 3 ErbStG iVm § 121 Nr. 4 BewG für Geschäftsanteile eines Griechen an einer deutschen Kapitalgesellschaft (z.B. einer SPE mit Sitz in Deutschland) nicht; auch die beschränkte Steuerpflicht in Griechenland für Anteile an Kapitalgesellschaften mit Sitz in Griechenland unab-

---

90 *Dißars/Dißars*, RIW 1996, 144, 147.

91 Bald sechs Staaten: die Abkommen mit Frankreich vom 28. 4. 1995 und Finnland vom 6. 6. 1997 sind bereits paraphiert, s. *Kippenberg*, ZEV 1997, 495; *Troll*, ErbStG-*Jülicher*, § 2 Rn. 206.

92 Übereinkommen über die Besteuerung des beweglichen Nachlaßvermögens vom 18. 11./1. 12. 1910 (RGBl. 1912, S. 173 ff.; Wiederanwendung seit dem 1.1. 1953 (BGBl. II 1953, S. 525 ff.); vgl. *Troll*, ErbStG-*Jülicher*, § 2 Rn. 205.

93 Abkommen vom 4.10.1954 (BGBl. II 1955, S. 756 ff.); vgl. *Troll*, ErbStG-*Jülicher*, § 2 Rn. 205.

94 Abkommen vom 8. 6. 1994 (BGBl. II 1994, S. 686 ff.); vgl. *Troll*, ErbStG-*Jülicher*, § 2 Rn. 205. Dieses Abkommen ersetzt das Abkommen zur Vermeidung der Erbschaftsteuer zwischen Deutschland und Schweden aus dem Jahre 1935 und ist seit dem 1. 1. 1995 anwendbar; vgl. *Troll*, ErbStG-*Jülicher*, § 2 Rn. 261.

95 Abkommen vom 22. 11. 1995 (BGBl. II 1996, S. 2565 ff.); vgl. *Troll*, ErbStG-*Jülicher*, § 2 Rn. 205, 271 ff.

96 Art. 1 DBA Griechenland; s. *Troll*, ErbStG-*Jülicher*, § 2 Rn. 208.

hängig von ihrer Höhe[97] tritt nicht ein. Das Abkommen hat allerdings nur einen sehr beschränkten Anwendungsbereich: Für in Deutschland lebende Griechen bzw. in Griechenland lebende Deutsche regelt es nichts.

cc) Anrechnung

Ein Grieche mit Wohnsitz in Deutschland, der an einer griechischen SPE beteiligt ist, steht vor dem bekannten Problem, daß in Deutschland eine Anrechnung der auf den griechischen Geschäftsanteil entfallenden Steuer nur möglich ist, wenn dieser Anteil die Schwelle von 10 % erreicht (§§ 21 II Nr. 1 ErbStG, 121 BewG). Griechenland gestattet dagegen eine Anrechnung aller auf Auslandsvermögen erhobenen Steuern. In Drittstaaten belegenes Vermögen ist häufig von Doppelbesteuerung betroffen, weil Griechenland die unbeschränkte Erbschaftsteuerpflicht nicht nur an den Wohnsitz des Erblassers knüpft, sondern alle griechischen Staatsbürger, sofern sie nicht mindestens zehn Jahre im Ausland ansässig waren, mit ihrem Weltvermögen heranzieht[98].

Angenommen, ein sowohl in Deutschland als auch in Griechenland unbeschränkt erbschaftsteuerpflichtiger Erblasser sei mit mehr als 10 % an einer niederländischen SPE beteiligt, ohne mit diesem Anteil der niederländischen Besitzwechselsteuer unterworfen zu sein[99]. Deutschland besteuert diesen Anteil ohne Rücksicht auf die griechische Steuer, da § 21 II Nr. 1 ErbStG nur die Anrechnung der von demjenigen Staat erhobenen Steuer erlaubt, dem der besteuerte Vermögensgegenstand nach deutschem Recht zugeordnet ist[100]. Die SPE mit Sitz in den Niederlanden ist aber aus deutscher Sicht dem Staat zugeordnet, wo sich Sitz und Geschäftsleitung befinden; da dies nicht Griechenland ist, kommt eine Anrechnung nicht in Frage. Aus griechischer Sicht gibt es ebensowenig einen Anlaß, dem deutschen Fiskus den Vortritt zu lassen.

dd) Bewertung des DBA Griechenland

Das DBA Griechenland hat wegen seiner aus der Doppelanknüpfung an die Staatsangehörigkeit des Erblassers (positiv festzustellen zur Bejahung des Anwendungsbereichs) und den Wohnsitz von Erblasser und Erbe (negativ festzustellen zur Bejahung des Anwendungsbereichs) resultierenden geringen Reichweite keine Vorbildfunktion. Es betrifft gerade nicht die Fälle der im zusammenwachsenden Binnenmarkt notwendigerweise häufiger werdenden doppelten persönlichen Beziehungen von Erblassern und Erben zu mehreren Rechtsord-

97 *Troll*, ErbStG-*Jülicher*, § 21 Rn. 101.
98 *Troll*, ErbStG-*Jülicher*, § 21 Rn. 101.
99 Mangels Mitunternehmerschaft; s. *Troll* ErbStG-*Jülicher*, § 21 Rn. 119.
100 *Albrecht*, Die steuerliche Behandlung deutsch-englischer Erbfälle, S. 339 f.

nungen, die durch das Auseinanderfallen von Wohnsitz und Staatsangehörigkeit zum Ausdruck kommen.

b) OECD-Musterabkommen

aa) Inhalt

Die moderneren Doppelbesteuerungsabkommen mit Österreich, Schweden und Dänemark orientieren sich inhaltlich weitgehend[101] am OECD-Musterabkommen zur Vermeidung der Doppelbesteuerung auf dem Gebiet der Nachlaß- , Erbschaft- und Schenkungsteuern[102]. Dieses Abkommen folgt zur Bestimmung der unbeschränkten Steuerpflicht dem Wohnsitzprinzip, wobei es nur auf den Wohnsitz des Erblassers ankommt; in Fällen eines Doppelwohnsitzes wird auf die nach einem Stufensystem festzustellende engste Verbindung des Erblassers zu einem Vertragsstaat abgestellt[103].

Es regelt nur dann die Besteuerung eines Erbfalls, wenn der Erblasser in mindestens einem der zwei Vertragsstaaten seinen Wohnsitz oder gewöhnlichen Aufenthalt gehabt hat[104]. Unbewegliches Vermögen (zu qualifizieren nach dem Belegenheitsrecht[105]) und bewegliches Vermögen einer Betriebsstätte können auch von dem Staat, in dem sie sich befinden, besteuert werden[106], was der Wohnsitzstaat durch Befreiung dieser Gegenstände oder Anrechnung der auf sie im Belegenheitsstaat erhobenen Erbschaftsteuern zu respektieren hat[107]. Alles übrige Vermögen darf nur im Wohnsitzstaat besteuert werden[108].

bb) Bedeutung für die SPE

Für die Anteile an einer SPE als Anteile an einer Kapitalgesellschaft ist von besonderer Bedeutung, ob sie durch die Belegenheit von Vermögensgegenständen der SPE als Betriebsstätten gem. Art. 6 OECD-Musterabkommen nach dem ört-

---

101 *Kippenberg*, ZEV 1997, 495; *Wacker*, Steuerberaterkongreßreport 1989, 439, 452 ff.
102 Abgedruckt und kommentiert bei *Troll*, ErbStG-*Jülicher*, § 2 Rn. 152-204.
103 Art. 4 OECD-Musterabkommen; vgl. *Troll*, ErbStG-*Jülicher*, § 2 Rn. 158-162; *Meincke*, ErbStG § 2 Rn. 19.
104 Art. 1 lit. a OECD-Musterabkommen; vgl. *Troll*, ErbStG-*Jülicher*, § 2 Rn. 152.
105 Art. 5 II, S. 1 OECD-Musterabkommen; vgl. *Troll*, ErbStG-*Jülicher*, § 2 Rn. 164.
106 Artt. 5, 6 OECD-Musterabkommen; vgl. *Troll*, ErbStG-*Jülicher*, § 2 Rn. 163 ff.; *Meincke*, ErbStG § 2 Rn. 20 f.
107 Art. 9 A und B OECD-Musterabkommen; vgl. *Troll*, ErbStG-*Jülicher*, § 2 Rn. 178 ff.; *Meincke*, ErbStG § 2 Rn. 18.
108 Art. 7 OECD-Musterabkommen; vgl. *Troll*, ErbStG-*Jülicher*, § 2 Rn. 170 ff.

lichen Zentrum der wirtschaftlichen Aktivitäten der SPE besteuert werden oder nach dem Wohnsitz der Gesellschafter nur im Wohnsitzstaat.

Auch bei der Bestimmung des Betriebsvermögens als Nachlaßbestandteil kommt es auf das Recht des Belegenheitsstaates an; d. h. darauf, ob dieser steuerlich den Anteil an der Kapitalgesellschaft als Nachlaßbestandteil ansieht (dann gilt nur Art. 7 OECD-MA), oder die Gesellschaft für ihn steuerlich „transparent" ist und er ihre Vermögensgegenstände deshalb unmittelbar anteilig zum Nachlaß zählt (Anwendung von Artt. 5, 6 OECD-MA)[109]. Bei Personengesellschaften ist dies nicht einheitlich geregelt; um einem Ungleichgewicht der Besteuerungskompetenzen vorzubeugen, können die Staaten die Anwendung der Artt. 5 und 6 des Musterabkommens für Personengesellschaften unabhängig von ihrer Rechtspersönlichkeit vereinbaren[110]. Steuerliche Transparenz wird bei Kapitalgesellschaften zumeist nicht vorliegen, so daß Anteile an solchen Gesellschaften gemäß Art. 7 OECD-Abkommen nur im Wohnsitzstaat des Erblassers zu versteuern sind[111]. Allerdings haben die meisten europäischen Staaten gegen die radikale Beschränkung der Besteuerung gerade von Kapitalgesellschaftsanteilen förmlich Vorbehalt eingelegt[112]. Andererseits war eine Beschränkung der Besteuerungskompetenz von Kapitalgesellschaftsanteilen auf den Belegenheitsstaat zu Lasten des Wohnsitzstaates wie für unbewegliches Vermögen und Betriebsstätten nicht durchsetzbar[113].

c) Das DBA Deutschland / Österreich

Das Doppelbesteuerungsabkommen zwischen Deutschland und Österreich[114] weicht nur geringfügig von den Vorgaben des OECD-Musterabkommens ab:

So entscheidet es sich unter Hinnahme des Progressionsvorbehalts ohne Einschränkung für die Freistellungsmethode des im jeweils anderen Staat belegenen

109 Ergänzung des OECD-Abkommens von 1982, vgl. *Troll*, ErbStG-*Jülicher*, § 2 Rn. 171.

110 *Debatin-Wassermeyer*, Doppelbesteuerung, Band 1, MA-ErbSt Art. 7 Rn. 17.

111 *Debatin-Wassermeyer*, Doppelbesteuerung, Band 1, MA-ErbSt Art. 7 Rn. 11; s. auch *Meincke*, ErbStG § 2 Rn. 21; Anteile an deutschen Personengesellschaften sind in Deutschland in diesem Sinne „transparent". *Meincke* lehnt eine Subsumtion von Kapitalgesellschaftanteilen unter Art. 6 OECD-Musterabkommen wegen mangelnder Praktikabilität des Betriebstättenprinzips grundsätzlich ab.

112 *Troll*, ErbStG-*Jülicher*, § 2 Rn. 172; *Debatin-Wassermeyer*, Doppelbesteuerung, Band 1, MA-ErbSt Art. 7 Rn. 35.

113 *Debatin-Wassermeyer*, Doppelbesteuerung, Band 1, MA-ErbSt Art. 7 Rn. 11.

114 Abkommen vom 4. 10. 1954 (BGBl. II 1955, S. 756 ff.); abgedruckt bei *Troll*, ErbStG-*Jülicher*, § 2 Rn. 210; s. auch Rn. 205 und die Grafik bei *Wacker*, Steuerberaterkongreßreport 1989, 439, 454 f.

Grund- und Betriebsstättenvermögens[115]. Vermögen in Drittstaaten darf nur im Wohnsitzstaat besteuert werden[116]. Außerdem sind Schenkungen nicht einbezogen[117]. Im Einklang mit dem Musterabkommen zählen Anteile an Gesellschaften mit beschränkter Haftung und sonstige Kapitalgesellschaftsanteile nie zum Betriebsstättenvermögen, sondern immer zum sonstigen Nachlaßvermögen gemäß Art. 5 DBA-Österreich[118]. Für Anteile an einer SPE bedeutet dies, daß sie unabhängig vom Sitz der Gesellschaft, sofern der Gesellschafter seinen Wohnsitz in Deutschland und/oder in Österreich hatte, was diese beiden Staaten angeht, nur im Wohnsitzstaat besteuert werden.

d) Das DBA Deutschland / Schweden

Auch das Doppelbesteuerungsabkommen Deutschlands mit Schweden[119] entspricht weitgehend den Vorgaben des OECD-Musterabkommens. Im Unterschied zum DBA-Österreich folgt es aber nicht der Freistellungsmethode für das im Nichtwohnsitzstaat belegene, diesem steuerlich zugeordnete Vermögen, sondern erlaubt dem Wohnsitzstaat auch die Besteuerung dieses Vermögens, wobei er allerdings die im Belegenheitsstaat zahlbare Steuer anrechnen muß[120]. Auch findet im DBA-Schweden die in Deutschland geltende Besteuerung eines Erwerbes von Todes wegen, selbst wenn nur der Erwerber in Deutschland ansässig ist (§ 2 I, Nr. 1 ErbStG), dergestalt Berücksichtigung, daß auch der Wohnsitzstaat des Erwerbers das Weltvermögen besteuern darf, aber die im Wohnsitzstaat des Erblassers erhobene Steuer insoweit anrechnen muß, wie sie nicht auf im ersteren Staat belegenes Grund- und Betriebsstättenvermögen entfällt[121] (Art. 26 I lit. b, II lit. b DBA-Schweden).

Außerdem enthält das Abkommen in Art. 27 eine an § 2 I, Nr. 1 lit. b ErbStG ausgerichtete Innovation: Die Besteuerung im Wohnsitzstaat setzt erst dann ein, wenn ein Staatsangehöriger des Vertragspartners, der dort nach nationalem Recht als Steuerinländer behandelt wird, fünf Jahre im Wohnsitzstaat ansässig

---

115 Artt. 3 I, 4 Nr. 1, 5 Nr. 1 und 7 DBA-Österreich; s. *Troll*, ErbStG-*Jülicher*, § 2 Rn. 210, 213 ff.

116 Art. 5 DBA-Österreich, s. *Troll*, ErbStG-*Jülicher*, § 2 Rn. 210, 215.

117 Art. 2 DBA-Österreich, s. *Troll*, ErbStG-*Jülicher*, § 2 Rn. 210, 212; *Wacker*, Steuerberaterkongreßreport 1989, 439, 452.

118 Nr. 7 Schlußprotokoll, s. *Troll*, ErbStG-*Jülicher*, § 2 Rn. 210, 214.

119 Abkommen vom 8. 6. 1994 (BGBl. II 1994, S. 686 ff.); vgl. *Troll*, ErbStG-*Jülicher*, § 2 Rn. 205. Dieses Abkommen ersetzt das Abkommen zur Vermeidung der Doppelbesteuerung bei der Erbschaftsteuer zwischen Deutschland und Schweden aus dem Jahre 1935 und ist seit dem 1. 1. 1995 anwendbar; vgl. *Troll*, ErbStG-*Jülicher*, § 2 Rn. 261.

120 Art. 26 DBA-Schweden; *Krabbe*, ZEV 1995, 286, 287 f.; *Troll*, ErbStG-*Jülicher*, § 2 Rn. 264.

121 *Krabbe*, ZEV 1995, 286, 288.

war. Damit soll eine langfristige Vermögensplanung gemäß dem Heimatrecht des Erblassers und unabhängig von berufsbedingten nur kurz- oder mittelfristigen Auslandsaufenthalten ermöglicht werden[122]. Zu dem nur der Besteuerung im Wohnsitzstaat des Erblassers unterliegenden[123] Vermögen zählen sowohl das in Drittstaaten belegene Vermögen, als auch im Einklang mit dem OECD-Musterabkommen Geschäftsanteile und sonstiges bewegliches Kapitalvermögen[124]. Ein SPE-Anteil wäre somit primär im Wohnsitzstaat des Erblassers und subsidiär unter Anrechnung der dort erhobenen Steuer im Wohnsitzstaat des Erben zu versteuern.

Das Doppelbesteuerungsabkommen zwischen Deutschland und Dänemark[125] entspricht vollständig dem deutsch-schwedischen Abkommen[126]. Dies gilt auch für das noch nicht in Kraft getretene DBA mit Finnland[127].

e) Zusammenfassung

Bis hierhin wurde beispielhaft beschrieben, welchen Doppelbesteuerungsgefahren die Gesellschafter einer SPE im Verhältnis Deutschlands zu den einzelnen EU-Partnern ausgesetzt wären. Damit ist die Problematik europaweit natürlich noch längst nicht erschöpft. Vielmehr können unter den fünfzehn EU-Staaten allein bilateral 105 Kollisionen auftreten; nicht zu reden von den drei- oder vierseitigen Kollisionen, wenn über die zahlreichen Anknüpfungspunkte des internationalen Steuerrechts der Mitgliedstaaten mehrere EU-Staaten an der Besteuerung eines Nachlasses teilhaben wollen. Die strukturellen Ursachen der Doppelbesteuerung im Erbschaftsteuerrecht werden allerdings in der Betrachtung des Konflikte des deutschen internationalen Steuerrechts mit den anderen europäischen Unionsrechtsordnungen hinreichend deutlich:

Allgegenwärtig ist der Konflikt zwischen dem Wohnsitzstaat des Erblassers und dem Belegenheitsstaat seines Vermögens. Mehrfachwohnsitze und aus Sicht des Wohnsitzstaats ausländische Staatsangehörigkeiten des Erblassers kommen hinzu; alle diese doppelbesteuerungsgefährlichen Tatbestände werden in den zukünftigen SPE-Gesellschaftern mit hoher Wahrscheinlichkeit zusammentreffen;

122 *Krabbe*, ZEV 1995, 286, 288.
123 Art. 24 III DBA-Schweden.
124 *Krabbe*, ZEV 1995, 286, 287.
125 Abkommen vom 22. 11. 1995 (BGBl. II 1996, S. 2565 ff.); vgl. *Troll*, ErbStG-*Jülicher*, § 2 Rn. 205, 271 ff.
126 S. *Krabbe*, ZEV 1997, 146 ff.
127 paraphiert am 6. 6. 1997, s. *Kippenberg*, ZEV 1997, 495; *Troll*, ErbStG-*Jülicher*, § 2 Rn. 206.

man denke nur an die geringen Anforderungen, die z.B. in Deutschland an das Vorliegen eines steuerlichen Wohnsitzes gestellt werden[128].

Die bisherigen Ausführungen haben gezeigt, daß eine Doppelbesteuerung von Erwerben von Todes wegen im bilateralen Verhältnis effektiv nur durch den Abschluß von Doppelbesteuerungsabkommen, die auch in Drittstaaten belegenes Vermögen erfassen, vermieden werden kann.

f) Einseitige Maßnahmen strukturell ungenügend

Einseitige Maßnahmen können zur Verhinderung der Doppelbesteuerung nicht ausreichen, da der nationale Gesetzgeber dies bei der Vielfältigkeit der ausländischen Steuerrechtsordnungen gleichheitsgemäß nur durch eine sehr weitgehende Zurücknahme der eigenen Besteuerungshoheit erreichen könnte, was seinen fiskalischen, verteilungs- und ordnungspolitischen Vorstellungen widersprechen muß, da es den Verzicht auf eigene Gestaltungsmöglichkeiten bedeutet und wirtschaftlich dem Inland zugeordnetes Vermögen vielfach ausländischer Steuergewalt überließe. Außerdem müßte der nationale Gesetzgeber Änderungen im ausländischen internationalen Steuerrecht möglichst zeitnah mitvollziehen, was langfristige Planungen der Steuerpflichtigen erschwert.

g) Völkerrechtliche Zulässigkeit der Doppelbesteuerung

Einen allgemeinen Doppelbesteuerungsvorbehalt sucht man daher in den europäischen Steuerrechtsordnungen vergebens. Auch das allgemeine Völkerrecht enthält kein Verbot der Doppelbesteuerung[129]. Die Gesetzgebung eines Staates allein kann nie eine Doppelbesteuerung bewirken; diese tritt erst im Zusammenwirken der Steuergesetzgebung mehrerer Staaten auf. Solange das einzelne nationale Steuergesetz völkerrechtskonform ist, also ausländische Wirtschaftsvorgänge und ausländisches Vermögen nur dann besteuert, wenn der Steuerpflichtige eine ausreichende Beziehung zum Inland, z.B. durch seinen Wohnsitz, seine Staatsangehörigkeit oder die Belegenheit seines Vermögens[130], aufweist, wird dieses nationale Steuergesetz auch nicht durch eine im Zusammenwirken mit ausländischen Steuergesetzen auftretende wirtschaftliche Doppelbelastung einiger Steuerpflichtiger im Einzelfall völkerrechtswidrig[131].

---

128 *Meincke*, ErbStG § 2 Rn. 6 mit Rspr.-Nachweisen; *Geck*, ZEV 1995, 249, 250; so reicht z.B. zur Begründung eines steuerlichen Wohnsitzes die Unterhaltung einer nur zwei- bis dreimal im Jahr besuchten Wohnung aus.

129 *BFH*, BStBl. II 1975, S. 497 f.; *Vogel*, Doppelbesteuerungsabkommen, Einl. Rn. 8.

130 *Vogel*, Doppelbesteuerungsabkommen, Einl. Rn. 7; für Deutschland s. *BFH* BStBl. III 1965, S. 134 f.; *BFHE* 95, 345, 348 f., st. Rspr.

131 *Vogel*, Doppelbesteuerungsabkommen, Einl. Rn. 8.

Allgemeingültige Regeln, welchem Staat der erste Zugriff bei welchem Vermögensgut gebührt, ergeben sich aus dem allgemeinen Völkerrecht nicht - die existierenden bilateralen Doppelbesteuerungsabkommen weichen teilweise erheblich voneinander ab.

h) DBA als Ausnahme

Für Deutschland wurde gezeigt, daß auch im Verhältnis zu den Staaten der Europäischen Union das Vorliegen von Doppelbesteuerungsabkommen auf dem Gebiet des Erbschaftsteuerrechts eher die Ausnahme als die Regel ist. Dies ist kein Einzelfall: Von einem flächendeckenden Netz von Doppelbesteuerungsabkommen zwischen den fünfzehn Staaten der Europäischen Union auf diesem Feld ist die Rechtswirklichkeit in der europäischen Union noch weit entfernt[132], wobei, wie sich am deutsch-griechischen Beispiel gezeigt hat[133], vor allem ältere Abkommen lückenhaft und unvollständig sind. So haben z. B. Luxemburg[134] und Portugal[135] überhaupt keine Doppelbesteuerungsabkommen abgeschlossen; wegen großzügiger Anrechnungsregeln bzw. der strikten Befolgung des Territorialitätsprinzips wurde dies wohl für überflüssig gehalten. Allein der Vergleich mit den deutschen Außensteuerregeln hat gezeigt, daß aber dennoch Doppelbesteuerungsgefahren bestehen.

Die größte Anzahl von Doppelbesteuerungsabkommen (zwischen fünf und acht) haben Frankreich, Großbritannien und die skandinavischen Staaten abgeschlossen[136]; allerdings stammen von diesen Abkommen viele aus der Zeit vor 1966, so daß sie das OECD-Musterabkommen nicht zum Vorbild haben konnten. Andererseits kann man in der geringen Anzahl bilateraler Doppelbesteuerungsabkommen jedoch auch eine Chance für eine multilaterale europäische Regelung erblicken.

---

132 Ganz im Gegensatz zu der Situation bei der Einkommensteuer; s. *Grabitz/Hilf-Schweitzer*, Kommentar zur Europäischen Union, Art. 220 EGV Rn. 4; vgl. zum flächendeckenden Netz von DBA Deutschlands mit den anderen EU-Staaten *Vogel*, Doppelbesteuerungsabkommen, Übersicht S. 1-80.

133 Übereinkommen über die Besteuerung des beweglichen Nachlaßvermögens vom 18. 11./1. 12. 1910 (RGBl. 1912, S. 173 ff.); Wiederanwendung seit dem 1.1. 1953 (BGBl. II 1953, S. 525 ff.); vgl. *Troll*, ErbStG-*Jülicher*, § 2 Rn. 205.

134 *Wacker*, Steuerberaterkongreßreport 1989, 439, 470; *Troll*, ErbStG-*Jülicher*, § 21 Rn. 115.

135 *Wacker*, Steuerberaterkongreßreport 1989, 439, 470; *Troll*, ErbStG-*Jülicher*, § 21 Rn. 123.

136 Eine Übersicht findet sich bei *Wacker*, Steuerberaterkongreßreport 1989, 439, 470 f. ; aktuell s. *Nagel*, ZEV 1998, 463 ff.

6. Die Notwendigkeit einer multilateralen Regelung zum Schutz supranationaler Kapitalgesellschaften

Die Notwendigkeit für eine solche multilaterale Regelung läßt sich an einer supranationalen Kapitalgesellschaft europäischen Rechts besonders anschaulich machen: Kapitalgesellschaftsanteile wecken die Begehrlichkeit mehrerer Rechtsordnungen: Zunächst will der Wohnsitzstaat des Erblassers zugreifen, weil diese Geschäftsanteile für ihn nur eine Anlageform des beweglichen Kapitalvermögens des Erblassers darstellen (es gibt nur einen EU-Staat, der dies nicht beansprucht; dabei handelt es sich um Portugal[137]).

Der Sitzstaat der Kapitalgesellschaft sieht in dieser nur eine zivilrechtliche Organisationsform gewerblichen, bei ihm belegenen und daher auch zu versteuernden Vermögens (diese Einschätzung wird von allen EU-Staaten geteilt[138]); gehören der Kapitalgesellschaft Betriebsstätten, die sich nicht in ihrem Sitzstaat befinden, so kann mit dieser Argumentation auch der Belegenheitsstaat dieser Vermögensgegenstände Ansprüche anmelden[139]. Zuletzt kommt als besteuernder Fiskus noch derjenige am Wohnsitzstaat des Erben[140] in Betracht; auch Anknüpfungen an die Staatsangehörigkeit des Erblassers unabhängig von seinem Wohnsitz mit oder ohne zeitliche Begrenzung sind zur Vermeidung von Steuerflucht häufig. Sofern kein Doppelbesteuerungsabkommen vorliegt, besteht angesichts der unabgestimmmten Anrechnungsregeln der EU-Staaten ein hohes Doppelbesteuerungsrisiko.

Durch die Zwischenschaltung in- oder ausländischer juristischer Personen lassen sich zwar die aus der deutschen 10 %-Schwelle resultierenden Unzuträglichkei-

137 *Troll*, ErbStG-*Jülicher*, § 2 Rn. 123.

138 Bei Doppelbesteuerungsabkommen steht sie allerdings zur Disposition; vgl. die DBA Deutschlands mit Österreich, Schweden und Dänemark. Außerdem werden in einigen Staaten Anteile an Kapitalgesellschaften nur unter bestimmten Umständen besteuert: So muß in Deutschland eine Grenze von 10 % erreicht werden, bevor die Steuerpflicht greift (§§ 2 I , Nr. 3 ErbStG iVm § 121 Nr. 4 BewG). In den Niederlanden sind Geschäftsanteile nur bei Mitunternehmerschaft der Besitzwechselsteuer unterworfen (s. *Troll*, ErbStG-*Jülicher*, § 21 Rn. 119).

139 Dies wird bei Kapitalgesellschaften wohl nur dann vorkommen, wenn die Steuerbehörde zu der Einschätzung gelangt, die rechtliche Gestaltung sei mißbräuchlich und daher unbeachtlich; vgl. hierzu Art. 43 II DBA-Schweden; Art. 45 II lit. a DBA-Dänemark, die einen Mißbrauchsvorbehalt enthalten. S. auch *Krabbe*, ZEV 1995, 286, 288; ZEV 1997, 146, 148.

140 Soweit ersichtlich verfährt nur Deutschland so; vgl. § 2 I, 1 ErbStG.

ten gestalterisch minimieren[141]; doch soll die SPE gerade für kleinere und mittlere Unternehmen eine Form rechtlich abgesicherten, grenzüberschreitenden unternehmerischen Handelns bieten[142]; komplizierte, teuere und ständige gestalterische Begleitung erfordernde rechtliche Konstruktionen müßten den anvisierten Adressatenkreis abschrecken.

141 S. dazu *Piltz*, ZEV 1997, S. 494 f.; besonders im Bereich der Einkommenssteuer können hier Schwierigkeiten auftauchen.
142 *Hommelhoff*, WM 1997, 2101, 2104.

IV. Europarechtliche Grundlagen für einen Abbau der Doppelbesteuerung

Es ist daher zu fragen, ob die SPE ohne erbschaftsteuerrechtliche Änderungen in der Europäischen Union die ihr zugedachte Aufgabe überhaupt erfüllen kann, und auf welchen gemeinschaftsrechtlichen Grundlagen ein Abbau der Doppelbesteuerung bei der Erbschaftsteuer fußen könnte.

1. Kompetenz der EG zum Abbau der Doppelbesteuerung

Der Abbau der Doppelbesteuerung ist ein anerkanntes Ziel des EGV, wenn durch diese der gemeinsame Markt oder die Ausübung der Grundfreiheiten des EG-Vertrages beeinträchtigt wird[143]. Auf der Grundlage von Art. 94 EG[144] ist der europäische Gesetzgeber auch im Bereich der direkten Steuern[145] im Sinne einer Abschaffung der Doppelbesteuerung[146] tätig geworden, um nationale Normen mit unmittelbarem Binnenmarktbezug zu harmonisieren. Die Fusionsrichtlinie[147] und die Mutter-Tochter-Richtlinie[148] greifen zur Vermeidung von Doppelbesteuerung unmittelbar in das nationale Steuerrecht ein[149]. Allerdings sind jeweils nur auf den Marktteilnehmern lastende Ertragssteuern betroffen. Für die Erbschaftsteuer kann eine Regelungskompetenz des europäischen Gesetzgebers nach Art. 94 EG nur anerkannt werden, wenn auch dort die Doppelbesteuerung

143 Vgl. Art. 3 lit. c EG; (vgl. die neue Zitierweise des EuGH zur Vermeidung von Verwechselungen der Fassungen des EGV vor und nach dem 1. 5. 1999, NJW 2000, 52); *von der Groeben/Thiesing/Ehlermann-Schwartz*, Kommentar zum EGV, Art. 220 Rn. 74; *Endres*, RIW 1994, 572, 573.

144 Art. 100 EGV a.F.

145 Für die indirekten Steuern berechtigt und verpflichtet ihn Art. 93 EG (Art. 99 EGV a.F.) zur Harmonisierung, vgl. *Dauses-Voß*, Handbuch des EG-Wirtschaftsrechts, J Rn. 156 ff.

146 *Dauses-Voß*, Handbuch des EG-Wirtschaftsrechts, J Rn. 109, 113.

147 Richtlinie vom 23. 06. 1990 über das gemeinsame Steuersystem für Fusionen, Spaltungen, die Einbringung von Unternehmensteilen und den Austausch von Anteilen, die Gesellschaften verschiedener Mitgliedstaaten betreffen (Abl. 1990, Nr. L 225/1); näher: *Dauses-Voß*, Handbuch des EG-Wirtschaftsrechts J Rn. 81-108; *Endres*, RIW 1994, 572, 578 ff.

148 Richtlinie vom 23. 07. 1990 über das gemeinsame System der Mutter- und Tochtergesellschaften verschiedener Mitgliedstaaten (Abl. 1990, Nr. L 225/6); näher: *Dauses-Voß*, Handbuch des EG-Wirtschaftsrechts J Rn. 109 ff.; *Endres*, RIW 1994, 572, 576 ff.

149 Anschaulich zu Problemen bei der Umsetzung der Richlinien: *Thömmes*, Europarechtliche Probleme aus der Praxis des Internationalen Steuerrechts, S. 29 ff.

die Grundfreiheiten und das Funktionieren des gemeinsamen Marktes beeinträchtigt[150]. Um direkte Steuern mit ausschließlich örtlichem Wirkungskreis, die von vornherein nicht in den Anwendungsbereich des EGV fallen[151], handelt es sich bei Erbschaftsteuern jedenfalls nicht.

a) Binnenmarktrelevanz der Erbschaftsteuer

Gegen die Binnenmarktrelevanz der Erbschaftsteuer als Substanzsteuer spricht, daß diese an einen der Privatsphäre zuzuordnenden Vorgang anknüpft und nicht direkt wirtschaftliches Handeln besteuert[152].

aa) Indirekte Auswirkungen auf den Binnenmarkt

Doch sind die indirekten Auswirkungen der (womöglich doppelten) Substanzbesteuerung auf die im gemeinsamen Markt von den Marktteilnehmern zu fällenden Entscheidungen beträchtlich. Für den Entschluß, in einem anderen Mitgliedstaat der Europäischen Union zu investieren oder zwecks Ausübung einer wirtschaftlichen Tätigkeit seinen Lebensmittelpunkt dorthin zu verlegen - also für die Entscheidung, die für den Binnenmarkt wesentlichen Grundfreiheiten der Kapitalverkehrsfreiheit und Niederlassungsfreiheit wahrzunehmen[153] - kann die substanzverzehrende Besteuerung im Erbfall von nicht minder großer Bedeutung sein als die unmittelbar den Ertrag des eigenen Wirtschaftens betreffenden Steuern auf das Einkommen der natürlichen und juristischen Personen[154].

Abgesehen von dem Umstand, daß die Erbschaftsteuer immer auf den nicht konsumierten Ertrag wirtschaftlichen Handelns zugreift, kann eine Erbschaftsteuerbelastung gerade für kleine und mittlere Unternehmen eine bedeutende Belastung der Liquidität mit sich bringen, für die Vorsorge zu treffen ist. Sowohl die Besteuerung als solche als auch die notwendige finanzielle Vorsorge können daher wettbewerbsverzerrenden Charakter haben[155]. Die erkannte Gefahr einer

150 *Dauses-Voß*, Handbuch des EG-Wirtschaftsrechts J Rn. 52; *Nicolaysen*, Europarecht II, S. 129.

151 *Dauses-Voß*, Handbuch des EG-Wirtschaftsrechts J Rn. 31.

152 Die Zugehörigkeit eines Sachverhalts zum Erbrecht allein kann die Anwen-dung des EG-Rechts allerdings nicht hindern, s. *EuGHE* 1993, 3791 (Rs. C-20/92-Hubbard); unzutreffend daher *FG Düsseldorf*, EWS 1998 146 f. mit krit. Anm. von *Dautzenberg*, aaO. 147 f.

153 *Wassermeyer*, Das Fehlen von Erbschaftsteuerdoppelbesteuerungsabkommen innerhalb der EU, EuZW 1995, 813; *von der Groeben/Thiesing/Ehlermann-Schwartz*, Kommentar zum EGV, Art. 220 Rn. 76.

154 *Dautzenberg/Brüggemann*, RIW 1997, 882.

155 Was nicht im Sinne des EGV ist, vgl. Art. 3 lit. g EG; s.a. *von der Groeben/Thiesing/Ehlermann-Schwartz*, Kommentar zum EGV, Art. 220 Rn. 76.

doppelten Erbschaftbesteuerung wird, sofern ihr nicht durch rechtsgestaltende Maßnahmen[156] sicher zu begegnen ist, eine Investitionsentscheidung im Binnenmarkt verbieten; die nicht erkannte Gefahr kann das Ende des betroffenen Unternehmens bedeuten, was unabhängig von dessen Rechtsform eine abschreckende Wirkung auf die Marktteilnehmer haben muß.

bb) Ergebnis

Wirtschaftlich prohibitiv wirkende Substanzbesteuerung als Folge der Ausübung der Grundfreiheiten des EG-Vertrages verzerrt den Wettbewerb, verhindert die Inanspruchnahme dieser Grundfreiheiten und fällt damit in den vom europäischen Gesetzgeber gemäß Art. 94 EG regelbaren Bereich[157]. Auch der Umstand, daß die Erbschaftsteuer nicht direkt den Erblasser, also denjenigen, der eine Investitionsentscheidung im Hinblick auf eine spätere steuerliche Belastung seiner Erben zu treffen hat, belastet, sondern erst dessen wirtschaftliche Vermögensnachfolger, ändert nichts an der schon bestehenden Steuerpflicht seines Vermögens und der damit einhergehenden Beschränkung seiner Dispositionsfreiheit, auch wenn sich diese erst beim Tode des Erblassers realisiert. Der direkte Zusammenhang zwischen der Erbschaftsteuer und dem freien Kapitalverkehr wird zudem auch in der Kapitalverkehrsrichtlinie[158] erwähnt.

b) Bedeutung von Art. 293, 2.Spiegelstrich EG[159]

aa) Art. 293, 2. Spiegelstrich EG als ius cogens

Die Doppelbesteuerung auf dem Gebiet der Erbschaftsteuer ist, solange der europäischen Gesetzgeber untätig bleibt, außerdem durch den Abschluß von Abkommen gemäß Art. 293, 2. Spiegelstrich EG abzubauen. Diese Vorschrift ist keine überflüssige Bestätigung des Rechts der Mitgliedstaaten, untereinander Verträge abzuschließen, solange der europäische Gesetzgeber noch nicht gehan-

156 Für die deutsche 10 %-Problematik bei der Anrechnung von auf Geschäftsanteile entfallender ausländischer Steuer, s. *Piltz*, ZEV 1997, 494 f.

157 *Dautzenberg/Brüggemann*, BB 1997, 123, 124; *von Borries*, EuZW 1997, 446 f.; die Anwendung von Art. 95 I EG (Art. 100 lit. a EGV a.F.) scheidet aufgrund ausdrücklicher Anordnung in (Art. 100 lit. a II EGV a.F.) aus. Auch die Artt. 40 EG (Art. 49 I EGV a.F.) oder 96 II EG (101 II EGV a.F.) kämen als Rechtsgrundlage in Betracht, da die Doppelbesteuerung im Bereich der Erbschaftsteuer den Wettbewerb und die Freizügigkeit der Arbeitnehmer beeinträchtigt; doch sind diese Beeinträchtigungen nur Teilaspekte der dem gemeinsamen Markt zuwiderlaufenden Auswirkungen dieser Doppelbesteuerung, so daß Art. 94 EG die einschlägige Rechtsgrundlage ist.

158 Vom 24. 06. 1988 (Abl. 1988, Nr. L 178, s. S. 5 ff, Anhang, Titel XIII, Buchstabe A).

159 Art. 220 EGV a.F.

delt hat[160], sondern enthält die Verpflichtung der Mitgliedstaaten, entsprechende Verhandlungen zu führen[161]. Die gerichtliche Erzwingung des Abschlusses von Doppelbesteuerungsabkommen erlaubt Art. 293 EG dem EG-Bürger allerdings nicht, da er die Staaten lediglich zur Aufnahme von Verhandlungen, nicht aber zum Abschluß entsprechender Abkommen innerhalb einer bestimmten Frist verpflichtet[162].

bb) Art. 293, 2. Spiegelstrich EG und das Subsidiaritätsprinzip

Aus der Wendung „soweit erforderlich" ergibt sich, daß Art. 293 EG gegenüber den Ermächtigungsgrundlagen des EGV für die EG-Organe subsidiär ist[163], denn sobald eine Kompetenz der Gemeinschaft für den Abbau der Doppelbesteuerung ausgeübt wird, besteht keine Notwendigkeit für Doppelbesteuerungsabkommen mehr, womit dem Abschluß solcher Abkommen zwischen den Mitgliedstaaten die Grundlage entzogen ist. Die Existenz von Art. 293 EG berührt daher die Handlungsfähigkeit der Gemeinschaft als solcher nicht. Es ist zwar umstritten, ob Art. 293, 2. Spiegelstrich EG sogar die Bedeutung hat, die wenigen Bereiche festzulegen, in denen sich die Mitgliedstaaten eine horizontale, mit der Gemeinschaftskompetenz konkurrierende Regelungszuständigkeit vorbehalten haben, solange die Gemeinschaft die ihr für die gleichen Bereiche zugewiesene Kompetenz nicht ausübt, so daß in allen anderen Bereichen der konkurrierenden Gemeinschaftskompetenz eine Rechtsangleichung durch Staatsverträge unzulässig geworden sei[164]. Doch ein Vorrang von Abkommen nach dieser Norm vor der konkurrierenden Gemeinschaftszuständigkeit wird nicht vertreten. Dies wäre auch mit der neuen Rechtsprechung des EuGH zur Niederlassungsfreiheit der Gesellschaften[165] nicht vereinbar; im Bereich der Anerkennung von Gesell-

---

160 In diesem Sinne interpretiert jedoch *Geiger*, Kommentar zum EG-Vertrag, Art. 293 Rn. 1 die Norm als reine Absichtserklärung.

161 *EuGHE* 1976, 1473, 1484, Rn. 9 (Rs. 12/76-Tessili/Dunlop); *Grabitz/Hilf-Schweitzer*, Kommentar zur Europäischen Union, Art. 220 Rn. 5; *von der Groeben/Thiesing/Ehlermann-Schwartz*, Kommentar zum EGV, Art. 220 Rn. 24 ff.

162 *EuGHE* 1985, 2681, 2694 Rn. 11 (Rs. 137/84-Mutsch), *EuGH*, EWS 1998, 216 ff (Rs. C-336/96-Gilly), dazu *Klapdor*, aaO. S. 263 f. und zum Vorlagebeschluß des Tribunal Administratif Straßburg *Dautzenberg*, RIW 1997, 141 ff.; s. auch *Dautzenberg/Brüggemann*, BB 1997, 123, 124.

163 *Grabitz/Hilf-Schweitzer*, Kommentar zur Europäischen Union, Art. 220 Rn. 2; *Dauses-Voß*, Handbuch des EG-Wirtschaftsrechts, J Rn. 52; *von der Groeben/Thiesing/Ehlermann-Schwartz*, Kommentar zum EGV, Art. 220 Rn. 4, 55; *Knobbe-Keuk*, DB 1990, 2573, 2580; *Vedder*, Einwirkungen des Europarechts auf das innerstaatliche Recht und auf internationale Verträge der Mitgliedstaaten: Die Regelung der Doppelbesteuerung, S. 11.

164 S. *Helms*, Die Europäische Privatgesellschaft, S. 56 f.

165 EuGH, Urt. v. 9. 3. 1999 - Rs. C-212/97 (Centros Ltd/Erhvervs- og

schaften hindert Art. 293, 3. Spiegelstrich EG das Eingreifen des sonstigen Gemeinschaftsrechts nicht. Die Bedeutung des Art. 293, 2. Spiegelstrich EG verhält sich demnach genau umgekehrt zu Art. 5 EG[166] : Art. 293, 2. Spiegelstrich EG wirkt als Subsidiaritätsprinzip zugunsten der Gemeinschaftskompetenzen, nicht als Kompetenzausübungsschranke für die Gemeinschaft.

Art. 5 EG seinerseits bewirkt ebenfalls keinen Vorrang bilateraler oder multilateraler Abkommen gemäß Art. 293 EG vor der Ausübung der Gemeinschaftskompetenzen: Nach Art. 5 EG wird die Gemeinschaft nur tätig, wenn die Ziele der beabsichtigten Maßnahmen auf der Ebene der Mitgliedstaaten nicht ausreichend erreicht werden können und sich daher auf Gemeinschaftsebene besser verwirklichen lassen[167]. Eine weitere Kompetenzausübungsschranke[168] setzt Art. 5 III EG mit dem Prinzip der Erforderlichkeit und Verhältnismäßigkeit, dem eine Maßnahme nunmehr auch im Verhältnis der Gemeinschaft zu den Mitgliedstaaten genügen muß[169]. Sinn des allgemeinen Subsidiaritätsprinzips ist die Schaffung einer Union, in der die Entscheidungen möglichst bürgernah getroffen werden[170]. Damit ist ein Stufensystem der Kompetenzverteilung von der örtlichen, regionalen über die staatliche bis hin zur gemeinschaftlichen Ebene gemeint, keinesfalls soll völkerrechtliche Kooperation der Mitgliedstaaten die Gemeinschaftskompetenzen beschneiden können[171].

Eine solche Kooperation zeigt gerade, daß auf einzelstaatlicher Ebene das angestrebte Ziel nicht zu erreichen war. Eine multilaterale Kooperation aller EU-Mitgliedstaaten könnte andernfalls immer die Gemeinschaftskompetenzen obsolet machen. Auch die Aussage der Norm, daß die Wirkung und Reichweite der angestrebten Ziele eine gemeinschaftsrechtliche Regelung notwendig machen kann, ist nur zu verstehen, wenn multilaterale Abkommen der Mitgliedstaaten nicht in die Abwägung miteingestellt werden, denn solche Abkommen stehen in ihrer Wirkung oder Reichweite den Gemeinschaftsmaßnahmen um nichts

---

Selskabsstyrelsen), EuZW 1999, 216 ff. = NJW 1999, 2027 ff.; vgl. oben D. I. 1. a).

166 Art. 3 lit. b EGV a.F.

167 *Calliess*, Subsidiaritäts- und Solidaritätsprinzip in der Europäischen Union, S. 92 f.; *Streinz*, Europarecht, Rn. 145 lit. a; *Geiger*, Kommentar zum EG-Vertrag, Art. 5 Rn. 8; vgl. auch *Pipkorn*, EuZW 1992, 687 ff.

168 S. dazu *Helms*, Die Europäische Privatgesellschaft, S. 51.

169 *Streinz*, Europarecht, Rn. 145 lit. b; *Geiger*, Kommentar zum EG-Vertrag, Art. 5 Rn. 13 f.

170 So wörtlich Absatz 11 der Präambel zum EU-Vertrag.

171 S. *von der Groeben/Thiesing/Ehlermann-Schwartz*, Kommentar zum EGV, Art. 220 Rn. 87 f.

nach[172]. Letztlich gründet das gesamte Gemeinschaftsrecht nicht auf der Kooperation der Rechtsordnungen, sondern auf ihrer Intergration in eine gemeinsame Rechtsordnung[173]. Völkerrechtliche Kooperation bedeutet zudem keinen Gewinn an Bürgernähe und kann aus diesen Gründen aus dem Subsidiaritätsprinzip heraus keinen Vorrang vor dem Handeln der Gemeinschaft beanspruchen.

cc) Vergleich zum deutschen Verfassungsrecht

Dies stellt einen wesentlichen Unterschied zwischen dem Verhältnis der Mitgliedstaaten der EU zu der Gemeinschaft und dem Verhältnis der deutschen Länder zum Bund dar. Art. 72 II GG und Art. 5 EG mögen in ihrem jeweiligen Bereich ähnliche Funktion haben, nämlich auf dem Gebiet der konkurrierenden Gesetzgebung die Gliedstaaten vor übermäßiger Zentralisierung und Aushöhlung ihrer Kompetenzen zu schützen, doch unterscheiden sich beide Normen, was die Erforderlichkeitsprüfung des Handelns der zentralen Ebene angeht, bei der Beurteilung von kooperativem Handeln der Gliedstaaten grundlegend: Im deutschen Verfassungsrecht entfällt die konkurrierende Gesetzgebungskompetenz des Bundes bei rechtzeitiger Selbstkoordination der Länder[174]. Dem europäischen Recht ist ein derartiger Mechanismus fremd.

dd) Ergebnis

Für die Beseitigung der Doppelbesteuerung auf dem Gebiet der Erbschaftsteuer bedeutet dies jenseits des Umstands, daß bilaterale DBA ohnehin die Doppelbesteuerung im gemeinsamen Markt nicht vollkommen beseitigen können, daß auch multilaterale DBA die Gemeinschaftskompetenz gemäß Art. 94 EG unberührt lassen.

c) Art. 308 EG[175]

Zuletzt ist noch auf die in Art. 308 EG enthaltene Rechtssetzungskompetenz der Gemeinschaft zu verweisen, die, falls erforderlich, auch eine Harmonisierung auf dem Gebiet der direkten Steuern erlauben würde[176]. Wegen der Vorrangigkeit des Art. 94 EG wird diese Vorschrift für die Steuerharmonisierung aber kaum praktisch werden.

---

172 S. *von der Groeben/Thiesing/Ehlermann-Schwartz*, Kommentar zum EGV, Art. 220 Rn. 89.
173 *Helms*, Die Europäische Privatgesellschaft, S. 56 mN.
174 S. nur *Jarass/Pieroth*, Grundgesetz, Art. 72 Rn. 9.
175 Art. 235 EGV a.F.
176 *Dauses-Voß*, Handbuch des EG-Wirtschaftsrechts, J Rn. 57.

2. Untätigkeit des Europäischen Gesetzgebers

Aufgrund der sowohl in Art. 94 EG als auch in Art. 308 EG zum Erlaß von die nationalen Steuerrechtsordnungen harmonisierenden Richtlinien erforderlichen Einstimmigkeit im Rat und der Zurückhaltung der Mitgliedstaaten bei der Vergemeinschaftung ihrer Fiskalkompetenzen[177], ist die europaweite Harmonisierung auf dem Gebiet der direkten Steuern bis heute weitgehend theoretisch geblieben[178]. Entschärft für die Problematik der Doppelbesteuerung auf dem Gebiet der Ertragssteuern wird dieser Zustand durch das flächendeckende Netz von Doppelbesteuerungsabkommen der EU-Staaten[179], wobei allerdings die mögliche Harmonisierung der direkten Steuern durch europäisches Recht sehr viel weiter gehen könnte als die reine Vermeidung von Doppelbesteuerung.

177 Vgl. besonders Art. 95 II EG (Art. 100 lit. a II EGV a.F.), der Bestimmungen über Steuern zur Verwirklichung des Binnenmarktes von der Beschlußfassung mit qualifizierter Mehrheit ausnimmt; *Trzaskalik*, Der Einfluß des Europarechts auf das nationale Steuerrecht, S. 129.

178 *Heinicke*, DStR 1998, 1332 ff.

179 *Grabitz/Hilf-Schweitzer*, Kommentar zur Europäischen Union, Art. 220 EGV Rn. 4; vgl. zum flächendeckenden Netz von DBA Deutschlands mit den anderen EU-Staaten *Vogel*, Doppelbesteuerungsabkommen, Übersicht S. 1-80.

V. Individualrechte des Steuerpflichtigen aus dem EGV

Jenseits der rechtlichen Möglichkeiten der EG-Organe, die Doppelbesteuerung bei der Erbschaftsteuer abzubauen, ist im Hinblick auf die Untätigkeit dieser Organe die Rechtsstellung des einzelnen Unionsbürgers aus europarechtlicher Sicht bzgl. der Erbschaftsteuer und besonders einer doppelten Belastung mit dieser Steuer zu untersuchen. Völkerrechtswidrig ist die Doppelbesteuerung wie gesehen nicht[180]; aus den Verpflichtungen der Mitgliedstaaten der Europäischen Union kann sich aber dennoch ein Rechtsverstoß ergeben. Eine der Doppelbesteuerung durch zwei EU-Staaten entgegenstehende Rechtsposition könnte sich direkt aus den Grundfreiheiten des EG-Vertrages herleiten lassen.

In Betracht kommen hierbei die Freizügigkeit für Arbeitnehmer aus Art. 39 EG (Art. 48 EGV a. F.), die Niederlassungsfreiheit aus Art. 43 EG (Art. 52 EGV a.F.) und die Kapitalverkehrsfreiheit aus Art. 56 EG (Art. 73 lit. b EGV a.F.).

1. Diskriminierende Vorschriften der nationalen Erbschaftsteuerrechte jenseits der Doppelbesteuerung

Die gemeinschaftsrechtliche Zulässigkeit der Doppelbesteuerung von Erbschaften hängt eng mit der Zulässigkeit von direkt oder indirekt diskriminierenden Vorschriften innerhalb der nationalen Erbschaftsteuerrechte zusammen.
Deshalb beginnt die folgende Darstellung mit der Beurteilung von Diskriminierungen der nationalen Steuerrechte durch den EuGH, der sich allerdings bis heute nicht mit den nationalen Erbschaftssteuern befaßt hat, weswegen auf seine Rechtsprechung bzgl. anderer Steuerarten zurückgegriffen werden muß.

2. EGV und beschränkte Erbschaftsteuer

a) Freizügigkeit der Arbeitnehmer (Art. 39 EG)

Der Grundsatz der Freizügigkeit der Arbeitnehmer gilt unmittelbar und gewährt jedem EU-Bürger das Recht, sich in einem Mitgliedstaat aufzuhalten und dort einer Beschäftigung nachzugehen oder sich eine solche zu suchen[181]. Im Wege einer Ausgestaltung des in der Grundfreiheit der Freizügigkeit enthaltenen Diskriminierungsverbotes sind Arbeitnehmern aus anderen EU-Staaten dieselben

180 *BFH*, BStBl. II 1975, S. 497, 498; *Vogel*, Doppelbesteuerungsabkommen, Einl. Rn. 8.
181 *EuGHE* 1979, 1185 ff. Rn. 11 f. (Rs. 118/75); *Streinz*, Europarecht Rn. 745.

steuerlichen und sozialen Vergünstigungen zu gewähren wie inländischen Arbeitnehmern[182].

aa) Der Fall Schumacker

In einem vielbeachteten[183] Urteil hat der EuGH steuerliche[184] Ungleichbehandlung von Nichtgebietsansässigen unter bestimmten Umständen für unzulässig, da gegen Art. 48 EGV a.F. (Art. 39 EG) verstoßend, erklärt[185]. Es handelte sich um den Fall eines in Belgien wohnhaften Belgiers, der seine Einkünfte ausschließlich aus unselbständiger Arbeit in Deutschland bezog und diese Einkünfte als beschränkt Steuerpflichtiger auch nur dort zu versteuern hatte. Die aus der Nichtansässigkeit in Deutschland folgende Rechtsstellung als beschränkt Steuerpflichtiger brachte für den Kläger im Einkommenssteuerrecht[186] bedeutende Nachteile mit sich: So wurde ihm der Splittingvorteil des § 26 lit. b EStG verweigert und er war vom Lohnsteuerjahresausgleich ausgeschlossen[187].

bb) Feststellung einer steuerlichen Diskriminierung

Zunächst stellt der EuGH fest, daß ein Mitgliedstaat einen Staatsangehörigen eines anderen Mitgliedstaates bei der Besteuerung seines aufgrund der Inanspruchnahme seiner Grundfreiheit aus Art. 39 EG erzielten Einkommens nicht schlechter stellen darf als seine eigenen Staatsangehörigen[188].

---

182 S. *von der Groeben/Thiesing/Ehlermann-Wölker*, Kommentar zum EGV, Art. 48 Rn. 41; *Bleckmann*, Europarecht, Rn. 1562.

183 S. *von der Groeben/Thiesing/Ehlermann-Wölker*, Kommentar zum EGV, Art. 48 Rn. 45, Fn. 155 mwN.; *De Weerth*, RIW 1995, 395 ff.; *ders.*, RIW 1995, 928 ff.; *Kaefer*, DB 1995, 642 ff.; *Dautzenberg*, BB 1995, 2397 ff.; s. auch aktuell *Heinicke*, DStR 1998, 1332, 1333 f. Die Rechtsprechung des *EuGH* ist für den Bereich der direkten Steuern wesentlich bedeutsamer als die erlassenen Richtlinien, s. *Trzaskalik*, Der Einfluß des Europarechts auf das nationale Steuerrecht, S. 129; zur Bedeutung des Richterrechts in der EU allgemein: *Everling*, FS Mestmäcker, S. 365, 377 ff.

184 Bejahend zur Kontrolle des direkten Steuerrechts anhand des EGV: *Kaefer/Saß*, DB 1995, 642, 643; *Knobbe-Keuk*, EuZW 1995, 167; *De Weerth*, RIW 1995, 395, 397; zur weiteren Entwicklung s. *De Weerth*, RIW 1997, 482 ff. und RIW 1998, 471 ff.

185 *EuGHE* 1995, 225 ff. = EuZW 1995, 177 ff. (Schumacker, Rs. C-279/93); in der Verweigerung des Anspruchs auf Steuererstattung bei Nichtgebietsansässigen hat der *EuGH* ebenfalls eine unzulässige Diskriminierung gesehen; s. *EuGHE* 1990, 1779 (Rs. C-175/88-Biehl). So bereits *Knobbe-Keuk*, EuZW 1991, 649, 655 f.

186 Für das deutsche Erbschaftsteuerrecht gilt nichts anderes, s. § 16 II ErbStG.

187 §§ 39 lit. d, 50 V EstG a.F.; s handelte sich demnach nicht um eine doppelte, sondern um eine ungleiche Besteuerung.

188 *EuGHE* 1995, 225, 258 Rn. 24 = EuZW 1995, 177, 178 (Rs. C-279/93-Schumacker). Zur Entwicklung der Rechtsprechung des EuGH zum Steuerrecht s. *Montag*, NJW 2000, 32, 35 f.

Art. 39 EG verbietet auch indirekte Diskriminierungen; bei der Differenzierung nach der Ansässigkeit eines Steuerpflichtigen kann es sich um eine solche indirekte oder versteckte Diskriminierung handeln, da im Ergebnis der Anwendung dieses Kriteriums zumeist Staatsangehörige anderer Staaten wegen ihrer überwiegenden Ansässigkeit im Ausland schlechter behandelt werden als die Staatsbürger des besteuernden Staates[189]. Eine verbotene Diskriminierung liegt aber nicht vor, wenn die Situation der nichtansässigen Steuerpflichtigen derjenigen der Gebietsansässigen nicht entspricht, so daß eine Ungleichbehandlung einer gleichartigen Situation nicht gegeben ist.

Bei der Einkommensbesteuerung hält der EuGH die Unterscheidung nach der Gebietsansässigkeit nicht grundsätzlich für eine versteckte Diskriminierung, da in der Regel nur im Wohnsitzstaat die vollständige Berücksichtigung der familiären Situation und der wirtschaftlichen Leistungsfähigkeit des Steuerpflichtigen möglich und angezeigt ist, da er üblicherweise dort den Hauptteil seiner Einkünfte erzielt. Im Quellenstaat dagegen erzielt er typischerweise nur einen Teil seiner Einkünfte, so daß eine Gleichbehandlung mit den Gebietsansässigen in der Wertung seiner persönlichen Lebensumstände nicht erforderlich ist. Weicht die persönliche Situation des Steuerpflichtigen dagegen von dem durch den Steuergesetzgeber zulässigerweise für typisch gehaltenen Muster ab, so kann im Einzelfall durchaus eine verbotene Diskriminierung vorliegen. Im zu entscheidenden Fall erzielte der Kläger in seinem Wohnsitzstaat überhaupt keine Einkünfte, so daß eine einkommenssteuerliche Berücksichtigung seines Familienstandes und seiner gesamten persönlichen Situation dort nicht möglich war[190].

cc) Verbotene Diskriminierung durch das faktische Zusammenwirken zweier Rechtsordnungen

Eine verbotene indirekte Diskriminierung ergab sich hier für den EuGH aus dem Zusammenspiel zweier für sich genommen vollkommen EGV-konformer Steuerrechtsordnungen[191]. Das Zusammenwirken der deutschen und der belgischen Einkommensbesteuerung führten zu einer durch die persönliche Leistungsfähig-

---

189 *EuGHE* 1995, 225, 259 Rn. 26-29 = EuZW 1995, 177, 178 (Rs. C-279/93); s. schon *EuGH*, RIW 1986, 739, 740, Rn. 18 (Rs. 270/83-avoir fiscal) und *EuGHE* 1990, 1789 Rn. 13 f. (Rs. C-175/88-Biehl); bestätigt von *EuGH*, EWS 2000, 301 (Rs. C-87/99-Patrick Zurstrassen); *Herzig/Dautzenberg*, DB 1992, 2519, 2521.

190 Zur Reaktion des deutschen Gesetzgebers vgl. *Kaefer*, BB 1995, 1615 ff.; *Saß*, DB 1996, 295 ff.

191 *EuGHE* 1995, 225, 261 Rn. 38 = EuZW 1995, 177, 179 (Rs. C-279/93): „Im Fall eines Gebietsfremden, ... , besteht die Diskriminierung darin, daß seine persönliche Lage und sein Familienstand weder im Wohnsitzstaat noch im Beschäftigungsstaat berücksichtigt werden.".

keit des Steuerpflichtigen europarechtlich nicht gerechtfertigten zusätzlichen steuerlichen Belastung im Vergleich zu anderen Steuerpflichtigen, die von den Grundfreiheiten des Gemeinsamen Marktes keinen Gebrauch gemacht hatten. Auf diese wesentliche Aussage wird im weiteren zurückzukommen sein.

b) Übertragbarkeit dieser Rechtsprechung auf die Niederlassungsfreiheit (Art. 43 EG = Art. 52 EGV a.F.)

aa) Regelungsinhalt

Art. 43 EG schützt mit der Niederlassungsfreiheit das Recht der natürlichen und juristischen Personen in einem EU-Staat, der nicht ihr Heimatstaat ist, einer selbständigen Tätigkeit nachzugehen, ohne dabei gegenüber Inländern benachteiligt zu werden[192]. Er ist unmittelbar anwendbar und umfaßt auch indirekte Diskriminierungen[193]. Dieses Diskriminierungsverbot wurde vom EuGH immer weiter in Richtung eines generellen Behinderungsverbots EU-ausländischer Niederlassungen ausgeweitet, dem nur zwingende Gründe des Allgemeinwohls unter Beachtung des Verhältnismäßigkeitsprinzips standhalten[194]. Daher ist die Rechtsprechung des EuGH zur Verletzung der Freizügigkeit der Arbeitnehmer durch steuerliche Diskriminierung auf die Besteuerung von Einkünften aus selbständiger Arbeit im Rahmen der Prüfung, ob eine gemäß Art. 43 EG verbotene Diskriminierung vorliegt, übertragbar[195].

---

192 *Streinz*, Europarecht, Rn. 754.

193 *EuGH*, RIW 1986, 739, 740 Rn. 18 (Rs. 270/83-avoir fiscal); *Bleckmann*, Europarecht, Rn. 1659 f.; *Rädler/Lausterer*, DB 1993, 451, 453; dort zu den Konsequenzen aus Art. 52 EGV a.F. für die Unterwerfung ausländischer Betriebstätten in Deutschland unter die Körperschaftsteuer.

194 *EuGHE* 1984, 2971 (Rs. C-107/83-Klopp); *EuGHE* 1986, 1482 (Rs. 96/85-Ärzte/Zahnärzte); *EuGHE* 1993, 1663 Rn. 32 (Rs. 19/92-Kraus); *EuGH*, EWS 1996, 26 (Rs. C-55/94-Gebhard); *EuGH*, EuZW 1997, 443 ff. (Rs. C-250/95-Futura Participations); *von der Groeben/Thiesing/Ehlermann-Troberg*, Kommentar zum EGV, Art. 52 Rn. 46 ff.; *Knobbe-Keuk*, DB 1990, 2573, 2577; *Behrens*, EuR 1992, 145, 153 f.; *von Borries*, EuZW 1997, 444; *Eberhartinger*, EWS 1997, 43, 46 ff.; *Everling*, FS Mestmäcker, S. 365, 369; zurückhaltender noch *Classen*, EWS 1995, 97 ff.; *Steindorff*, ZHR 158 (1994), 149 ff.; nun aber anders angesichts der Rspr. *ders.*, EGV und Privatrecht, S. 85 ff.

195 *Trzaskalik*, Der Einfluß des Europarechts auf das nationale Steuerrecht, S. 130; in diesem Sinne bereits *Knobbe-Keuk*, EuZW 1991, 649, 655 f.; s.a. *Rädler*, DB 1995, 793, 794.

bb) Der Fall Werner

Eine scheinbar entgegenstehende Entscheidung[196], in der in einem ansonsten vergleichbaren Fall ein Deutscher mit Wohnsitz in den Niederlanden und selbständiger Tätigkeit in Deutschland seine Forderung nach Gleichbehandlung mit den in Deutschland Gebietsansässigen vor dem EuGH nicht durchsetzen konnte, beruhte auf dem Mangel an Bezug zum Gemeinsamen Markt im konkreten Fall; das Vorliegen eines Auslandswohnsitzes reichte dem EuGH nicht aus, um das Verhältnis eines sein gesamtes Berufsleben in Deutschland verbracht habenden Deutschen zum deutschen Fiskus der Überprüfung nach Art. 52 EGV a.F. zu unterwerfen[197], da reine Inlandssachverhalte nicht seiner Kompetenz unterfallen[198]. Auch juristische Personen werden durch Art. 43 EG vor steuerlicher Diskriminierung im EG-Ausland geschützt[199].

c) Übertragung der Schumacker-Rechtsprechung auf die Erbschaftsteuer

Eine Übertragung dieser Rechtsprechung auf die Erbschaftsteuer bietet sich deshalb an[200], weil auch sie die Unterscheidung zwischen unbeschränkter und beschränkter Steuerpflicht kennt. In Deutschland unterliegt z. B. das Inlandsvermögen i. S. des § 121 BewG der beschränkten Erbschaftsteuerpflicht, wenn weder der Erblasser noch der Erbe ihren Wohnsitz im Inland haben und daher keine unbeschränkte Erbschaftsteuerpflicht des gesamten Nachlasses vorliegt (§ 2 I Nr. 1 und 3 ErbStG)[201]. Ähnlich wie die beschränkte Einkommensteuerpflicht bringt auch die beschränkte Erbschaftsteuerpflicht abgesehen von dem Umstand, nur in Deutschland belegenes (für die Einkommensteuer: erworbenes) Vermögen versteuern zu müssen, erhebliche Nachteile bei der Höhe der Steuerlast mit sich:

So gelten die Freibeträge der §§ 16 I , 17 ErbStG, die für den überlebenden Ehegatten kumuliert bis zu 563.000 Euro[202] und für Abkömmlinge immerhin jeweils bis zu 257.000 Euro betragen können, nur für Erwerber, die der unbeschränkten Erbschaftsteuerpflicht unterliegen; andere Erwerber müssen sich

---

196 *EuGHE* 1993, 429 = EuZW 1993, 163 (Rs. C-112/91-Werner).

197 In diesem Sinne auch *Kaefer*, RIW 1993, 342, 343; *Nowack*, BB 1993, 982, 984.

198 S. *von der Groeben/Thiesing/Ehlermann-Troberg*, Kommentar zum EGV, Art. 52 Rn. 62.

199 *EuGH*, RIW 1986, 739, 740, Rn. 18 (Rs. 270/83-avoir fiscal); *EuGH*, NJW 1994, 35 (Rs. C-330/91-Commerzbank) s. dazu *Bachmann*, RIW 1994, 849, 851 f.

200 Für die Übertragung auf sämtliche direkten Steuern sind *Rädler*, DB 1995, 793, 795 und *Kaefer/Saß*, DB 1995, 642, 644.

201 Die ausnahmsweisen Erweiterungen der persönlichen Erbschaftsteuerpflicht jenseits des Wohnsitzprinzips sollen hier unberücksichtigt bleiben.

202 Ab 1. 1. 2002, s. ZEV 2000, Heft 12, VI.

nach § 16 II ErbStG mit einem verhältnismäßig unbedeutenden Bagatellfreibetrag in Höhe von 1.100 Euro zufrieden geben[203]. Wie bei der beschränkten Einkommensteuerpflicht geht der deutsche Gesetzgeber auch bei der beschränkten Erbschaftsteuerpflicht davon aus, daß das deutsche Erbschaftsteuerrecht die familiäre Situation des Erblassers nicht zu berücksichtigen hat, da nicht das Weltvermögen, sondern nur das deutsche Inlandsvermögen im Sinne des § 121 BewG der Erbschaftsteuer unterliegen. Durch die unterschiedlichen Freibeträge ergibt sich für den nur beschränkt steuerpflichtigen Erwerber eine bedeutend höhere Steuerlast als für den unbeschränkt steuerpflichtigen.

aa) Beispielsfall

So kann ein unbeschränkt steuerpflichtiger Erblasser, der verheiratet ist und zwei Kinder hat, seinen engsten Angehörigen bei voller Ausnutzung aller persönlichen Freibeträge ein Vermögen von bis zu 1.077.000 Euro steuerfrei hinterlassen[204]. Besteht nur beschränkte Steuerpflicht, so beträgt die Erbschaftsteuerbelastung eines solchen Nachlasses dagegen mindestens 150.815 Euro[205] (14 % der Bemessungsgrundlage).

bb) Betroffenheit der Niederlassungsfreiheit oder der Freizügigkeit der Arbeitnehmer

Besteht nun das Weltvermögen des Erblassers in erster Linie aus deutschem Inlandsvermögen, kann das enge verwandschaftliche Verhältnis der Erben zum Erblasser im Wohnsitzstaat der Beteiligten nicht berücksichtigt werden. Ob allein dieser Umstand eine Übertragung der Rechtsprechung des EuGH zur beschränkten Einkommensteuerpflicht rechtfertigt[206], ist allerdings fraglich. In der beschränkten Erbschaftsteuerpflicht liegt zwar eine indirekte Ungleichbehandlung von EU-Ausländern, weil sie als Nichtgebietsansässige in der Regel von dieser Steuerpflicht weitaus häufiger betroffen sind als Deutsche[207]. Doch sind im Unterschied zur Rechtsprechung des EuGH zu den Grenzpendlern nicht sol-

203 *Dautzenberg*, EWS 1998, 86, 91.
204 §§ 16 I Nr. 1, 2 und 17 I, 1, II, Nr. 1 ErbStG.
205 Steuergerechte Nachlaßverteilung vorausgesetzt: Die Ehefrau müßte 513.100 Euro erhalten, worauf dann gemäß §§ 16 II, 19 I ErbStG 76.800 Euro Erbschaftsteuern entfielen; ein Kind sollte zur Ausnutzung des geringeren Steuersatzes iHv 11 % bei Erwerben bis 256.000 Euro 257.100 Euro erhalten (Steuerbelastung: 28.160 Euro); das andere Kind den Rest iHv 306.800 Euro (Steuerbelastung: 45.855 Euro; gesamte Belastung: 150.815 Euro).
206 So *Dautzenberg/Brüggemann*, BB 1997, 123, 129.
207 Vgl. *EuGHE* 1995, 225, 259 Rn. 26-29 = EuZW 1995, 177, 178 (Rs. C-279/93); s. schon *EuGH*, RIW 1986, 739, 740, Rn. 18 (Rs. 270/83-avoir fiscal) und *EuGHE* 1990, 1789 Rn. 13 f. (Rs. C-175/88-Biehl); *Herzig/Dautzenberg*, DB 1992, 2519; 2521.

che EG-Ausländer betroffen, die von ihrem Recht auf Freizügigkeit oder ihrer Niederlassungfreiheit Gebrauch gemacht haben, sondern solche, die gerade keinen persönlichen Bezug zum Inland haben. Dies läßt es schwierig erscheinen, einen Zusammenhang zwischen der beschränkten Steuerpflicht und der Ausübung der Niederlassungsfreiheit oder des Rechts auf Freizügigkeit herzustellen.

d) Verletzung der Kapitalverkehrsfreiheit (Art. 56 I EG)

So soll zunächst untersucht werden, ob eine andere Grundfreiheit, aus der sich unzulässige steuerliche Diskriminierungen von EU-Ausländern im Bereich der direkten Steuern ergeben können, verletzt ist:

die Kapitalverkehrsfreiheit (Art. 56 I EG = Art. 73 lit. b I EGV a.F.).

aa) Regelungsbereich

Auch bei Vorschriften oder Maßnahmen, die sich auf den Kapitalverkehr beziehen, ist jede offene oder verdeckte Diskriminierung grundsätzlich verboten[208]. Dieses Diskriminierungsverbot gilt nicht nur zwischen den Mitgliedstaaten, sondern auch im Verhältnis zu Drittstaaten, was sich aus der Gestaltung der Union als offener Marktwirtschaft mit freiem Wettbewerb ergibt[209]. Die Erhebung von Erbschaftsteuern gehört zu den Maßnahmen, die den freien Kapitalverkehr im Binnenmarkt einschränken können[210].

bb) Diskriminierungsverbot

Eine offene Diskriminierung nach der Staatsangehörigkeit sei es des Erblassers oder des Erben bei der Erhebung von Erbschaftsteuern ist damit unzulässig. Doch auch eine verdeckte Diskriminierung anhand der Staatsangehörigkeit ist unzulässig. Durch die deutlich höhere Steuerbelastung Gebietsfremder im Rahmen der beschränkten Erbschaftsteuerpflicht wird die Investition Nichtgebietsansässiger in bestimmte Vermögensgüter in Deutschland wesentlich schlechter gestellt als eine entsprechende Investition durch Inländer. Da sich beide, zumindest wenn die Investition den größten Teil ihres Vermögens ausmacht, in einer unter erbschaftsteuerlichen Gesichtspunkten vergleichbaren Situation befinden, liegt bei einem solchen Sachverhalt in der Schlechterstellung beschränkt Erb-

---

208 Vgl. *von der Groeben/Thiesing/Ehlermann-Kiemel*, Kommentar zum EGV, Art. 73 lit. b EGV Rn. 5; *Bachmann*, RIW 1994, 849, 850 f.

209 S. *von der Groeben/Thiesing/Ehlermann-Kiemel*, Kommentar zum EGV, Art. 73 lit. b EGV Rn. 9.

210 S. Kapitalverkehrsrichtlinie vom 24. 06. 1988 (Abl. 1988, Nr. L 178, s. S. 5 ff, Anhang, Titel XIII, lit. A); *Dautzenberg/Brüggemann*, BB 1997, 123, 125; *dies.*, RIW 1997, 882 f.

schaftsteuerpflichtiger eine verdeckte Diskriminierung im Regelungsbereich der Kapitalverkehrsfreiheit des Art. 56 EG, die Art. 12 EG (Art. 6 EGV a.F.) als lex specialis vorgeht[211]. Zudem muß die Frage gestellt werden, ob im Anwendungsbereich der Kapitalverkehrsfreiheit die Unterscheidung zwischen beschränkter und unbeschränkter Erbschaftsteuerpflicht nicht grundsätzlich eine verbotene Behinderung darstellt. Die Kapitalverkehrsfreiheit geht spätestens seit der Reform des EGV durch den Maastrichter Unionsvertrag über ein schlichtes Diskriminierungsverbot hinaus; sie beinhaltet ein allgemeines Behinderungsverbot mit dem Ziel, einen einheitlichen Raum für den Kapital- und Zahlungsverkehr zu schaffen[212].

cc) Art. 58 I lit. a EG[213] als Ausnahme zum Diskriminierungsverbot

Doch wurde mit Art. 58 I lit. a EG ein besonderer Ausnahmetatbestand für den Bestandsschutz indirekter Diskriminierungen im Steuerrecht der Mitgliedstaaten geschaffen: Ungleichbehandlung der Steuerpflichtigen nach dem Anlageort ihres Kapitals und ihrem Wohnsitz sind weiterhin gestattet, sofern diese Vorschriften schon Ende 1993 bestanden haben[214]. Demnach ist die indirekte Diskriminierung von EG-Ausländern, die in der beschränkten Erbschaftssteuerpflicht von deutschem Inlandsvermögen liegt, unter dem Gesichtspunkt der Kapitalverkehrsfreiheit nicht angreifbar.

dd) Verhältnis des Art. 58 I lit. a EG zu den anderen Grundfreiheiten

Die Niederlassungsfreiheit und die Freizügigkeit der Arbeitnehmer werden durch Art. 58 I lit. a EG jedoch nicht berührt. Art. 58 II EG befaßt sich mit dem Verhältnis zwischen Niederlassungsfreiheit und Kapitalverkehrsfreiheit. Die mit dem EGV vereinbaren Beschränkungen der Niederlassungsfreiheit bleiben auch angesichts der Kapitalverkehrsfreiheit (Art. 58 EG) zulässig[215]. Dagegen bleibt ein Verstoß gegen die Niederlassungsfreiheit gemeinschaftsrechtswidrig, auch wenn er wegen Art. 58 I lit. a EG keinen Verstoß gegen die Kapitalverkehrsfreiheit darstellt[216].

---

211 S. Art. 12 S.1 EG („unbeschadet besonderer Bestimmungen"); *Dauses-Roth*, Handbuch des EG-Wirtschaftsrechts, E. I Rn. 8.

212 Vgl. *EuGHE* 1986, 2030 (Rs. 157/85); *von der Groeben/Thiesing/Ehlermann-Kiemel*, Kommentar zum EGV, Art. 73 lit. b EGV Rn. 14; *Bleckmann*, Europarecht, Rn. 1701.

213 Art. 73 lit. d EGV a.F.

214 S. *von der Groeben/Thiesing/Ehlermann-Kiemel*, Kommentar zum EGV, Art. 73 lit. d EGV Rn. 17; *Dautzenberg*, RIW 1998, 537, 542 f.

215 *Bleckmann*, Europarecht Rn. 1727; *von der Groeben/Thiesing/Ehlermann-Kiemel*, Kommentar zum EGV, Art. 73 lit. d Rn. 32.

216 *Freitag*, EWS 1997, 186 ff.

ee) Exemption des Steuerrechts von der Beachtung der Grundfreiheiten ?

Dagegen könnte man einwenden, letztere Norm bringe einen allgemeinen Willen der Vertragsparteien zum Ausdruck, an den besagten Differenzierungen ihres Steuerrechts ungeachtet jedweder gemeinschaftsrechtlichen Grundfreiheit festhalten zu können. Doch widerspricht dies der systematischen Stellung der Norm im Kapitel IV des dritten Titels im dritten Teil des EGV, das sich nur mit der Kapital- und Zahlungsverkehrsfreiheit befaßt. Die Mitgliedstaaten haben den Einfluß der Grundfreiheiten auf die direkte Besteuerung gesehen und im Vertrag von Maastricht nur für die Kapitalverkehrsfreiheit eine Einschränkung vereinbart[217]. Außerdem ist Art. 58 EG als Ausnahmetatbestand vom Grundsatz des Diskriminierungsverbots eng auszulegen[218].

e) Beschränkte Erbschaftsteuerpflicht und die Artt. 39, 43 EG

Demnach steht einer Überprüfung der beschränkten Erbschaftsteuerpflicht an den Artt. 39 und 43 EG nichts im Wege. Zumeist werden die betroffenen Steuerpflichtigen außerhalb Deutschlands leben; dennoch sind Fälle denkbar, in denen die beschränkte Erbschaftsteuerpflicht eine unzulässige Diskriminierung nach den Artt. 39 und 43 EG darstellt:

Angenommen, ein EG-Ausländer hat seinen Wohnsitz in Deutschland und besitzt Inlandsvermögen im Sinne des § 121 BewG. Er hat die Absicht, in sein Heimatland zurückzukehren. Sobald er dieses Vorhaben verwirklicht, wird er mit seinem Inlandsvermögen (nach § 121 BewG) beschränkt erbschaftsteuerpflichtig (§ 2 I, Nr. 3 ErbStG). Verlegt dagegen ein Deutscher seinen Wohnsitz ins Ausland, bleibt er für fünf Jahre unbeschränkt erbschaftsteuerpflichtig (§ 2 I Nr. 1 lit. b ErbStG). Bei gleicher Vermögenslage wird der Ausländer gegenüber dem Deutschen klar benachteiligt[219]. Da die Niederlassungsfreiheit auch den Wegzug aus dem Gebiet eines Vertragsstaaten erfaßt[220], liegt in der Verweigerung der unbeschränkten Erbschaftsbesteuerung ein Verstoß gegen Art. 43 EG Hier handelt es allerdings um Ausnahmefälle, da bei Überwiegen von Vermögen, das nicht unter § 121 BewG fällt, die beschränkte Erbschaftsteuerpflicht vorteilhafter ist[221].

---

217 *Dautzenberg*, BB 1993, 1563, 1566 f.; *ders.* RIW 1998, 537, 543 f.

218 Vgl. Art. 58 III EG; *von der Groeben/Thiesing/Ehlermann-Kiemel*, Kommentar zum EGV, Art. 73 lit. d Rn. 33; *Dautzenberg*, BB 1993, 1563, 1567.

219 Dazu auch *Dautzenberg*, EWS 1998, 86, 89.

220 *EuGHE* 1988, 5483 Rn. 16 (Rs. 81/87-Daily Mail).

221 Zur daher in § 2 I Nr. 1 lit. b ErbStG liegenden direkten Inländerdiskriminierung s. sogleich.

f) Verstoß der beschränkten Erbschaftsteuerpflicht gegen das allgemeine Diskriminierungsverbot aus Art. 12 EG ?

Wenn die Niederlassungsfreiheit nicht berührt ist, könnte dennoch in der Unterscheidung zwischen beschränkter und unbeschränkter Erbschaftsteuerpflicht ein Verstoß gegen das allgemeine Diskriminierungsverbot des Art. 12 EG vorliegen, da die Erbschaftsbesteuerung EG-vertragsrelevant ist[222]. Überträgt man nun die Rechtsprechung des EuGH zur beschränkten Einkommensteuerpflicht[223] auf die beschränkte Erbschaftsteuerpflicht, so ergibt sich, daß, wenn die wirtschaftliche und familiäre Situation des Steuerpflichtigen so wie im Beispielsfall nur in dem Staat berücksichtigt werden kann, der das Vermögen hauptsächlich besteuert, die beschränkte Steuerpflicht wegen der mit ihr verbundenen Nachteile grundsätzlich eine verbotene Diskriminierung der nichtansässigen Steuerpflichtigen darstellt.

Doch wollte man die beschränkte Erbschaftsteuerpflicht auf der Grundlage des allgemeinen Diskriminierungsverbotes für unzulässig halten, unterliefe man die Entscheidung des europäischen Gesetzgebers, im Rahmen der Kapitalverkehrsfreiheit eine mittelbare Diskriminierung nach Wohn- und Kapitalanlageort des Steuerpflichtigen weiterhin ausnahmsweise zuzulassen. Daher ist eine mittelbare Diskriminierung im Steuerrecht nach diesen Gesichtspunkten nur dann gemeinschaftsrechtswidrig, wenn ein Verstoß gegen eine bestimmte Grundfreiheit jenseits der Kapitalverkehrsfreiheit und des allgemeinen Diskriminierungsverbots festgestellt werden kann.

3. Direkte Diskriminierungen

Ganz anders stellt sich die Rechtslage dagegen bei direkten Diskriminierungen dar:

Die in Art. 56 I EG garantierte Kapitalverkehrsfreiheit hat Konsequenzen, die weit über die beschränkte Erbschaftsteuerpflicht hinausreichen: durch das von Art. 58 I lit. a EG unberührte Verbot der direkten Diskriminierung im Rahmen der Kapitalverkehrsfreiheit stehen weite Teile des Außensteuerrechts der Mitgliedstaaten zur Disposition, unabhängig davon, ob sie im Einzelfall eine Dop-

---

222 S. Kapitalverkehrsrichtlinie vom 24. 06. 1988 (Abl. 1988, Nr. L 178, s. S. 5 ff, Anhang, Titel XIII, lit. A); *Dautzenberg/Brüggemann*, BB 1997, 123, 125.

223 *EuGHE* 1995, 225, 261 Rn. 38 = EuZW 1995, 177, 179 (Rs. C-279/93): „ Im Fall eines Gebietsfremden, ..., besteht die Diskriminierung darin, daß seine persönliche Lage und sein Familienstand weder im Wohnsitzstaat noch im Beschäftigungsstaat berücksichtigt werden.“.

pelbesteuerung zur Folge haben oder nicht. So stellt z. B. das deutsche Erbschaftaußensteuerrecht weitgehend auf die deutsche Staatsangehörigkeit des die deutsche Besteuerung vermeintlich „fliehenden“ Steuerpflichtigen ab (vgl. § 2 I Nr. 1 lit. b ErbStG / §§ 2, 4 AstG)[224]. Nicht anders verhält es sich beispielsweise im griechischen[225], österreichischen[226] oder schwedischen[227] Recht.

a) Zulässigkeit direkter Diskriminierungen eigener Staatsangehöriger im Regelungsbereich der Kapitalverkehrsfreiheit als erlaubte Inländerdiskriminierung ?

Diese Schlechterstellung der eigenen Staatsangehörigen könnte als reine Inländerdiskriminierung[228] ohne Bezug zum Binnenmarkt von dem Diskriminierungsverbot des Art. 56 EG nicht betroffen sein.

aa) Rückwanderer-Rechtsprechung des EuGH

Doch sobald ein im Binnenmarkt Ansässiger von seiner Grundfreiheit auf freien Kapitalverkehr in der Weise Gebrauch macht, daß er von einem EU-Staat, der nicht sein Heimatstaat ist, sein Kapital in sein Heimatland verlagert, stellt sich die Frage nach dem Schutz dieser europarechtlichen Freiheitsbetätigung nach den Grundsätzen, die der EuGH für Rückwanderer aufgestellt hat, wenn sein Kapital dort höher besteuert wird als das Kapital eines Ausländers, der ebenfalls in diesem Staat investiert. Im Bereich der Art. 39 und 43 EG hat der EuGH eigene Staatsangehörige eines Mitgliedstaates, die sich in einem anderen Staat der Union aufgehalten haben, bei ihrer Rückwanderung gegenüber ihrem Heimatstaat Einwanderern aus anderen EU-Staaten gleichgestellt, da bei einer Schlechterstellung solcher Rückwanderer die Staatsangehörigen eines Mitgliedstaates von der Ausübung ihrer Grundfreiheit auf Aufnahme einer beruflichen Tätigkeit in einem anderen Staat der Union abgehalten werden könnten[229].

---

224 *Wacker*, Steuerberaterkongreßreport 1989, 439, 446 ff. Im Ertragssteuerrecht ist dies anders, vgl. § 6 I AStG und dazu *Kaefer/Leenders/Toifl*, EWS 1998, 229 ff.

225 *Georgiades/Dimakou-Kiaou*: Griechenland, Internationales Erbrecht, L IV Rn. 319; Griechenland folgt konsequent dem Personalitätsprinzip und besteuert den beweglichen Nachlaß seiner Staatsbürger unabhängig von weiteren Anknüpfungspunkten.

226 *Wacker*, Steuerberaterkongreßreport 1989, 439, 451.

227 *Troll*, ErbStG-*Jülicher*, § 21 Rn. 125.

228 Für Diskriminierungen ohne Gemeinschaftsbezug ist das Gemeinschaftsrecht nach der Rechtsprechung des *EuGH* kein Prüfungsmaßstab, da sie den Normen des EGV nicht widersprechen; für die Freizügigkeit der Arbeitnehmer vgl. *EuGHE* 1982, 3723, 3736 f. Rn. 15 ff. (verbundene Rs. 35 und 36/82-Morson); für die Niederlassungsfreiheit vgl. *EuGHE* 1987, 4879 Leitsatz 2 (Rs. 20/87-Gauchard).

229 *EuGHE* 1992, 4265 Rn. 19-21 (Rs. C-370/90-Singh).

bb) Übertragbarkeit der EuGH-Rechtsprechung auf diskriminierende Regelungen im Außenerbschaftsteuerrecht

Eine Regelung wie die deutsche, die für Inländer eine Erbschaftsteuerpflicht bei Aufgabe des Wohnsitzes im Inland innerhalb bestimmter Fristen vorsieht, verstößt nicht gegen die Kapitalverkehrsfreiheit, da sie nicht grenzüberschreitende Bewegungen des Kapitals unter Anknüpfung an die Staatsangehörigkeit diskriminiert, sondern die grenzüberschreitende Verlegung eines Wohnsitzes.

(1) Das schwedische Außenerbschaftsteuerrecht

Anderes gilt insofern für das schwedische Außenerbschaftsteuerrecht, das einige im Inland belegene Vermögensgegenstände (unter anderem Anteile an schwedischen Gesellschaften, soweit diese Grundbesitz haben) schwedischer Staatsbürger, die nicht in Schweden wohnhaft sind, nur aufgrund der Staatsangehörigkeit des Erblassers mit der Erbschaftssteuer belegt[230].

Ein Schwede mit Wohnsitz in Kopenhagen, der sich mit einer dänischen Bareinlage an einer grundbesitzenden SPE mit Sitz in Malmö beteiligen will, wird demnach durch den schwedischen Steuergesetzgeber gegenüber seinem dänischen Partner diskriminiert, da lediglich sein SPE-Anteil der schwedischen Erbschaftsteuer unterworfen wird. Nun kann man kaum behaupten, die Freiheit, Kapital von Schweden nach Dänemark zu transferieren, werde durch die Aussicht, es in Schweden später nur unter Inkaufnahme steuerlicher Nachteile, die bei Verbleib des Kapitals in dieser Anlageform ohnehin anfielen, reinvestieren zu können, beeinträchtigt. Daher läßt sich die Argumentation des EuGH auf den geschilderten Fall nicht direkt übertragen.

(2) Diskriminierung nach der Staatsangehörigkeit als Verstoß gegen das Beschränkungsverbot des Art. 56 EG

Trotzdem bleibt eine Diskriminierung aufgrund der Staatsangehörigkeit bei einem grenzüberschreitenden Kapitaltransfer und damit eine grundsätzlich unzulässige Unterscheidung bei der Ausübung einer gemeinschaftsrechtlichen Grundfreiheit, was diesen Fall von den reinen Inländerfällen unterscheidet. Außerdem zielt Art. 56 EG auf den Abbau aller Kapitalverkehrsbeschränkungen zwischen den Gebietsansässigen in den Mitgliedstaaten[231], womit sich eine indirekte Beschränkung des Kapitalimports durch eigene Staatsbürger[232] nicht ver-

230 *Troll*, ErbStG-*Jülicher*, § 21 Rn. 125.

231 So schon Art. 1 der Kapitalverkehrsrichtlinie von 1988; s. *von der Groeben/Thiesing/Ehlermann-Kiemel*, Kommentar zum EGV, Art. 73 lit. b EGV Rn. 11.

232 Rein fiskalisch betrachtet sind die Erträge der beschränkten Erbschaftsteuer für Auslandsschweden meßbar, das abgeschreckte Kapital dagegen nicht; wie so oft bleiben die

trägt. Die in Art. 56 EG verankerte Kapitalverkehrsfreiheit beinhaltet mehr als ein Diskriminierungsverbot: Sie stellt ein umfassendes Beschränkungsverbot dar[233], womit der europäische Gesetzgeber für Art. 56 EG das nachvollzogen hat, was der EuGH für die Niederlassungsfreiheit durch seine Rechtsprechung zur Ausweitung des Anwendungsbereichs des Art. 43 EG[234] in bedeutendem Umfang bereits vorgegeben hat. Die klassische Diskriminierung eines Angehörigen eines anderen Mitgliedstaates ist nur ein Teilbereich der verbotenen Beschränkungen. Der Vorbehalt einzelstaatlicher Beschränkungen des Art. 58 I lit. a EG, der steuerliche Differenzierungen nach dem Wohnort der Steuerpflichtigen und dem Kapitalanlageort ihres Vermögens zuläßt, ist nicht einschlägig, wenn es um die Ungleichbehandlung nach der Staatsangehörigkeit geht.

Überdies widerspricht eine Diskriminierung nach der Staatsangehörigkeit im Bereich der Geltung des Gemeinschaftsrechts derart grundlegend den Prinzipien des EGV, daß ihr die Gemeinschaftsrechtswidrigkeit geradezu ins Gesicht geschrieben steht[235]. Somit stellt eine Diskriminierung eigener Staatsangehöriger im Erbschaftsteuerrecht durch deren Schlechterstellung im Vergleich zu Ausländern einen Verstoß gegen Art. 56 EG dar, sofern die erbschaftsteuerliche Schlechterstellung an die Verlagerung von Kapital über eine EG-Binnengrenze anknüpft und diesen Kapitaltransfer daher indirekt beschränkt.

b) Übertragung auf die Artt. 39, 43 EG

Zuzugeben ist, daß eine solche unzulässige Schlechterstellung eigener Staatsangehöriger im Bereich der Kapitalverkehrsfreiheit nicht die Regel ist, da gemeinhin die Verlagerung des Wohnsitzes und nicht die Verlagerung des Kapitals eine besondere Behandlung eigener Staatsangehöriger durch ihr Heimatsteuerrecht nach sich zieht; dennoch ist die geschilderte direkte Diskriminierung eigener Staatsangehöriger bei der Ausübung ihrer Grundfreiheiten durch erbschaftsteuerrechtliche Regelungen von Bedeutung, da sie mit deutlich größerer praktischer Relevanz bei der Ausübung der Niederlassungsfreiheit und der Freizügigkeit für Arbeitnehmer wiederkehrt.

---

negativen Allokationsfolgen steuerlicher Regelungen in concreto unbestimmbar. Gegen die europarechtliche Zulässigkeit der Inländerdiskriminierung auch *Heydt*, EuZW 1993, 105.

233 S. *EuGHE* 1986, 2030 (Rs. 157/85); *von der Groeben/Thiesing/Ehlermann-Kiemel*, Kommentar zum EGV, Art. 73 lit. b EGV Rn. 14; *Bleckmann*, Europarecht, Rn. 1701; *Freitag*, EWS 1997, 186 f.

234 *EuGHE* 1984, 2971 (Rs. C-107/83-Klopp); *EuGHE* 1986, 1482 (Rs. 96/85-Ärzte/Zahnärzte); *EuGHE* 1993, S. 1663 Rn. 32 (Rs. 19/92-Kraus); *von der Groeben/Thiesing/Ehlermann-Troberg*, Kommentar zum EGV, Art. 52 Rn. 46 ff.

235 *Dautzenberg/Brüggemann*, BB 1997, 123, 128.

aa) Diskriminierungen eigener Staatsangehöriger im deutschen Außenerbschaftsteuerrecht

Das deutsche Außenerbschaftsteuerrecht z. B. stellt Deutsche, die ihren Wohnsitz aus Deutschland in einen anderen Staat verlagern, schlechter als Nichtdeutsche, die sich so verhalten, indem diese Gruppe noch für fünf Jahre der unbeschränkten Erbschaftsteuerpflicht unterliegt (s. § 2 I lit. b ErbStG). Auch die erweiterte beschränkte Erbschaftsteuerpflicht der §§ 2, 4 AStG gilt nur für Deutsche.

Nun könnte man argumentieren, daß die erweiterte unbeschränkte Erbschaftsteuerpflicht gemäß § 2 I lit. b ErbStG an die Inanspruchnahme der Grundfreiheit der Niederlassungsfreiheit oder der Freizügigkeit der Arbeitnehmer[236] keine negativen Rechtsfolgen knüpft, da die unbeschränkte Erbschaftsteuerpflicht des auswandernden Deutschen auch schon vor seinem Umzug in einen anderen Mitgliedstaat bestanden hat und demnach das deutsche Außenerbschaftsteuerrecht nur den Zustand der Steuerpflichtigkeit aufrechterhält. In der Tat ergibt sich aus der Verlängerung der unbeschränkten Steuerpflicht allein keine Gemeinschaftsrechtswidrigkeit der in Rede stehenden Normen. Äußerst fragwürdig ist aber die diskriminierende Anknüpfung an die deutsche Staatsangehörigkeit des Auswanderers.

bb) Einschlägige Rechtsprechung des EuGH

Nach den vom EuGH aufgestellten Maßstäben[237] verstößt eine direkte Besteuerung dann gegen das gemeinschaftsrechtliche Diskriminierungsverbot, wenn offen oder verdeckt nach der Staatsangehörigkeit unterschieden wird. Eine Rechtfertigung der nach der Nationalität differenzierenden Norm durch die Behauptung, es lägen keine gleichartigen Sachverhalte und damit auch keine Diskriminierung vor, ist bei direkt an der Staatsangehörigkeit anknüpfenden Ungleichbehandlungen von vornherein abgeschnitten: Im Anwendungsbereich des EGV ist gemäß Art. 12 EG[238] die Unterscheidung nach der Staatsangehörigkeit gerade kein erlaubtes Mittel mehr, zur Erreichung egal welchen Normzwecks an im übrigen gleichartige Sachverhalte verschiedene Rechtsfolgen zu knüpfen[239].

---

236 Die Grundfreiheiten der Artt. 39 und 43 EG beruhen auf denselben Grundsätzen, was das Verbot der Diskriminierung nach der Staatsangehörigkeit angeht, s. *EuGHE* 1996, 3089, 3121 f. = EuZW 1996, S. 502, 503 (Rs. C 107/94-Asscher).

237 *EuGHE* 1995, 225 ff. = EuZW 1995, 177 ff. (Rs. C-279/93-Schumacker).

238 Art. 12 EG schützt, soweit kein Fall ausschließlichen Inlandsbezuges vorliegt, auch Inländer, s. *Schöne*, RIW 1989, 450, 453; *Bleckmann*, RIW 1985, 917, 920.

239 *EuGHE* 1996, 1029 (Rs. 46 und 48/93-Brasserie du Pêcheur und Factortame III); *Schaumburg*, Internationales Steuerrecht, S. 86; vgl. *von der Groeben/Thiesing/Ehlermann-Kiemel*, Kommentar zum EGV, Art. 67 EGV Rn. 16; *Daut-*

Nur bei einer indirekten Ungleichbehandlung, die faktisch häufiger Staatsangehörige anderer EG-Staaten schlechterstellt als Inländer, kann sinnvollerweise die Frage gestellt werden, ob die betroffenen Sachverhalte überhaupt gleichartig sind oder ob sich die faktische Ungleichbehandlung von EG-Ausländern nicht dadurch rechtfertigt, daß sich die Situation der durch die Norm gebildeten Gruppen in einem die Rechtsfolge tragenden Punkt unterscheidet und demzufolge eine Diskriminierung mangels Gleichartigkeit der Sachlage ausscheidet, obwohl sich in der einen Gruppe zumeist die Staatsangehörigen anderer EG-Staaten und in der anderen überwiegend die eigenen Staatsangehörigen wiederfinden[240].

Die direkte Diskriminierung deutscher Staatsangehöriger durch das deutsche Außenerbschaftssteuerrecht würde nur dann aus dem Geltungsbereich der Art. 39 und 43 EG herausfallen, wenn es sich bei den betroffenen Fällen um Sachverhalte mit reinem Inlandsbezug handeln würde. In der Rechtssache Werner[241] hat der EuGH einen rein privat veranlaßten Wohnsitzwechsel eines Deutschen von Deutschland in die Niederlande, der weiterhin in Deutschland gewerblich tätig war, noch als gemeinschaftsrechtlich irrelevant für das Verhältnis des Steuerpflichtigen zu seinem Heimatstaat erklärt.

Die Rechtssache Schumacker[242], in der die indirekte Diskriminierung von EG-Ausländern im Bereich der Erhebung direkter Steuern für gemeinschaftsrechtswidrig erklärt wurde, betraf einen Rechtsstreit, der zwischen einem Belgier und der deutschen Finanzverwaltung geführt wurde; der EG-Bezug stand also außer Frage.
Nach diesen beiden Entscheidungen blieb zweifelhaft, ob auch die Benachteiligung von Inländern bei der direkten Besteuerung gegen die Grundfreiheiten des

zenberg/Brüggemann, BB 1997, 123, 126, die auf den Umstand verweisen, daß eine nachteiligere Behandlung aufgrund der Staatsangehörgkeit schon deshalb gemeinschaftsrechtswidrig sei, weil der diskriminierende Staat mit der in der Schlechterstellung einiger Bürger aufgrund ihrer Staatsangehörigkeit liegenden Besserstellung anderer Bürger aus demselben Grunde zugebe, daß zur Wahrung der Belange seiner Rechtsordnung die Diskriminierung nach der Staatsangehörigkeit nicht zwingend erforderlich sei. Dies ist jedoch ein Zirkelschluß:
Die Ungleichbehandlung ist ungerechtfertigt, weil das Unterscheidungskriterium ungerechtfertigt ist, weil es unterscheidet.
Es kann durchaus sachliche Gründe für die Ungleichbehandlung nach der Staatsangehörigkeit geben - sie ist aber nach dem EGV grundsätzlich verboten, was auch der nationale Steuergesetzgeber respektieren muß, soweit der EGV reicht.

240 Vgl. *EuGHE* 1995, 225, 259 f. Rn. 26-35 = EuZW 1995, 177, 178 f.; (Rs. C-279/93-Schumacker).

241 *EuGHE* 1993, 429 = EuZW 1993, 163 (Rs. C-112/91-Werner).

242 *EuGHE* 1995, 225, 259 f. Rn. 26-35 = EuZW 1995, 177, 178 f. (Rs. C-279/93-Schumacker).

EGV verstoßen könnte. Allerdings hatte der EuGH schon in der „Daily Mail"-Entscheidung die Niederlassungsfreiheit so ausgelegt, daß sie auch die Behinderung eigener Staatsangehöriger bei der Ausübung dieser Grundfreiheit verbietet[243]. Schon aus den Grundsätzen dieser Entscheidung ließe sich jedenfalls ein Verbot diskriminierender Wegzugsbehinderungen herleiten.

c) Der Fall Asscher

In der Rechtssache Asscher[244] hat der EuGH nunmehr entschieden, daß ein EU-Bürger sich auch gegenüber seinem Heimatstaat auf die Grundfreiheit des Art. 43 EG[245] berufen kann , sofern sich seine Situation gegenüber dem Herkunftsstaat nicht von derjenigen eines anderen, der die genannte Grundfreiheit in Anspruch nimmt, unterscheidet[246]. Ein Deutscher, der zur Ausübung einer selbständigen Tätigkeit in einen anderen EU-Staat verzieht, ist gegenüber seinem Herkunftstaat in keiner anderen Lage als beispielsweise ein Italiener, der aus demselben Grund seinen Wohnsitz aus Deutschland in einen anderen Mitgliedstaat verlegt.

aa) Übertragbarkeit der EuGH-Rechtsprechung auf das deutsche Außenerbschaftsteuerrecht

In einem Punkt unterscheidet sich der Fall des von § 2 I lit. b ErbStG betroffenen Deutschen allerdings von der Rechtssache Asscher: Dort war ein staatsrechtlicher Inländer von einer Norm betroffen, welcher genauso und sogar tendenziell in größerer Anzahl EG-Ausländer (daher die indirekte Diskriminierung) ausgesetzt waren, und die aus diesem Grunde einen Eingriff in die Grundfreiheiten des EGV darstellte. Er wurde demnach nicht vor einer Diskriminierung gegenüber EG-Ausländern geschützt, sondern vor einer Diskriminierung gegenüber seinen weiterhin in den Niederlanden ansässigen Landsleuten. Dagegen diskriminiert § 2 I lit. b ErbStG ausschließlich Deutsche gegenüber EG-Ausländern. Der Fall befindet sich demnach durchaus auf der Grenze zwischen

243 *EuGHE* 1988, 5483 Rn. 16 (Rs. 81/87-Daily Mail).
244 *EuGHE* 1996, 3089 ff. = EuZW 1996, 502 ff. (Rs. C-107/94-Asscher).
245 Für Art. 39 EG gilt nichts anderes, da die Grundfreiheiten der Artt. 39 und 43 EG auf denselben Grundsätzen beruhen, was das Verbot der Diskriminierung nach der Staatsangehörigkeit angeht; s. *EuGHE* 1996, 3089, 3121 f. Rn. 29 = EuZW 1996, 502, 503 (Rs. C 107/94-Asscher); *De Weerth*, RIW 1997, 482, 483 f.
246 *EuGHE* 1996, 3089, 3122 Rn. 32 = EuZW 1996, 502, 503 (Rs. C-107/94-Asscher); für die Anerkennung beruflicher Qualifikationen schon genauso: *EuGHE* 1979, 399 (Rs. 118/78-Knoors); zur Rechtsprechungsentwicklung vgl. *Eberhartinger*, EWS 1997, 43, 50 f. und *De Weerth*, RIW 2000, 509 ff.

europarechtlich zulässiger Inländerdiskriminierung[247] und unzulässiger Diskriminierung im Bereich des EGV[248].

bb) Binnenmarktbezug des deutschen Außenerbschaftsteuerrechts

Ein wesentliches Merkmal der Situation des ausgewanderten Deutschen gegenüber seinem Heimatstaat bei unbeschränkter Erbschaftssteuerpflicht unterscheidet sich allerdings grundlegend von den üblichen Fällen zulässiger Inländerdiskriminierung: Ein Gemeinschaftsbezug ist durch sein Gebrauchmachen von der Niederlassungsfreiheit jedenfalls gegeben. Dies kann auch nicht mit dem Argument verneint werden, § 2 I lit. b ErbStG verlängere nur einen reinen Inlandssachverhalt (die unbeschränkte Erbschaftssteuerpflicht eines in Deutschland ansässigen Deutschen), indem man nicht den Wegzug und damit den EGV-relevanten Umstand der Situation des Steuerpflichtigen, sondern die dem Wegzug vorangehende Ansässigkeit in Deutschland als wesentliches Tatbestandsmerkmal der Norm ansieht. Es bleibt bei einer Ungleichbehandlung aufgrund der Staatsangehörigkeit in Anknüpfung an die Inanspruchnahme einer gemeinschaftsrechtlichen Grundfreiheit, die sich als erhebliche faktische Wegzugssperre für Deutsche im Vergleich zu anderen EU-Angehörigen darstellt[249], weil die Eigentümer deutschen Inlandsvermögens durch negative erbschaftsteuerliche Folgen von einem Wegzug ins europäische Ausland abgehalten werden könnten. Wollte man für § 2 I lit. b ErbStG den Gemeinschaftsbezug verneinen, so müßte man dies konsequenterweise auch im Fall Asscher so halten: dort ging es um die Einkommensteuerpflicht eines Niederländers, der aus den Niederlanden nach Belgien verzogen war. Auch in diesem Fall hätte man vorbringen können, daß die Besteuerung eines Niederländers durch seinen Heimatstaat - zudem nur seiner inländischen Einkünfte - einen reinen Inlandssachverhalt darstellt. Entscheidend für den EuGH ist aber der Vergleich der persönlichen Situation des Betroffenen mit anderen Trägern der Grundfreiheiten in Bezug auf die Ausübung dieser Freiheiten[250].

---

247 *Streinz*, Europarecht, Rn. 685; *Bleckmann*, Europarecht, Rn. 1570 f.. Völkerrechtlich ist die Schlechterstellung eigener Staatsangehöriger im Außenerbschaftsteuerrecht keineswegs exorbitant; auch kann die Staatsangehörigkeit aufgrund der durch sie vermittelten Personalhoheit des besteuernden Staates innerstaatlich ein durchaus zulässiges Anknüpfungskriterium für die unbeschränkte Erbschaftsteuerpflicht sein.

248 Für vollkommen deckungsgleich halten die beiden Fälle dagegen vorschnell *Dautzenberg/Brüggemann*, BB 1997, 123, 128.

249 *Knobbe-Keuk*, DB 1990, 2573, 2577, kommt ebenfalls zu dem Ergebnis, daß sich Inländer gegenüber ihren Heimatstaaten bei Umzug in einen anderen Mitgliedstaat gegen eine Schlechterstellung gegenüber wegziehenden Ausländern mit Erfolg zur Wehr setzen können; doch leitet sie dies nicht aus dem Diskriminierungsverbot, sondern allgemein aus dem Behinderungsverbot des Art. 52 EGV a,F. (= Art. 43 EG) ab.

250 *EuGHE* 1996, 3089, 3122 Rn. 32 = EuZW 1996, 502, 503 (Rs. C-107/94-Asscher).

Entsprechen sich beide Situationen faktisch, so kann sich der Inländer gegenüber seinem Heimatstaat auf die Grundfreiheiten des EGV berufen. Die Situation des Klägers im Fall Asscher entsprach derjenigen anderer nichtgebietsansässiger steuerpflichtiger EG-Ausländer; diejenige des auswandernden Deutschen, der gemäß § 2 lit. b ErbStG besteuert wird, entspricht derjenigen von ebenfalls aus Deutschland auswandernden EG-Ausländern. Daher kann seine Besteuerung nicht als ein rein inländischer Sachverhalt[251] eingeordnet werden - eine Beschränkung des Sachverhalts auf das Gebiet nur eines Mitgliedstaates[252] liegt nicht vor. Ein reiner Inlandssachverhalt zeichnet sich nämlich dadurch aus, daß mangels gemeinschaftsrelevanten Verhaltens des Inländers gerade keine Vergleichbarkeit mit EG-Ausländern besteht.

cc) Ergebnis

Damit greift Deutschland mit der Ausdehnung der unbeschränkten Erbschaftsteuerpflicht nur auf auswandernde Deutsche unzulässigerweise da diskriminierend in die Grundfreiheiten der Niederlassungsfreiheit und der Freizügigkeit der Arbeitnehmer ein[253]. Nichts anderes gilt für die übrigen Mitgliedstaaten, die bei der Bestimmung der Reichweite ihres Außenerbschaftsteuerrechts an die Staatsangehörigkeit anknüpfen[254], wenn sie ihre Staatsbürger bei der Ausübung der Grundfreiheiten des EGV schlechter stellen als vergleichbare EG-Ausländer. Mit der Anwendung des Art. 43 EG auf Inländer, wenn ihre Situation derjenigen von EG-Ausländern im Hinblick auf die Ausübung der Grundfreiheiten entspricht, betont der EuGH die zentrale Bedeutung dieser Grundfreiheit für die Funktionsfähigkeit des Binnenmarktes; eine Ungleichbehandlung von In- und Ausländern, sofern ihre Lage durch die Ausübung der Grundfreiheiten vergleichbar ist, liefe den Zielen des Vertrages zuwider, da sie nicht die Schaffung eines einheitlichen Rechtsraumes begünstigte, sondern die Funktionsweise des Binnenmarktes auf eine Art der gegenseitigen Meistbegünstigung bei der Behandlung fremder Staatsangehörigen im Vergleich mit den eigenen beschränken würde.

251 *Streinz*, Europarecht, Rn. 683.

252 So die Voraussetzung für die Nichtanwendbakeit des EGV gemäß der ständigen Rechtsprechung des *EuGH*; vgl. *EuGHE* 1996, 3089, 3122 Rn. 32 = EuZW 1996, 502, 503 (Rs. C-107/94-Asscher).

253 So im Ergebnis auch : *Dautzenberg/Brüggemann*, BB 1997, 123, 128.

254 Für Österreich: *Wacker*, Steuerberaterkongreßreport 1989, 439, 451; für Griechenland: *Georgiades /Dimakou-Kiaou*, in: Griechenland, Internationales Erbrecht, L IV Rn. 319 (Griechenland folgt konsequent dem Personalitätsprinzip und besteuert den beweglichen Nachlaß seiner Staatsbürger unabhängig von weiteren Anknüpfungspunkten.); für Schweden: *Troll*, ErbStG-*Jülicher*, § 21 Rn. 125.

Die direkte erbschaftsteuerliche Diskriminierung von EG-Ausländern wäre dagegen unabhängig davon, ob man die Erbschaftssteuer für eine einer europarechtlichen Regelung zugängliche Materie hält oder nicht, ein Verstoß gegen Art. 39, 43 und 56 EG, da das vorbehaltlose Diskriminierungsverbot dieser Grundfreiheiten auch Bereiche umfaßt, die unstrittig ausschließlich in die nationale Kompetenz der Mitgliedstaaten fallen wie z.B. die Schul- oder Kulturpolitik[255]. Doch kommt eine solche direkte Schlechterstellung von Ausländern soweit ersichtlich in den Mitgliedstaaten der EU nicht vor.

d) Resümee

Bis hierher wurde gezeigt, wie das nationale Erbschaftsteuerrecht der Mitgliedstaaten gemäß der Rechtsprechung des EuGH mit den Grundfreiheiten des EGV, besonders der Personenverkehrs- und der Kapitalverkehrsfreiheit in Konflikt geraten kann. Im Ergebnis kann durch konsequente Anwendung der vom EuGH aufgestellten Grundsätze im Erbschaftsteuerrecht unzulässigen Diskriminierungen, denen SPE-Gesellschafter aufgrund der Internationalität ihrer Gesellschaft[256] häufig ausgesetzt wären, begegnet werden.

4. Verletzung der Grundfreiheiten des EGV durch Doppelbesteuerung im Rahmen der Erbschaftsteuer ?

Fraglich ist, ob auch die Doppelbesteuerung eines SPE-Anteils durch zweifache Belastung mit von verschiedenen Mitgliedstaaten erhobenen Erbschaftsteuern eine Verletzung der Grundfreiheiten des EGV darstellt.

a) Begriffsbestimmung

Unter Doppelbesteuerung wird hier zum einen die klassische Doppelbesteuerung eines SPE-Anteils, also die Belastung eines Steuerschuldners aufgrund desselben Besteuerungstatbestandes mit zwei konkurrierenden, gleichartigen Steueransprüchen zweier Staaten[257] verstanden, aber auch die besonderen erbschaftsteuerlichen Belastungen, die aus dem Vorkommen IPR-verursachter Erbrechtskollision resultieren.

---

255 Vgl. nur *EuGHE* 1974, 359 ff. (Rs. 167/73-Casagrande), wo es um die BaFÖG-Berechtigung der Kinder europäischer Arbeitnehmer beim Besuch weiterführender Schulen in Deutschland ging. Der *EuGH* verpflichtete in dieser Entscheidung Deutschland, diese Gruppe auch in der Schulpolitik nicht schlechter als Deutsche zu behandeln.

256 *Hommelhoff*, WM 1997, 2101, 2104.

257 *Vogel*, Doppelbesteuerungsabkommen, Einl. Rn. 01; *Wilke*, Lehrbuch des Internationalen Steuerrechts, S. 32 Rn. 22; *Albrecht*, Die steuerliche Behandlung deutsch-englischer Erbfälle, S. 325.

b) Grundfreiheiten und Art. 293, 2. Spiegelstrich EG

Diese wirtschaftliche Betrachtung entspricht dem Sinn des Begriffs in Art. 293, 2. Spiegelstrich EG[258], der die Mitgliedstaaten zum Abschluß von Abkommen zur Vermeidung von Doppelbesteuerung verpflichtet. Ob diese Norm die Mitgliedstaaten zum Abschluß von DBA zwingt[259], oder sie nur zur Aufnahme von Verhandlungen verpflichtet[260], ist letztlich wenig bedeutsam:

Aus Art. 293, 2. Spiegelstrich EG kann für den Inhalt der abzuschließenden Abkommen und den zeitlichen Rahmen der Verhandlungen nichts Konkretes entnommen werden[261]. Allerdings ergibt sich aus der Norm jedenfalls die Abschaffung der Doppelbesteuerung als Ziel des EGV[262]. Aufgrund seines subsidiären Charakters[263] enthält auch Art. 293, 2. Spiegelstrich EG keinen Vorbehalt, der die Abschaffung der Doppelbesteuerung ausschließlich der Kompetenz der Mitgliedstaaten zuwiese[264]. Insbesondere gelten die Grundfreiheiten auch im Regelungsbereich des Art. 293 EG uneingeschränkt[265]; sie binden auf seiner Grundlage abgeschlossene Abkommen inhaltlich[266]. Daß die Erbschaftsbesteuerung als solche in den Anwendungsbereich des EGV fällt[267] und sich an den Grundfreiheiten des EGV messen lassen muß[268], wurde bereits dargelegt.

---

258 *Scherer*, Doppelbesteuerung und Europäisches Gemeinschaftsrecht, S. 78 Fn. 100; *von der Groeben/Thiesing/Ehlermann-Schwartz*, Kommentar zum EGV, Art. 220 Rn. 79.

259 So *von der Groeben/Thiesing/Ehlermann-Schwartz*, Kommentar zum EGV, Art. 220 Rn. 78.

260 So *Scherer*, Doppelbesteuerung und Europäisches Gemeinschaftsrecht, S. 79.

261 *Scherer*, Doppelbesteuerung und Europäisches Gemeinschaftsrecht, S. 78.

262 *Scherer*, Doppelbesteuerung und Europäisches Gemeinschaftsrecht, S. 88; *von der Groeben/Thiesing/Ehlermann-Schwartz*, Kommentar zum EGV, Art. 220 Rn. 74.

263 *Grabitz/Hilf-Schweitzer*, Kommentar zur Europäischen Union, Art. 220 Rn. 2; *Dauses-Voß*, Handbuch des EG-Wirtschaftsrechts, J Rn. 52; *von der Groeben/Thiesing/Ehlermann-Schwartz*, Kommentar zum EGV, Art. 220 Rn. 4, 55; *Knobbe-Keuk*, DB 1990, 2573, 2580.

264 *Vedder*, Einwirkungen des Europarechts auf das innerstaatliche Recht und auf internationale Verträge der Mitgliedstaaten: die Regelung der Doppelbesteuerung, S. 11 ff.

265 So *von der Groeben/Thiesing/Ehlermann-Schwartz*, Kommentar zum EGV, Art. 220 Rn. 7.

266 *EuGHE* 1986, 273, 307 Rn. 26 (Rs. 270/83-avoir fiscal); *von der Groeben/Thiesing/Ehlermann-Schwartz*, Kommentar zum EGV, Art. 220 Rn. 10; für DBA vgl. auch *Scherer*, Doppelbesteuerung und Europäisches Gemeinschaftsrecht, S. 175 f.

267 *Dautzenberg/Brüggemann*, BB 1997, 123, 124; Kapitalverkehrsrichtlinie vom 24. 06. 1988 (Abl. 1988, Nr. L 178, s. S. 5 ff, Anhang, Titel XIII, Buchstabe A).

268 *Wassermeyer*, Das Fehlen von Erbschaftsteuerdoppelbesteuerungsabkommen innerhalb der EU, EuZW 1995, S. 813.

c) Doppelbelastung der SPE-Gesellschafter kann gegen die Grundfreiheiten verstoßen

Die wirtschaftlich doppelte Belastung eines SPE-Gesellschafters mit Erbschaftsteuer ist demnach auf ihre Konformität mit den Grundfreiheiten des EGV zu überprüfen. In Betracht kommt ein Verstoß gegen die Niederlassungsfreiheit (Art. 43 EG), die Freizügigkeit der Arbeitnehmer (Art. 39 EG) und die Kapitalverkehrsfreiheit (Art. 56 I EG).

aa) Bedeutung der Rechtssache Schumacker

In der schon unter anderen Gesichtspunkten besprochenen Rechtssache Schumacker[269] hat der EuGH einen Verletzung des Art. 39 EG[270] durch direkte Besteuerung angenommen - Voraussetzung war eine indirekte Ungleichbehandlung von EG-Ausländern durch das Abstellen auf den Wohnsitz bei steuerrechtlicher Differenzierung und das Fehlen einer Rechtfertigung für diese indirekte Ungleichbehandlung. Im entschiedenen Fall war der besteuernde Staat an seiner Entscheidung, die familiäre Situation des Steuerpflichtigen im Rahmen der Einkommensteuerbelastung zu berücksichtigen, festgehalten worden; er durfte EG-Ausländern diese Berücksichtigung nicht verweigern, wenn durch die Verteilung der Besteuerungshoheit durch ein DBA der Wohnsitzstaat diese Situation des Steuerpflichtigen steuerlich nicht berücksichtigen konnte.

bb) Übertragung auf die Doppelbesteuerung durch Erbschaftsteuern

Bei der Übertragung dieser Rechtsprechung auf die Doppelbesteuerung im Rahmen der Erbschaftsteuer ergeben sich deutlich größere Schwierigkeiten als bei ihrer Anwendung auf die beschränkte Erbschaftsteuerpflicht. Zunächst sei ein Gebrauchmachen von der Niederlassungsfreiheit unterstellt, das eine wirtschaftliche Doppelbesteuerung nach sich zieht:

G zieht aus seinem Heimatstaat A in den Staat B, wobei er wegen einer Zweitwohnung im Heimatstaat in beiden Staaten unbeschränkt erbschaftsteuerpflichtig wird. Im Staat C beteiligt er sich an einer SPE. Trotz der nationalen Anrechnungsbestimmungen tritt mangels eines Erbschaftssteuer-DBA eine klassische Doppelbesteuerungslage ein.

---

269 *EuGHE* 1995, 225 ff., EuZW 1995, 177 ff. (Rs. C-279/93).

270 Es ging um einen Arbeitnehmer; die Ergebnisse sind auf Art. 43 EG übertragbar, vgl. *Trzaskalik*, Der Einfluß des Europarechts auf das nationale Steuerrecht, S. 130.

(1) *Vorliegen einer verbotenen Diskriminierung*

Zunächst ist zu fragen, ob der jeweils besteuernde Staat mit der Ausgestaltung der Anknüpfungspunkte seines Erbschaftsteuerrechts EG-Ausländer oder diesen gleichzustellende Inländer[271] indirekt ungleich behandelt.

(2) *Diskriminierung durch einen Mitgliedstaat*

Ist die Doppelbesteuerung z. B. ausschließlich auf eine direkte Diskriminierung anhand der Staatsangehörigkeit zurückzuführen[272], so ist die Besteuerung durch den diskriminierenden Staat europarechtswidrig und die Problematik der gemeinschaftsrechtlichen Behandlung der Doppelbesteuerung stellt sich nicht.

(3) *IPR-verursachte Doppelbelastung mit Erbschaftsteuer als verbotene Diskriminierung*

(a) *Ungleichbehandlung*

Um einen ähnlichen Fall handelt es sich auch bei der beschriebenen Belastung eines Steuerpflichtigen mit Erbschaftsteuer für einen Vermögensgegenstand, der ihm nach ausländischem Recht nicht zusteht und den er deshalb nicht in Besitz nehmen kann, denn in diesem Umstand allein liegt noch keine (wirtschaftliche) Doppelbesteuerung eines Steuerpflichtigen oder desselben Vermögensgegenstandes, die von *zwei* Staaten zu verantworten wäre. Eine indirekte Diskriminierung von EG-Ausländern ergibt sich lediglich durch den besteuernden Staat, da die Nichtberücksichtigung der faktischen Nichtrealisierbarkeit zumeist EG-Ausländer oder ihnen gleichzustellende Inländer betrifft; denn zumeist werden die Angehörigen dieser Gruppe durch ihre Verbundenheit mit dem europäischen Ausland Vermögensgegenstände nach deutschem Recht erwerben, die ihnen am Belegenheitsort nicht zustehen. Diskriminierung kann nicht nur darin bestehen, gleiches ungleich, sondern auch darin, ungleiches gleich zu behandeln[273].

(b) *Diskriminierung durch den das Bereicherungsprinzip verletzenden Staat*

Die Erbschaftssteuern der Mitgliedstaaten knüpfen alle an die wirtschaftliche Bereicherung der Steuerpflichtigen an. Diese Bereicherung steigert seine Leistungsfähigkeit, was wiederum die Belastung mit der Erbschaftsteuer rechtfer-

---

271 Bei vergleichbarer Lage; s. *EuGHE* 1996, 3089, 3122 Rn. 32 = EuZW 1996, 502, 503 (Rs. C-107/94-Asscher); für die Anerkennung beruflicher Qualifikationen schon genauso: *EuGHE* 1979, 399 ff. (Rs. 118/78-Knoors).

272 Vgl. § 2 I lit. b ErbStG, der Deutsche diskriminiert.

273 *Bleckmann*, Europarecht, Rn. 1745 f.

tigt[274]. EG-Ausländer und die ihnen gleichgestellten Inländer indirekt höher zu belasten, indem man im Ausland befindliche Vermögensgegenstände, die ihnen nur nach inländischem Recht zustehen, zur Grundlage einer direkten Besteuerung macht, verstößt gegen das jeder Erbschaftsteuer zugrundeliegende Bereicherungsprinzip und stellt damit eine indirekte Diskriminierung durch Verweigerung einer Differenzierung nach der tatsächlichen Bereicherung dar.

Die Verantwortung liegt hierbei ausschließlich auf der Seite des besteuernden Staates, der die wahre Bereicherung nicht berücksichtigt, sondern eine durch sein IPR begründete rein formale Bereicherung zur Grundlage seiner Erbschaftsbesteuerung macht. Nichts anderes gilt, wenn durch die Unterschiede im IPR der Mitgliedstaaten eine wirtschaftliche Doppelbesteuerung eines Vermögensgegenstandes dadurch auftritt, daß zwei Staaten den Erwerb dieses Vermögensgegenstandes bei zwei verschiedenen „Erwerbern“ besteuern. Derjenige „Erwerber“, der seinen angeblichen Erwerb nicht realisieren kann, wird durch die Besteuerung dieses fiktiven Erwerbes in europarechtswidriger Weise diskriminiert. Eine doppelte Verantwortlichkeit der Mitgliedstaaten scheidet aus.

d) Fälle der Doppelbesteuerung bei beidseitig europarechtskonformen Erbschaftaußensteuerrechtsnormen

aa) Europarechtskonformität der Anknüpfung an den Wohnsitz des Steuerpflichtigen

Die Anknüpfung an den Wohnsitz im Beispielsfall bewirkt die Steuerpflichtigkeit aller im Inland wohnhaften Personen. Dies ist eine sachgerechte Anknüpfung, die den meisten Doppelbesteuerungsabkommen zugrundeliegt[275], da sie die Belastung mit direkten Steuern denjenigen auferlegt, die aufgrund ihrer persönlichen Lebensverhältnisse von den Leistungen des besteuernden Staates profitieren. EG-Ausländer und die ihnen gleichgestellten Inländer erfüllen dieses Anknüpfungsmerkmal typischerweise weniger häufig als sonstige Inländer. Eine nach dem EGV verbotene Diskriminierung liegt nicht vor.

bb) Faktische Schlechterstellung der diskriminierungsrelevanten Gruppe

Kommen jedoch zwei Staaten aufgrund einer europarechtsgemäßen Abgrenzung ihres fiskalischen Zugriffs auf die Gemeinschaftsbürger zu dem Ergebnis, dieser habe sein Vermögen der nationalen Erbschaftsteuer zu unterziehen, liegt im Ergebnis eine deutliche Schlechterstellung derjenigen, die auf irgendeine Weise

274 Für Deutschland s. *BFH* BStBl. II 1984, S. 27, 28 st. Rspr.; *Meincke*, ErbStG, § 1 Rn. 4.
275 Vgl. Art. 4 OECD-Musterabkommen, in: *Troll*, ErbStG-*Jülicher*, § 2 Rn. 158 ff.

von den Grundfreiheiten des EGV Gebrauch gemacht haben, gegenüber den persönlich und wirtschaftlich nur einem Mitgliedstaat verbundenen Steuerpflichtigen vor[276].

Im Ergebnis wird also durchaus eine Gruppe diskriminiert, wenn auch nicht durch das Handeln eines Mitgliedstaates, sondern durch das Zusammenwirken mehrerer Steuerrechtsordnungen. Jeder einzelne Staat berücksichtigt zwar die steuerliche Leistungsfähigkeit des betroffenen Steuerpflichtigen und seine persönliche Situation genauso wie bei den reinen Inlandsfällen[277]; doch geht diese Berücksichtigung ins Leere, da durch die Kumulierung der Steuerlast die von der einzelnen nationalen Steuerrechtsordnung intendierte Belastung weit überschritten wird. Zudem stellt eine solche Doppelbesteuerung eine sehr effektive Behinderung bei der Ausübung der Grundfreiheiten dar[278].

cc) Rechtfertigung durch Art. 58 I lit. a EG?

Deshalb scheidet eine Rechtfertigung der Doppelbesteuerung im Regelungsbereich der Kapitalverkehrsfreiheit durch Art. 58 I lit. a EG aus: Dort werden ausnahmsweise Diskriminierungen durch eine nationale Steuerrechtsordnung zugelassen, die am Wohn- oder Kapitalanlageort festmachen. Der Grund hierfür liegt in der mangelnden Harmonisierung der direkten Steuern - ohne eine solche Harmonisierung sollen die Mitgliedstaaten nicht auf die Unterscheidung zwischen Steuerinländer und Steuerausländern verzichten müssen[279]. Im Fall der Doppelbesteuerung liegt die Diskriminierung aber nicht in der Unterscheidung zwischen Steuerin- oder ausländer, sondern in einem Zusammenwirken der Steuerrechtsordnungen, das allgemein eine Schlechterstellung transnational tätiger Bürger bewirkt, ganz unabhängig davon, wo diese Steuerinländer sind oder nicht. Art. 58 I lit. a EG kann daher eine gemeinschaftswidrige Doppelbesteuerung nicht rechtfertigen.

dd) Verbleib der Besteuerungskompetenzen für die Erbschaftsteuer bei den Mitgliedstaaten

Es geht in diesem Zusammenhang nicht um eine europarechtliche Beschränkung der Kompetenz der Mitgliedstaaten, das Ob und Wie der Erbschaftsbesteuerung festzulegen; insbesondere kann aus den europarechtlichen Grundfreiheiten keine generelle Belastungsobergrenze abgeleitet werden. So mag sich aus einer Dop-

276 So für die Ertragssteuern auch *Dautzenberg*, DB 1994, 1542, 1543.

277 Vgl. für Deutschland §§ 15-19 ErbStG.

278 *Dautzenberg*, EWS 1998, 86, 92.

279 Vgl. *von der Groeben,/Thiesing/Ehlermann-Kiemel*, Kommentar zum EGV, Art. 73 lit. d Rn. 12.

pelbelastung mit deutscher und luxemburgischer Erbschaftsteuer im Einzelfall eine geringere Belastung des Steuerpflichtigen ergeben als aus einer Steuerpflichtigkeit z. B. nur in Frankreich. Doch ist letztere das Ergebnis der Entscheidung des französischen Gesetzgebers, bestimmte wirtschaftliche Vorgänge in bestimmter Weise zu besteuern; eine Diskriminierung oder verbotene Behinderung der Gemeinschaftsbürger, die ihre Grundfreiheiten wahrnehmen, ergibt sich daraus nicht. Anderes gilt für die niedrigere Doppelbelastung mit deutscher und luxemburgischer Steuer:

Dort ist die Steuerlast nicht Ergebnis einer bewußten Entscheidung, sondern das zufällige und willkürliche Produkt mangelnder Abstimmung der Mitgliedstaaten beim Zugriff auf das Vermögen und das Einkommen der Gemeinschaftsbürger; und da dieser doppelte Zugriff immer bedeutet, daß zumindest Beziehungen des Steuerpflichtigen zu zwei Rechtsordnungen vorhanden sind, sind von dieser Doppelbelastung immer nur solche Gemeinschaftsbürger betroffen, die sich der Grundfreiheiten des EGV bedient haben.

ee) Verletzung der Grundfreiheiten jenseits der klassischen Ausländerdiskriminierung

Eine Betrachtung, die nur auf die Frage, ob einer der beiden besteuernden Staaten eine klassischen Ausländerdiskriminierung vornimmt, abzielt, mag formal begründbar sein:

Alle im Inland wohnhaften Steuerpflichtigen werden gleich besteuert, und wenn einer dieser Inländer unzuträglicherweise auch noch im Ausland besteuert wird, so ist seine Situation nicht mit derjenigen des einfach besteuerten Inländers, sondern mit derjenigen des Inländers, der ebenfalls im Ausland besteuert wird, zu vergleichen[280]. Doch handelt es sich bei dieser Argumentation um einen Zirkelschluß: Der Gemeinschaftsbürger, der von seinen Grundfreiheiten Gebrauch gemacht hat, wird durch Doppelbesteuerung nicht diskriminiert, weil alle anderen, die sich genauso verhalten, so behandelt werden wie er. Wenn nur die möglicherweise diskriminierte Gruppe mit sich selbst verglichen wird, ist es denknotwendig ausgeschlossen, eine Diskriminierung dieser Gruppe festzustellen. Es kommt für die Beurteilung, ob eine verbotene Diskriminierung oder Behinderung im Rahmen der Ausübung der Grundfreiheiten vorliegt, nach nunmehr gefestigter EuGH-Rechtsprechung[281] gerade darauf an, ob jemand, der seine

280 So in der Tat *Wessel*, Doppelbesteuerung und EWG – Vertrag, S. 149 f.

281 *EuGHE* 1996, 3089 ff. = EuZW 1996, 502 ff. (Rs. C-107/94-Asscher); für die Anerkennung beruflicher Qualifikationen schon genauso: *EuGHE* 1979, 399 ff. (Rs. 118/78-Knoors).

Grundfreiheiten ausübt, nicht gegenüber denen, die ihre Tätigkeiten auf das Gebiet eines Staates beschränken, benachteiligt wird.

ff) Verbotene Diskriminierung durch das Zusammenwirken zweier Mitgliedstaaten

Das Vorliegen einer Diskriminierung durch doppelte Erbschaftsbesteuerung und damit ein Verstoß gegen z. B. Art. 43 EG, sofern diese Doppelbesteuerung Folge eines von Art. 43 EG geschützten Verhaltens ist, kann selbst dann nicht bestritten werden, wenn man die Grundfreiheiten des EGV nur als Gewährleistungen jeweils gegenüber einem Mitgliedstaat begreift, denn auch wenn erst das Zusammenwirken der Mitgliedstaaten eine Diskriminierung ergibt, so bleibt der verbotene Verursachungsbeitrag bei jedem einzelnen Mitgliedstaat bestehen. Wenn Mitgliedstaaten gemeinsam diskriminieren, ist dies kein Problem des Tatbestandes des Verstoßes gegen z. B. Art. 43 EG[282], sondern allein ein Problem der Justiziabilität dieses Verstoßes[283].

gg) Rechtsprechung des EuGH

(1) Der Fall Schul

Eine Einstufung der Doppelbesteuerung als Diskriminierung ist der Rechtsprechung des EuGH durchaus nicht fremd. In der Entscheidung „Gaston Schul"[284] wurde eine doppelte Belastung mit Mehrwertsteuer für gemeinschaftsrechtswidrig erklärt. Dies begründete der EuGH mit Art. 95 EGV a.F. (= Art. 90 EG), den er als Teilaspekt des allgemeinen Diskriminierungsverbots im innergemeinschaftlichen Warenverkehr begriff[285]. Das dort statuierte Verbot, ausländische Waren direkt oder indirekt mit höheren Abgaben zu belasten als inländische, verpflichtet demnach jeden Mitgliedstaat, bei der Besteuerung von Importware die schon im Ursprungsland erhobene Steuer anzurechnen[286]. Die Besonderheiten des Bereichs der indirekten Steuern erlaubten auch eine eindeutige Zuordnung der Verantwortlichkeit:

Der Importstaat ist verpflichtet, die Doppelbesteuerung zu beseitigen, da sich aus der Nichtanrechnung der ausländischen Mehrwertsteuer eine Diskriminierung der ausländischen Waren gegenüber den im Inland hergestellten Waren ergibt. Wenn einem der Staaten, deren Steuerrechtsordnungen eine Doppelbe-

282 So aber *Wessel*, Doppelbesteuerung und EWG-Vertrag, S. 150.
283 Ebenso *Dautzenberg*, DB 1994, 1542, 1544 f.
284 *EuGHE* 1982, 1409 ff. (Rs. 15/81).
285 *EuGHE* 1982, 1409 ff. Rn. 26 (Rs. 15/81); *Dautzenberg*, DB 1994, 1542, 1544.
286 *EuGHE* 1982, 1409 ff. Rn. 32 (Rs. 15/81).

steuerung hervorrufen, eine verbotenen Diskriminierung vorzuwerfen ist, dann ist selbstredend nur dieser Staat zu einer Änderung seiner Steuervorschriften gezwungen.

(2) Verantwortlichkeit für die sich aus dem Zusammenwirken zweier Steuerrechtsordnungen ergebenden Diskriminierungen im Fall Schumacker

Im Bereich der direkten Steuern ist die Zuordnung der Verantwortlichkeit für den im Ergebnis gegen die Grundlagen des Funktionierens des Gemeinsamen Marktes gerichteten Zustand der Doppelbesteuerung deutlich schwerer. Im Fall Schumacker[287] hat für den EuGH die Tatsache, daß die persönliche Situation des Steuerpflichtigen in keinem Staat steuerlich berücksichtigt wurde, zum Verstoß der deutschen Regeln über die beschränkte Einkommensteuerpflicht gegen die Grundfreiheiten geführt. Die vom EuGH gebrauchte Formulierung ist einer näheren Betrachtung wert: „Im Falle eines Gebietsfremden, ..., besteht die Diskriminierung darin, daß seine persönliche Lage und sein Familienstand weder im Wohnsitzstaat noch im Beschäftigungsstaat berücksichtigt werden.“ [288]. Herbeigeführt wurde die verbotene Diskriminierung demnach durch ein Zusammenwirken zweier für sich genommen nicht diskriminierenden Steuerrechtsordnungen. Trotzdem gelang es dem EuGH, einen Staat zur Änderung seines Steuerrechts zu zwingen: Verantwortlich für die steuerliche Berücksichtigung der Lage des Steuerpflichtigen war demnach der Staat, dem die Besteuerung des Einkommens aufgrund eines bilateralen Doppelbesteuerungsabkommens zwischen Deutschland und Belgien zugewiesen war.

Deutschland wurde also aus zwei Gründen haftbar gemacht:

zum einen, weil es für alle im Inland Wohnhaften im Rahmen der unbeschränkten Steuerpflicht eine Berücksichtigung der persönlichen Situation des Steuerpflichtigen vorgesehen hatte; zum zweiten, weil es sich mittels des Doppelbesteuerungsabkommens mit Belgien die ausschließliche Besteuerungshoheit über die wesentlichen Einkünfte des Klägers verschafft hatte. Damit lag auch die europarechtliche Verantwortung für das Besteuerungsergebnis ausschließlich bei Deutschland.

hh) Verantwortlichkeit im Fall der klassischen Doppelbesteuerung

Im Fall der Doppelbesteuerung liegt eine solche eindeutige Zuordnung der Besteuerungshoheit gerade nicht vor. Demnach ist der EuGH gehindert, einen Verstoß eines Mitgliedstaates gegen die Grundfreiheiten des EGV festzustellen;

287 *EuGHE* 1995, 225 ff. = EuZW 1995, 177 ff. (Rs. C-279/93-Schumacker).
288 *EuGHE* 1995, 225, 261 Rn. 38 = EuZW 1995, 177, 179 (Rs. C-279/93).

doch was sollte ihn daran hindern, einen Verstoß beider Mitgliedstaaten gegen den EGV zu konstatieren, da der Tatbestand der Diskriminierung jedenfalls erfüllt ist ?

(1) Rechtfertigung durch die Kohärenz der nationalen Steuersysteme ?

Entgegenstehen könnte allerdings die Kohärenz der nationalen Steuersysteme, die der EuGH als Rechtfertigung für eine steuerliche Diskriminierung ausdrücklich anerkannt hat[289]. In dieser Entscheidung hatte ein Steuerpflichtiger in Belgien die mangelnde Absetzbarkeit von deutschen Versicherungsprämien in Belgien gerügt. Der EuGH sah darin durchaus eine indirekte Diskriminierung ausländischer Arbeitnehmer, da entsprechende belgische Versicherungsbeiträge absetzbar waren. Dennoch wurde ein Verstoß gegen den EGV mit der Begründung abgelehnt, eine Gleichstellung ausländischer und inländischer Versicherungsbeiträge beeinträchtige die Kohärenz des belgischen Steuersystems, weil Belgien auch nur inländische Versicherungsleistungen besteuere, ausländische dagegen nicht[290]. Diesem Urteil ist zu entnehmen, daß nicht jede Ungleichbehandlung, die in erster Linie EG-Ausländer trifft, deren Nachteilen aber Vorteile an anderer Stelle gegenüberstehen, einen Mitgliedstaat zum Umbau seines Steuersystems zwingen soll.

Die Gleichstellung eines in sich geschlossenen Steuersystems mit dem ordre public eines Mitgliedstaates darf aus diesem Urteil jedoch nicht hergeleitet werden. In zahlreichen anderen Judikaten hat der EuGH zur Durchsetzung der Grundfreiheiten den nationalen Steuersystemen wesentliche Änderungen auferlegt[291].

(2) Unanwendbarkeit auf den Fall der Doppelbesteuerung

Zudem würde die Feststellung eines Verstoßes mehrerer Mitgliedstaaten gegen die Grundfreiheiten des EGV durch die mangelnde Abstimmung ihrer Steuersysteme keineswegs einen inneren Umbau der betroffenen Steuerrechtsordnungen erzwingen. Ein derartiges Urteil würde lediglich die Nichtanwendbarkeit der betroffenen nationalen Normen im Einzelfall zur Folge haben[292]. Der von klassischer juristischer oder wirtschaftlicher Doppelbesteuerung betroffene Steuer-

---

289 *EuGHE* 1992, 249 ff. (Rs. C-204/90-Bachmann).

290 Sehr kritisch hierzu *Wiedow*, Steuerharmonisierung bei den direkten Steuern: Stand, Perspektiven, Auswirkungen auf Doppelbesteuerungsabkommen, S. 55.

291 *EuGHE* 1986, 273 ff. (Rs. 270/83-avoir fiscal); *EuGHE* 1990, 1779 ff. (Rs. C-175/88-Biehl); *EuGH*, NJW 1994, 35 ff. (Rs. C-330/91-Commerzbank); *EuGHE* 1995, 225 ff. = EuZW 1995, 177 ff. (Rs. C-279/93-Schumacker); *EuGH*, EuZW 1997, 443 ff. (Rs. C-250/95-Futura Participations) vgl. *Bachmann*, RIW 1994, 849, 851 ff.

292 *EuGHE* 1964, 1251, 1269 ff. (Rs. 6/64-Costa/ENEL); *Bleckmann*, Europarecht, Rn. 1088; *Streinz*, Europarecht, Rn. 200; *Teske*, EuR 1992, 265, 267.

pflichtige könnte unter Berufung auf diese Nichtanwendbarkeit die Zahlung der verlangten Steuer verweigern. Die innere Kohärenz der Steuersysteme bliebe hiervon gänzlich unberührt, denn eine Gleichstellung der EU-Bürger, die von ihren Grundfreiheiten Gebrauch gemacht haben, mit den Inländern würde nicht Änderungen innerhalb des nationalen Steuerrechts erzwingen, sondern nur die Harmonisierung der äußeren Zugriffsgrenzen notwendig machen.

(3) Vermeidung gleichheitswidriger Besteuerungslücken

Zur Vermeidung einer gleichheitswidrigen Nichtbesteuerung derjenigen, die sich auf drohende Doppelbesteuerung berufen können, und angesichts der Tatsache, daß keiner der beteiligten Rechtsordnungen ein allein ihr vorwerfbarer Verstoß gegen die Grundfreiheiten anzulasten ist, kann man die Nichtanwendung der betroffenen Normen auch als eine zeitlich begrenzte begreifen:

Die einzelne Norm gilt zwar auch für den von Doppelbesteuerung betroffenen Steuerpflichtigen, doch steht ihm, solange die Doppelbesteuerungslage besteht, eine dilatorisches Leistungsverweigerungsrecht zu Gebote. Einer solchen Lösung der sich aus der Nichtanwendbarkeit doppelbesteuerungsverursachender Normen ergebenden Gleichbehandlungsprobleme durch das nationale Recht stünde europäisches Recht nicht entgegen. Eine unzulässige inhaltliche Regelung der Harmonisierung der Besteuerungsgrenzen durch den EuGH selbst läge ebenfalls nicht vor, da die Abgrenzung als solche den Mitgliedstaaten überlassen bliebe. Bis zum Abschluß endgültiger Abkommen könnten sich die Staaten, deren Normen im Zusammenwirken eine Doppelbesteuerung bewirken, auch im Rahmen eines Schiedsverfahrens auf die Aufteilung der jeweiligen Besteuerungsgrundlage einigen[293]. Die notwendige gegenseitige Information der Behörden wird durch die Amtshilferichtlinie[294] garantiert. Unter Berufung auf diese Richtlinie werden vom EuGH Schwierigkeiten bei der Tatsachenermittlung im europäischen Ausland nicht mehr als Rechtfertigung für Diskriminierungen anerkannt[295].

Letztlich wird den Mitgliedstaaten durch die Möglichkeit der EU-Bürger, unter Berufung auf eine Doppelbesteuerung bis zur Einigung der betroffenen Steuer-

---

293 Dieses Vorgehen ist den Mitgliedstaaten nicht fremd: s. Übereinkommen 90/436/EWG vom 23. 07. 1990 über die Beseitigung der Doppelbesteuerung im Falle von Gewinnberichtigungen zwischen verbundenen Unternehmen (EG-Schiedsabkommen), Abl. 1990 Nr. L 225/10; dazu *Bleckmann*, Europarecht, Rn. 2039; *Dauses-Voß*, Handbuch des EG-Wirtschaftsrechts, J Rn. 119-135.

294 Richtlinie vom 19. 12. 1977 über die gegenseitige Amtshilfe zwischen den zuständigen Behörden bei direkten Steuern (77/799/EWG, Abl. 1977, Nr. L 336/15).

295 *EuGH*, EuZW 1997, 443, 445, Rn. 41 (Rs. C-250/95-Futura Participations).

verwaltungen die Steuerzahlung zu verweigern, nur die Versäumnis ihrer Pflichten aus Art. 293, 2. Spiegelstrich EG[296] deutlich gemacht und ihnen eine zusätzliche Motivation gegeben, diesen Pflichten endlich nachzukommen.

296 *EuGHE* 1976, 1473, 1484, Rn. 9 (Rs. 12/76-Tessili/Dunlop); *von der Groeben/Thiesing/Ehlermann-Schwartz*, Kommentar zum EGV, Art. 220 Rn. 25; *Lehner*, Europarechtliche Perspektiven für das Internationale Steuerrecht, S. 19.

VI. Zusammenfassung

1. Verstoß gegen den EGV durch Diskriminierung derjenigen, die von ihren Grundfreiheiten Gebrauch gemacht haben

Zusammenfassend läßt sich sagen, daß eine juristische oder wirtschaftliche Doppelbesteuerung mit Erbschaftsteuer dann gegen den EGV verstößt, wenn sie die Folge einer Ausübung der Grundfreiheiten ist, da durch die mangelnde Abstimmung der Erbschaftsteuersysteme diejenigen EU-Bürger, die sich der Grundfreiheiten bedienen, gegenüber den nur einer Rechtsordnung wirtschaftlich und persönlich verbundenen Bürgern diskriminiert werden. Diese Diskriminierung ist nicht durch die Kohärenz des Steuersystems der Mitgliedstaaten oder unter Berufung auf Art. 293, 2. Spiegelstrich EG zu rechtfertigen.

2. Rechtsfolge

Die betroffenen Gemeinschaftsbürger können die Zahlung einer für einen bestimmten Erwerb nach nationalem Recht zu entrichtenden Steuer immer dann verweigern, wenn dieser Erwerb auch in einem anderen Staat zu einer Erbschaftsbesteuerung gleicher Art herangezogen wird, wobei es nicht auf die formale Ausgestaltung der Belastung, sondern auf die wirtschaftliche Wirkung ankommt. Europarechtswidrig sind damit nicht nur die internationale juristische Erbschaftsdoppelbesteuerung[297], sondern auch die wirtschaftliche Doppelbesteuerung[298].

3. Im besonderen: IPR-verursachte Doppelbelastung mit der Erbschaftsteuer als einseitige Diskriminierung

Letztere kann sich im Erbschaftsteuerrecht daraus ergeben, daß durch mangelnde Kongruenz des Internationalen Erbrechts ein Vermögensgegenstand verschiedenen Erben oder Vermächtnisnehmern zugerechnet wird, und das nationale Erbschaftsteuerrecht die jeweils Begünstigten zur Entrichtung von Erb-

297 Identität von Steuerpflichtigem, Steuergegenstand und Zeitraum der Erhebung, vgl. *Vogel*, Doppelbesteuerungsabkommen, Einleitung Rn. 01.

298 Identität von Steuergegenstand und Zeitraum der Erhebung bei verschiedenen Steuerpflichtigen (fehlende Subjektidentität), vgl. *Vogel*, Doppelbesteuerungsabkommen, Einleitung Rn. 3.

schaftsteuern heranzieht, womit der erworbene Gegenstand wirtschaftlich zweimal belastet wird.

Genauso zu entscheiden ist der Fall, daß ein Steuerpflichtiger zur Versteuerung eines ihm nach ausländischem Recht gar nicht zustehenden Vermögensgegenstandes herangezogen wird, ohne daß damit eine wirtschaftliche Doppelbesteuerung dieses Gegenstandes verbunden ist. In beiden Fällen diskriminiert ausschließlich der ohne Rücksicht auf die tatsächliche Bereicherung besteuernde Staat, weswegen er seinen Steueranspruch in Höhe der für den Steuerpflichtigen nicht realisierbaren Bereicherung zurückschrauben muß. Die praktischen Schwierigkeiten bei der Ermittlung einer mangelnden Bereicherung des Steuerpflichtigen durch kollidierendes IPR sind erheblich, da jeder Erbprädendent einerseits versuchen muß, möglichst viele der ihm nach einer Rechtsordnung zustehenden Vermögensgegenstände in die Hand zu bekommen, er gegenüber dem Fiskus dagegen geltend machen muß, gerade dies sei ihm mißlungen. Endgültige Gewißheit mag sich erst nach langwierigen Rechtsstreitigkeiten ergeben. Daher bleibt eine Lösung der Erbrechtskollision auch aus steuerrechtlicher Sicht dringend erforderlich.

4. Ergebnis

Schon das geltende Europäische Recht verbietet demnach auf effektive Art und Weise jede juristische oder wirtschaftliche Erbschaftsdoppelbesteuerung, deren Opfer die SPE bei europarechtlich unreflektierter Anwendung des nationalen Rechts werden könnte. Dennoch ist der Abschluß eines multilateralen Abkommens zur Vermeidung der Erbschaftsteuer auf der Grundlage des Art. 293, 2. Spiegelstrich EG oder ein Tätigwerden des Europäischen Gesetzgebers auf der Grundlage des Art. 94 EG aus Gründen der Rechtssicherheit und Verfahrensvereinfachung dringend geboten.

E. Gestaltungsmöglichkeiten des europäischen Gesetzgebers

I. Die erbrechtliche Lösung

1. Sondererbrecht für die SPE ?

Die radikalste Lösung sämtlicher Schwierigkeiten, die von der Divergenz der nationalen Internationalprivatrechte hervorgerufen werden können, wäre eine erbrechtliche Vollregelung der Rechtsnachfolge in die SPE im SPE-Statut. Dies hätte nichts mit der ohnehin vorgesehenen Ausgestaltung der SPE als vererblichem Vermögensgegenstand zu tun, sondern würde bedeuten, im SPE-Statut eine bestimmte gesetzliche Erbfolge festzulegen und die Grenzen der Testierfreiheit zu bestimmen. Zur verfahrensmäßigen Abwicklung könnte auf die am Sitz der SPE zuständigen Behörden verwiesen werden. Die rechtliche Möglichkeit und besonders die praktische Sinnhaftigkeit einer solchen erbrechtlichen Vollregelung in einem erstens gemeinschaftsrechtlichen und zweitens gesellschaftsrechtlichen Gesetzgebungsakts erscheinen aber unter verschiedenen Gesichtspunkten zweifelhaft.

2. Art. 295 EG[1]

a) Auslegung des Art. 295 EG

Gemäß dem Wortlaut von Art. 295 EG läßt der Vertrag die Eigentumsordnung der Mitgliedstaaten unberührt. Eigentumsordnung ist die Gesamtheit der Vorschriften, die in jedem Mitgliedstaat die mit dem Eigentum verbundenen Rechte und Pflichten regeln[2]. Neben der Nutzung des Eigentums und dem Rechtsinstitut des Eigentums sind auch die Rechte des Eigentümers beim Entzug des Eigentums umfaßt[3]. Unter Eigentum ist nicht nur das zivilrechtliche Sacheigentum

1 Art. 222 EGV a.F.

2 *Von der Groeben/Thiesing/Ehlermann-Hochbaum*, Kommentar zum EGV, Art. 222 Rn. 3; *Riegel*, RIW 1979, 744 f.

3 *Von der Groeben/Thiesing/Ehlermann-Hochbaum*, Kommentar zum EGV, Art. 222 Rn. 3.

zu verstehen, sondern auch andere vermögenswerte subjektive Rechte[4]. Der Begriff der Eigentumsordnung wird im allgemeinen sehr weit verstanden[5].Das Erbrecht regelt eine der wichtigsten Befugnisse, die der Eigentümer eines Gegenstandes hat, nämlich zu bestimmen, wem dieses Eigentum nach seinem Tode zufallen soll (Testierfreiheit), und die Schranken dieses Rechts. Es kann die Möglichkeit eröffnen, Teile des Nachlasses bestimmten Bindungen zu unterwerfen (Testamentsvollstreckung, Vor- und Nacherbschaft), und es legt die Art und Weise fest, wie sich das Miterben zugefallene Eigentum gestaltet (Gesamthandsgemeinschaft, Bruchteilsgemeinschaft). Es gehört damit zur Eigentumsordnung der Mitgliedstaaten[6], welche vollständig aus dem Vertrag ausgeklammert wird, und dies, obwohl dieser Sektor in unmittelbarem Zusammenhang mit der durch den EGV vorrangig geregelten Wirtschaftsordnung steht[7].

Das Prinzip der begrenzten Einzelermächtigung besagt, daß der europäische Gesetzgeber nur dort tätig werden darf, wo dies der EGV ausdrücklich vorsieht[8]. Um so weniger darf er es auf einem Gebiet, das ihm der EGV ausdrücklich vorenthält. Art. 295 EGV a.F. beinhaltet daher dreierlei:

Der EGV ändert die bestehenden Eigentumsordnungen nicht; er beläßt die Kompetenz zu ihrer Änderung bei den Mitgliedstaaten und er verbietet es dem europäischen Gesetzgeber, aufgrund bestimmter Sachkompetenzen in die Eigentumsordnung der Mitgliedstaaten einzugreifen[9]. Grund für diese Bestimmung war die bei Abschluß der Römischen Verträge sehr stark divergierende Rolle des öffentlichen Sektors im Wirtschaftsleben der einzelnen Mitgliedstaaten. Besonders Frankreich und Italien wollten keine Einmischung in ihre Industriepolitik dulden. Verstaatlichungen und Handelsmonopole stehen daher im Zentrum der Diskussion um Art. 295 EG[10]. Doch kann bei der weiten Definition des Begriffes Eigentumsordnung von einer Unberührtheit derselben durch europäische Vorschriften nicht die Rede sein. Allein ein kurzer Gedanke an die Agrarmarktordnungen und das Wettbewerbsrecht zeigt, in welchem Ausmaß Inhalt und Ausübung des Eigentums von europäischen Normen bestimmt sein können.

---

4 *Von der Groeben/Thiesing/Ehlermann-Hochbaum*, Kommentar zum EGV, Art. 222 Rn. 4; zur Rechtslage in Deutschland s. *Rittstieg*, NJW 1982, 721 ff.

5 *Riegel*, RIW 1979, 744 f.

6 *Palandt-Edenhofer*, vor § 1922 Rn. 1.

7 *Everling*, FS Raiser, S. 379, 382.

8 *Schweitzer/Hummer*, Europarecht, S. 108.

9 *Everling*, FS Raiser, S. 379, 382; *von der Groeben/Thiesing/Ehlermann-Hochbaum*, Kommentar zum EGV, Art. 222 Rn. 5.

10 *Everling*, FS Raiser, S. 379, 384; *von der Groeben/Thiesing/Ehlermann-Hochbaum*, Kommentar zum EGV, Art. 222 Rn. 5-7; *Geiger*, EGV, Art. 295 Rn. 1.

b) Ansicht des EuGH

Der EuGH hat bei der Auslegung von Art. 222 EGV a.F. zwischen dem Bestehen eines Eigentumsrechts, das sich nach der nationalen Eigentumsordnung richten soll, und der Ausübung der durch diese Stellung vermittelten Befugnisse, die durch europäisches Recht beschränkt werden können, sofern dies zur Erreichung des jeweiligen Zieles erforderlich ist, unterschieden[11]. Die von der EG vorgenommenen Eingriffe in die Eigentumsrechte der Gemeinschaftsbürger hat er nie an Art. 222 EGV a.F., sondern immer nur an den allgemeinen Grundrechtsprinzipien der Mitgliedstaaten gemessen[12].

c) Gegenansicht

Gegen dies Differenzierung ist mit Recht vorgebracht worden, daß nicht die Zuweisung einer abstrakten Rechtsposition den wesentlichen Inhalt des Eigentums ausmacht, sondern die daran anknüpfenden Befugnisse und deshalb die eigentumsrelevanten Einzelregelungen des Europarechts nicht über eine Unterscheidung zwischen Eigentumsbestand und Ausübungsregelung vor Art. 295 EG gerechtfertigt werden können[13]. Auch Art. 44 II lit. e EG[14] spricht gegen diese Unterscheidung, da dort eindeutig ein europäischer Regelungsauftrag im Hinblick auf den Erwerb und die Nutzung von Grundvermögen, also auch den Bestand von Eigentumsrechten, formuliert ist, was sich nicht mit einer Beschränkung des Gemeinschaftsrechts auf die Regelung der Ausübung von Eigentumsrechten vereinbaren läßt. Demnach soll sich das Verhältnis des Gemeinschaftsrechts zu den mitgliedstaatlichen Eigentumsordnungen ausschließlich nach den Einzelermächtigungen des EGV richten; Art. 295 EG sei nur als Feststellung zu begreifen, daß im Moment der Gründung der Europäischen Wirtschaftsgemeinschaft die einzelstaatlichen Eigentumsordnungen zum Vertrag nicht in Widerspruch standen[15].

d) Konsequenzen für die SPE

Wegen der vielfältigen Einwirkungen der aufgrund der Einzelermächtigungen ergangenen europäischen Rechtsakte auf die nationalen Eigentumsordnungen spricht in der Tat viel für eine Begrenzung dieser Einwirkung auf der Ebene der

---

11 *EuGHE* 1966, 321, 324; *EuGHE* 1968, 85 ff. und *Generalanwalt Roemer*, ebd., S. 120; *Everling*, FS Raiser, S. 379, 387.

12 *von der Groeben/Thiesing/Ehlermann-Hochbaum*, Kommentar zum EGV, Art. 222 Rn. 10.

13 *Riegel*, RIW 1979, 744 f.

14 Art. 54 III lit. g EGV a.F.

15 *Riegel*, RIW 1979, 744, 746 f.

Einzelermächtigung und für eine einschränkende Auslegung des Art. 295 EG im Sinne einer Garantie des Rechts der Mitgliedstaaten, ihren öffentlichen Wirtschaftsektor binnenmarktkonform beizubehalten oder auszubauen (die Entwicklung innerhalb der Union geht allerdings ohnehin in eine andere Richtung) und den Kern des Instituts Eigentum autonom auszugestalten.

Doch solange man einen solchen Kern als von Art. 295 EG geschützt ansieht, wird auch das Erbrecht wegen seiner bedeutsamen Funktion innerhalb der Eigentumsordnung einer europäischen Vollregelung entzogen sein. Es bleibt festzuhalten, daß auch nach der Unterscheidung des EuGH eine Regelung des materiellen Erbrechts für die SPE keineswegs nur eine Ausübungsregelung eines nationalstaatlich begründeten Eigentumsrechts wäre, sondern den Erwerb und die Ausgestaltung dieses Rechts selbst regeln würde. Nimmt man die Unterscheidung zwischen der Ausübung eines Eigentumsrechts und seinem Bestand ernst, so wären darüber hinaus Zweifel an der Kompetenz des europäischen Gesetzgebers zur Schaffung der SPE angebracht; denn diese stellt nichts anders dar als die Schaffung eines neuen subjektiven Eigentumsrechts, was nach der Rechtsprechung des EuGH als Einmischung in die nationalen Eigentumsordnungen gewertet werden könnte. Eine materielle Erbrechtsregelung im SPE-Statut könnte somit wegen Verstoßes gegen Art. 295 EG vor dem EuGH keinen Bestand haben.

3. Art. 5 EG - Das Subsidiaritätsprinzip

a) Inhalt des Subsidiaritätsprinzips

Nach Art. 5 EG[16] wird die Gemeinschaft nur tätig, wenn die Ziele der beabsichtigten Maßnahmen auf der Ebene der Mitgliedstaaten nicht ausreichend erreicht werden können und sich daher auf Gemeinschaftsebene besser verwirklichen lassen[17]. Diese Voraussetzungen gelten kumulativ[18]. Eine weitere Kompetenzausübungsschranke setzt Art. 5, S. 3 EG mit dem Prinzip der Erforderlichkeit bzw. Verhältnismäßigkeit einer Maßnahme nunmehr auch im Verhältnis der Gemeinschaft zu den Mitgliedstaaten[19].

---

16 Art. 3 lit. b EGV a.F.

17 *Streinz*, Europarecht Rn. 145 lit. a.

18 *Geiger*, EGV, Art. 5 Rn. 8; *Calliess*, Subsidiaritäts- und Solidaritätsprinzip in der Europäischen Union, S. 92 f.; s. auch *Pipkorn*, EuZW 1992, 697 ff.

19 *Geiger*, EGV, Art. 5 Rn. 13 f.; *Streinz*, Europarecht Rn. 145 lit. b.

b) Anwendung auf die materiell-erbrechtliche Regelung in der SPE

Einziges Ziel einer materiell-erbrechtlichen Regelung im SPE-Statut wäre der Ausschluß möglicher Divergenzen zwischen den nationalen International-Privatrechten und Erbrechten - es ist nicht der Inhalt der einzelnen Erbrechte als solcher, der Regelungsbedarf schafft, sondern die nicht durchführbare Anwendung verschiedener Erbrechte auf ein und denselben Nachlaßgegenstand. Daher mag die Verhinderung von Erbrechtskollision zwar effektiv nur auf europäischer Ebene erreichbar sein, doch ist die Schaffung eines materiellen europäischen Sondererbrechts für die SPE dazu gänzlich überflüssig - eine europäische Festlegung des für den einzelnen SPE-Anteil anwendbaren nationalen Erbrechts würde vollkommen hinreichen, da eine Notwendigkeit für die Schaffung eines einheitlichen Erbrechts für alle SPEs sowenig besteht wie für alle in der Union belegenen Grundstücke. Auch die mögliche Abschreckung der Gesellschafter durch die Geltung eines für sie fremden Erbrechts eines anderen Mitgliedstaates spricht nicht gegen diese Schlußfolgerung - ein europäisches Sondererbrecht würde sie ebenfalls aus ihrem vertrauten Erbstatut herausreißen. Daher wäre die Schaffung eines europäischen Sondererbrechts für die SPE wegen nicht erforderlicher Intensität der Maßnahme nicht mit Art. 5 S. 3 EG vereinbar.

4. Ergebnis

Sowohl das Subsidiaritätsprinzip als auch Bedenken hinsichtlich der Vereinbarkeit eines materiellen europäischen Sondererbrechts für die SPE mit Art. 295 EG sprechen gegen die Schaffung eines solchen Sondererbrechts. Desweiteren ist mit erheblichen Widerständen gegen jedwede Art eines europäischen Sondererbrechts zu rechnen, da die einzelnen Mitgliedstaaten wie gesehen mit ihren Erbrechten im Detail sehr unterschiedliche Vorstellungen von der Familienpolitik bis zur Möglichkeit langfristiger Vermögensbindung verfolgen und ein europäisches Sondererbrecht als Beginn einer Souveränitätserosion auch auf diesem Gebiet betrachten könnten. Es gibt heute nicht nur keine europarechtliche Regelung materiell-erbrechtlicher Art; auch das EuGVÜ ist auf dem Gebiet des Erbrechts nicht anwendbar (Art. 1 II Nr. 1 aE EuGVÜ), genauso wenig wie das EG-Vertragsrechtsübereinkommen (EVÜ)[20], das den Artt. 27-37 EGBGB zugrunde liegt[21]. Das einzige für alle EU-Staaten außer Italien und Portugal gel-

20 Römisches EWG-Übereinkommen über das auf vertragliche Schuldverhältnisse anzuwendende Recht vom 19. 06. 1980 (BGBl. 1986 II, S. 810); s. *Jayme/Hausmann*, Internationales Privat- und Verfahrensrecht, 10. Auflage 2000, Nr. 70.

21 *MünchKomm-Martiny*, vor Art. 27 EGBGB Rn. 7-25.

tende internationale Abkommen auf dem Gebiet des internationalen Erbrechts[22] ist nicht europarechtlicher Natur. Es begünstigt die Gültigkeit testamentarischer Verfügungen durch die alternative Berufung verschiedener Erbstatuten hinsichtlich der erforderlichen Form einer solchen Verfügung (s. Art. 26 EGBGB) und regelt damit nur eine (wenn auch praktisch wichtige) Detailfrage des Internationalen Erbrechts.

Bis heute war also nicht einmal eine Abstimmung der International-Privatrechte auf dem Gebiet des Erbrechts möglich, nicht zu reden von inhaltlicher Angleichung der nationalen Normen oder gar Schaffung supranationalen Rechts. Auch diese Analyse der bisherigen Staatenpraxis spricht dagegen, die Schaffung eines europäischen Sondererbrechts für die SPE zu betreiben.

22 Haager Übereinkommen über das auf die Form letztwilliger Verfügungen anzuwendende Recht vom 05. 10. 1961 (BGBl. 1965 II, S. 1145); s. *Jayme/Hausmann*, Internationales Privat- und Verfahrensrecht, 10. Auflage 2000, Nr. 60.

II. Die gesellschaftsrechtliche Lösung

1. Beschränkung der Vererblichkeit in der SPE-Satzung

Das SPE-Statut zeichnet sich durch weitgehende Gestaltungsfreiheit der Gesellschafter bezüglich der Vinkulierbarkeit der einzelnen Geschäftsanteile aus[23]. Zwar ist die Vererblichkeit der Anteile nicht explizit geregelt, doch sollte es auch möglich sein, die Übertragung der SPE-Anteile mittels Erbgang in der Satzung der einzelnen Gesellschaft zu beschränken. Denkbar wäre ein Zustimmungserfordernis der überlebenden Gesellschafter, eine Beschränkung der Übertragung auf bestimmte Erben oder sogar der völlige Ausschluß der Vererblichkeit der Anteile. Die Zulässigkeit solcher statutarischer Beschränkungen richtet sich allein nach dem Recht der SPE; derlei Vinkulierungen der Geschäftsanteile sind rein gesellschaftsrechtlich zu beurteilende Ausgestaltungen des Vermögensgegenstandes „SPE-Anteil"[24].

Das für die Beerbung des Gesellschafters einschlägige nationale Erbrecht ist für diese Frage ohne Belang; haben die SPE-Gesellschafter ihre SPE als unvererbliches Vermögensgut ausgestaltet, so fehlt dem Erbstatut insofern der Gegenstand - es kann nur über das Schicksal von Vermögensgegenständen bestimmen, die sich im Nachlaß befinden. Ist das Vermögensrecht des Erblassers im Moment seines Todes untergegangen oder nach den Regeln des Gesellschaftsstatuts anderen Inhabern zugewachsen, so muß das Erbstatut dies grundsätzlich akzeptieren[25]; regelungsbefugt ist insofern lediglich das Gesellschaftsstatut, in unserem Fall das supranationale europäische Recht.

2. Ausweitung des Anwendungsbereichs der nationalen Erbstatute ?

Wollte ein nationales Erbstatut diese Regelungskompetenz des Gesellschaftsstatuts nicht anerkennen, so könnte es dies im Normalfall der autonomen Festlegung des Inhalts der Begriffe des eigenen IPR ohne weiteres tun; ein nationales IPR könnte so bestimmen, daß sich nicht nur der Erbgang, sondern auch die Frage nach dem Vorhandensein eines vererblichen Vermögensgegenstandes nach dem Erb- und nicht nach dem jeweiligen „Gegenstandsstatut" richtet (also

23 S. Art. 20 SPE-StatutE.
24 Vgl. *MünchKomm-Birk*, Art. 25 EGBGB Rn. 183; *von Oertzen*, IPRax 1994, 73, 74.
25 *Staudinger-Dörner*, Art. 25 EGBGB Rn. 60 f.; *MünchKomm-Birk*, aaO.

bei Geschäftsanteilen nach dem Gesellschaftsstatut, bei Forderungen nach dem Schuldstatut u.s.w.). Für Gesellschaften aus einem anderen EU-Staat könnte diese Qualifikation jedoch mit der Anerkennungspflicht, die sich möglicherweise aus dem Centros-Urteil ergibt[26], gegenüber Gesellschaften, die nach dem Recht eines anderen Mitgliedstaates wirksam gegründet worden sind, unvereinbar sein. Anerkennung bedeutet schließlich die Anwendung ausländischen Rechts, hier des ausländischen Gesellschaftsstatuts, das Rechts- und damit Erbfähigkeit der Gesellschaft selbst festlegt.

a) Vorrang des Schuldstatuts

Üblich und sinnvoll ist eine solche Anknüpfung nicht, denn die Frage nach der Vererblichkeit eines Vermögensgegenstandes ist eine solche nach der rechtlichen Beschaffenheit dieses Gegenstandes und diese richtet sich folgerichtig nach dem für diesen Gegenstand einschlägigen Statut. Wie sich z.B. die Abtretbarkeit einer Forderung nach dem Schuldstatut richtet, weil sie zur Rechtsnatur der Forderung gehört und diese sich nach dem Schuldstatut richtet, so ist auch die Vererblichkeit nichts anderes als ein Aspekt der Rechtsnatur der Forderung. Wollte man diese einem anderen Statut unterstellen, setzte man sich zu seiner eigenen kollisionsrechtlichen Entscheidung in Widerspruch:

Indem man ein Schuldstatut festlegt, hat man ein bestimmtes Recht ausgewählt, das wegen einer bestimmten Nähebeziehung zu der in Rede stehenden Forderung besonders geeignet ist, die Rechtsnatur dieser Forderung zu gestalten. Beruft man nun für einen Teil der Rechtsnatur der Forderung ein anders Statut, so schafft man eine gänzlich widersprüchliche Konstellation, indem nun die Vererblichkeit dem aufgrund persönlicher Merkmale des Erben ermittelten Erbstatut unterstellt wird und nicht dem aufgrund einer Nähe zur Forderung ermittelten Schuldstatut. Dies ginge soweit, daß zwei gleichartige Forderungen, die nach ihrem einheitlichen Schuldstatut unvererblich sind, je nach der Staatsangehörigkeit oder dem Wohnsitz des Gläubigers in einem Fall vererblich sein könnten und im anderen Fall nicht. Dies kann weder von der Wahl der Anknüpfungsmomente noch vom kollisionsrechtlichen Ergebnis her richtig sein.

b) Vorrang des Erbstatuts

Anders kann es sich bei Schuldverträgen verhalten, die eine besondere Nähe zum Erbrecht aufweisen, und die deshalb von vornherein nicht dem Schuldstatut unterliegen, sondern dem Erbstatut einer der vertragsschließenden Parteien folgen.

---

26 S. oben unter D. I. 1. a).

Für Erbvertrag und Erbverzicht leuchtet dies unmittelbar ein. Bei diesen Verträgen handelt es sich um erbrechtliche Instrumente, die ohne weiteres dem Erbstatut des Erblassers unterstehen[27]. Schwieriger ist die Lage bei anderen schuldrechtlichen Verträgen mit erbrechtlichem Ziel[28], die, wenn sie funktionell einem Erbvertrag entsprechen, ebenfalls dem Erbstatut unterstellt werden[29]. Nichts anderes gilt für Schenkungen von Todes wegen[30]. Der Unterschied zwischen diesen Verträgen und der Ausgestaltung eines Geschäftsanteils als unvererblich ist allerdings, daß es sich bei ihnen um die normale Erbfolge modifizierende Verträge handelt, die inhaltlich die Verteilung des Vermögens des Erblassers nach seinem Tode regeln und nicht die Frage berühren, ob dieser überhaupt vererbliches Vermögen hat.

3. Folgen für die SPE

Auf die SPE angewandt würde die Abspaltung der Vererblichkeit des Anteils vom Gesellschaftsstatut nichts anderes bedeuten, als daß die Vinkulierungen der Anteile gemäß Art. 20 SPE-Statut von einem Erbstatut anerkannt würden und von einem anderen nicht. Selbst wenn ein nationales IPR auf eine derart wenig sinnvolle Ausweitung seines Erbstatuts auf Kosten des Gesellschaftsstatuts käme, so könnte sich dies wegen Verstoßes gegen das supranationale Recht der SPE nicht durchsetzen. Kollisionsrechtlich gedacht ist das SPE-Statut nicht nur eine materiell-gesellschaftsrechtliche Regelung, sondern es wirkt auch wie eine für die Mitgliedstaaten verbindliche international-privatrechtliche Regelung:

Das Statut legt fest, für welche Gesellschaften seine materiellen Vorschriften gelten. Dies wirkt wie eine Vorschrift des nationalen internationalen Gesellschaftsrechts, indem es die für die SPE zuständige Rechtsordnung - eben die europäische - festlegt. Zwar wird hier nicht zwischen zwei Nationalrechten entschieden, wie sonst im IPR, aber doch zwischen zwei Rechtsordnungen. Diese Entscheidung zugunsten des europäischen Rechts beruht zwar nicht auf internationalprivatrechtlichen Gründen, sondern auf dem Geltungsvorrang des europäischen Rechts[31], doch begründet gerade dies die Verbindlichkeit des SPE-

---

27 *MünchKomm-Birk*, Art. 26 EGBGB Rn. 131, 145.

28 *MünchKomm-Birk*, aaO. Rn. 151.

29 *MünchKomm-Birk*, aaO. Rn. 152.

30 So z.B. *OLG Düsseldorf*, ZEV 1996, 423 ff.; *Lorenz*, ZEV 1996, S. 406, 407; *MünchKomm-Birk*, aaO. Rn. 154. Genauso qualifiziert z.B. auch das italienische Recht, s. *Ebenroth/Kleiser*, RIW 1993, 353, 359.

31 *Sonnenberger*, ZVglRWiss 95 (1996), 3 f.; *MünchKomm-Sonnenberger*, Einl. IPR Rn. 124.

Statuts gegenüber allen Mitgliedstaaten[32]. Jedenfalls fehlt den Mitgliedstaaten aus Gründen des Rangkollisionsrechts zwischen europäischem und nationalem Recht die Kompetenz, auf welchem Wege auch immer durch Nichtanerkennung der statutarischen Vinkulierungsklauseln in die Rechtsnatur der SPE einzugreifen. Daher ist auch der Konflikt zwischen Sitz- und Gründungstheorie und die neuere Entwicklung des Europäischen Rechts in diesen Fragen[33] für die SPE ohne Belang.

4. Funktionsweise und Grenzen der gesellschaftsrechtlichen Lösung

a) Vorbild GmbH

Nimmt man zur Ermittlung der Reichweite der Vinkulierungsmöglichkeiten des Art. 20 SPE-StatutE bzgl. der Einschränkung der Vererblichkeit das deutsche GmbH-Recht zum Vorbild, so ergibt sich folgender Gestaltungsspielraum der SPE-Satzung:

aa) Regelungsmechanismus

Der Geschäftsanteil ist zwingend vererblich[34]. Allerdings kann die Satzung Einziehungs- und Abtretungsklauseln beinhalten, welche die Erben verpflichten, den in den Nachlaß gefallenen Anteil an die Begünstigten abzutreten[35]. Aus der Sicht des Erbrechts handelt es sich bei diesen Klauseln je nach den Umständen des Einzelfalles um Schenkungen von Todes wegen (§ 2301 BGB), Teilungsanordnungen (§ 2048 BGB) oder Vermächtnisse[36]. Der Schutz der Erben und Pflichtteilsberechtigten richtet sich nach den Ausgleichungsvorschriften der §§ 2050 ff. BGB oder nach den Vorschriften zur Pflichtteilsergänzung (§ 2325, 2329 BGB)[37]. Ist eine angemessene Abfindung der weichenden Erben durch die begünstigten Dritten vorgesehen, so ist eine erbrechtliche Qualifizierung der Einziehungs- oder Abtretungsklausel nicht erforderlich; vielmehr stellt der An-

32 Dazu *Sonnenberger* aaO. mwN.

33 S. Teil D. I. 1. a).

34 Ganz h.L.; s. *Lutter/Hommelhoff*, GmbHG, § 15 Rn. 2; *Raiser*, Recht der Kapitalgesellschaften, S. 350 f. mwN.; *MünchKomm-Leipold*, § 1922 Rn. 31 lit. a; *Lange/Kuchinke*, Lehrbuch des Erbrechts, S. 115; aktuelle Zusammenfassung bei *Crezelius*, Unternehmenserbrecht, S. 220 ff.

35 Grundlegend *BGH* BB 1977, 563; *Raiser*, Recht der Kapitalgesellschaften, S. 352 f. mwN.; *MünchKomm-Leipold*, § 1922 Rn. 31 lit. a.

36 *Lange/Kuchinke*, Lehrbuch des Erbrechts, S. 115; *Raiser*, Recht der Kapitalgesellschaften, S. 352 f. *MünchKomm-Leipold*, § 1922 Rn. 38 für Personengesellschaftsanteile.

37 *MünchKomm-Leipold*, § 1922 Rn. 40; *MünchKomm-Frank*, § 2325 Rn. 16, 25.

spruch auf Abtretung gegen Entschädigung in diesen Fällen nichts anderes als eine gesellschaftsrechtlich bedingte Änderung der Nachlaßzusammensetzung dar, die keinerlei erbrechtliche Folgen hat[38].

bb) Bedeutung für die Erbrechtskollision

Richtet man die Gestaltungsfreiheit der SPE-Gesellschafter am Vorbild der GmbH aus, so könnten diese ebenfalls in der Satzung Abtretungs- und Einziehungsklauseln vereinbaren. Den Problemen der Erb-rechtskollision entkommen sie auf diesem Wege aber nur eingeschränkt. So herrscht bei Unklarheit über die Erbenstellung auch Ungewißheit über die Gegner der Abtretungsansprüche. Sind z.B. die Abkömmlinge des Erblasser-Gesellschafters die Begünstigten einer Abtretungsklausel gegenüber den anderen Erben (vorzugsweise dem Ehegatten), so kann Erbrechtskollision Ungewißheit über den Umfang der Abtretungsansprüche der einzelnen Begünstigten (z.B. bei Existenz nichtehelicher Abkömmlinge) hervorrufen. Damit bleibt die Gesellschaft unmittelbares Opfer der mangelnden Abstimmung der europäischen Internationalerbrechte.

Wenn die SPE-Anteile wie die Anteile an einer GmbH zwingend vererblich sind, kann auch das Instrument der gesellschaftsrechtlichen Übertragungspflicht die Erbrechtskollision nicht überspielen: die Festlegung, daß die Erben des Anteils diesen zu übertragen haben, hat für die Frage, wer denn Erbe geworden ist, nicht das mindeste zu bedeuten. Eine Bestimmung, die besagt, nur Erben nach dem Recht des Staates X dürften die Gesellschafterstellung im Erbgang erwerben, würde den Rahmen der Gestaltungsfreiheit der SPE-Gesellschafter sprengen; sie können nach dem hier diskutierten Modell nicht einmal die Vererblichkeit als solche ausschließen, noch viel weniger steht den SPE-Gesellschaftern eine Auswahl des einschlägigen Erbrechts zu. Auf der Seite der Erben helfen Einziehungs- und Abtretungsklauseln im Fall der Erbrechtskollision noch weniger; abgesehen von der Unsicherheit über den Umfang der Erbenstellung des einzelnen Erbprätendenten und des möglichen Streits um die Inhaberschaft der Abtretungsansprüche verlagert sich der Prätendentenstreit, selbst wenn die Gesellschafterstellung eines Miterben letztlich feststünde, nur auf die Ebene der Ausgleichsansprüche des nationalen Erbrechts:

Gesetzt den Fall es gäbe drei Erben, deren quotenmäßige Beteiligung am Nachlaß nach zwei konkurrierenden Erbrechtsordnungen unterschiedlich ist. Einer der drei hat unstrittig einen gesellschaftsrechtlichen Anspruch auf Abtretung des zum Nachlaß gehörenden SPE-Anteils. Gültige Testamente nach bei-

38 Insbesondere liegt dann keine Schenkung vor; s. *Raiser*, Recht der Kapitalgesellschaften, S. 352 f.

den Erbrechtsordnungen, die den jeweiligen Pflichtteilsrechten genügen, gibt es nicht. Ungeklärt und durch die Ausgestaltung der Abtretungsklausel nicht lösbar bleibt die Frage nach dem Umfang des Abtretungsanspruchs und deshalb die Höhe des den weichenden Erben zu gewährenden Ausgleichs. Hat der Gesellschafter-Erblasser die Abtretung ohne Ausgleich vorgesehen, so bleibt es dennoch bei den sich widersprechenden Pflichtteilsschutzvorschriften der kollidierenden Erbrechte[39].

b) Vorbild Personengesellschaft

Da der Wortlaut des SPE-StatutsE[40] keine klare Aussage zu den Grenzen der Gestaltungsfreiheit der SPE-Satzung zieht, wäre es durchaus denkbar, den Gesellschaftern nach dem Vorbild des deutschen Personengesellschaftsrechts[41] eine über die bei der GmbH zulässigen Möglichkeiten hinausgehende Gestaltungsfreiheit zu gewähren.

aa) Regelungsmechanismus

So könnte den Gesellschaftern erlaubt sein, in der Satzung der einzelnen SPE Ausnahmen von der grundsätzlich gegebenen Vererblichkeit der SPE-Anteile zu statuieren. Im einfachsten Fall ist die Vererblichkeit der Anteile gänzlich ausgeschlossen; dann erübrigt sich die Frage nach dem anwendbaren Erbstatut von selbst. Die Satzung könnte darüber hinaus durch beschränkte Zulassung der Anteilsvererbung auf vielfältige Weise Ungewißheit über die Erbfolge in die Anteile der SPE ausschließen: Es böte sich an, einen Genehmigungsvorbehalt festzulegen oder den Kreis der in die Gesellschafterposition des Erblassers einrückenden Erben auf bestimmte Angehörige der Gesellschafter zu begrenzen.

bb) Bedeutung für die Erbrechtskollision

Wie diese nach europäischem Gesellschaftsstatut zulässigen Vorgänge im nationalen Erbrecht bewältigt werden, ist Sache dieses Rechts, nicht des SPE-Statuts. Legt z.B. eine SPE-Satzung fest, daß ohne Zustimmung der anderen Gesellschafter nur Abkömmlinge des Gesellschafters dessen Anteil durch Erbgang erwerben können, so steht trotz einer möglichen Erbrechtskollision fest, daß, wenn keine derartige Zustimmung vorliegt, jedenfalls nur Abkömm-

---

39 Für das deutsche Pflichtteilsrecht s. nur *MünchKomm-Frank*, § 2325 Rn. 16, 25.

40 Art. 20 SPE-StatutE.

41 *Lange/Kuchinke*, Lehrbuch des Erbrechts, S. 118 ff.; *MünchKomm-Leipold*, § 1922 Rn. 32 ff.

linge des verstorbenen Erblassergesellschafters neue Gesellschafter sind. Doch zeigt schon diese verhältnismäßig einfache Nachfolgeregelung, wie sehr die SPE auch hier von den Vorschriften des nationalen Erbrechts abhängig bleibt:

Zwar hat die Satzung den Kreis der möglichen Erben auf die Abkömmlinge begrenzt, doch bestimmt nach wie vor das nationale Recht, ob und mit welcher Quote ein Abkömmling denn Erbe geworden ist. Daher schließt diese Klausel im Fall der Erbrechtskollision Unsicherheiten über die Gesellschafterstellung der einzelnen Abkömmlinge nicht aus. Um diese Ungewißheit effektiv zu beseitigen, könnten die Gesellschafter versucht sein, die Übertragung der SPE-Anteile gänzlich vom nationalen Erbrecht zu lösen, indem sie über ein Eintrittsrecht auf den Todesfall ihren SPE-Anteil einem frei bestimmbaren Begünstigten zuwenden, diesen Anteil aber grundsätzlich unvererblich stellen[42]. Damit wäre an der Oberfläche ein faktisches Sondererbrecht für die SPE möglich und in das Belieben der Gesellschafter gestellt. Doch bleibt auch diese konstruktive Bewältigung der Rechtsnachfolge von Todes wegen in einen SPE-Anteil von der Erbrechtskollision belastet. Zwar sind die nationalen Erbrechte gezwungen, eine nach dem supranationalen europäischen Gesellschaftsrecht gültige Zuwendung eines Geschäftsanteils anzuerkennen, doch greifen auch dann, wenn der Anteil nie in den Nachlaß gelangt ist, zu Lasten des Begünstigten die erbrechtlichen Schutzvorschriften ein[43], die bei pflichtteilsbeeinträchtigenden Schenkungen einschlägig sind. Allerdings wäre zumindest die SPE selbst bei dieser rein gesellschaftsrechtlichen Nachfolgelösung ihres Gesellschafterbestandes immer sicher.

cc) Ergebnis

Die bisherigen Ausführungen haben gezeigt, daß man unabhängig von der Reichweite der Gestaltungsfreiheit der SPE-Gesellschafter, was die Art der Rechtsnachfolge in den einzelnen SPE-Anteil angeht, den Konflikt zweier Erbrechtsordnungen nicht so lösen kann, daß Gesellschaft und Erben vor einer gesicherten Rechtslage stehen.

Von dem praktisch irrelevanten Fall der völligen Unvererblichkeit des SPE-Anteils unter Ausschluß von Abfindungsansprüchen bei Anwachsung des Anteils der versterbenden Gesellschafter an die Überlebenden, der wegen der Gegenseitigkeit des Risikos keine Schenkung sein mag und deshalb auch mögli-

42 Sog. Eintrittsklausel, s. *MünchKomm-Leipold*, § 1922 Rn. 40; *Brox*, Erbrecht, Rn. 748.
43 *MünchKomm-Leipold*, § 1922 Rn. 40; *MünchKomm-Frank*, § 2325 Rn. 16, 25; s. für Schenkungen im französischen Recht *Ferid*, Internationales Erbrecht, Frankreich Grdz. F § 2 VI Rn. 219.

cherweise den Vorschriften über pflichtteilsbeeinträchtigende Schenkungen nicht unterliegt[44], einmal abgesehen, erweitern diese Gestaltungsmöglichkeiten den Verteilungsspielraum des Erblassers nicht. Die ihm durch die zwingenden Vorschriften der nationalen Erbrechte gesetzten Schranken können durch die Beschränkung des Kreises der Gesellschaftererben nicht überwunden werden, jedenfalls was die wertmäßige Verteilung des Nachlasses angeht.

dd) Dingliche Pflichtteilsrechte und gesellschaftsrechtliche Lösung

Die dinglichen Pflichtteilsrechte der romanischen Rechtsordnungen wären allerdings durch die Eröffnung eines dem deutschen Personengesellschaftrecht[45] vergleichbaren Gestaltungsspielraums der SPE-Gesellschafter bei der Vinkulierung der Anteile ihrer Gesellschaft für den Erbfall direkt berührt:

Eine Herabsetzungsklage gegen die gesellschaftsrechtliche Verfügung in der SPE-Satzung ist ausgeschlossen, sonst stünde der Satzungsfreiheit der SPE-Gesellschafter zur Disposition des nationalen Erbrechtsgesetzgebers; doch kennt z.B. das französische Recht nicht wenige Fälle, in denen ein Geldanspruch ähnlich dem deutschen Pflichtteilsanspruch an die Stelle der dinglichen Herabsetzungsklage tritt[46]. Hierbei handelt es sich immer um Konstellationen, in denen eine Herausgabe des Gegenstandes dem durch ein Vermächtnis oder eine Schenkung Begünstigten nicht möglich oder zumutbar ist. Im französischen Personengesellschaftsrecht gibt es - der deutschen Rechtslage nicht unähnlich - eine Ausnahme vom Prinzip der zwingenden dinglichen Beteiligung bestimmter Erben am Nachlaß: Art. 1870-1 Code civil bestimmt, daß weichende Erben bei der Fortsetzung einer Personenhandelsgesellschaft nur Abfindungsansprüche in Geld haben[47]. Für Kapitalgesellschaften gilt gemäß Art. 21 LSC[48] ebenfalls eine Beschränkung der Pflichtteilsberechtigten auf einen wertmäßigen Ausgleich („réduction en valeur“). Eine analoge Anwendung dieser Normen auf die weichenden Erben in der SPE böte sich bei entsprechender Vinkulierung im Statut an.

Es ist daher davon auszugehen, daß unter notwendiger Beachtung der Satzungsfreiheit der SPE-Gesellschafter auch die Rechtsordnungen, die ein dingliches

44 So *BGHZ* 22, 186, 194; *Brox*, Erbrecht, Rn. 748; dagegen *MünchKomm-Frank*, § 2325 Rn. 16.

45 Und indirekt auch bei der Lösung gemäß dem Vorbild der GmbH.

46 *Ferid*, Internationales Erbrecht, Frankreich Grdz. F § 2 VI Rn. 223.

47 *Dostal*, ZEV 1997, 96, 102; *Ferid/Sonnenberger*, Das französische Zivilrecht Bd. 3, S. 483 f.

48 Loi sur les Sociétés commerciales vom 24. 07. 1966; Vgl. *Dostal*, ZEV 1997, 96, 102.

Pflichtteilsrecht kennen, die Ansprüche ihrer Pflichtteilsberechtigten auf der Ebene schuldrechtlicher Ausgleichsansprüche suchen werden.

5. Ergebnis

Die Gesellschafter einer SPE haben viele Möglichkeiten, das Schicksal ihrer Gesellschaft im Fall des Ablebens eines Gesellschafters zu gestalten. Eines vermögen sie allerdings nicht[49]: die nationalen Erbrechte davon abzuhalten, den Wert des SPE-Anteils bei der Berechnung der den Noterb- oder Pflichtteilsberechtigten zustehenden Ansprüche zu berücksichtigen. Damit gibt ihnen die „gesellschaftsrechtliche Lösung" im Ergebnis nicht mehr als die nationale Testierfreiheit. Lediglich die dingliche Wirkung der Noterbrechte der romanischen Rechtsordnungen müssen der durch europäisches Recht gewährten Satzungsfreiheit der SPE-Gesellschafter weichen.

Wenn man zudem die mit der Einführung des SPE verfolgte Absicht, kleinen und mittleren Unternehmen einen einfachen und insbesondere keine exorbitanten Rechtsberatungskosten verursachenden Weg zur vollen Teilnahme am Binnenmarkt aufzuzeigen[50], betrachtet, so können schwierige gesellschaftsvertragliche Nachfolge- oder Eintrittsklauseln, die zudem noch mit womöglich mehreren nationalen Testamenten koordiniert werden müssen, keinen Königsweg zur Lösung der Erbrechtskollision darstellen. Zudem begibt sich der Erblasser bei Festlegungen in der Satzung eines Teils seiner Testierfreiheit und kann Änderungen nur noch mit Zustimmung seiner Mitgesellschafter vornehmen. Dieser Verlust an Flexibilität ist ein bedeutender Nachteil, wenn die persönlichen Verhältnisse eines Gesellschafters Änderungen in der Nachlaßplanung erforderlich machen. Nur zur unvollständigen Vermeidung der sich aus einer Erbrechtskollision ergebenden Schwierigkeiten sollten die Gesellschafter hierzu nicht gezwungen sein.

Die hier unter dem Begriff „gesellschaftsrechtliche Lösung" behandelten Gestaltungsmöglichkeiten in der SPE-Satzung sind daher nicht geeignet, die Fälle der Erbrechtskollision befriedigend zu lösen.

---

49 Womöglich abgesehen von dem praktisch vernachlässigbaren Fall des Ausschlusses der Vererblichkeit und des gegenseitigen Anwachsens im Todesfall, s. *BGHZ* 22, 186, 194; *Brox*, Erbrecht, S. 748; *MünchKomm-Frank*, § 2325 Rn. 16.

50 *Hommelhoff*, WM 1997, 2101, 2104.

III. Die mitgliedschaftliche Lösung

Ein anderer Ansatz zur Vermeidung von Erbrechtskollision in der SPE ist die mitgliedschaftliche Lösung.

1. Ausschluß natürlicher Personen vom Gesellschafterbestand der SPE

Die Anwendung mehrerer nationaler Erbrechte auf einen Nachlaß oder einen Nachlaßgegenstand beruht auf dem Umstand, daß der Inhaber vermögenswerter Rechte verstirbt und der Übergang seines Vermögens von Todes wegen gestaltet werden muß. Erbrecht im objektiven Sinne sind alle Normen, die das Schicksal des privatrechtlichen Vermögens einer natürlichen Person nach deren Tode regeln[51]. Wenn eine juristische Person Vermögen hat, so unterliegt dieses direkt nie dem Übergang auf einen anderen Inhaber durch Erbrecht, denn die juristische Person stirbt nicht und kann folglich auch nicht beerbt werden[52]. Lediglich ihre Anteile sind, sofern sie von natürlichen Personen gehalten werden, der erbrechtlichen Rechtsnachfolge unterworfen. Daher war im Zusammenhang mit der Erbrechtskollision auch immer nur vom Anteil an der SPE, dessen Schicksal mehrere Rechtsordnungen regeln wollen, die Rede. Eine Möglichkeit, Erbrechtskollisionen effektiv für die Anteile an jeder SPE auszuschließen, wäre die Beschränkung des Gesellschafterkreises auf juristische Personen des nationalen Rechts[53].

2. Reichweite der mitgliedschaftlichen Lösung

a) Funktionsweise der mitgliedschaftlichen Lösung

Wenn ein Unternehmer sein Heimatunternehmen in der Form einer juristischen Person betreibt, ergeben sich für ihn aus der Beschränkung der potentiellen SPE-Gesellschafter auf juristische Personen keine Probleme. Tut er dies nicht,

---

51 *MünchKomm-Leipold*, Einl. Erbrecht Rn. 1; *Lange/Kuchinke*, Lehrbuch des Erbrechts, S. 9.

52 *Lange/Kuchinke*, Lehrbuch des Erbrechts, S. 9, 73 f.; *Brox*, Erbrecht, Rn. 2; s. nur den Wortlaut von § 1922 I BGB, der vom Erbfall als dem *Tode* einer Person spricht.

53 Beschränkungen im Mitgliederbestand sind z.B. auch in Art. 4 I der EWIV-VO (VO Nr. 2137/87 Abl. EG Nr. L 199 vom 31. 07. 1985) festgelegt; dort werden allerdings nur Privatleute und Gesellschaften bzw. Vereine, die keinen Erwerbszweck verfolgen, von der Mitgliedschaft ausgeschlossen.

so müßte er eine nationale „GmbH“ gründen, deren einzige Ausgabe es sein könnte, sich an der SPE zu beteiligen. Der einzige zusätzliche Aufwand wären die Gündungskosten dieser nationalen GmbH; der bedeutende Vorteil: ein vollkommener Ausschluß der Gefahr der Nachlaßspaltung und der Kollision verschiedener Erbstatute innerhalb der SPE. Allerdings müßte dafür Sorge getragen werden, daß in den Staaten, die der Sitztheorie folgen, der effektive Verwaltungssitz der nationalen GmbH nicht aus dem Gründungsstaat wegverlegt wird, weil sonst der Verlust der Rechtspersönlichkeit und die Zwangsauflösung drohen[54]. Hieran ändert auch die neue Rechtsprechung des EuGH zur Niederlassungsfreiheit der Gesellschaften[55] nichts, da sie sich nicht auf die Zwangsauflösung einer Gesellschaft bei Wegzug aus einem Mitgliedstaat befaßt. So könnte der deutsche SPE-Gesellschafter D seinen belgischen SPE-Anteil von einer deutschen GmbH halten lassen. Für diese deutsche GmbH ist das deutsche IPR und daher das deutsche Erbrecht effektiv gültig, wogegen für die belgische SPE das über das belgische IPR berufene belgische Erbrecht effektiver ist.

Durch diese Gestaltung ist natürlich der der Erbrechtskollision zugrundeliegende IPR-Konflikt zwischen Staatsangehörigkeits- und Wohnsitzprinzip nicht gelöst, doch ist er in die deutsche GmbH verschoben: Nun muß für die Anteile des D an der deutschen GmbH mittels Erbrecht der richtige Rechtsnachfolger gesucht werden, nicht mehr für den Anteil an der SPE. Auch hierbei kommen die verschiedenen Nationalrechte selbstredend nach wie vor zu unterschiedlichen Ergebnissen; doch sind die gemäß Art. 22 Nr. 2 EuGV-VO für die GmbH zumeist zuständigen Gerichte nun die deutschen Gerichte, nicht mehr die belgischen. Der D hätte somit erreicht, daß auch für seine nunmehr indirekt gehaltene Beteiligung an der SPE das deutsche Erbrecht effektives Erbstatut wäre. So könnte auch ohne Festlegung der „mitgliedschaftlichen Lösung“ im SPE-Statut gleichsam individuell eine solche verwirklicht werden.

b) Fraus legis

Eine derartige Änderung eines Ergebnisses der Anwendung des Internationalen Privatrechts auf einen bestimmten Sachverhalt durch individuelle Rechtsgestaltung wirft sogleich die Frage nach der unzulässigen Gesetzesumgehung, der sogenannten „fraus legis“ auf[56]. Gesetzesumgehung liegt vor, wenn in ungewöhnlicher Weise jemand an Stelle eines Tatbestandes einen anderen verwirk-

54 *Kegel-Schurig*, IPR, S. 508 f.

55 EuGH, Urt. v. 9. 3. 1999 - Rs. C-212/97 (Centros Ltd/Erhvervs- og Selskabsstyrelsen), EuZW 1999, 216 ff. = NJW 1999, 2027 ff.; s. oben D. I. 1. a).

56 S. dazu *Kropholler*, IPR, S. 151 ff.; *Kegel-Schurig*, IPR, S. 415 ff. *MünchKomm-Sonnenberger*, Einl. IPR Rn. 686 ff.

licht, damit an Stelle der Rechtsfolge des ersten Tatbestandes die Rechtsfolge des zweiten tritt[57]. Die Ahndung der fraus legis läuft auf eine Übertragung des Rechtsmißbrauchsgedankens[58] auf das IPR hinaus; hält man das durch die absichtsvolle Schaffung bestimmter Anknüpfungsmomente herbeigeführte Ergebnis für untragbar, so läßt man es am ordre public scheitern oder reduziert den Anwendungsbereich der einschlägigen Kollisionsnorm teleologisch derart, daß im zu entscheidende Fall das angestrebte Ergebnis nicht mehr zustande kommt[59].

Aus deutscher Sicht liegt allerdings kein Fall der Gesetzesumgehung vor: Ob D seinen SPE-Anteil über eine GmbH hält oder nicht ist für das deutsche IPR ohne Bedeutung; hielte er den Anteil direkt, wäre ebenso deutsches Erbrecht anzuwenden. Auch aus belgischer Sicht ist eine klassische Gesetzesumgehung zu verneinen, da nach wie vor auch auf die Anteile an der GmbH belgisches Erbrecht zur Anwendung kommt. Es handelt sich daher bestenfalls um eine Umgehung der Zuständigkeit der belgischen Gerichte für Klagen gegen die SPE oder in Belgien ansässige Erben bezüglich des Nachlasses. Doch auch das Verfahrensrecht bietet die Möglichkeit, solche Umgehungen zu ahnden: verfahrensrechtlich kann fraus legis als Zuständigkeitserschleichung gewertet werden, was die Nichtanerkennung eines ausländischen Urteils zur Folge hat[60]. Die Gefahr einer Beurteilung der „Zwischenschaltung" der deutschen GmbH durch die belgischen Gerichte als Zuständigkeitserschleichung ist demnach nicht auszuschließen, zumal die vom französischen Recht beeinflußten Rechtsordnungen, zu denen auch die belgische zählt, Gesetzesumgehung häufig feststellen und dann erfolglos lassen[61].

3. Ergebnis

Eine zwingende Beschränkung des Gesellschafterkreises auf juristische Personen des nationalen Rechts stünde daher im Ruch der Einführung eines Elementes der faktischen Rechtswahl, ohne die Grenzen dieser Vorgehensweise klar aufzuzeigen, und die individuelle Beteiligungsgestaltung im Sinne der „mit-

---

57 Definition von *Kegel-Schurig*, IPR, S. 417; *MünchKomm-Sonnenberger*, Einl. IPR Rn. 686.

58 „exceptio doli praeteriti", s. *MünchKomm-Sonnenberger*, Einl. IPR Rn. 697.

59 *MünchKomm-Sonnenberger*, Einl. IPR Rn. 701. In Deutschland wird ersteres vorgezogen, *Kegel-Schurig*, IPR, S. 428.

60 *Kegel-Schurig*, IPR, S. 428 ff.; *MünchKomm-Sonnenberger*, Einl. IPR Rn. 705.

61 „la fraude fait exception à toutes les règles"; vgl. dazu den Fall Caron; Cour d'appel d'Aix-en-Provence, rev. crit. dr. int. pr. 1983, 282 ff., mit Anm. von *Droz*, ebd. S. 287 ff.; s.a. *Li*, Recueil des Cours 1990 V, 9, 86 f.; dazu auch *Kegel-Schurig*, IPR, S. 421.

gliedschaftlichen Lösung“ in dem der Gesetzesumgehung. Darüber hinaus würde die Schaffung einer SPE unnötig kompliziert. Gerade kleine und mittlere Unternehmen sind häufig nicht als juristische Person sondern in der Form einer Personengesellschaft oder einzelkaufmännisch organisiert. Durch zwingende Zwischenschaltung einer zweiten Kapitalgesellschaft würden wieder Hürden in Gestalt von Kosten und Rechtsberatungsbedarf errichtet. Und letztlich ist auch die mitgliedschaftliche Lösung nur in der Lage, auf der Ebene der Gesellschaft für Klarheit zu sorgen; die Ebene der einzelnen Erben wird nicht berührt. Die beschriebenen auch nach dem EuGVÜ zulässigen Klagen unter den Erben selbst bleiben nach wie vor möglich, da die Erbrechtskollision als solche nicht verschwindet, sondern lediglich einen etwas anders zusammengesetzten Nachlaß betrifft. Auch die mitgliedschaftliche Lösung ist daher nicht in der Lage, die Erbrechtskollision zwischen den verschiedenen europäischen Rechtsordnungen angemessen zu bewältigen.

F. Sonderkollisionsrecht für die Erbfolge in einen SPE-Anteil- die internationalprivatrechtliche Lösung

Eine die erbrechtliche Autonomie der Mitgliedstaaten weitgehend schonende Lösung der positiven Kompetenzkonflikte der nationalen Erbrechtsordungen wäre die Schaffung einer europäischen Sonderkollisionsregel, die durch die Festlegung des für die Vererbung der Anteile an einer SPE maßgeblichen Erbstatuts eine Erbrechtskollision ausschlösse.

I. Grundlagen

1. Gemeinschaftskompetenz

a) Harmonisierung des IPR vor und nach Amsterdam

Anders als das Europäische Schuldrechtsübereinkommen[1], das als Konventionsrecht nicht Gemeinschaftsrecht im engeren Sinne ist, da es nicht auf Rechtssetzung durch Gemeinschaftsorgane beruht[2], geht es bei der Einführung eines Sondererbkollisionsrechts für SPE-Anteile um die Schaffung von wirklichem Gemeinschaftsrecht durch den europäischen Gesetzgeber. Die Kompetenz der Europäischen Union zur Schaffung einer internationalprivatrechtlichen Kollisionsnorm ist als solche nach dem Vertrag von Amsterdam unproblematisch gegeben. Die Artt. 61 lit. c, 65 lit. b EG erlauben der Union Maßnahmen zur Förderung der Vereinbarkeit der in den Mitgliedstaaten geltenden Kollisionsnormen, wenn diese für das reibungslose Funktionieren des Binnenmarktes erforderlich sind[3].

---

1 BGBl. 1986 II, S. 810 s. Art. 27-37 EGBGB, s. *Ebke*, in: Europäisches Gemeinschaftsrecht und Internationales Privatrecht, S. 77 ff..

2 S. *von Hoffmann*, ZfRV 36 (1995), 45, 48.

3 Dazu s. *Jayme/Kohler*, IPRax 1997, 385 ff.; ausführlich *Kreuzer*, in Gemeinsames Privatrecht in der EG, S. 457, 523 zu Art. 100 lit. a EGV a.F. (Art. 95 EG); weitergehend für Art. 235 EGV a.F. (Art. 308 EG) als Rechtsgrundlage für eine IPR-Harmonisierungs-VO (vor Amsterdam) *Seif*, in Jahrbuch junger Zivilrechtswissenschaftler 1997, S. 225, 255 f.; zur seitherigen Entwicklung s. *Jayme*, IPRax 2000, 165 ff.

Bereits vor Inkrafttreten des Amsterdamer Vertrages[4] konnte der Europäische Gesetzgeber zur Verwirklichung des Binnenmarktes nationales IPR harmonisieren und hat dies in Teilbereichen im Zusammenhang mit materieller Privatrechtsangleichung verschiedentlich auch getan[5], so z.B. in Art. 5 der Insider-Richtlinie von 1989[6], die den Mitgliedstaaten die Wahl zwischen Marktrecht und dem Recht des Handlungsortes für die Regelung u.a. zivilrechtlicher Sanktionen von Verstößen einräumt. Von ungleich größerer Bedeutung ist die Zweite Schadensversicherungs-Richtlinie[7], die eine detaillierte Regelung des Europäischen Internationalen Versicherungsvertragsrechts enthält[8]. Ein weiteres aktuelles Beispiel der Umsetzung einer Richtlinie, die nationales Kollisionsrecht harmonisiert, ist § 8 Teilzeit-Wohnrechte-Gesetz[9], der Art. 9 der Time-Sharing-Richtlinie[10] in deutsches Recht umsetzt[11]. Ebenso beruht § 12 AGBG[12], der den internationalen Geltungsbereich dieses Gesetzes bestimmt, auf einer europäischen Richtlinie[13]. Die Verbindung einer Sonderkollisionsnorm mit einer materiellen Privatrechtsangleichung ist daher alles andere als ungewöhnlich[14]. Zwar

4 Also vor dem 1. 5. 1999.

5 Allgemein hierzu s. *Jayme*, IPR und Europäischer Binnenmarkt, in *Jayme*, Ein IPR für Europa, S. 26 f..

6 RL des Rates vom 13.11.1989, 89/592/EWG, ABl. EG 1989 Nr. L 334/30; dazu *Kreuzer*, in Gemeinsames Privatrecht in der EG, S. 457, 476 f.; interessant in diesem Zusammenhang *Samtleben*, RabelsZ 45 (1981), 218 ff. zum IPR der Börsentermingeschäfte in Europa.

7 RL des Rates vom 22.06.1988, 88/357/EWG, ABl. EG 1988 Nr. L 172/1.

8 Umgesetzt wurde diese RL in Deutschland durch Gesetz vom 28.06.1990 (BGBl. I 1990, S. 1249) mit der Einführung der Artt. 7-14 EGVVG; dazu im einzelnen *Fricke*, IPRax 1990, 361 ff.; *von Wilmowsky*, ZEuP 1995, 735, 762 ff.; *Jayme*, in Europäischer Binnenmarkt, IPR und Rechtsangleichung, S. 35, 36 f.

9 BGBl. 1996 I, S. 2154, in Kraft seit dem 1.1.1997.

10 RL des Europäischen Parlaments und des Rates vom 26.10.1994, 94/47/EG, ABl. EG Nr. L 280/83 = NJW 1995, 375 ff.; Zur Entstehungsgeschichte mwN *Jayme*, in Europäischer Binnenmarkt, IPR und Rechtsangleichung, S. 35, 38 ff.

11 Zum übertriebenen Heimwärtsstreben des § 8 TzWrG s. *Otte*, RabelsZ 62 (1998), 405, 426 ff.; s. zur Time-Sharing-RL auch *von Wilmowsky*, ZEuP 1995, 735, 761.

12 Geändert durch Gesetz vom 19.07.1996 (BGBl. I S. 1013).

13 Art. 6 II der RL des Rates vom 21.04.1993, 93/13/EWG, ABl. EG Nr. L 95/29; dazu im einzelnen *Sonnenberger*, ZEuP 1996, 382, 389 ff.; *von Wilmowsky*, ZEuP 1995, 735, 758 ff.; zur Umsetzung ins österreichische Recht s. *Jayme/Kohler*, IPRax 1998, 417, 426; s.a. *Jayme*, in Europäischer Binnenmarkt, IPR und Rechtsangleichung, S. 35, 43 ff.; *Jayme/Kohler*, IPRax 1993, 357, 358 f. - auch allgemein zur Umsetzung kollisionsrechtlicher Regelungsgebote in EG-Richtlinien in nationales Recht, dazu ebenfalls *Roth*, IPRax 1994, 165 ff.

14 S. zur Entwicklung des Europäischen Kollisionsrechts die jährlichen Überblicksaufsätze von *Jayme/Kohler* in IPRax 1988, 133 ff.; IPRax 1989, 337 ff.; IPRax 1990, 353 ff.; IPRax 1991, 362 ff.; IPRax 1992, 277 ff.; IPRax 1993, 357 ff.; IPRax 1994, 405 ff.; IPRax 1995, 343 ff.; IPRax 1996, 377 ff.; IPRax 1997, 385 ff.; IPRax 1998, 417 ff.;

handelt es sich bei der Schaffung der SPE nicht um eine Harmonisierungsmaßnahme durch Erlaß einer Richtlinie[15], sondern um die Schaffung supranationalen direkt wirkenden europäischen Privatrechts mittels Verordnung, doch ist auch die Verbindung eines solchen Vorhabens mit europäischen Kollisionsnormen nicht ohne Beispiel[16]:

Die EWIV-VO[17] enthält in ihren Artt. 2 I, 6 und 12 supranationales europäisches Kollisionsrecht, indem sie für die zahlreichen Verweisungen auf das nationale Recht der Mitgliedstaaten den Satzungssitz der EWIV zum maßgeblichen Anküpfungsmoment macht[18]. Art. 293 3. Spiegelstrich EG, der den Mitgliedstaaten die Harmonisierung des Internationalen Gesellschaftsrechts auch auf staatsvertraglichem Wege aufgibt, ist gegenüber den echten Gemeinschaftskompetenzen subsidiär und steht daher wie gesehen nicht entgegen[19]. IPR, das in erster Linie das Sitzrecht beruft, enthält auch der Vorschlag über das Statut der Europäischen Aktiengesellschaft[20].

Der Schwerpunkt des Europäischen Gemeinschaftsrechts im Bereich des Zivilrechts liegt bisher allerdings eindeutig auf der Harmonisierung der nationalen Privatrechte[21], was eine Harmonisierung des nationalen IPR in den betroffenen Bereichen überflüssig werden läßt[22]. Doch ist die Harmonisierung des IPR je-

---

IPRax 1999, 401 ff.; IPRax 2000, 454 ff.; *von Hoffmann*, ZfRV 36 (1995), 45 ff.; und zum System des Europäischen Kollisionsrechts *Jayme*, IPR und Europäischer Binnenmarkt, in *Jayme*, Ein IPR für Europa, S. 32 f.; zum Arbeitskollisionsrecht der Entsenderichtlinie vom 16.12.1996, 96/71/EG, ABl. 1997, Nr. 18/1 s. *Franzen*, ZEuP 1997, 1055 ff.; zum IPR im Entwurf der FernabsatzRL s. *Kronke*, RIW 1996, 985 ff.

15 Allgemein hierzu *Brödermann/Iversen*, Europäisches Gemeinschaftsrecht und IPR, S. 313 ff.; zu den mittelbaren Auswirkungen des Geltungswillens privatrechtsvereinheitlichender EG-Richtlinien im IPR s. *Deinert*, in Jahrbuch junger Zivilrechtswissenschaftler 1997, S. 257, bes. 263; *Sonnenberger*, ZVglRWiss 95 (1996), 3, 35 mwN.

16 Dazu eingehend *Brödermann/Iversen*, Europäisches Gemeinschaftsrecht und IPR, S. 168 ff.; *Seif*, in Jahrbuch junger Zivilrechtswissenschaftler 1997, S. 225, 232 f.

17 VO des Rates vom 25. 07. 1985 Nr. 2137/85, ABl. 1985, Nr. L 199.

18 S. dazu *Roth*, RabelsZ 55 (1991), 623, 632.

19 Zum Zusammenspiel der Kompetenzen nach dem Vertrag von Amsterdam s. *Jayme/Kohler*, IPRax 1997, 385, 386.

20 *Brödermann/Iversen*, Europäisches Gemeinschaftsrecht und IPR, S. 177 ff.

21 *Hommelhoff*, in Gemeinsames Privatrecht in der EG, S. 361 ff.; *ders.*, AcP 192 (1992), S. 71 ff.; *Müller-Graff*, in Gemeinsames Privatrecht in der EG, S. 9 ff.; *ders.*, in 40 Jahre europäische Verträge - von der Europäischen Wirtschaftsgemeinschaft zur Europäischen Union, S. 107 ff.; *Basedow*, FS Mestmäcker, S. 347 ff.; s. auch die Überblicksaufsätze zur Rechtsprechung des EuGH zum Gemeinschaftsprivatrecht von *Kohler*, ZEuP 1995, 482 ff.; ZEuP 1996, 452 ff.; ZEuP 1997, 1030 ff.

22 *Roth*, RabelsZ 55 (1991), 623, 639.

denfalls das mildere Intergrationsinstrument im Vergleich zur Angleichung des Privatrechts selbst. Auch der EGV erkennt die Notwendigkeit einer sinnvollen Abgrenzung des Geltungsanspruchs der nationalen Privatrechtsordnungen durch harmonisiertes IPR an[23]; zudem gebietet das Subsidiaritätsprinzip die Anwendung des milderen Mittels der IPR-Angleichung gegenüber der Privatrechtsangleichung, soweit die Ziele des Vertrages auch so erreicht werden können[24]. Die Einführung einer supranationalen Gesellschaftsform für kleine und mittlere Unternehmen würde unter der bestehenden Erbrechtskollision innerhalb Europas leiden; der damit bezweckte Erfolg, die Binnengrenzen des gemeinsamen Marktes auch für kleinere Marktteilnehmer effektiv durchlässig zu machen, könnte nicht vollumfänglich erreicht werden. Aus diesen Gründen ist davon auszugehen, daß der europäische Gesetzgeber zum Erlaß einer einheitlichen Kollisionsregel für die Rechtsnachfolge von Todes wegen in die Anteile an einer SPE befugt ist. Davon geht auch der von Kommission und Rat ausgearbeitete Aktionsplan zur bestmöglichen Umsetzung der Bestimmungen des Amsterdamer Vertrages über den Aufbau eines Raums der Freiheit, der Sicherheit und des Rechts vom 3. 12. 1998 aus, in dem sich die Union eine Angleichung des Internationalen Erbrechts vornimmt[25].

b) Europarechtliche Gebotenheit der Verhinderung von Erbrechtskollisionen

Doch jenseits der Kompetenzgrundlagen für die Einführung von Sondererbkollisionrecht für die SPE sind die negativen Folgen der Erbrechtskollision derart gravierend, daß die Schaffung einer Rechtsform, in der Unionsbürger ihr Kapital anlegen können, ohne die Geltung sich widersprechender, zu Streit unter den Erben und Vermögensverlust führender Erbrechtsordnungen fürchten zu müssen, ein Gebot des Binnenmarktes ist[26]. Die nicht durch prozessuale Zuständigkeitsregeln beseitigte Erb-rechtskollision stellt eine bedeutende Behinderung der Marktteilnehmer bei der Ausübung der Grundfreiheiten des Binnenmarktes dar. Inwiefern die mangelnde Harmonisierung des Internationalen Erbrechts sogar

---

23 S. Art. 293 EG bzgl. des Internationalen Gesellschaftsrechts; vgl. *Roth*, RabelsZ 55 (1991), 623, 638 f.

24 So auch *Seif*, in Jahrbuch junger Zivilrechtswissenschaftler 1997, S. 225, 237 f.; allg. s. *Geiger*, EGV, Art. 5 Rn. 8; *Calliess*, Subsidiaritäts- und Solidaritätsprinzip in der Europäischen Union, S. 92 f.; s. auch *Pipkorn*, EuZW 1992, 697 ff.

25 ABl. 99 Nr. C 19 v. 23. 1. 1999, S. 1 ff. s. dort Teil II lit. B II. Nr. 41 lit. c, s. IPRax 1999, 288, 290; s. auch *Tarko*, ÖJZ 1999, 401, 407; zum Binnenmarktkollisionsrecht vgl. *Grundmann*, RabelsZ 2000, 457 ff.

26 *Seif*, in Jahrbuch junger Zivilrechtswissenschaftler 1997, S. 225, 240; *Kreuzer*, in Gemeinsames Privatrecht in der EG, S. 457, 497 ff.

einen Verstoß gegen die Grundfreiheiten bedeutet[27], da hier wie im Fall der Doppelbesteuerung nur diejenigen, die zu mehreren europäischen Rechtsordnungen Verbindungen unterhalten und damit von ihren Grundfreiheiten Gebrauch gemacht haben, letztendlich die leidtragenden Betroffenen sind, bedarf aus naheliegenden Gründen keiner eingehenden Erörterung:

Selbst wenn ein Verstoß der Mitgliedstaaten vorliegen sollte, so könnte ihm doch nur durch das Handeln des europäischen Gesetzgebers oder der Mitgliedstaaten in ihrer Gesamtheit abgeholfen werden. Anders als im Fall der europarechtswidrigen Besteuerung ist der Weg, durch zeitweise Abwehr von staatlichen Zahlungsansprüchen den Betroffenen zu helfen, im Fall der Erbrechtskollision verbaut. Dort stehen Individuen gegeneinander, die sich mit demselben Recht auf verschiedene nationale Rechtsordnungen stützen. Weder kann die Abwicklung entsprechender Erbfälle bis zum Tätigwerden der Gemeinschaft suspendiert werden, noch gibt es[28] eine Antwort auf die Frage, welches das allein zulässige Anknüpfungskriterium im Internationalen Erbrecht ist. Aus dem europäischen Recht ergibt sich keine zwingende Entscheidung zwischen Staatsangehörigkeits- und Wohnsitzprinzip, deren Nichtbeachtung manchen Staaten als Verstoß gegen die Grundfreiheiten angelastet werden könnte.

2. Diskriminierung anderer Gesellschaftsformen

Ein Einwand gegen die Einführung von Sonder-IPR für die Vererbung von SPE-Anteilen ist die hierdurch eintretende Privilegierung dieser Gesellschaftsform. Die Gesellschafter der SPE hätten, sollte der Anteil an einer solchen Gesellschaft tatsächlich einer Sonderanknüpfung im Internationalen Erbrecht unterworfen werden, im Unterschied zu den Gesellschaftern einer nationalen Gesellschaft einen bedeutenden Vorteil: das für die Vererbung ihrer Anteile einschlägige Recht wäre europaweit einheitlich festgelegt; zu einer Erbrechtskollision könnte es nicht kommen. Die Gesellschafter nationaler Gesellschaften wären dagegen weiterhin mit der Problematik kollidierenden Erbrechts konfrontiert. Allerdings hätten die SPE-Gesellschafter den Nachteil eventueller Nachlaßspaltung zu tragen, da ihr übriges Vermögen weiterhin gemäß dem nach den nationalen Regeln ermittelten Erbrecht vererbt würde, welches mit dem durch die europäische Kollisionsnorm berufenen Erbrecht nicht identisch sein muß.

---

27 Zum Verhältnis des IPR zu den Grundfreiheiten s. *Roth*, RabelsZ 55 (1991), 623, 637 ff.; *Basedow*, RabelsZ 59 (1995), 1 ff.;

28 Wie sogleich unter F II. zu zeigen sein wird.

Besteht aber ein Problem der Erbrechtskollision, so ist die Wahl der SPE zur Verwirklichung wirtschaftlicher Aktivitäten im Binnenmarkt, oder wird dieses Problem durch solche Aktivitäten geschaffen, so ist es durchaus sachgemäß, die SPE zur Lösung der Erbrechtskollision anzubieten, solange eine IPR-Harmonisierung innerhalb der Europäischen Union nicht allgemein gelingt. Die SPE soll gerade binnengrenzüberschreitendes wirtschaftliches Handeln ermöglichen, wozu auch eine Lösung der Erbrechtskollision gehört. Eine ungerechtfertigte Bevorzugung dieser Rechtsform vor den nationalen Gesellschaftsformen kann hierin daher nicht gesehen werden. Die Einführung eines Sondererbkollisionsrechts stellt lediglich eine Ergänzung der mit der Schaffung der SPE bereits gewählten Methode dar: Die Bereitstellung einer dauerhaft benutzbaren, einem europaweit einheitlichen Regime unterliegenden supranationalen Rechtsform wird durch sie auch über den Tod der einzelnen Gesellschafter hinaus ermöglicht.

Die politisch dem Projekt der SPE womöglich schädliche Gefahr einer Flucht der Gesellschafter nationaler Gesellschaften in die SPE durch Umwandlung[29] wegen der Vorteile der europäischen Kollisionsnorm ist kaum gegeben: Zum einen sind die meisten Gesellschafter nationaler Gesellschaften in internationalerbrechtlich relevanter Weise lediglich ihrer Heimatrechtsordnung verbunden, so daß für sie das Problem der Erbrechtskollision nicht besteht. Sie könnten lediglich an der Umgehung dieser Heimatrechtsordnung durch Herbeiführung der SPE-Sonderanknüpfung interessiert sein; diese in der Tat unerwünschte Möglichkeit kann aber durch die Gestaltung des Sonder-IPR abgeschnitten werden[30]. Zum anderen wird die Wahl einer europäischen Rechtsform immer von sehr viel mehr Motiven abhängig sein als vom Streben nach einer kollisionsrechtlichen Sonderanknüpfung für den Erbfall.

29 Art. 5 I SPE-StatutE.

30 S. sogleich unter F VI. und VII.

II. Zwingende Anknüpfung an die Staatsangehörigkeit oder das Domizil des Gesellschafters

Wie gesehen, bestimmen zwei gegenläufige Prinzipien die europäischen Internationalerbrechte für die Rechtsnachfolge von Todes wegen in Kapitalgesellschaftsanteile: die Berufung der lex patriae[31] und damit die Anknüpfung an die Staatsangehörigkeit des Erblassers und die Berufung der lex domicilii[32], also die Anknüpfung an den letzten Erblasserwohnsitz.

Eine Möglichkeit, die sich aus der Inkongruenz dieser beiden Anknüpfungsmomente ergebenden Schwierigkeiten zu lösen, wäre, sich für den SPE-Anteil zwischen beiden Anknüpfungen zu entscheiden, also zwingend die Rechtsnachfolge von Todes wegen in einen solchen Anteil der lex patriae oder der lex domicilii als Erbstatut zu unterstellen.

1. Der Streit um die bessere Anknüpfung : lex patriae oder lex domicilii ?

Die Anknüpfungen „Staatsangehörigkeit" und „letzter Erblasserwohnsitz" dienen dazu, das gesamte Vermögen des Erblassers, sofern es nicht aufgrund seiner Belegenheit nach der lex rei sitae vererbt wird, für den Erbfall derjenigen Rechtsordnung zu unterstellen, von der vermutet wird, der Erblasser sei ihr am engsten verbunden gewesen. Im Vordergrund steht somit sein Parteiinteresse, sein Vermögen gemäß den Vorschriften der ihm vertrautesten Rechtsordnung vererben zu können[33]. Die Uneinigkeit der europäischen Rechtsordnungen dar-

31 Es handelt sich bei diesen Staaten um Deutschland, Österreich, Italien, Spanien, Portugal, Schweden, Finnland und Griechenland; s.o. unter B. II. 3. c) und *Lange/Kuchinke*, Lehrbuch des Erbrechts, S. 43 f.; zur historischen Entwicklung des Staatsangehörigkeitsprinzips s. *Mansel*, Personalstatut, Staatsangehörigkeit und Effektivität, S. 5 ff. und 28 ff.; *Jayme*, Pasquale Stanislao Mancini (1817-1888) L'attualità del suo pensiero, S. 27 ff.; *Schnitzer*, Handbuch des IPR, Band 1, S. 16 ff.; 148 ff.; *Niederer*, Einführung in die allgemeinen Lehren des IPR, S. 64 ff.; Zur heutigen Bedeutung und internationalen Verbreitung s. *Jayme/Mansel*, Nation und Staat im IPR und dort zur deutschen IPR-Reform 1986 bes. *Jayme*, Nation und Staat im IPR, S. 3 ff.

32 So verfahren die Teilrechtsordnungen Großbritanniens, Irland, Frankreich, Belgien, Luxemburg, die Niederlande und Dänemark; s.o. unter B. II. 3. a) und *Lange/Kuchinke*, Lehrbuch des Erbrechts, S. 43 f.

33 *Kegel-Schurig*, IPR, S. 853 für die Geltung der lex patriae; *Battifol/Lagarde*, Droit international privé II, Rn. 641 aE zu den Vorteilen der lex domicilii.

über, welcher der beiden[34] verwendeten Anknüpfungsmomente der sachgerechtere ist, legt nahe, daß es keine zwingenden Gründe für die eine oder die andere Anknüpfung gibt[35].

a) Vorteile des Staatsangehörigkeitsprinzips

Für die Anknüpfung an die Staatsangehörigkeit wird neben der angeblich engsten Beziehung des Erblassers zu dieser Rechtsordnung aufgeführt, diese sei einfacher und eindeutiger festzustellen als der letzte Erblasserwohnsitz[36], was dem Ordnungsinteresse an klaren Anknüpfungsmomenten, die Rechtssicherheit herstellen, entgegenkäme[37]. Zudem wird bei nur vorübergehend im Ausland ansässigen Inländern das Interesse gesehen, auch weiterhin nach ihrem Heimatrecht behandelt zu werden, was selbst für Auswanderer gelten soll, sofern sie sich noch nicht durch den Erwerb der Staatsangehörigkeit ihres neuen Wohnsitzstaates dort vollständig integriert haben[38]. Außerdem wirke die schwerer zu wechselnde Staatsangehörigkeit Gesetzesumgehungen entgegen[39]. Für Deutschland biete es sich an, am Staatsangehörigkeitsprinzip festzuhalten, da sonst die Auslandsdeutschen nicht mehr in den Genuß der Anwendung der deutschen Rechtsordnung kämen und mit zunehmender Mobilität besonders in Eu-

---

34 Zu der historischen Nähe beider Prinzipien s. *Bentwich*, The Law of Domicile in its Relation to Succession, S. 1 ff.; *Kegel*, RabelsZ 52 (1988), 431, 434 ff.

35 *Kühne*, Die Parteiautonomie im internationalen Erbrecht, S. 63, 65, spricht von „Anknüpfungsverlegenheit"; für *Wengler* sind ohnehin viele Anknüpfungsmomente gleich sachgerecht, s. *BGB-RGRK-Wengler*, Bd. VI, 1, S. 225 ff.; für ihn besteht daher kein Anlaß zu erörtern, ob Staatsangehörigkeit oder Wohnsitz das gewichtigere Anknüpfungsmoment darstellt; aaO. S. 257 f.; Vgl. die Aufstellung der Argumente für beide Anknüpfungsmomente bei *Raape/Sturm*, IPR, I. Band, S. 113 ff. und *Schoenblum*, Multinational and Multistate Estate Planning, I. Band, S. 411 ff.

36 *BGB-RGRK-Wengler*, Bd. VI, 1, S. 257. Man denke allein an die völlig verschiedenen Wohnsitzbegriffe der einzelnen Mitgliedstaaten; s. a. *Schnitzer*, Handbuch des IPR, Band 1, S. 118 ff.

37 *BGH*, NJW 1977, 496, 497 f.; So auch die Begründung der Bundesregierung zur Beibehaltung des Staatsangehörigkeitsprinzips im Rahmen der IPR-Reform, s. *BT-Drs.* 10/504, S. 31; *Firsching*, Zur Reform des deutschen internationalen Erbrechts, S. 202, 209; *Kegel-Schurig*, IPR, S. 388; *Kropholler*, IPR, S. 264 f., für den ausschließlich die Rechtssicherheit für das Staatsangehörigkeitsprinzip spricht. Für das Staatsangehörigkeitsprinzip ist aus Gründen der Rechtssicherheit auch die *Internationale Union des lateinischen Notariats* (zu dieser Organisation s. *Hellge*, ZEuP 1998, 380 ff.), RabelsZ 28 (1964), 491, 493; s. dazu *Dumoulin*, RabelsZ 28 (1964), 425, 428.

38 *Kegel-Schurig*, IPR, S. 390.

39 *Kegel-Schurig*, IPR, S. 394.

ropa die Eingliederungsbereitschaft ohnehin schwinde, was gerade für die sogenannten Gastarbeiter die Beibehaltung ihres Heimatrechts nahelege[40].

b) Vorteile des Wohnsitzprinzips

Für das Wohnsitzprinzip wird dagegen die leichtere Rechtsanwendung am Wohnort und damit am Lebensmittelpunkt[41] der betroffenen Personen ins Felde geführt[42]; zudem sei das Staatsangehörigkeitsprinzip in Zeiten erhöhter Zuwanderung intergrationsfeindlich und überfordere die Gerichte mit der massenhaften Anwendung ihnen unbekannten ausländischen Rechts[43]. Gerade auf Deutschland käme mit dem Übergang des Vermögens der ersten Gastarbeitergeneration auf ihre dauerhaft in Deutschland ansässigen Nachkommen eine kaum zu bewältigende „Lawine" von Fremdrechtsnachlässen zu[44]. Zudem ergebe sich aus der durch das Staatsangehörigkeitsprinzip hervorgerufenen Notwendigkeit, ausländisches Recht anzuwenden, die Tendenz, durch die Anwendung vielfältiger Ausnahmen wie z.B. die selbständige Anknüpfung von Vorfragen[45], die Anerkennung ausländischer Rückverweisungen[46] oder die Nichtanwendung ausländischen Rechts wegen Verstoßes gegen den inländischen materiellen ordre public[47] doch insgeheim der im Grunde angemessenen Anknüpfung an den Wohnsitz zu folgen und den zu regelnden Sachverhalt inländischem Recht zu unterwerfen. Dieses Vorgehen verkompliziere das IPR unnötig und unterlaufe die mit dem Staatsangehörigkeitsprinzip vorgeblich verbundene Rechtssicherheit[48]. Zur

40 *Max-Planck-Institut für ausländisches und internationales Privatrecht*, Thesen zur Reform des IPR, RabelsZ 44 (1980), 344, 345.

41 Für den englischen Begriff des domicile als beste Erfassung des Lebensmitttelpunkt s. *Bentwich*, The Law of Domicile in its Relation to Succession, S. 189 ff.

42 *Von Overbeck*, Recueil des Cours, 1961 III, 529, 575.

43 So *Neuhaus/Kropholler*, Entwurf eines IPR-Gesetzes, RabelsZ 44 (1980), 326, 333, 335; *Kropholler*, IPR, S. 271; für die USA so *Schoenblum*, Multinational and Multistate Estate Planning, I. Band, S. 411 f.

44 *Basedow*, NJW 1986, 2972, 2977.

45 Dazu besonders *von Mohrenfels*, RabelsZ 51 (1987), 20 ff.

46 So bereits 1900 der schweizerische Delegierte *Meili* auf der Haager Konferenz für IPR bzgl. Art. 27 EGBGB a.F., dessen Auslegung durch die Rspr. Art. 4 I und II EGBGB n.F. entspricht (zitiert nach *von Overbeck*, Recueil des Cours, 1961 III, 529, 572). S. zum renvoi im deutschen Recht *Ebenroth/Eyles*, IPRax 1989, 1 ff.

47 Zum ordre public im Internationalen Erbrecht s. *OLG Köln*, IPRspr. 1975, 295, 298 (Nr. 116); RG, JW 1912, 22; *BGH*, IPRax 1994, 37; *Klingelhöffer*, ZEV 1996, 258 f.; *Stökker*, RabelsZ 38 (1974), 79, 118 f.; allgemein zur Funktion des ordre public s. *Wengler*, Recueil des Cours, 1961 III, 273, 430 ff.; *Bucher*, Grundfragen der Anknüpfungsgerechtigkeit im IPR, S. 115 ff.

48 *Neuhaus/Kropholler*, Entwurf eines IPR-Gesetzes, RabelsZ 44 (1980), 326, 333, 335; *Neuhaus/Kropholler*, FamRZ 1980, 753 f.

Vereinheitlichung der stark voneinander abweichenden Wohnsitzbegriffe böte sich eine Ausrichtung an dem im internationalen Bereich üblichen Begriff des gewöhnlichen Aufenthalts an[49].

c) Spezifisch erbrechtliche Gesichtspunkte

Spezifisch erbrechtliche Gesichtspunkte, die für das Staatsangehörigkeits- oder das Wohnsitzprinzip sprechen, gibt es kaum: Nachlaßspaltung, die wegen der sich daraus ergebenden Angleichungsschwierigkeiten[50] und dem Widerspruch zum Prinzip der Universalsukzession in Kontinentaleuropa gern vermieden wird[51], hängt nicht von dem gewählten Anknüpfungsmoment ab, sondern davon, ob dieser für den gesamten Nachlaß gewählt wird, und von der Bereitschaft, ausländische Sonderregeln für bestimmte Nachlaßgegenstände im Unterschied zum Gesamtvermögen anzuerkennen[52].

Einzig die kulturell und historisch bedingten zwingenden Vorschriften des nationalen Erbrechts mag man als Begründung für die Unterwerfung zumindest der eigenen Staatsangehörigen unter das nationale Erbrecht ansehen; doch selbst dieser Ansatz ist fragwürdig: Die Besonderheiten des nationalen Erbrechts, die eine derartige Begründung tragen könnten, sind die Rechte des Ehegatten und der Abkömmlinge am Nachlaß; doch der Schutz dieses Personenkreises gebietet weniger die Anwendung der lex patriae des Erblassers als die des Personalstatuts dieser geschützten Personen. Begründbar wäre, daß ein Staat die Schutzmechanismen seines Erbrechts den ihm über Staatsangehörigkeit oder Wohnsitz verbundenen Erben angedeihen läßt[53]; eine Berücksichtigung der Staatsangehörigkeit des Erblassers ist unter diesem Gesichtspunkt nicht notwendig. So beschränkt z.B. das neue italienische IPRG die Rechtswahlmöglichkeit von Aus-

49 *Kropholler*, IPR, S. 274 ff.

50 *Kegel-Schurig*, IPR, S. 853; zu den Angleichungsfragen mit eindrücklichen Beispielen aaO S. 855; s. auch *Solomon*, IPRax 1997, 81.

51 *Von Overbeck*, Recueil des Cours, 1961 III, 529, 563.

52 So verursacht im deutschen Internationalen Erbrecht nicht die Anknüpfung des Gesamtstatuts an der Staatsangehörigkeit in Art. 25 I EGBGB Nachlaßspaltung, sondern die Berücksichtigung ausländischer Sonderanknüpfungen über Artt. 4 I und 3 III EGBGB oder eine auf bestimmte Nachlaßteile beschränkte Rechtswahl (Art. 25 II EGBGB); hierzu s. *Dörner*, IPRax 1994, 362 ff.; *Ebenroth/Eyles*, IPRax 1989, 1 ff; *Jayme*, IPRax 1986, 265, 270.

53 *Dölle*, RabelsZ 30 (1966), 205, 217; *Kühne*, Die Parteiautonomie im internationalen Erbrecht, S. 77; *Wengler* hält in diesem Sinne die Staatsangehörigkeit der Erbprätendenten für ein sachgerechtes Anknüpfungsmoment für die Frage nach der Regelung der Erbfolge; s. *BGB-RGRK*, Bd. VI, 1, S. 226.

landsitalienern zugunsten in Italien domizilierter Pflichtteilsberechtigter[54]; dies ist vom Schutzzweck her gedacht nur folgerichtig[55].

Eine solche Exklusivanknüpfung[56] zur Wahrung der Interessen der eigenen Staatsangehörigen als Erben findet sich z.B. im Recht mehrerer lateinamerikanischer Staaten, die als traditionelle Einwanderungsländer im IPR allgemein der Anknüpfung an den letzten Wohnsitz folgen, aber bei an sich ausländischem Erbstatut für die Kernfamilie des Erblassers, sofern diese die eigene Staatsangehörigkeit besitzt, für das im Inland belegene Vermögen das eigene materielle Erbrecht als Mindeststandard zwingend vorschreiben[57]. Die Berücksichtigung der Interessen der potentiellen Erben kann gegebenenfalls auch in Richtung des Wohnsitzprinzips weisen: Dauerhaft in einem anderen Staat als ihrem Heimatstaat lebende Erblasser werden ihr Vermögen häufig an bereits naturalisierte

54 S. Art. 46 II, 3 ital. IPRG; Gesetz vom 31. 05. 1995, Nr. 218, Reform des italienischen IPR, s. *Riering*, IPR-Gesetze in Europa, München 1997, S. 42 ff.; vgl. im deutschen Schrifttum *Ebenroth/Kleiser*, RIW 1993, 353, 357; *Pocar*, IPRax 1997, 145, 156; *Maglio/Thorn*, ZVglRWiss 96 (1997), 347, 366; s. auch *Annibale*, Riforma del sistema italiano di diritto internazionale privato, S. 244 f., bes. Fn. 520; *Mengozzi*, La riforma del diritto internazionale privato, S. 163 ff.; *Pocar*, Il nuovo diritto internazionale privato italiano, S. 53.

55 So richtete sich die Erbfolge nach einem Ausländer gemäß tunesischem IPR ausnahmsweise auch dann nach tunesischem Erbrecht, wenn alle Erben Tunesier waren; vgl. *BGB-RGRK-Wengler*, Bd. VI, 2, S. 1054 Rn. 19 und *Menhofer*, IPRax 1999, 266 f. zur heutigen Rechtslage; einen ähnlichen Schutzgedanken verfolgt das „droit de prélèvement" in Frankreich, das französischen Erben die vollständige Befriedigung aus dem inländischen Nachlaß gestattet, falls ihre Rechte im Ausland nicht anerkannt werden; s. *Battifol/Lagarde*, Droit international privé II, Rn. 647 ff. Belgien gibt dieses Recht sogar allen Erben unabhängig von ihrer Staatsangehörigkeit (Art. 912 C.c.), s. *Cieslar*, Internationales Erbrecht, Belgien Grdz. C Rn. 6 und *Erauw*, IPRax 1982, 260 f.; für Québec s. art. 3100 québ. Code civil bei *Glenn*, IPRax 1994, 308, 309 und *Kropholler u.a.*, Außereuropäische IPR-Gesetze, S. 347, Hamburg/Würzburg 1999.

56 Regelwidrige Ausdehnung des Anwendungsbereich des eigenen Rechts, s. *Kegel-Schurig*, IPR, S. 255 f. Im deutschen Recht z.B. Artt. 10 II 1 Nr. 2, III Nr. 2, 13 II, III 1, 17 I 2 Fall 1, II, 18 II, V, 25 II und 38 EGBGB.

57 S. z.B. *Weishaupt*, Internationales Erbrecht, Brasilien Grdz. C Rn. 4, 9; s. aaO. Texte A I, Bundesverfassung vom 5. 10. 1988, Art. 5 XXXI bzw. Art. 10 § 1 bras. EGZGB - eine systematische Auslegung legt nahe, daß mit der Erbfolge in Güter eines Ausländers (sucessão de bens de estrangeiros) auch die Nachfolge in Güter eines brasilianischen Erblassers, dessen Nachlaß aufgrund seines letzten Wohnsitzes außerhalb Brasiliens nicht brasilianischem Erbrecht unterliegt, gemeint ist, da es wegen der noch engeren Bindung dieser Erblasser an die brasilianische Rechtsordnung sinnwidrig wäre, die Familien im Ausland lebender Brasilianer weniger zu schützen als solche im Ausland wohnhafter Ausländer. In diesem Sinne wohl auch *Weishaupt*, Internationales Erbrecht, Brasilien Grdz. C Rn. 9.

Abkömmlinge vererben, die aufgrund ihrer vorherrschenden Bindung an den Wohnsitzstaat des Erblassers ein Interesse an der Anwendung des materiellen Erbrechts dieses Staates haben[58].

2. Unangemessenheit einer parteiergreifenden Sonderanknüpfung

a) Europarechtliche Argumente

Für eine supranationale Gesellschaft europäischen Rechts mag man die Auffassung vertreten, die internationalerbrechtliche Anknüpfung an der Staatsangehörigkeit des Erblassers sei veraltet und dem Prinzip der freien Niederlassung (Artt. 39, 43 EG) innerhalb der Europäischen Union tendenziell zuwiderlaufend. Nicht die Staatsangehörigkeit des europäischen Unionsbürgers (vgl. Art. 17 ff. EG), sondern der von diesem gewählte Ort seiner Niederlassung sei das einzige dem erreichten Stand der europäischen Integration angemessene Anknüpfungsmoment. Dagegen kann man vorbringen, schon allein das Subsidiaritätsprinzip gebiete die Rücksichtnahme auf nationale kulturelle Besonderheiten gerade im Erbrecht und das Staatsangehörigkeitsprinzip drücke am besten die Verbundenheit des einzelnen Erblassers mit einer bestimmten europäischen Rechtsordnung und ihren Besonderheiten aus, so daß auch für einen im übrigen europäischem Recht unterstehenden Vermögensgegenstand wie die Beteiligung an einer SPE die Anknüpfung der Rechtsnachfolge von Todes wegen an die letzte Staatsangehörigkeit des Erblassers zu favorisieren sei.

b) Verstoß des Staatsangehörigkeitsprinzips gegen das Diskriminierungsverbot aus Art. 12 EG ?

Ob das kollisionsrechtliche Staatsangehörigkeitsprinzip gegen das Diskriminierungsverbot aus Art. 12 EG verstößt, ist verschiedentlich Gegenstand der wissenschaftlichen Diskussion gewesen[59]. Das Familien- und Erbrecht wurde allerdings als angeblich nicht unter den Anwendungsbereich des EGV fallend bei diesen Erwägungen stets außen vor gelassen[60]. Doch selbst für die Bereiche, auf

58 *Von Overbeck*, Recueil des Cours, 1961 III, 529, 576.

59 *Drobning*, RabelsZ 34 (1970), 636 ff.; *Fischer*, Gemeinschaftsrecht und kollisionsrechtliches Staatsangehörigkeitsprinzip, S. 157 ff. mwN.; neuerdings *Gounalakis/Radke*, ZVglRWiss 98 (1999), 1, 12 ff.

60 *Drobning*, aaO., 636, 645; *Fischer*, Gemeinschaftsrecht und kollisionsrechtliches Staatsangehörigkeitsprinzip, S. 157, 160; *Roth*, RabelsZ 55 (1991), 623, 643. Diese

die das Diskriminierungsverbot Anwendung finden sollte, ist die Ansicht, das Staatsangehörigkeitsprinzip im Kollisionsrecht sei immer verbotene Diskriminierung, vereinzelt geblieben[61]. Diskriminierend ist eine Differenzierung nach der Staatsangehörigkeit dann nicht, wenn sie objektiv gerechtfertigt ist[62]. Im Internationalen Privatrecht ist die Anknüpfung an die Staatsangehörigkeit jedenfalls[63] dann nicht diskriminierend, wenn das Kontinuitätsinteresse, das der betroffene Ausländer an der Geltung seines Heimatrechts hat, nicht durch sein Interesse an Anpassung an die Rechtsordnung seines Aufenthaltsstaates verdrängt wird[64]. Ein solches Überwiegen kann für EG-Ausländer, die in einem anderen Unionsstaat ihren gewöhnlichen Aufenthalt haben, nicht unterstellt werden, da ihre Familien- und Vermögenssituation auch häufig die Weitergeltung ihres Heimatrechts nahelegen wird. Daher verstoßen im Internationalen Erbrecht weder das Staatsangehörigkeitsprinzip noch das Wohnsitzprinzip gegen geltendes europäisches Recht.

c) Erblasserinteressen

Alle ausgetauschten Argumente wären daher in einer Diskussion vorzubringen, welche die Vereinheitlichung des *gesamten* Internationalen Erbrechts innerhalb der Europäischen Union zum Gegenstand hätte. Spätestens seit dem Inkrafttreten des Vertrages von Amsterdam[65] ist diese Diskussion auf europäischer Ebene in den zuständigen Organen führbar- doch ist der hier vorgestellte Ansatz ein anderer:

Jenseits des grundlegenden Dissenses über die richtige Anknüpfung des Gesamtstatuts im Internationalen Erbrecht soll eine Lösung nur für eine neue europäische supranationale Rechtsform gefunden werden. Schlüge man nun eine Entscheidung zugunsten eines der beiden großen widerstreitenden Prinzipien

---

pauschale Einschätzung war schon immer zweifelhaft und ist nach dem Vertrag von Amsterdam nicht mehr haltbar, vgl. *Basedow*, EuZW 1997, 609.

61 *Drobning*, RabelsZ 34 (1970), 636, 643.

62 *EuGHE* 1980, 3005, 3019 (Rs. 147/79 Hochstrass); eingehend hierzu *Rossi*, EuR 2000, 197, 211 ff.

63 Noch weitergehend *MünchKomm-Sonnenberger*, Einl. IPR Rn. 145 mwN; solange die Staatsangehörigkeit als für jedermann geltende Anknüpfung verwendet wird, diskriminiere diese Anknüpfung nicht. Zum Erbrecht s. aaO. Fn. 374; *MünchKomm-Birk*, Art. 25 EGBGB Rn. 417. Für die Geschäftsfähigkeit sieht *Roth*, RabelsZ 55 (1991), 623, 644 f., in deren Anknüpfung an die Staatsangehörigkeit eine verbotene Diskriminierung.

64 *Fischer*, Gemeinschaftsrecht und kollisionsrechtliches Staatsangehörigkeitsprinzip, S. 157, 181.

65 S. Artt. 61 lit. c, 65 lit. b EG (Vertrag von Amsterdam); dazu *Jayme/Kohler* , IPRax 1997, 385 ff.; *Basedow*, EuZW 1997, 609.

vor, so müßte dies zum einen als Vorwegnahme der Grundentscheidung für das gesamte Internationale Erbrecht verstanden werden und auf den Widerstand des „anderen Lagers“ stoßen. Zum anderen würde eine solche Entscheidung sich auch nur auf die altbekannten und hinlänglich ausgetauschten Argumente für und wider Staatsangehörigkeit oder Wohnsitz stützen können, da es eine spezifisch gesellschaftsrechtliche oder aus der Natur der SPE als supranationale Gesellschaft europäischen Rechts zwingend abzuleitende Präferenz für eines der beiden Prinzipien nicht gibt.

Zum anderen ist es sehr fraglich, ob die einheitliche Anknüpfung des Erbstatuts für Anteile an einer SPE nach entweder dem Wohnsitzrecht oder dem Heimatrecht des Erblassergesellschafters unter sonst unveränderten Bedingungen interessengerecht wäre:

III. Berufung des Wohnsitzrechts in der Form der Sachnormverweisung

1. Staatsvertragliche Vorbilder

Auf internationaler Ebene hat es nicht an Versuchen gefehlt, den Widerstreit zwischen Staatsangehörigkeits- und Wohnsitzprinzip im Internationalen Erbrecht zugunsten des letzteren zu lösen. Allerdings suchten diese Vorstöße keine Lösung für bestimmte Vermögensgegenstände, sondern bewegten sich im Rahmen der Anknüpfung des Erbgesamtstatuts.

a) Die nordische Nachlaßkonvention[66]

Einen schon älteren Lösungsansatz zugunsten des Wohnsitzprinzips verfolgt die zwischen den fünf nordischen Ländern Dänemark, Finnland, Island, Norwegen und Schweden in den dreißiger Jahren abgeschlossene nordische Nachlaßkonvention. Sie umschließt sowohl Staaten, die im Internationalen Erbrecht die lex patriae berufen[67], als auch solche, die die lex domicilii bevorzugen[68] und verdrängt innerhalb ihres Anwendungsbereichs das nationale Kollisionsrecht als lex specialis[69]. Sachlich sind alle Staatsbürger eines der Vertragsstaaten betroffen, die ihren Wohnsitz in einem anderen nordischen Staat als ihrem Heimatstaat haben. Sie werden grundsätzlich dem Erbrecht ihres Wohnsitzstaates unterstellt[70].

---

66 Vom 19. 11. 1934; s. die Umsetzung ins schwedische Recht durch das Gesetz vom 1. März 1935 (Nr. 44) betreffend den Nachlaß nach einem dänischen, finnischen, isländischen oder norwegischen Staatsangehörigen, der seinen Wohnsitz im Inland hatte bei *Carsten*, Internationales Erbrecht, Schweden Texte 5, S. 75 ff.; s. *Li*, Recueil des Cours 1990 V, 9, 40 ff.; *Thorbek/Steininger*, Internationales Erbrecht, Dänemark Grdz. C II Rn. 12 und allgemein zur nordischen Zusammenarbeit auf dem Gebiet des Zivilrechts *Carsten*, ZEuP 1993, 335 ff.; *Schoenblum*, Multinational and Multistate Estate Planning, I. Band, S. 401 ff.

67 Schweden und Finnland; s. *Staudinger-Dörner*, Anh. zu Art. 25 f. EGBGB Rn. 575 f.; s. Kapitel 1, § 1 I, 1 des schwedischen Gesetzes betreffend internationaler Verhältnisse in Nachlaßsachen (*Carsten*, Internationales Erbrecht, Schweden Texte 4, S. 62); *Staudinger-Dörner*, Anh. zu Art. 25 f. EGBGB Rn. 169 (Geltung kraft Gewohnheitsrechts).

68 Island, Norwegen und Dänemark; s. *Thorbek/Steininger*, Internationales Erbrecht, Dänemark Grdz. C I Rn. 1; *Staudinger-Dörner*, Anh. zu Art. 25 f. EGBGB Rn. 143 zu Dänemark; Rn. 482 zu Norwegen und Rn. 251 zu Island.

69 *Philip*, Dansk international privat- og procesret, S. 286; *Thorbek/Steininger*, Internationales Erbrecht, Dänemark Grdz. C II Rn. 12.

70 § 1, S. 1 des schwedischen Gesetzes vom 1. März 1935, aaO. S. 75; *Philip*, Dansk international privat- og procesret, S. 287.

Auf Antrag eines gesetzlich oder testamentarisch Begünstigten ist allerdings immer dann das Heimatrecht des Erblassers zur Anwendung zu bringen, wenn dieser noch nicht länger als fünf Jahre im Staat seines letzten Wohnsitzes gelebt hat[71]. Demnach entscheidet sich die nordische Nachlaßkonvention für den Wohnsitz als Ausdruck der engsten Verbundenheit mit einer Rechtsordnung, sofern sich diese Verbindung über einen Zeitraum von fünf Jahren verfestigt hat. Allerdings gilt dies nur für Wohnsitznahme in einem der miteinander kulturell und historisch auf das engste verbundenen[72] nordischen Staaten.

b) Haager Übereinkommen über das auf die Rechtsnachfolge von Todes wegen anzuwendende Recht[73]

Dieses Haager Übereinkommen stellt den jüngsten Versuch dar, auf dem Gebiet des Internationalen Erbrechts den Streit zwischen der lex patriae und der lex domicilii zugunsten der letzteren zu entscheiden.

aa) Kompromiß zwischen lex patriae und lex domicilii ?

In Art. 3 I des Abkommens wird zunächst Selbstverständliches festgelegt: Wohnt der Erblasser in seinem Heimatstaat, so kommt auch dessen Recht als Gesamtstatut zur Anwendung; das Abkommen geht somit vom Grundsatz der Nachlaßeinheit aus. Doch schon hier zeigt sich die Tendenz, das Heimatrecht hinter dem Wohnsitzrecht zurücktreten zu lassen, da bei Doppelstaatern nun jedenfalls die über den Wohnsitz effektivere Staatsangehörigkeit vorgeht, ohne daß andere Momente der Verbundenheit in Betracht gezogen werden können. Dies bedeutet eine Abweichung von Art. 5 I, 1 aE EGBGB, der bei nichtdeutschen Doppelstaatern die engste Verbindung zu einem der beiden Heimatstaaten eines Doppelstaaters nicht nur vom Wohnsitz, sondern zusätzlich von anderen Kriterien indiziert sein läßt. Ebenso widerspricht diese Regelung Art. 5 I, 2 EGBGB, der die deutsche Staatsangehörigkeit begünstigt; doch kann es in einer internationalen Konvention keine Bevorzugung der Staatsangehörigkeit des Forums geben, solange der Versuch internationalen Entscheidungseinklang zu erreichen unternommen wird. Zum Schwur kommt es schließlich in Art. 3 II, 1 des Abkommens, wonach bei Auseinanderfallen von Staatsangehörigkeit und

71 § 1, S. 2 des schwedischen Gesetzes vom 1. März 1935, aaO. S. 75; *Philip*, Dansk international privat- og procesret, S. 288.

72 Zu Einheit und Vielfalt im skandinavischen Rechtskreis s. *Carsten*, ZEuP 1993, 335, 338 ff.

73 Vom 01. 08. 1989; abgedruckt in *Staudinger-Dörner*, Vorbem. zu Art. 25 f. EGBGB Rn. 120. Dieses Abkommen ist bis jetzt nur von Argentinien, der Schweiz und den Niederlanden gezeichnet worden und daher noch nicht in Kraft getreten; die Ratifikationsaussichten sind gerade in Deutschland wegen der Unvereinbarkeit seiner Regelungen mit Art. 25 EGBGB gering; vgl. *Staudinger-Dörner* aaO. Rn. 119 und *Kunz*, ZRP 1990, 212, 214 und *Audit*, Droit international privé, Rn. 865.

Wohnsitz immer dann die lex domicilii den Erbgang beherrscht, wenn der Erblasser mindestens fünf Jahre seinen gewöhnlichen Aufenthalt[74] im letzten Wohnsitzstaat gehabt hat. Nur ausnahmsweise ist trotz Ablaufs dieser Frist das Heimatrecht des Erblassers berufen, wenn dieser mit seinem Heimatstaat offensichtlich enger verbunden war als mit seinem Wohnsitzstaat[75]. Doch selbst die Frist von fünf Jahren muß nicht unbedingt eingehalten werden, um zur Geltung des Wohnsitzrechts zu kommen:

Art. 3 III bestimmt zwar, daß in allen nicht durch die ersten beiden Absätze dieses Artikels geregelten Fällen das Heimatrecht des Erblassers berufen wird, doch gilt dies nur dann, wenn der Erblasser keine engeren Verbindungen zu einem anderen Staat unterhalten hat[76]. Daher kann bei Auseinanderfallen von Wohnsitzstaat und Heimatstaat auch schon vor Ablauf der Frist aus Absatz 1 die lex domicilii zur Anwendung kommen, wenn man nur eine engere Verbindung des Erblassers zu diesem Staat festzustellen vermag.

bb) Anknüpfung an das „Lebenszentrum"

Die dem Abkommen zugrunde liegende Idee der Anknüpfung an das „Lebenszentrum" des Erblassers[77] hat demnach im Ergebnis nicht zu einem Kompromiß zwischen lex patriae und lex domicilii geführt[78], sondern zur Entscheidung für die lex domicilii. Die von Art. 3 des Abkommens ausgesprochenen Verweisungen sind Sachnormverweisungen, wie Art. 17 klarstellt[79]; ausnahmsweise aber Gesamt-, also IPR-Verweisung[80], wenn sie das Recht eines Nichtvertragsstaates berufen, der seinerseits auf das Recht eines andern Nichtvertragsstaates verweist und letzterer diese Weiterverweisung annimmt[81]. Sinn der Ausnahme ist die

74 „résidence habituelle"

75 „...dans des circonstances exceptionelles, si le défunt avait, ... , des liens manifestement plus étroits avec l 'Etat dont il possédait alors la nationalité."

76 „... des liens plus étroits avec un autre Etat... ."

77 S. *Lagarde*, rev. crit. dr. i. p. 1989, 249, 254: „centre-vie" und *Li*, Recueil des Cours 1990 V, 9, 49: „center of life".

78 So aber *Li*, Recueil des Cours 1990 V, 9, 48 „excellent compromise" und *Lagarde*, rev. crit. dr. i. p. 1989, 249, 254; dies bemerken zu Recht *Fischer*, RabelsZ 57 (1993), 1, 16 und *Kunz*, ZRP 1990, 212, 214.

79 Dazu s. *Kunz*, ZRP 1990, 212 f.

80 In dieser Arbeit wird nach *Kegel* der alte Begriff der Gesamtverweisung (*RGZ* 78, 234, 237) durch den deutlicheren Begriff der IPR-Verweisung ersetzt; s. *Kegel-Schurig*, IPR, S. 338.

81 Art. 4 des Abkommens.

Vermeidung einer Störung des internationalen Entscheidungseinklangs, wenn in erster Linie Nichtvertragsstaaten betroffen sind[82].

2. Nachlaßspaltung als Folge der Berufung der lex domicilii

Eine Sonderanknüpfung der Rechtsnachfolge von Todes wegen für Anteile an einer SPE am letzten gewöhnlichen Aufenthalt würde ein den europäischen Rechtsordungen bis dahin völlig fremdes Element der Nachlaßspaltung[83] einführen. Angenommen, man entschiede sich für eine solche Anknüpfung in der Form der Sachnormverweisung, dann bedeutete dies für jeden Staatsangehörigen eines der die lex patriae berufenden Mitgliedstaaten, der nicht in seinem Heimatstaat lebt, daß sein Nachlaß nach zwei verschiedenen Rechtsordungen vererbt werden muß[84] - ein Umstand, der für sich genommen wenig über die Qualität der gewählten Anknüpfung aussagt, da bei jeder Form von Sonderanknüpfung Nachlaßspaltung nicht ganz vermieden werden kann.

a) Nachteile der Nachlaßspaltung

Dennoch spricht viel gegen die rechtliche Trennung des Nachlasses in zwei unabhängige Vermögensmassen; insbesondere die ungleich schwierigere Abwicklung solcher Nachlässe und die im Fall der Nachlaßspaltung unweigerlich auftauchenden materiell-erbrechtlichen Probleme. Die Beteiligungsrechte der gesetzlichen Erben und der Pflichtteilsberechtigten beruhen zumindest bei der Mehrheit der kontinentaleuropäischen Staaten, die der Nachlaßeinheit anhängen, auf der Vorstellung, der gesamte Nachlaß sei der betreffenden Rechtsordnung unterstellt. Bei Teilung des Nachlasses können sich die mit der gesetzlichen Erbfolge und dem Pflichtteilserbrecht verbundenen rechtlichen Wertungen nicht mehr durchsetzen. Die Widersprüche der zwei oder sogar mehreren Erbrechtsordnungen bewirken, daß bei konsequenter Aufspaltung des Nachlasses und Verteilung der jeweiligen Vermögensmassen nach einer anderen Rechtsordnung Ergebnisse zustande kommen, die letztlich nach keinem der beteiligten Rechte beabsichtigt waren.

---

82 *Lagarde*, rev. crit. dr. i. p. 1989, 249, 257 f.

83 Diese Nachlaßspaltung ist allerdings kein „hinkendes Rechtsverhältnis", da hier verschiedene Nachlaßteile verschiedenem Recht unterstehen und kein positiver Konflikt zweier Rechtsordnungen bzgl. ein und desselben Regelungsgegenstandes besteht; die Vermeidung solch „positiver Kompetenzkonflikte" zweier Internationalprivatrechte ist gerade der Sinn der diskutierten Sonderanknüpfung; s. dazu *Schotten*, Das IPR in der notariellen Praxis, S. 193.

84 Zu den Konsequenzen der Nachlaßspaltung gehört die vollkommene rechtliche Unabhängigkeit der verschiedenen Nachlaßmassen, also die Fiktion, jeder Teilnachlaß sei der Gesamtnachlaß; vgl. *Schotten*, Das IPR in der notariellen Praxis, S. 192 f.; *Staudinger-Dörner*, Art. 25 EGBGB Rn. 733, 736.

Ein ähnliches Problem ist aus dem Konflikt zwischen Erb- und Güterstatut bekannt: die Versorgung des überlebenden Ehegatten wird in manchen Rechtsordnungen güterrechtlich, in anderen erbrechtlich bzw. in mannigfaltigen Mischformen geregelt[85]. Die Kombination unabgestimmter Güterrechts- und Erbstatute führt häufig zu von keiner der beiden Rechtsordnungen erwünschten Ergebnissen der Über- oder Unterversorgung des Ehegatten und können nur durch Anpassung im Einzelfall gelöst werden[86]. Vergleichbare Schwierigkeiten tauchen aber auch in den Fällen der Nachlaßspaltung auf: bei der Ausgleichung von Vorempfängen[87], der Pflichtteilsberechtigung[88] und der Behandlung von Nachlaßschulden ergeben sich schwierige Angleichungsfragen[89], deren Beantwortung ebenfalls umstritten ist. So besteht bei unterschiedlicher Ausgestaltung der Pflichtteilsrechte die Gefahr, daß bei strikter Befolgung des Grundsatzes, jeden Nachlaßteil als eigenständigen Nachlaß zu betrachten, der Erblasserwille kaum mehr respektiert werden kann:

Besteht das Vermögen eines Erblassers aus einem französischen Grundstück, das französischem Erbrecht untersteht und einem gleichwertigen englischen Grundstück, das englischem Erbrecht untersteht, und vermacht der Erblasser das englische Grundstück seinem Sohn, das französische dagegen seiner Tochter, so kann der Sohn seine „réserve" an dem französischen Grundstück nach französischem Erbrecht geltend machen, denn bzgl. des französischen Nachlasses ist er enterbt; der Tochter stehen aber nach englischem Erbrecht grundsätzlich keine Ansprüche an dem englischen Nachlaß zu[90]. Ob und wie in solchen Fällen durch Angleichung Pflichtteilsansprüche zu reduzieren sind, wird nicht einheitlich be-

85 S. nur das Zusammenspiel von §§ 1931, 1371 BGB im deutschen Recht.

86 Vgl. *MünchKomm-Birk*, Art. 25 EGBGB Rn. 150 ff. bes. 164 f. *Staudinger-Dörner*, Art. 25 EGBGB Rn. 715 ff.

87 Dazu der instruktive Fall des Nachlasses der Königin María-Cristina von Spanien (nach *Kegel-Schurig*, IPR, S. 855), in dem es um die Frage ging, aus welchem Nachlaßteil evtl. Ausgleichungen von Vorempfängen zu bestreiten seien: aus jedem Teil im Verhältnis zum Gesamtnachlaßwert nach eigenem Recht oder aus dem Nachlaß, dem die Vorempfänge, ihren Verbleib im Erb-lasservermögen vorausgesetzt, zuzuordnen wären?; für Eingriff durch Anpassung generell auch *MünchKomm-Birk*, Art. 25 EGBGB Rn. 143 und *Staudinger-Dörner*, Art. 25 EGBGB Rn. 749; *Dörner*, DNotZ 1988, 67, 104 ff.

88 *MünchKomm-Birk*, Art. 25 EGBGB Rn. 136 ff.; *Staudinger-Dörner*, Art. 25 EGBGB Rn. 741 f.; *Klingelhöffer*, ZEV 1996, 258, 259 f. Für den angelsächsischen Rechtskreis zu den Problemen der Angleichung verschiedener Pflichtteilsansprüche des überlebenden Ehegatten s. *Dicey and Morris*, The Conflict of Laws, S. 590 f.; *Morris/McLean*, The Conflict of Laws, S. 349 f.; *Binchy*, Irish Conflict of Law, S. 430, 435 ff.

89 Näher zur Anpassung im IPR s. *Kropholler*, Die Anpassung im Kollisionsrecht, FS Ferid S. 279-289.

90 Beispiel nach *Li*, Recueil des Cours 1990 V, 9, 56.

antwortet[91]. Kaum zu bewältigende Schwierigkeiten bereitet auch die Frage der Nachlaßhaftung[92] für Erb-lasserschulden und der Innenausgleich unter den Erben. Nachlaßspaltung dient somit nicht der Rechtssicherheit oder der zügigen Abwicklung von internationalen Erbschaften. Sie sollte daher durch europäisches Kollisionsrecht nicht ohne zwingenden Grund eingeführt werden.

b) Aufhebung von Nachlaßeinheit bei bestehendem Entscheidungseinklang

Die Berufung des Wohnsitzsachrechts würde die beschriebenen Probleme auch dort verursachen, wo nach geltendem Recht der Grund für die Suche nach einer tragfähigen europäischen Sonderkollisionsnorm für die Rechtsnachfolge von Todes wegen in Anteile an einer SPE, die internationalprivatrechtlich verursachte Erbrechtskollision, überhaupt nicht besteht und demnach kein Bedarf nach einem Eingriff des europäischen Gesetzgebers gegeben ist:

aa) Einheitliche Anknüpfung durch Heimat- und Wohnsitzstaat

Angenommen, ein Deutscher lebt in Italien und ist dort an einer SPE beteiligt. Sein übriges Vermögen ist sowohl in Italien als auch in Deutschland belegen. Nach beiden Rechtsordungen ist für seine Be-erbung ausschließlich das deutsche Sachrecht einschlägig[93]. Unterstellt man nun die SPE einem Sonderkollisionsrecht, welches das Sachrecht des letzten Wohnsitzes beruft, so führt man ohne Not Nachlaßspaltung ein, ohne daß dies von den Interessen der Beteiligten her geboten wäre. Dies wäre sogar keineswegs nur dann der Fall, wenn lediglich Staaten, die dem Staatsangehörigkeitsprinzip folgen, berührt sind.

---

91 Für Angleichung zur Verwirklichung des Erblasserwillens *Dörner*, DNotZ 1988, 67, 103 f., ähnlich auch *Pentz*, ZEV 1998, 449, 451 f.; dagegen angeblich ebenfalls in Respekt vor dem Erblasserwillen *MünchKomm-Birk*, Art. 25 EGBGB Rn. 138. Kurze und dennoch eindrückliche Darstellung der Problematik bei *Klingelhöffer*, ZEV 1996, 258, 259 f. Hieran wird deutlich, daß auch die Auslegung des Erblasserwillens im Fall der Nachlaßspaltung sehr schwierig werden kann, da nicht immer klar ist, ob dieser alle Folgen der Anwendung zweier Rechtsordnungen auf seine Beerbung gesehen und entsprechend testiert hat.

92 Dazu s. den Fall des *Tribunal civil de première instance de Papeete* mit Anm. von *Ancel*, Rev. crit. dr. i. p. 1976, 674 ff. (auch bei *Kegel-Schurig*, IPR, S. 855); *MünchKomm-Birk*, Art. 25 EGBGB Rn. 145 ff.; *Staudinger-Dörner*, Art. 25 EGBGB Rn. 751 ff. Anschaulich auch *Li*, Recueil des Cours 1990 V, 9, 56 ff.

93 Für Deutschland: Art. 25 I EGBGB; für Italien Art. 46 I ital. IPRG, s. *Riering*, IPR-Gesetze in Europa, München 1997, S. 42 ff.

bb) Einheitliche Anknüpfung durch renvoi

Auch wenn ein Staatsangehöriger eines Staates, der dem Wohnsitzprinzip folgt und einen renvoi[94] im IPR annimmt, in einem Staat lebt, der dem Staatsangehörigkeitsprinzip folgt und einen renvoi ablehnt, kann durch die beschriebene Sonderanknüpfung in beiden berührten Rechtsordnungen bestehende Nachlaßeinheit aufgehoben werden:

Ein in Schweden wohnhafter Franzose, der einen Anteil an einer schwedischen SPE hält, wird nach französischem IPR[95] deshalb nach französischem Sachrecht beerbt, weil das eigentlich berufene schwedische Wohnsitzrecht dem Staatsangehörigkeitsprinzip folgt und damit auf französisches Recht verweist, was vom französischen IPR über die Annahme dieses renvoi[96] als Sachnormverweisung aufgefaßt wird, womit französisches Erbrecht zur Anwendung kommt. Nach schwedischem IPR ist ohnehin das Heimatrecht des Franzosen berufen[97]; die Rückverweisung des französischen IPR auf das Wohnsitzrecht wird nicht angenommen[98]. Muß nun der Anteil an einer SPE nach dem Wohnsitzrecht des F vererbt werden, so kommt entgegen den Ergebnissen der betroffenen Internationalerbrechte schwedisches Sachrecht zur Anwendung. Nun könnte angeführt werden, diese Nachlaßspaltung sei zwar durch die Sonderkollisionsnorm herbeigeführt worden, aber dennoch sachgerecht, da das schwedische Sachrecht zumindest dem betroffenen Vermögensgegenstand -der schwedischen SPE- näherstünde. Doch geht dieser Einwand fehl, da das kollisionsrechtliche Ergebnis mitnichten vom Sitz der SPE abhängt. Auch eine SPE mit Sitz in Frankreich würde schwedischem materiellen Erbrecht unterstellt. Dieses Ergebnis ist nachgerade unsinnig[99]:

---

94 Zum renvoi in Deutschland s. Art. 4 I EGBGB sowie *Ebenroth/Eyles*, IPRax 1989, 1 ff.; *Kropholler*, IPR, S. 158 ff.; neuerdings kritisch *Mäsch*, RabelsZ 61 (1997), 285 ff.

95 *Battifol/Lagarde*, Droit international privé II, Rn. 634; *Ferid*, Internationales Erbrecht, Frankreich Grdz. C I Rn. 5-8; *Staudinger-Dörner*, Anh. zu Art. 25 f. EGBGB Rn. 173; *Riering*, ZEV 1994, 225, 226.

96 *Mayer*, Droit international privé, Rn. 803; *Staudinger-Dörner*, Anh. zu Art. 25 f. EGBGB Rn. 173.

97 *Eek*, The Swedish Conflict of Laws, S. 262; *Staudinger-Dörner*, Anh. zu Art. 25 f. EGBGB Rn. 575 f. ; s. Kapitel 1, § 1 I, 1 des schwedischen Gesetzes betreffend internationaler Verhältnisse in Nachlaßsachen (*Carsten*, Internationales Erbrecht, Schweden Texte 4, S. 62).

98 *Bogdan*, Svensk internationell privat- och processrätt, S. 48 f.; *ders.*, IPRax 1991, 70 f.; *Eek*, The Swedish Conflict of Laws, S. 176; *Staudinger-Hausmann*, Anh. zu Art. 4 EGBGB Rn. 122.

99 Ähnlich harte Wort wählt *Lagarde*, rev. crit. dr. i.. p. 1989, 249, 258, um Art. 4 des Haager Nachlaßabkommens (s.o.) zu rechtfertigen, der die Erhaltung bestehenden Entscheidungseinklangs zwischen Vertragsstaaten und Nichtvertragsstaaten zum Gegen-

Das gesamte Vermögen des französischem Erblassers wird nach beiden betroffenen Rechtsordnungen nach französischem Recht vererbt, nur nicht seine Beteiligung an einer französischen SPE, und all' dies mit der guten Absicht, europaweiten Entscheidungseinklang bezüglich dieses Anteils herzustellen. Dasselbe gilt naturgemäß auch in den zuvor dargestellten Fällen der ausschließlichen Betroffenheit zweier Rechtsordnungen, welche die lex patriae berufen, wenn die SPE ihren Sitz in dem Heimatstaat des Erblassers hat, in welchem dieser nicht wohnhaft ist[100].

c) Das Gleichlaufinteresse des Erblassers

Eher zu rechtfertigen scheint die Einführung einer Nachlaßspaltung nach dem Wohnsitzprinzip in den Fällen echter Erbrechtskollision, da dort internationaler Entscheidungseinklang hinsichtlich der dem Erblasser über Staatsangehörigkeit, Wohnsitz oder die Belegenheit des hier im Vordergrund stehenden Vermögensgegenstandes, der Beteiligung an einer SPE, besonders verbundenen Rechtsordnungen ohnehin nicht besteht. Doch auch dort ist sie nicht unproblematisch: Für den nach Belgien umgezogenen Deutschen D, der sowohl eine Beteiligung an einer belgischen SPE als auch an einer deutschen GmbH innehat, ist zwar nunmehr klar, daß der Anteil an der SPE nach belgischem Wohnsitzrecht vererbt wird; dieses Ergebnis gilt auch europaweit. Dennoch bleibt es bei der für die SPE beschriebenen Situation der Kollision zweier Erbrechtsordnungen für die Vererbung der deutschen GmbH. Dies ist für D deshalb besonders mißlich, weil im Zweifel beide Beteiligungen wirtschaftlich eng aufeinander bezogen sind und daher eine einheitliche Regelung der Rechtsnachfolge von Todes wegen geboten ist.

stand hat und damit für den Bereich dieses Abkommens die oben beschriebenen negativen Konsequenzen einer neuen internationalen Anknüpfung vermeiden will: „ ... la convention aurait créé un petit espace unifié dont *l'effet pervers* serait de détruire les espaces préexistants d'harmonie internationale."

100 Allgemein zur Bewältigung des gegenseitigen Renvoi s. *Kegel-Schurig*, IPR, S. 340 ff.

IV. Berufung des Heimatrechts in der Form der Sachnormverweisung

1. Staatsvertragliche Vorbilder

Die Berufung des Heimatrechts in der Form der Sachnormverweisung ist ebenfalls nicht ohne staatsvertragliche Vorbilder: So sah schon der niemals in Kraft getretene Vertrag von Lima[101] 1878 in seinen Artt. 18 und 19 die Berufung des Heimatrechts des Erblassers als Gesamtstatut für die Rechtsnachfolge von Todes wegen vor. Ebenso entschied sich der Entwurf einer Haager Konvention von 1928 für Nachlaßeinheit unter der Herrschaft des Heimatrechts des Erblassers[102]. In neuerer Zeit sollte die lex patriae auch im Verhältnis der Benelux-Staaten untereinander zum Erbgesamtstatut berufen werden; der 1969 gezeichnete Vertrag ist allerdings von keiner der drei Parteien ratifiziert worden[103].

2. Nachteile der Berufung der lex patriae als Sachnormverweisung

Spiegelbildlich ist die Berufung des Heimatrechts in der Form der Sachnormverweisung denselben Bedenken ausgesetzt wie die Berufung des Wohnsitzsachrechts.

a) Zerstörung von Nachlaßeinheit

Zwar entspricht die Anwendung des Heimatsachrechts der vorgefundenen kollisionsrechtlichen Lage in den Staaten, die die lex patriae berufen, doch kann auch sie allseitig gegebene Nachlaßeinheit zerstören:

Beteiligt sich ein Engländer an einer französischen SPE und nimmt sein Domizil ebenfalls in Frankreich, so ist nach beiden Rechtsordnungen ausschließlich französisches Sachrecht für seine Beerbung einschlägig, da in beiden Staaten die lex domicilii für den SPE-Anteil als bewegliches Vermögen berufen wird[104]. Müßte

101 Dieser Vertrag war das Ergebnis einer Konferenz von elf lateinamerikanischen Staaten zur Vereinheitlichung des IPR in Lima 1877/78; letztlich wurde er nur von Peru ratifiziert; vgl. *Li*, Recueil des Cours 1990 V, 9, 36.

102 S. *Li*, Recueil des Cours 1990 V, 9, 39.

103 S. *Li*, Recueil des Cours 1990 V, 9, 42 ff.

104 Für England s. *Henrich*, Internationales Erbrecht, Großbritannien C IV Rn. 43; *Staudinger-Dörner*, Anh. zu Art. 25 f. EGBGB Rn. 200; für Frankreich s. *Battifol/Lagarde*, Droit international privé II, Rn. 634; *Audit*, Droit international privé, Rn. 864; *Ferid*,

die SPE nun nach seinem Heimatrecht vererbt werden, so würde einzig der Anteil an der französischen SPE nach englischem Sachrecht vererbt.

Auch die mit der unterschiedlichen Haltung der europäischen Rechtsordnungen zum renvoi verbundenen Fälle der sinnwidrigen Einführung von Nachlaßspaltung bei vorgefundener Nachlaßeinheit können bei Berufung des Staatsangehörigkeitsprinzips eintreten: nämlich immer dann, wenn ein Staatsangehöriger eines Staates, der dem Wohnsitzprinzip folgt, einen renvoi aber ablehnt, in einem anderen Staat ansässig ist, der dem Staatsangehörigkeitsprinzip folgt, einen renvoi jedoch zuläßt. Lebt ein Däne in Deutschland, so ist er nach dänischem IPR gemäß deutschem Erbrecht zu beerben, da Dänemark das deutsche Wohnsitzrecht des D beruft[105] und die Rückverweisung des deutschen IPR auf das dänische Heimatrecht nicht annimmt[106].

Nach deutschem IPR verhält es sich nicht anders: Zwar beruft dieses zunächst das dänische Heimaterbrecht - doch nimmt es die Rückverweisung des dänischen IPR an, womit ebenfalls deutsches Sachrecht zur Anwendung kommt[107]. Auch in diesem Falle zerstört die hier diskutierte europäische Kollisionsregel leichter Hand unproblematisch vorgegebene Nachlaßeinheit ohne jede Rechtfertigung, da ohne Bezug zum zu vererbenden Rechtsgut, weil nach dem für die SPE geltenden Staatsangehörigkeitsprinzip der Anteil an der deutschen SPE im Unterschied zum gesamten übrigen Nachlaß nach dänischem Sachrecht zu vererben wäre[108].

b) Gleichlaufinteresse des Erblassers

Im Fall echter Erbrechtskollision spricht erneut das Gleichlaufinteresse des Erblassers gegen die diskutierte Lösung, auch wenn nunmehr die lex patriae berufen wird. Zudem spricht ein weiterer Gesichtspunkt gegen die Wahl der Staatsangehörigkeit als Anknüpfungsmoment für die Bestimmung des für die SPE zuständigen materiellen Erbrechts: die Behandlung der Doppelstaater.

Internationales Erbrecht, Frankreich Grdz. C I Rn. 5-8; *Staudinger-Dörner*, Anh. zu Art. 25 f. EGBGB Rn. 173; *Riering*, ZEV 1994, 225, 226.

105 *Philip*, Dansk international privat- og pocesret, S. 275; *Thorbek/Steininger*, Internationales Erbrecht, Dänemark Grdz. C I Rn. 1; *Staudinger-Dörner*, Anh. zu Art. 25 f. EGBGB Rn. 143.

106 *Philip*, Dansk international privat- og pocesret, S. 50; *Staudinger-Dörner*, Anh. zu Art. 25 f. EGBGB Rn. 143.

107 Artt. 25 I, 4 I, 2 EGBGB.

108 Diese negativen Konsequenzen der Ablehnung des renvoi sind nicht unerkannt geblieben; daher kritisch zur Rechtslage in Dänemark *Philip*, Dansk international privat- og pocesret, S. 51 f. mit dem Beispiel eines in Deutschland domizilierten Niederländers, der nach dänischem IPR deutschem Erbrecht untersteht, nach deutschem und niederländischem IPR dagegen nach niederländischem Erbrecht beerbt wird.

Da die Rechtsnachfolge von Todes wegen nicht von zwei Sachrechten geregelt werden kann, wäre eine von der Wissenschaft immer wieder vorgeschlagene[109], in der Praxis der Internationalerbrechte jedoch weitgehend zugunsten der eigenen Staatsangehörigkeit vermiedene[110] Effektivitätsprüfung notwendig. Damit würde letztlich dem gewöhnlichen Aufenthalt als wesentlichem Indiz für die engere Verbindung zu einer bestimmten Rechtsordnung eine Rolle als Anknüpfungskriterium zuerkannt, was eine gewisse Rechtsunsicherheit und die Gefahr widersprechender Entscheidungen jeweils heimwärtsstrebender Gerichte in sich birgt, da in Zeiten zunehmender Mobilität die jeweils engste Verbindung nicht immer eindeutig feststellbar ist.

3. Ergebnis

Aus diesen Gründen ist die Einführung einer internationalerbrechtlichen Sonderkollisionsnorm für die Vererbung von SPE-Anteilen, die eine zwingende Geltung des Erbrechts des letzten Wohnsitzstaates oder des Heimatstaates zum Inhalt hat, abzulehnen.

---

109 *Firsching*, IPRax 81, 16; *Neuhaus/Kropholler*, RabelsZ 44 (1980), 326, 335.

110 S. allerdings die Rechtsprechung des BGH vor der IPR-Reform, die auch für Deutsche mit mehreren Staatsangehörigkeiten an die effektivste Staatsangehörigkeit anknüpfte; s. Art. 5 I, 1 EGBGB; (s. *BGHZ* 60, 68, 82 für den Anwendungsbereich des Haager Übereinkommens über die Zuständigkeit der Behörden und das anzuwendende Recht auf dem Gebiet des Schutzes von Minderjährigen (MSA) s. BGBl. 1971 II, S. 219, nunmehr zu dieser Frage grundlegend anders *BGH*, NJW 1997, 3024 f.); *BGHZ* 75, 32, 40 ff.; *BGH* IPRax 81, 25.

V. Berufung der lex rei sitae als Sachnormverweisung

1. Staatsvertragliche Vorbilder

a) Die Verträge von Montevideo

Staatsvertragliche Vorbilder gibt es auch für die Berufung der lex rei sitae; berühmtestes Beispiel einer solchen internationalen Konvention sind die Verträge von Montevideo von 1889 und 1940[111]. In Anwendung der jeweils identischen Artt. 44 und 45 dieser Verträge gilt zwischen Argentinien, Uruguay, Paraguay, Bolivien und Peru die lex rei sitae als Erbstatut für jeden in einem der Vertragsstaaten befindlichen Vermögensgegenstand. Die Verträge von Montevideo verwirklichen somit das Prinzip der Nachlaßspaltung in seiner reinsten Form: ein Gesamtstatut gibt es nicht, sondern jeder einzelne dem Nachlaß zugehörige Gegenstand untersteht der lex rei sitae. Ursache für dieses radikale Konzept war das besondere Bedürfnis der ehemaligen lateinamerikanischen Kolonien, ihre Souveränität und die Geltung ihrer Rechtsordnung gegen Einmischung von außen zu verteidigen[112].

b) Bilaterale Staatsverträge der Bundesrepublik Deutschland

Entgegen der im deutschen Internationalen Erbrecht vorherrschenden Nachlaßeinheit[113] hat die Bundesrepublik Deutschland im Rahmen zweier bilateraler Staatsverträge die Anknüpfung an die lex rei sitae als Sachnormverweisung vereinbart: zum einen im deutsch-türkischen Konsularvertrag von 1929[114], der für das unbewegliche Vermögen[115] als Ausnahme zur sonst maßgeblichen lex patriae die lex rei sitae beruft[116]; zum anderen aber auch im deutsch-sowjetischen

111 S. *Li*, Recueil des Cours 1990 V, 9, 36 ff.; *Kegel-Schurig*, IPR, S. 222; *Frankenstein*, IPR, IV. Band, S. 285.

112 Vgl. *Li*, Recueil des Cours, 1990 V, 9, 38.

113 Art. 25 I EGBGB beruft die lex patriae zum Gesamtstatut.

114 Vom 28. Mai 1929, RGBl. 1930 II, S. 748, tw. abgedruckt bei *Jayme-Hausmann*, Internationales Privat- und Verfahrensrecht, 10. Auflage 2000, Nr. 61.

115 Wobei der Belegenheitsstaat bestimmt, was zum unbeweglichen Vermögen gehört (Qualifikationsverweisung in § 12 III der Anlage zu Art. 20 des Vertrages).

116 § 14 II der Anlage zu Art. 20 des Vertrages als Ausnahme zu § 14 I.

Konsularvertrag von 1958[117]; dieser sieht für das unbewegliche Vermögen in seinem Art. 28 III ebenfalls die Geltung des Belegenheitsrechts vor.

2. Bestimmung der Belegenheit eines SPE-Anteils über den Sitz der SPE

Eine weitere denkbare Sonderanknüpfung ist der Sitz der SPE. Dieser hat mit dem tatsächlichen Verwaltungssitz identisch zu sein[118] und muß sich auf dem Gebiet eines Mitgliedstaates der Europäischen Union befinden[119]. Der Vorteil der Berufung des materiellen Erbrechts am Sitz der SPE für die Vererbung ihrer Anteile ist zum einen die Schaffung größtmöglicher Rechtssicherheit, da sich durch die Verfahrensvorschriften des SPE-Statuts bzgl. einer Sitzverlegung aus der Satzung der einzelnen SPE immer zweifelsfrei auf ihren Sitz schließen läßt. Ein Auseinanderfallen von Satzungssitz und durch den tatsächlichen Verwaltungssitz begründetem wirklichen Sitz, wie im deutschen Recht[120], ist für die SPE zumindest für längere Zeiträume ausgeschlossen.

Die Einführung der lex rei sitae im Internationalen Erbrecht für die SPE würde auch für keinen der europäischen Staaten eine Niederlage oder ein Zurückweichen vor einer anderen Rechtsordnung bedeuten, da für Geschäftsanteile die lex rei sitae nirgendwo in der Union Erbstatut ist und daher eine Neuerung für alle beteiligten Internationalprivatrechte wäre.

3. Die rumänische Lösung

Einzig das neue rumänische IPR enthält für den sogenannten „fondul de comerţ", das zu einem Handelsgeschäft gehörige Vermögen, eine ähnliche Kollisionsregel: Erbstatut ist für solches Vermögen immer das Belegenheitsrecht[121].

117 Vom 25. April 1958 (BGBl. 1959 II, S. 233); tw. abgedruckt bei *Jayme-Hausmann*, Internationales Privat- und Verfahrensrecht, 10. Auflage 2000, Nr. 61, Fn. 4. Dieser Vertrag gilt weiter im Verhältnis zur Russischen Föderation und acht weiteren Nachfolgestaaten der Sowjetunion; nicht allerdings gegenüber den baltischen EU-Anwärtern (S. *Jayme-Hausmann*, Internationales Privat- und Verfahrensrecht, 10. Auflage 2000, Nr. 33, Fn. 3).

118 Art. 6 Nr. 1, S. 2 SPE-StatutE.

119 Art. 6 Nr. 1, S. 1 SPE-StatutE.

120 S. nur *Kegel-Schurig*, IPR, S. 502 ff.

121 Art. 66 lit. b rumän. IPRG (Gesetz Nr. 105 zur Regelung der Rechtsverhältnisse des Internationalen Privatrechts; s. *Riering*, IPR - Gesetze in Europa, S. 133 ff.); s. dazu *Munteanu/Leonhardt*, Internationales Erbrecht, Rumänien, Grdz. C Rn. 23 ff.; *Leonhardt*, IPRax 1994, 156 ff. und *Căpăţ înă*, RabelsZ 58 (1994), 465, 494 f.; *Filipescu*, Drept internaţional privat, Band II, S. 191 ff.

Der Anteil an einer juristischen Person, die Handelsgesellschaft ist, ist demnach in den allermeisten Fällen gemäß dem materiellen Recht des Satzungssitzstaates zu vererben, da dieses Recht das Heimatrecht und damit auch das Belegenheitrecht der Gesellschaft ist[122].

4. Kollisionsrechtliche Folgen der Berufung des Erbrechts des Sitzstaates der SPE

Zunächst bedeutet die materielle Berufung der lex rei sitae für SPE-Anteile einen erheblich weitergehenden Eingriff in das Kollisionsrechtssystem der Mitgliedstaaten als die Berufung entweder des Wohnsitzrechts oder des Heimatrechts des Erblassergesellschafters, da diese Anknüpfung für Geschäftsanteile an einer juristischen Person bis heute im Internationalen Erbrecht der Mitgliedstaaten der Europäischen Union nicht vorkommt.

Notwendige Folge dieses Eingriffs ist eine Änderung des Erbstatuts in einer sehr großen Anzahl von Fällen: Immer wenn eines der drei Elemente: ausschließlicher Wohnsitz des Gesellschafters und Sitz der SPE in einem Staat und ausschließliche Zugehörigkeit des Gesellschafters zu diesem Staat nicht gegeben ist, kann eine Änderung des Erbstatuts für den SPE-Anteil und damit Abspaltung dieses Nachlaßgegenstandes vom Rest des Nachlasses nach zumindest einer der betroffenen Rechtsordnungen eintreten. Zwingend ist eine solche Änderung immer dann, wenn sich der Sitz der SPE weder im Wohnsitzstaat noch im Heimatstaat des Erblassergesellschafters befindet. In einem solchen Fall kann das durch die europäische Kollisionsregel berufene Recht noch nicht von einem nationalen Kollisionsrecht berufen worden sein, da die nationalen Kollisionsnormen hier nur Wohnsitz und Staatsangehörigkeit als Anknüpfungsmoment kennen.

Daneben ist möglich, daß sich der Sitz der SPE entweder im Wohnsitz- oder im Heimatstaat des Gesellschaftererblassers befindet und sich demnach das Ergebnis der Anwendung der europäischen Kollisionsregel nicht von dem Ergebnis

---

122 Gemäß Artt. 40 I, 41 I rumän. IPRG ist das Recht des satzungsmäßigen Sitzes das Heimatrecht und damit Personalstatut der juristischen Person (vgl. *Filipescu*, Drept international privat, Band I, S. 241; *Leonhardt*, IPRax 1994, 156, 158), so daß auch dieses Recht über die Belegenheit des Geschäftsanteils entscheidet. Da das rumänische Recht jedoch Weiterverweisungen ablehnt (Art. 4 II rumän. IPRG) und nur Rückverweisungen auf das rumänische Recht als Sachnormverweisungen annimmt (Art. 4 I rumän. IPRG), ist immer das Sachrecht des Satzungssitzstaates zur Regelung der Erbfolge in einen Geschäftsanteil berufen, es sei denn, ein ausländisches IPR folgt im Unterschied zum rumänischen IPR der Sitztheorie und verweist für Gesellschaften, deren Satzungssitz im Geltungsbereich dieses Rechts liegt, auf das rumänische Recht als das Recht des Verwaltungssitzes.

der Anwendung zumindest einer Gruppe der Nationalrechte unterscheidet. In beiden Fallgruppen kann es vorkommen, daß die europäische Kollisionsnorm positive Erb-rechtskonflikte löst oder auf Situationen trifft, in denen kein derartiger Konflikt besteht.

a) Sitz der SPE in einem Drittstaat

Angenommen, ein Deutscher lebt in Deutschland und ist an einer in Frankreich ansässigen SPE beteiligt. Für ihn verändert die Berufung des Sitzrechts der SPE für die Vererbung seines Anteils das anwendbare Recht, da zuvor nach jeder in Europa üblichen Anknüpfung für seinen Anteil materielles deutsches Recht einschlägig gewesen wäre, nun aber französisches Erbrecht gilt. Dieses Beispiel zeigt, daß das Eingreifen der europäischen Kollisionsnorm zugunsten der lex rei sitae gänzlich unabhängig davon wäre, ob vorher Entscheidungseinklang oder Entscheidungskollision zwischen den maßgeblichen Rechtsordnungen geherrscht hat. Mit anderen Worten beriefe die europäische Kollisionsnorm das Sitzrecht ohne Rücksicht darauf, ob dieses überhaupt angewandt sein will oder nicht.

Über die Fälle hinaus, in denen jeder der üblichen Anknüpfungsmomente Wohnsitz und Staatsangehörigkeit zur Anwendung desselben Rechts führt, da der Erblasser in seinem Heimatstaat auch ansässig war, ergibt sich auch noch unter anderen Umständen ein Eingreifen der europäischen Kollisionsnorm, ohne daß dies durch internationalerbrechtliche Konflikte angezeigt wäre:

Schon beschrieben wurde die Einführung von Nachlaßspaltung durch eine Sonderkollisionsnorm zugunsten der lex domicilii oder der lex patriae bei Auseinanderfallen von Staatsangehörigkeit und Wohnsitz, in denen gemäß der betroffenen nationalen Rechtsordnungen sowohl Nachlaßeinheit zwischen dem SPE-Anteil und dem übrigen Nachlaß als auch Entscheidungseinklang hinsichtlich des anzuwendenden Rechts bestand. Diese Fälle beruhten einmal auf der Übereinstimmung der Anknüpfungsmomente in Heimatstaat und Wohnsitzstaat und zum anderen auf den Ergebnissen des Zusammentreffens unterschiedlicher Anknüpfungsmomente mit divergierender Haltung zum renvoi.

aa) Nachlaßspaltung als Regelfall

Genau dieselbe Problematik stellt sich aber ein, wenn die lex rei sitae zum Erbstatut berufen wird und die SPE in einem Drittstaat ihren Sitz hat; genauer formuliert ist das Auftauchen eines Bruchs von bestehendem Entscheidungseinklang vom Sitz der SPE gänzlich unabhängig; nur, daß die Berufung des Sitzrechts der SPE die beiden Fallgruppen, die sich bei Berufung der lex patriae oder der lex domicilii ergeben, umschließt und damit die Häufigkeit eines nachlaßspaltenden Eingreifens der europäischen Sonderkollisionsnorm, ohne daß die nationalen Erbrechte konkurrieren würden, wesentlich erhöht.

Zur Illustration sei der Fall des in Italien lebenden Deutschen wiederholt, der nun in Frankreich an einer SPE beteiligt ist: Nach deutschem[123], italienischem[124] und französischem Recht[125] wäre für seine Beerbung deutsches Erbrecht einschlägig, weil die ersteren die lex patriae berufen und letztere zwar das italienische Wohnsitzrecht beruft, aber die Weiterverweisung des italienischen IPR auf das deutsche Heimatrecht akzeptiert. Der gesamte Nachlaß des D würde europaweit nach deutschem Recht vererbt, nur nicht der Anteil an der französischen SPE.

Für den schon oben herangezogenen Engländer mit Wohnsitz in Frankreich gilt nichts anderes, wenn der SPE-Anteil z.B. in Deutschland belegen ist: Nach englischem, französischem und deutschem IPR[126] wäre der Anteil so wie das übrige bewegliche Vermögen des E nach französischem Recht zu vererben; durch die Berufung der lex rei sitae für die SPE gilt für diesen Vermögensgegenstand das deutsche BGB. Auch die Beispiele für Übereinstimmung des kollisionsrechtlichen Ergebnisses durch unterschiedliche Haltung zum renvoi sind hier zu nennen; dort wird ebenfalls bestehende international konfliktfreie Nachlaßeinheit durch die Berufung des Sitzrechts der SPE zerstört, wenn diese ihren Sitz in einem Drittstaat hat.

bb) Entscheidungseinklang zwischen den drei beteiligten Rechten

Voraussetzung der ungetrübten konfliktfreien Nachlaßeinheit ist allerdings immer, daß das IPR des Drittstaates das übereinstimmende Ergebnis von Wohnsitz- und Heimatstaat anerkennt. Dies ist einmal dann der Fall, wenn es ohnehin zum selben Ergebnis kommt: So z.B. Spanien für die Beerbung des in Italien ansässigen deutschen Erblassergesellschafters einer spanischen SPE: nicht nur Italien und Deutschland, sondern auch Spanien beruft die deutsche lex patriae; oder Belgien für den englischen Erblassergesellschafter einer belgischen SPE mit Wohnsitz in Frankreich: alle berufen die französische lex domicilii.

---

123 Art. 25 I EGBGB.

124 Art. 46 I ital. IPRG (s. Riering, IPR-Gesetze in Europa, S. 67).

125 *Battifol/Lagarde*, Droit international privé II, Rn. 634; *Ferid*, Internationales Erbrecht, Frankreich Grdz. C I Rn. 5-8; *Staudinger-Dörner*, Anh. zu Art. 25 f. EGBGB Rn. 173; *Riering*, ZEV 1994, 225, 226.

126 Deutschland beruft zwar die lex patriae (bei Großbritannien als Mehrrechtsstaat müßte zunächst die einschlägige Teilrechtsordnung nach den Regeln des englischen interlokalen Privatrechts ermittelt werden -Art. 4 III, 1 EGBGB- doch erübrigt sich dies hier, weil jede der drei in Frage kommenden Teilrechtsordnungen für die Vererbung des SPE-Anteils auf die lex domicilii weiterverweist), doch beachtet es die erfolgreiche Weiterverweisung auf das französische Recht (Art. 4 § I EGBGB).

Zum anderen kann Ergebnisgleichheit auch über die Anerkennung einer Weiterverweisung zwischen Heimat- und Domizilstaat durch den Sitzstaat der SPE hergestellt werden: So der beschriebene Fall des Erblassergesellschafters einer deutschen SPE, der als Engländer in Frankreich domiziliert ist oder des deutschen Erblassergesellschafters einer französischen SPE, der in Italien lebt: In beiden Fällen wird die Weiterverweisung des eigentlich berufenen Rechts durch das IPR des Sitzstaates der SPE anerkannt[127].

b) Sitz der SPE im Wohnsitz- oder Heimatstaat

Wenn sich bei Wahl des Sitzes der SPE in einem Drittstaat die Häufigkeit von Nachlaßspaltung durch die europäische Berufung der lex rei sitae gegenüber der Lage bei Berufung der lex patriae oder der lex domicilii gleichsam verdoppelt, so hat die Wahl des Sitzes im Heimat- oder Wohnsitzstaat des Erblassergesellschafters keine derartigen Konsequenzen: sie entspricht vielmehr der oben beschriebenen Situation bei Berufung der lex domicilii oder der lex patriae; Nachlaßspaltung und Aufhebung internationalen Entscheidungseinklangs treten immer dann ein, wenn der Sitzstaat (= Heimat- oder Domizilstaat) im Einklang mit der anderen für den Erblasser relevanten Rechtsordnung (=Heimat- oder Domizilstaat) sein eigenes materielles Recht für die Beerbung des Gesellschaftererben nicht zur Anwendung bringen will.

c) Relevanz der beschriebenen Herbeiführung von Nachlaßspaltung

Aufgrund der supranationalen Rechtsnatur und Funktion der SPE ist zu erwarten, daß es sehr häufig zu Konstellationen kommt, in denen die Berufung der lex rei sitae Nachlaßspaltung und Aufhebung internationalen Entscheidungseinklangs bewirkt:

Nutzt ein Unternehmer die SPE, um über die Grenzen seines bisherigen nationalen Wirkungsbereiches hinaus gewerblich tätig zu werden, so wird diese SPE ihren Sitz nicht innerhalb dieses Tätigkeitsbereiches haben, sondern im Ausland. Da der Gesellschafter aber kaum seinen Wohnsitz oder gar seine Staatsangehörigkeit dem Sitz der Tochter-SPE anpassen wird, sondern ihn beides im Zweifel weiterhin mit dem Staat, in dem er bis jetzt tätig war, verbinden wird, wäre in einem solchen Fall der Eintritt der kollisionsrechtlich unerwünschten da zur Vermeidung von Erbrechtskollision überflüssigen Nachlaßspaltung notwendiges

127 Die Anerkennung einer solchen Weiterverweisung ist zwar verbreitet, aber keineswegs selbstverständlich.

Ergebnis der europäischen Sonderanknüpfung am Sitz der SPE. Bedienen sich mehrere Partner aus verschiedenen europäischen Staaten der SPE zur Gründung eines „joint venture", so werden sie sich bei der Sitzwahl der SPE entweder für einen allen Gesellschaftern fremden Staat entscheiden, womit das beschriebene Problem für alle Gesellschafter eintritt oder sie werden sich für den Heimatstaat eines von ihnen entscheiden; in diesem Fall sind alle übrigen Gesellschafter von den Auswirkungen der Berufung der lex rei sitae betroffen. Hierbei wird deutlich, daß die kollisionsrechtlichen Verwerfungen für den „Normalfall" der Beteiligung einer natürlichen Person an einer SPE bei der Berufung der lex rei sitae ungleich gravierender sind als bei Berufung der lex patriae oder der lex domicilii:

Nach wie vor leben die meisten Unionsbürger in dem Staat, dem sie auch angehören; zweifelsohne hat sich zwar durch die weitgehende Statusangleichung der Unionsbürger mit Inländern, die Einbürgerungsanreize wegfallen läßt, und die zunehmende Mobilität der Bevölkerung die Anzahl der Unionsbürger, auf welche dies nicht zutrifft, erhöht. Doch nach wie vor handelt es hierbei um Minderheiten. Mag diese Minderheit auch in Zukunft unter den SPE-Gesellschaftern überproportional vertreten sein, so bleibt sie doch eine Minderheit. Nur bei dieser Gruppe kann positive Erbrechtskollision auftreten; für sie muß eine adäquate Bestimmung des Erbstatuts gefunden werden. Diese sollte aber nicht darin bestehen, der Mehrheit, bei deren Erbstatut es sich europaweit um das materielle Recht ihres Heimatstaates, der gleichzeitig ihr Wohnsitzstaat ist, handelt, durch europäisches Recht eine Nachlaßspaltung zu verordnen, die kein Mitgliedstaat für geboten hält.

5. Kollisonsrechtliche Vorteile der lex rei sitae?

Anders wäre zu urteilen, wenn die Berufung der lex rei sitae gegenüber dem geltenden Rechtszustand der Berufung des Heimat- oder Wohnsitzrechts Vorteile böte, welche die Nachteile der Nachlaßspaltung wettmachten. Sinn einer kollisionsrechtlichen Anknüpfung ist nicht die Ermittlung des abstrakt besten Rechts, sondern des der konkreten Interessenlage der Parteien angemessenen Rechts[128]. Es ist daher zu untersuchen, ob die Geltung des Erbrechts des Sitzstaates der SPE für die Vererbung eines solchen Anteils besser geeignet ist als das jeweilige Heimat- oder Wohnsitzrecht. Im Internationalen Erbrecht der EU-Mitgliedstaaten ist die Anknüpfung an den Belegenheitsort und damit die Hinnahme von Nachlaßspaltung weit verbreitet; so berufen wie gesehen mit Ausnahme Dänemarks alle Staaten, die bei der Bestimmung des Gesamtstatuts der

128 S. *OLG Stuttgart*, NJW 1971, 994, 997; *Kegel-Schurig*, IPR, S. 114 f.

lex domicilii folgen, für unbewegliches Vermögen die lex rei sitae[129]. Deutschland erkennt eine solche kollisionsrechtliche Nachlaßspaltung im Belegenheitsstaat eines Grundstücks über Art. 3 III EGBGB an[130], obwohl es selbst gemäß Art. 25 I EGBGB dem Prinzip der Nachlaßeinheit folgt. Für inländisches unbewegliches Vermögen kann ein Ausländer aber gemäß Art. 25 II EGBGB deutsches Recht wählen, so daß zugunsten des eigenen Rechts Nachlaßspaltung vom deutschen IPR selbst zugelassen wird.

a) Ursprung der Geltung der lex rei sitae für unbewegliches Vermögen

Seinen historischen Ursprung hat die Unterwerfung des unbeweglichen Vermögens unter das am Belegenheitsort geltende Erbrecht in der feudalen Rechtsordnung des Mittelalters. Für den Lehnsherrn war die Verteilung der Rechte am unbeweglichen Vermögen seiner Vasallen nach deren Ableben wegen der vermittels dieser Rechtstitel ausgeübten Herrschaft über Land und Leute von größter Wichtigkeit; die Inhaberschaft eines Lehens ist nicht mit der Eigentümerstellung im modernen Staat gleichzusetzen, sondern hatte in erster Linie die politische Funktion der Herrschaftsvermittlung im Personenverbandsstaat. Wer diese Funktion ausübte, war in heutiger Terminologie gleichsam der oberste Verwaltungsbeamte einer Gebietskörperschaft, der nicht durch aufsichtliche Einzelweisung zu umgehen war; die Besetzung dieser „Ämter" konnte der Landesherr keiner fremden Rechtsordnung überlassen, sie richtete sich selbstverständlich nach dem Recht am Ort des betroffenen Grund und Bodens[131]. Diese überragende Bedeutung von Grund und Boden als Basis politischer Macht und fast ausschließlicher Quelle von Wohlstand und sozialem Rang führte auch häufig zu materieller Nachlaßspaltung; unbewegliches Vermögen wurde nach anderen materiellen Grundsätzen vererbt als sonstiges Vermögen[132]. Dies begründete folgerichtig ebenfalls kollisionsrechtliche Nachlaßspaltung, da das besondere inländische materielle Belegenheiterbrecht für Grundstücke ausländischem Recht nicht weichen sollte.

---

129 Zum Widerstreit von Territorialitäts- und Personalprinzip s. *Niederer*, Einführung in die allgemeinen Lehren des IPR, S. 71 ff.

130 *BGHZ* 50, 63, 69 ff.; *BGH*, IPRax 1994, 375 mit zust. Anm. *Dörner*, ebd. S. 362; *MünchKomm-Sonnenberger*, Art. 3 EGBGB, Rn. 21-25; *Kropholler*, IPR, S. 178 ff.; aA. *Soergel-Kegel*, Art. 3 EGBGB, Rn. 16; *Kegel-Schurig*, IPR, S. 372, dem das Vorliegen von Sonderkollisionsrecht für die betroffenen Gegenstände für die Anwendung des Art. 3 III EGBGB nicht genügt. So auch *Solomon*, IPRax 1997, 81, 87.

131 Dazu s. *Li*, Recueil des Cours 1990 V, 9, 22 ff.; *Battifol-Lagarde*, Droit international privé II Rn. 638; *Bentwich*, The Law of Domicile in its Relation to Succession, S. 2 f.

132 So in England bis 1925 und heute noch in einigen Einzelstaaten der USA; s. *Kegel-Schurig*, IPR, S. 853.

Kollisionsrechtlich beruhte diese Nachlaßspaltung auf der über Jahrhunderte herrschenden Statutenlehre[133], die vom Inhalt einer Norm auf deren räumlichen Anwendungsbereich schloß und so die Normen im wesentlichen in „statuta realia“ auf der einen und „statuta personalia“ auf der anderen Seite einteilte. Erstere waren Ausdruck der Herrschaft des Gesetzgebers über ein bestimmtes Gebiet und konnten daher nur innerhalb dieses Gebietes gelten, letztere dagegen waren auf die einzelne Person bezogen und konnten deshalb auf diese Person auch außerhalb ihres Herkunftsgebieten angewandt werden. Die Vorschriften zur Vererbung von Grundstücken waren Realstatuten, womit ausschließlich das am Belegenheitsort geltende Recht zur Anwendung kam. Die davon abweichenden Regelungen über bewegliches Vermögen im Erbgang waren dagegen Personalstatute, was bedeutete, daß ihre Geltung die betroffene Person über die Landesgrenze begleitete[134].

b) Heutige Rechtslage

Heute ist die materielle Nachlaßspaltung als Grund für kollisionsrechtliche Nachlaßspaltung jedenfalls in Europa weitgehend entfallen[135]. Nunmehr werden allgemeine Verkehrsinteressen für die Beherrschung der Rechtsnachfolge von Todes wegen in unbewegliches Vermögen durch das Belegenheitsrecht geltend gemacht:

Die Nachlaßabwicklung, die Rechte der Gläubiger des Erblassers und besonders die Fragen der dinglichen Übertragung des unbeweglichen Vermögens verlangten eine Unterstellung von Grundstücken unter das Erbrecht des Belegenheitsortes[136]. Wie gesehen werden die Nachlaßabwicklung und die Befriedigung des Gläubiger durch die Konsequenzen der Nachlaßspaltung eher erschwert; einzig das Argument des besonderen Sachenrechts für Grundstücke, deren Übertragung

133 S. *Gutzwiller*, Geschichte des IPR, S. 9 ff., 33, 44, 148.; *Schnitzer*, Handbuch des IPR, Band 1, S. 7 ff.

134 *Kegel-Schurig*, IPR, S. 156 f.; *Bentwich*, The Law of Domicile in its Relation to Succession, S. 4 ff.; Seit *Savigny* (Band 8 des „Systems des heutigen Römischen Rechts“, 1849) wird im IPR nicht mehr vom materiellen Rechtssatz her die Reichweite seiner Anwendung bestimmt, sondern für bestimmte Tatbestände mittels einer Kollisionsnorm das räumlich beste Recht gesucht; wenn auch mehr psychologische als tatsächliche Veränderung, so ist dies eine sinnvollen Ergebnissen zuträgliche Änderung der Herangehensweise; s. *Kegel*, IPR, S. 165 f.

135 Daher ablehnend zur lex rei sitae für die Vererbung von Grundstücken und zur Nachlaßspaltung *Dicey and Morris*, The Conflict of Laws, S. 591; *Morris/McLean*, The Conflict of Laws, S. 349; noch ganz vom materiellen Recht her dagegen 1912 *Zitelmann*, IPR, 2. Band, S. 946 f.; bereits *Frankenstein*, IPR, IV. Band, S. 282 Fn. 2, betrachtet die Anwendung der lex rei sitae jedoch als rückständig und bezeichnet sie als „seltsame Ideenverwirrung“.

136 *Battifol-Lagarde*, Droit international privé II Rn. 638.

zumeist aus Verkehrsschutzgründen besonderen Form- und Publizitätsvorschriften unterstellt wird, ist weiterführend.

aa) Erbstatut und Sachstatut

Im Internationalen Sachenrecht ist in der Tat die Belegenheit das maßgebliche Anknüpfungsmoment[137]. Dies dient dem Verkehrsinteresse daran, daß auf Sachen nur nach Maßgabe der lex rei sitae eingewirkt, also z.B. über sie verfügt werden kann. Besonders für Grundstücke ist dies von Bedeutung, da Rechte an ihnen sehr häufig von der Beachtung bestimmter Formvorschriften abhängen und die Führung nationaler Register letztlich nur nach nationalem Recht möglich ist[138].

Materiell- oder verfahrensrechtlichen Sondervorschriften des nationalen Grundstücksrechts kann man aber auch im Rahmen einer Rechtsnachfolge von Todes wegen nach ausländischem Recht durch die richtige Abgrenzung von Sach- und Erbstatut gerecht werden. So hat z.B. das Vindikationslegat nach ausländischem Erbrecht für in Deutschland belegene Vermögensgegenstände nur die Wirkung eines Damnationslegats, da das deutsche Recht als Sachstatut einen dinglichen Erwerb durch Vermächtnis nicht kennt und daher nach deutschem Sachenrecht eine Übertragung des Vermächtnisgegenstandes durch den Erben an den Vermächtnisnehmer notwendig ist[139]. Ähnliche Fälle einer notwendigen Angleichung ausländischer Erbrechtsinstitute an das deutsche Sachenrecht ergeben sich im Fall des unmittelbar entstehenden Nießbrauchs an einem Erbteil nach ausländischem Recht[140] oder einer „joint tenancy" des anglo-amerikanischen Rechts[141]. Die zwingenden Vorschriften des Sachenrechts verlangen jedoch nicht die Spaltung des Nachlasses und die Vererbung des Grundstückes nach dem Belegenheitserbrecht, da sie sich zur wertmäßigen Verteilung des Nachlasses an die Begünstigten neutral verhalten. Anderes gilt nur, wenn bestimmte Gegenstände tatsächlich an ihrem Belegenheitsort einem Sondererbrecht unterliegen: ist das der Fall, so besteht ein Interesse daran, diese eindeutig dem Erbstatut zuzuord-

---

137 *Staudinger-Stoll*, Internationales Sachenrecht, Rn. 123 f.; s. für Deutschland nur Art. 40 EGBGB n.F.

138 *Staudinger-Stoll*, Internationales Sachenrecht, Rn. 125.

139 *BGH*, NJW 1995, 58; *Staudinger-Stoll*, Internationales Sachenrecht, Rn. 191; *MünchKomm-Birk*, Art. 25 EGBGB Rn. 170; *Jauernig-Stürner*, vor § 1922 Rn. 3, § 2174 Rn. 1 aE.; aA *van Venrooy*, ZVglRWiss 85 (1986), 205, 216 ff.

140 S. dazu *MünchKomm-Birk*, Art. 25 EGBGB Rn. 169; *Staudinger-Stoll*, Internationales Sachenrecht, Rn. 193; Es ist strittig, ob ein solches Institut als Anspruch auf Einräumung eines Nießbrauchs an bestimmten Nachlaßgegenständen oder als Vorerbschaft in das deutsche Recht zu übersetzen ist.

141 *MünchKomm-Birk*, Art. 25 EGBGB Rn. 171.

nenden Sondervorschriften auch dann anzuwenden, wenn das eigene Internationale Erbrecht grundsätzlich für die Beerbung der Erblassers fremdes Recht beruft, da mit der Schaffung eines Sondererbrechts ein bestimmtes erbrechtliches Ergebnis hinsichtlich eines bestimmten Gegenstandes hergestellt werden soll - und dies gerade unabhängig vom Schicksal des sonstigen Nachlasses. Beispiele für derartiges Sondererbrecht sind im deutschen Recht die Höfeordnungen[142], die eine Erbengemeinschaft zwischen Hoferbe und sonstigen Erben ausschließen[143], und die §§ 13-17 GrdstVG[144], wonach ein landwirtschaftlicher Betrieb einem der Miterben ungeteilt zugewiesen werden kann und sich in einem solchen Fall die anderen Miterben mit einer Abfindung nach dem Ertragswert begnügen müssen[145].

bb) Erbstatut und Gesellschaftsstatut

Eine ähnliche Problematik eröffnet sich bei der Vererbung von Geschäftsanteilen zwischen Erb- und Gesellschaftsstatut, wenn letzteres den Erwerb eines Geschäftsanteils von anderen Voraussetzungen abhängig macht als den Erwerb anderer Vermögensgegenstände. So bestimmt zunächst das Gesellschaftsstatut, ob der Geschäftsanteil des Erblassers überhaupt vererblich ist[146]. Das Gesellschaftsstatut geht auch dann vor, wenn bestimmte Regelungsmechnismen des Erbstatuts mit dem Gesellschaftsstatut unvereinbar sind:

So verträgt sich im deutschen Recht die Erbengemeinschaft als Gesamthandsgemeinschaft[147] nicht mit der Struktur der OHG, die nur voll haftende Gesellschafter kennt, was nicht mit dem Haftungsregime der Erbengemeinschaft vereinbar ist, welches eine weitgehende Beschränkung der Haftung auf den Nachlaß ermöglicht[148]. Der Ausschluß der Möglichkeit, in der Form der Erbengemeinschaft OHG-Gesellschafter zu sein, kommt zudem besonders in § 139 I, 1

142 Aufgeführt bei *MünchKomm-Leipold*, Erbrecht Einl. Rn. 72, 78 ff.; dazu eingehend *Otte*, Erbrechts- und Eigentumsbindungen der landwirtschaftlichen Erbfolge- und Übergaberegelungen, S. 11 ff. und *Lange/Kuchinke*, Lehrbuch des Erbrechts, S. 1266 ff. mwN. auf S. 1294 f.; *Stöcker*, WM 1980, 1134 ff.

143 §§ 4, 12, 13, 15 V HöfeO; dazu *Otte*, Erbrechts- und Eigentumsbindungen der landwirtschaftlichen Erbfolge- und Übergaberegelungen, S. 65; *Lange/Kuchinke*, Lehrbuch des Erbrechts, S. 1266; *Jauernig-Stürner*, vor § 2032 Rn. 2.

144 Gesetz über Maßnahmen zur Verbesserung der Agrarstruktur und zur Sicherung land- und forstwirtschaftlicher Betriebe (Grundstücksverkehrsgesetz-GrdstVG) vom 28. Juli 1961, BGBl. I 1961, S. 1091; Dazu *Lange/Kuchinke*, Lehrbuch des Erbrechts, S. 1293 f.

145 S. § 2049 BGB; *MünchKomm-Dütz*, vor § 2032 Rn. 10; *Jauernig-Stürner*, § 2049 Rn. 2; der Ertragswert liegt zumeist unter dem Verkehrswert, der ansonsten maßgeblich ist.

146 Allg. M., s. *MünchKomm-Birk*, Art. 25 EGBGB Rn. 183; *von Oertzen*, IPRax 1994, 73, 74.

147 §§ 2032 ff. BGB; s. *MünchKomm-Dütz*, § 2032 Rn. 7 ff.; *Jauernig-Stürner*, § 2032 Rn. 1, 6.

148 §§ 2058 ff. BGB. Vgl. *Brox*, Erbrecht, Rn. 608.

HGB zum Ausdruck, der die Rechte der einzelnen Erben bezüglich ihrer jeweiligen Gesellschafterposition festlegt, was eine unmittelbare Inhaberschaft des ererbten Anteils durch jeden Erben voraussetzt[149]. Haben also die Gesellschafter darauf verzichtet, den Geschäftsanteil an einer OHG unvererblich zu stellen[150], so vollzieht sich der Übergang des Anteils auf die Erben zwar mittels erbrechtlichen Erwerbs[151], doch wird jeder Erbe entsprechend seinem Erbteil Gesellschafter; nicht etwa entsteht gesamthänderische Berechtigung an einem der Erbengemeinschaft zustehenden ungeteilten Geschäftsanteil[152].

Nicht anders verhält es sich, wenn nicht deutsches sondern ausländisches Recht Erbstatut ist; das deutsche Gesellschaftsstatut entscheidet über die Frage, ob die Erben Gesellschafter werden und bestimmt, daß sie es im Wege der Singularsukzession werden - das ausländische Erbstatut bestimmt dagegen, wer den Erblassergesellschafter beerbt hat[153]. Im deutschen GmbH-Recht ist die Abgren-

---

149 Allg.M., s. schon *RGZ* 16, 40, 57; *BGHZ* 68, 225, 237; so sogar *K. Schmidt*, Gesellschaftsrecht, S. 1334 f., der im übrigen zumindest einer GbR die Mitgliedschaft in einer OHG zugestehen möchte (aaO. S. 1352) und auch die OHG-Mitgliedschaftsfähigkeit der Erbengemeinschaft als solcher nicht gänzlich ausschließt, wegen § 139 I, 1 HGB aber schließlich doch der h.M. folgt. Anders allerdings *Köbler*, Erbrecht und Gesellschaft, S. 118 ff.

150 Bei Ausschluß der Vererblichkeit wird beim Tode eines Gesellschafters die OHG entgegen § 131 II, 1 Nr. 1 HGB n.F. aufgelöst; an der dann entstehenden Liquidationsgesellschaft ist die Erbengemeinschaft beteiligt; insofern tritt keine Sondererbfolge ein (*BGH*, NJW 1995, 3314 f.; *Brox*, Erbrecht, Rn. 746).

151 H.M.; s. *BGHZ* 22, 186, 191; 68, 225, 229; 108, 187; *K. Schmidt*, Gesellschaftrecht, S. 1336 f. mit der Begründung, die Nachfolgeklausel im Gesellschaftsvertrag begründe keine gesellschaftsrechtliche Zuwendung eines Anteils unter Lebenden auf den Todesfall, sondern verhindere lediglich die Auflösung der OHG gemäß § 131 Nr. 4 HGB a.F.; von Gesetzes wegen würden die Erben durch Erbrecht ohne weiteres Mitglieder einer - wenn auch aufgelösten- Gesellschaft. Nach der HGB-Reform überzeugt dieser Ansatz um so mehr: Das Gesetz sieht nunmehr die automatische Fortsetzung der werbenden OHG mit den Erben des verstorbenen Gesellschafters vor. Dieser Normalfall kann daher nicht mehr als gesellschaftsrechtliche Verfügung unter Lebenden auf den Todesfall gedeutet werden. AA. zum alten Recht *Brox*, Erbrecht, Rn. 754 ff.

152 *BGHZ* 98, 48, 50 f.; *MünchKomm-Dütz*, vor § 2032 Rn. 9; § 2032 Rn. 49 ff.; AA. *Köbler*, Erbrecht und Gesellschaft, S. 122 ff.

153 S. *MünchKomm-Birk*, Art. 25 EGBGB Rn. 185 f. Im Einzelnen ist vieles strittig; so ordnet *Birk* aaO. vermeintlich durch das Gesellschaftsrecht ausgelöste Ausgleichsansprüche der weichenden Erben im Fall der qualifizierten Nachfolgeklausel dem Gesellschaftsstatut zu; dies mag wohl so sein, doch sind die in Rede stehenden Ausgleichsansprüche in der Regel erbrechtlicher Natur, da das Gesellschaftsrecht keinen Anlaß hat, gegenüber außenstehenden Dritten Bestimmungen bzgl. der wertmäßigen Verteilung eines Nachlasses zu treffen. S. zum erbrechtlichen Pflichtteilsanspruch bei qualifizierter Nachfolgeklausel *BGH*, NJW 1983, 2377.

zung von Erb- und Gesellschaftsstatut deutlich einfacher: Nach § 15 I GmbHG sind die Geschäftsanteile an einer GmbH vererblich, ohne daß diese Eigenschaft zur Disposition des Gesellschaftsvertrages stünde[154]. Ausnahmen vom Prinzip der Universalsukzession und Gesamthandsgemeinschaft der Erben werden im Unterschied zur Vererbung einer OHG-Beteiligung nicht gemacht[155]. Allerdings kann der Gesellschaftsvertrag die Erben eines Geschäftsanteils verpflichten, diesen unentgeltlich an bestimmte Miterben oder Dritte zu übertragen[156]; erbrechtlich kann diese gesellschaftsrechtliche Pflicht der Erben (Voraus-)Vermächtnis, Teilungsanordnung zugunsten des Anspruchsinhabers oder Schenkung von Todes wegen sein[157].

cc) Konsequenzen der Sonderregelungen für die Rechtsnachfolge in Geschäftsanteile für das Internationale Erbrecht

Gegenstand internationalerbrechtlicher Sonderanknüpfungen ist das deutsche Gesellschaftsrecht trotz all' der Besonderheiten bei der Rechtsnachfolge von Todes wegen in einen Personengesellschaftsanteil nicht. Eine internationalerbrechtliche Berufung des deutschen Erbrechts für die Rechtsnachfolge von Todes wegen unabhängig vom Gesamtstatut nach Art. 25 I EGBGB wäre über Art. 3 III EGBGB gegeben, wenn deutsche Geschäftsanteile Sondervorschriften im Sinne dieser Norm unterlägen. Die beschriebenen Besonderheiten begründen jedoch kein materielles Sondererbrecht für Geschäftsanteile, sondern ergeben sich aus der Qualifikation einzelner Fragen als gesellschaftsrechtlich und damit dem Gesellschaftsstatut unterstehend[158]. So ist es in der OHG nicht möglich, den überlebenden Gesellschaftern einen Erbe als neuen Mitgesellschafter aufzudrängen, wenn sie dies im Gesellschaftsvertrag pauschal oder individuell ausgeschlossen haben; ebenso ist es wegen der Rechtsnatur einer OHG-Beteiligung unmöglich, diese in der Form einer nichtrechtsfähigen Gesamthandsgemeinschaft innezuhaben.

Diese Besonderheiten des Vermögensgegenstandes, welcher der Rechtsnachfolge von Todes wegen unterliegt, sind nicht erbrechtlicher, sondern gesellschafts-

154 *Lutter/Hommelhoff*, GmbHG, § 15 Rn. 2; *Raiser*, Recht der Kapitalgesellschaften, S. 350.

155 *Lutter/Hommelhoff*, GmbHG, § 15 Rn. 2; *MünchKomm-Dütz*, § 2032 Rn. 61; *Jauernig-Stürner*, § 2032 Rn. 10; *Köbler*, Erbrecht und Gesellschaft, S. 13 ff.

156 Dazu s. *BGHZ* 92, 386; *Lutter/Hommelhoff*, GmbHG, § 15 Rn. 3; *Raiser*, Recht der Kapitalgesellschaften, S. 353.

157 Es kommt auf die Auslegung der entsprechenden Gesellschaftsvertragsklausel und den Begünstigten an; vgl. *K. Schmidt*, Gesellschaftsrecht, S. 1341 ff.; *Raiser*, Recht der Kapitalgesellschaften, S. 353; *Jauernig-Stürner*, § 2174 Rn. 3.

158 *MünchKomm-Sonnenberger*, Art. 3 Rn. 36; *Staudinger-Dörner*, Art. 25 EGBGB Rn. 524.

rechtlicher Natur. Sie begründen kein Sondererbrecht[159], das es gegen im Grunde berufenes ausländisches Erbrecht durchzusetzen gälte, sondern ergeben sich aus der rechtlichen Verfassung des Geschäftsanteils als Teil einer besonderen Rechtsbeziehung des Erblassers mit Dritten, nämlich der Gesellschaft. Sie setzen sich auch gegen deutsches Erbrecht durch, und zwar aus der einfachen Überlegung heraus, daß weder mittels Erbgang noch durch Rechtsgeschäft unter Lebenden ein Vermögensgegenstand ohne die rechtlichen Eigenschaften, die ihn ausmachen, erworben werden kann.

Eine internationalerbrechtliche Berufung der lex rei sitae findet für deutsche Geschäftsanteile nicht statt und es besteht auch kein Bedürfnis danach: Die Reichweite des deutschen Gesellschaftsstatuts garantiert die Beachtung des deutschen Gesellschaftsrechts soweit notwendig. Eine zwingende Unterstellung der wertmäßigen Verteilung des deutschen Geschäftsanteils unter deutsche Erbquoten und deutsches Pflichtteilsrecht auch in Fällen ausländischen Erbstatuts nach Art. 25 I EGBGB kann aus den gesellschaftsrechtlichen Bindungen einer Beteiligung nicht hergeleitet werden, so daß nichts für eine Ausschaltung der normalen Regeln des Art. 25 I EGBGB für die Ermittlung des Erbstatuts spricht[160].

6. Berechtigung der Berufung der lex rei sitae bei der SPE ?

Wie oben bereits gezeigt, sieht auch kein anderes europäisches IPR außer dem rumänischen die Notwendigkeit einer Unterstellung der Rechtsnachfolge von Todes wegen in Geschäftsanteile unter die lex rei sitae. Was könnte nun den europäischen Gesetzgeber bewegen, trotz der offensichtlichen Nachteile der durch die Berufung der lex rei sitae vielfach hervorgerufenen Nachlaßspaltung im rumänischen Sinne zu entscheiden ? Anders als bei Berufung der lex patriae oder der lex domicilii gibt es im Falle der Berufung der lex rei sitae eine Verbindung zwischen dem einer Sonderanknüpfung unterstellten Vermögensgegenstand, dem SPE-Anteil, und dem berufenen materiellen Erbrecht: es ist das Erbrecht des Sitzes der SPE. Fraglich ist, ob sich aus dieser Kongruenz Vorteile für die SPE ergeben können.

---

159 Daher lehnt *MünchKomm-Sonnenberger*, Art. 3 Rn. 36 die Verwendung des Begriffes Sondererbfolge im Zusammenhang mit der Vererbung von Personengesellschaftsanteilen zu Recht ab; kritisch auch *K. Schmidt*, Gesellschaftsrecht, S. 1335.

160 Gegen die Anwendung von Art. 3 III EGBGB auf die Vererbung von Personengesellschaftsanteilen auch *von Oertzen*, RIW 1994, 818, 821.

a) Die SPE als „joint venture"

Ein solcher Vorteil kann die leichtere Information der Gesellschaft über die Erbfolge nach einem verstorbenen Gesellschafter sein. Relevant ist dies für den inländischen SPE-Gesellschafter, dessen ausländischer Partner verstirbt; er kann mit den ihm vertrauten erbrechtlichen Instituten rechnen. Doch ist es der Sinn des einheitlichen europäischen Gesellschaftsstatuts, den Gesellschaftern eine europaweit bekannte Rechtsform anzubieten und damit den Schritt über die Binnengrenze gerade nicht zu einem Schritt ins rechtliche Dunkel einer unbekannten Rechtsordnung zu setzen. Die zwingende Berufung des Sitzerbrechts würde in Widerspruch zu dieser Intention des europäischen Gesetzgebers denjenigen Gesellschafter einseitig bevorzugen, der sein Heimatland als Gesellschaftssitz durchgesetzt hat. Die anderen Gesellschafter hätten mit dem Gang ins Ausland in der Form der SPE zwar ein ihnen bekanntes Gesellschaftsrecht gewonnen, jedoch um den Preis eines ihnen unbekannten Erbrechts.

Besonders augenfällig wird die mangelnde Sinnhaftigkeit eines solchen Vorgehens, wenn man die Situation mit der Beteiligung z.B. eines Deutschen an einer französischen S.A.R.L. vergleicht: in diesem Fall kann er, wenn er seinen Wohnsitz nicht nach Frankreich verlegt, den Anteil weiterhin nach deutschem Erbrecht vererben und muß lediglich das französische Gesellschaftsstatut beachten. Ebenso verhält es sich im Fall eines Franzosen, der sich an einer deutschen GmbH beteiligt. Er bleibt dem französischen Erbrecht unterstellt: die erbrechtlich wichtigen Besonderheiten des GmbH-Rechts sind gering[161] - wichtig sind einzig die erwähnten Übertragungsklauseln, die mit dem französischen Erbrecht harmonieren. Warum sollte demselben Franzosen im Falle seiner Beteiligung an einer SPE mit Sitz in Deutschland das materielle deutsche Erbrecht aufgezwungen werden ?

Außerdem ist zu bedenken, daß es sich bei der SPE um einen durch europäisches Recht geprägten Vermögensgegenstand handelt. Nach ihrem europäischen Gesellschaftsstatut ist der SPE-Anteil vererblich, doch genießen die Gesellschafter weitgehende Gestaltungsfreiheit auch in dieser Frage[162]. Demnach wäre es im Gesellschaftsvertrag einer SPE möglich, die Ausübung der Gesellschafterrechte durch die Erben an die Erfüllung bestimmter formeller Voraussetzungen zu knüpfen, so z.B. an die Beibringung eines öffentlichen Zertifikates eines Mitgliedstaates über die Erbenstellung des Prätendenten. Ebenso könnte der Eintritt oder das Verbleiben eines Gesellschaftererben in der Gesellschaft von der Zustimmung oder Genehmigung der anderen Gesellschafter abhängig gemacht werden. Zudem gibt es in allen europäischen Staaten Nachlaßverfahren, die der

161 *Lutter/Hommelhoff*, GmbHG, § 15 Rn. 2 f.; *Raiser*, Recht der Kapitalgesellschaften, S. 349 ff.

162 Artt. 20 ff. SPE-StatutE.

Legitimation der Berechtigten dienen, so daß es nicht auf unüberwindliche Schwierigkeiten stieße, die Erben nach einer europäischen Rechtsordnung zu ermitteln, solange die Konkurrenz mehrerer Erbstatute vermieden würde. Diese gesellschaftsrechtlichen Gestaltungsmöglichkeiten sind in den europäischen Rechtsordnungen verbreitet und sind geeignet, praktische Schwierigkeiten der SPE bei der Ermittlung der Gesellschaftererben zu verhindern. Um eine ungerechtfertigte Bevorzugung der mit dem Erbrecht des Sitzstaates vertrauten Gesellschafter zu verhindern, ist eine Lösung dieser Probleme im Rahmen des Gesellschaftsvertrages, also unter der Herrschaft des europäischen Rechts, der einseitigen Berufung nationalen Rechts vorzuziehen.

Überdies kann kaum unterstellt werden, die Berufung eines weder dem Erblasser noch den Erben vertrauten Erbrechts würde für eine schnelle und streitarme Abwicklung des Nachlasses und damit umgehende Gewißheit der SPE über den Erbgang führen.

b) Die SPE ohne inländischen Gesellschafter

In der zweiten Grundkonstellation der Nutzung der SPE für europaweite gewerbliche Aktivitäten, dem Gang ins europäische Ausland ohne Partner, fällt das Argument der erhöhten Transparenz des Erbgangs für die Gesellschaft selbst vollkommen weg: Die Anwendung des Sitzerbrechts für das Auslandsunternehmen wird nichts als Verwirrung hervorrufen. Die Anwendung der lex rei sitae hat in diesem Fall nur Nachteile: Nachlaßspaltung und die Anwendung unbekannten Erbrechts, bei dem die Gestaltungsmechanismen des Heimat-erbrechts nicht greifen.

c) Forum Shopping

Die dargestellten kollisionsrechtlichen Folgen der Berufung der lex rei sitae als Sachnormverweisung können von den SPE-Gesellschaftern natürlich nicht nur als störender Eingriff in den von ihren Heimat- oder Wohnsitzrechten vorgezeichneten Verlauf der Dinge im Erbfall betrachtet, sondern auch als Gestaltungsmöglichkeit begriffen und genutzt werden. So ist es durchaus vorstellbar, den Sitz der SPE von der Reichweite der Gestaltungsfreiheit im Erbrecht des Sitzstaates abhängig zu machen. Die Pflichtteils- oder Noterbrechte der verschiedenen europäischen Rechtsordnungen divergieren erheblich, so daß diese Unterschiede die Sitzwahl immer dann erheblich beeinflussen können, wenn der Erblasser die Ausschaltung mißliebiger Erben betreiben will. Für die SPE ist dieses Problem deshalb so relevant, weil es sich bei ihr im Unterschied zu Grundstücken, für welche die lex rei sitae ebenfalls häufig Erbstatut ist, um einen sehr flexiblen Vermögensgegenstand handelt: Eine deutsche GmbH könnte z.B. von ihrem Alleingesellschafter ohne weiteres in eine SPE mit Sitz in London eingebracht werden; bei Anwendung des englischen Erbrechts würde so der Wert der GmbH den Pflichtteilsansprüchen des BGB entzogen, ohne daß auch nur ein Vermögensgegenstand dieser GmbH Deutschland verlassen hätte.

Dieses Beispiel macht deutlich, warum die lex rei sitae für Gesellschaftsbeteiligungen nicht das kollisionsrechtlich angemessene Erbrecht ist: Im Internationalen Erbrecht sind die Interessen des Erblassers und womöglich der Erben von Bedeutung. Dies ergibt sich aus der gemeineuropäischen Wertung, daß das Erbrecht neben der Verwirklichung der Testierfreiheit eine besondere Ausprägung der personenrechtlichen Beziehungen des Erblassers darstellt[163]; diesem wird, falls er untestiert verstirbt, über das Familienerbrecht unterstellt, er habe seine engsten Angehörigen begünstigen wollen[164]. Doch darüber hinausgehend ist ihm zumeist sogar nur begrenzt gestattet, von der gesetzlich vorgegebenen Nachlaßverteilung abzuweichen. Mit den Einschränkungen der Testierfreiheit wird das Bindungs- und Verantwortungsverhältnis des Erblassers gegenüber seinen engsten Angehörigen konkretisiert und geschützt[165]. Die h.L. sieht das im deutschen Recht gewährte Pflichtteilsrecht der engsten Angehörigen sogar durch Artt. 6 I, 14 I, 1 GG der Disposition des einfachen Gesetzgebers entzogen[166]; dies ist Ausdruck der großen Bedeutung, die dem Schutz der engsten Familienangehörigen vor Enterbung durch den Erblasser in Deutschland beigemessen wird[167]. Zwar ist die Berechtigung des Pflichtteilsrechts nicht unumstritten[168]. Sogar die Verfassungsmäßigkeit des Pflichtteilsrechts wird im Hinblick auf Art. 14 I GG

163 *MünchKomm-Leipold*, Erbrecht Einl. Rn.10; *Lange/Kuchinke*, Lehrbuch des Erbrechts, S. 3 f. für Deutschland; für die europäische Rechtstradition generell *Telles*, Direito das Sucessões, S. 266 ff., 274 ff.

164 So sieht das *BVerfG* die gesetzliche Erbfolge; s. *BVerfGE* 91, 346, 360, 362; Kritisch *MünchKomm-Leipold*, Erbrecht Einl. Rn.10 mwN; ders. JZ 1996, 287, 288.

165 *Staudinger-Otte*, Einl. zu §§ 1922 ff. Rn. 68 ff.; *MünchKomm-Leipold*, Erbrecht Einl. Rn.10; *Lange/Kuchinke*, Lehrbuch des Erbrechts, S. 3 ff., 812 ff.; *Quebe*, Die Erbrechtsgarantie, Inhalt und Schranken, S. 77 f.

166 So z.B. *BGHZ* 98, 226, 233; 109, 306, 313; *Staudinger-Otte*, Einl. zu §§ 1922 ff. Rn. 69, 71 mwN.; *MünchKomm-Frank*, Erbrecht § 2303 Rn.1a mwN.; *Lange/Kuchinke*, Lehrbuch des Erbrechts, S. 820; *Quebe*, Die Erbrechtsgarantie, Inhalt und Schranken, S. 74 ff.; offen dagegen *BVerfGE* 67, 329, 341; 78, 132, 154; 91, 346, 359; ZEV 2000, 399.

167 Was besonders der deutschen Rechtstradition entspricht, s. *Schmidt-Wiegand*, Deutsche Rechtsregeln und Rechtssprichwörter, S. 94 f.: „Der Erbe wird zum Gut geboren.", „Gott, nicht der Mensch macht Erben." Dem deutschen Recht war die Testierfreiheit lange Zeit unbekannt. Zu Reformbestrebungen und ihren verfassungsrechtlichen Grenzen s. *Quebe*, Die Erbrechtsgarantie, Inhalt und Schranken, S. 163 ff.; zu den verschiedenen Begründungen für das Pflichtteilsrecht s. ausführlich *Oechsler*, AcP 200 (2000), 603, 604 ff.

168 S. *Trittel*, DNotZ 1991, 237, 246; *Berger/Marko/Orth*, NJ 1990, 384, 386; in diese Richtung auch *Bosch*, FamRZ 1992, 993, 999 f.

wird neuerdings in Zweifel gezogen[169]. Auch scheint die allgemeine Entwicklung des Erbrechts in Europa eher auf eine Erweiterung der Testierfreiheit hinauszulaufen[170]. Doch ist die verfassungsrechtliche Unbedenklichkeit einer zwingenden Nachlaßbeteiligung der Kernfamilie in Deutschland verfassungsgerichtlich anerkannt, der gesetzliche Ausgleich zwischen Verwandtenerbrecht und Testierfreiheit wurde auch im Lichte des Art. 14 I GG nicht verworfen[171]. Doch weder das gesetzliche Familienerbrecht noch seine zwangsweise Durchsetzung sind überall in Europa gleichartig; das Internationale Erbrecht hat daher die kollisionsrechtlich beste Verbindung zu einer bestimmten Rechtsordnung zu finden. Wenn der Kern der Regelungsunterschiede im Erbrecht aber in der unterschiedlichen Bewertung der personen- und familienrechtlichen Verhältnisse des Erblassers liegt, so kann die Belegenheit eines einzelnen Vermögensgegenstandes niemals allein sinnvoller Anknüpfungspunkt sein, sondern immer nur eine im Erblasser oder Erben vorliegende persönliche Verbindung zu einer bestimmten Rechtsordnung wie z.B. Staatsangehörigkeit, Wohnsitz oder gewöhnlicher Aufenthalt.

Die lex rei sitae ist im heutigen Internationalen Erbrecht eine Ausnahme, die bestimmte Gegenstände um vorgeblicher oder realer Eigenschaften dieser Gegenstände willen dem Belegenheitserbrecht unterstellt, entweder, weil sie bestimmte privatrechtliche Ergebnisse aus öffentlichem Interesse heraus herbeiführen will oder weil sie die Schwierigkeiten der korrekten Abgrenzung von Erb- und Sachstatut zu umgehen sucht. Die internationalprivatrechtlichen Interessen der Beteiligten werden aus diesen Gründen übergangen. Wenn die genannten Gründe für die lex rei sitae aber wie im Fall der SPE nicht vorliegen, so ist ihre Berufung nur zwecks Entscheidung einer eventuellen Erbrechtskollision willkürlich. Die Einführung eines falschen Anknüpfungsmoments würde der SPE zudem auch praktisch schaden können, da die nationalen Rechtsordnungen versucht wären, über die Rechtsfiguren der mißbräuchlichen Herstellung von Anknüpfungstatbeständen (fraus legis) oder des ordre public gegen die Ergebnisse der Anwendung einer europäischen Kollisionsnorm, welche womöglich Rechte der Angehörigen mit Verfassungsrang untergrübe, vorzugehen.

d) Ergebnis

Auch die Analyse der kollisionsrechtlichen Interessen der Beteiligten ergibt keine tragfähige Nähebeziehung der SPE zum Erbrecht ihres Sitzstaates dergestalt,

---

169 *Haas*, ZEV 2000, 249 ff.; *Petri*, ZRP 1993, 205 f.; vgl. auch *Leisner*, NJW 2001, 126 f.

170 Vgl. hierzu den Bericht über das 5. Symposium für Europäisches Familienrecht vom 19. - 21. Oktober 2000 in Regensburg von *Riegel*, ZEV 2000, Heft 12, XV.

171 *BVerfGE* 93, 165, 174; 91, 346, 359 f.; NJW 2001, 141, 142.

daß man die wesentlichen Nachteile der Berufung der lex rei sitae für die Rechtsnachfolge in SPE-Anteile vernachlässigen könnte. Bei näherem Hinsehen wird diese Beurteilung des kollisionsrechtlichen Für und Wider in Bezug auf die Berufung der lex rei sitae für die Vererbung eines SPE-Anteils kaum überraschen können:

Wenn schon bei Anteilen an nationalen Gesellschaften wie der GmbH oder der S.A.R.L. die Berufung des Erbrechts am Sitz dieser Gesellschaft nicht notwendig ist, um die Beachtung der diesen Rechtsformen anhaftenden Besonderheiten des nationalen Gesellschaftsrechts sicherzustellen, so erfordert die von europäischem Recht beherrschte und damit gerade von ihrem Sitzrecht weitgehend losgelöste SPE ein solches Vorgehen noch viel weniger. Die Berufung der lex rei sitae als Einzelerbstatut hat weder die Anwendung des sachnächsten und damit kollisionsrechtlich besten Rechts[172] zur Folge, da dieses nach allgemeineuropäischer Überzeugung zu Recht im Erbrecht bei beweglichem Vermögen nur im Heimat- oder Wohnsitzrecht des Erblassers zu suchen ist, noch gebieten die Bindungen der SPE zu ihrem Sitzstaat ihre Anwendung. Sie würde sich in Gegensatz zur kollisionsrechtlichen Behandlung des gesamten sonstigen Erblasservermögens stellen und ist daher abzulehnen.

172 Zu diesem Begriff s. *BGHZ* 75, 31, 41; *Kegel-Schurig*, IPR, S. 114 ff.; überwiegende Meinung, s. *MünchKomm-Sonnenberger*, Einl. IPR Rn. 76 f. mwN.

VI. Lösung der Erbrechtskollision durch IPR-Verweisung

1. Berufung der lex domicilii als IPR-Verweisung

Man könnte versucht sein, den beschriebenen negativen Auswirkungen der Berufung der lex domicilii als Sachnormverweisung durch die Berücksichtigung des Kollisionsrechts der berufenen lex domicilii zu begegnen. Im Beispielsfall des in Italien ansässigen Deutschen, für den nach deutschem und italienischem IPR deutsches Recht Erbstatut ist, bedeutete dies, nicht nur das italienische Wohnsitzsachrecht zu berufen, sondern auch Art. 46 I ital. IPRG zu berücksichtigen. Demnach käme bei einer solchen Lösung auch für die SPE deutsches Sachrecht für die Vererbung des SPE-Anteils zur Anwendung. Anders gewendet bedeutet eine Verweisung auf die lex domicilii als IPR-Verweisung für Staaten, die im internationalen Erbrecht dem Wohnsitzprinzip folgen, eine Sachnormverweisung, wenn der Erblasser auf ihrem Staatsgebiet wohnhaft ist, wogegen den anderen Staaten in diesem Fall gleichsam eine Weiterverweisung auf das Heimatrecht gestattet ist. Die geschilderte Einführung eines Einzelstatuts für die SPE in den Fällen, in denen die berührten Rechtsordnungen über das Erbstatut einig sind, wird so vermieden. Dies gilt auch für die durch unterschiedliche Haltung zum renvoi hervorgerufenen Übereinstimmungen. Doch verursacht die Berücksichtigung des Kollisionsrechts des Wohnsitzstaates andere Schwierigkeiten: Eine einfache, eindeutige Anknüpfung wird nicht erreicht. Die Bestimmung des einschlägigen Erbrechts bleibt in der Verantwortlichkeit der Einzelstaaten und damit unübersichtlich. Zudem müßte man einen europäischen Begriff des Wohnsitzes entwickeln, wobei es sich allerdings um ein lösbares Problem handelt, da sich anstelle des Wohnsitzes im internationalen Bereich die Anknüpfung an den letzten gewöhnlichen Aufenthalt immer mehr durchsetzt[173].

Von größerer Bedeutung ist, daß auch die Berufung der lex domicilii als IPR-Verweisung nur scheinbar auf die Interessen derjenigen Staaten, die die lex patriae berufen, Rücksicht nimmt. Diese Staaten wollen mit ihrer erbrechtlichen Kollisionsregel dafür Sorge tragen, daß insbesondere ihre eigenen Staatsangehörigen nach dem eigenen Erbrecht beerbt werden[174]. Dies wäre bei der Berufung des Wohnsitzrechts unabhängig davon, ob als Sachnorm- oder als IPR-Verweisung, für die im Erblasservermögen befindlichen SPE-Anteile nicht mehr gewährleistet, da bei einer Verlagerung des Wohnsitzes in einen anderen Staat

173 Vgl. *Kropholler*, IPR, S. 283 ff.

174 Was sich schon aus der durchgängigen Bevorzugung der eigenen Staatsangehörigkeit bei Doppelstaatlern ergibt; vgl. Fn. B 144.

dessen Erbrecht zur Anwendung käme, wenn dieser Staat es nur über sein Kollisionsrecht so bestimmte. Der Umstand, daß zwar bei Wohnsitznahme in Staaten, die ihrerseits im Internationalen Erbrecht die lex patriae berufen, diese nach wie vor gilt, verhindert zwar eine unangemessene Nachlaßspaltung in diesen Fällen. Doch ändert dies nichts an der Bevorzugung der kollisionsrechtlichen Interessenbewertung durch den Wohnsitzstaat vor derjenigen des Heimatstaates.

2. Berufung der lex patriae als IPR-Verweisung

Umgekehrt vermag auch die Berufung der lex patriae als IPR-Verweisung auf die Interessen derjenigen Staaten, welche die lex domicilii vorziehen, nur sehr unvollkommen Rücksicht zu nehmen: Alle im Ausland lebenden Staatsangehörigen solcher Staaten werden zwar durch diese Kollisionsregel im Sinne ihrer Heimatstaaten der lex domicilii unterstellt; doch besteht der Sinn der Berufung der lex domicilii weniger darin, eigene Staatsangehörige fremdem Recht zu unterstellen, als in der Geltungserstreckung des eigenen Rechts auf alle im Inland wohnhaften Personen unabhängig von deren Nationalität[175].

Die Erreichung dieses Ziels wird aber für die Anteile an einer SPE zumindest für diejenigen Ausländer unmöglich, deren Heimatstaaten darauf bestehen, für ihre Beerbung das eigene Recht zur Anwendung zu bringen. Der in Frankreich ansässige Deutsche wäre dann in Bezug auf seine Beteiligung an einer SPE dem französischen Erbrecht entzogen im Unterschied zu der für all′ seine übrigen beweglichen Vermögensgüter geltenden Rechtslage. Diese Gegenüberstellung der Auswirkungen einer Berufung des Heimat- oder Wohnsitzrechts in Form der IPR-Verweisung legt eine weitere Gefahr offen:

Überträgt man mittels der Einbeziehung ihres Kollisionsrechts in die europarechtliche Kollisionsnorm zur Rechtsnachfolge in die SPE letztere indirekt den Einzelstaaten, so drängt man diese geradezu in die Schaffung von Exklusivnormen, d.h. von Normen, die den Anwendungsbereich des eigenen Rechts über die üblichen Regeln des eigenen IPR hinaus ausdehnen[176]. Warum sollte Frankreich bei einer Verweisung auf die lex patriae als Gesamtstatut hinnehmen, die Rechtsnachfolge von Todes wegen in einen französischen SPE-Anteil bei einem deutschen in Frankreich domizilierten Erblasser deutschem Recht zu unterstellen, wenn im umgekehrten Fall eines französischen Anteilseigners an einer deutschen SPE mit Wohnsitz in Deutschland deutsches Recht zur Anwendung käme?

175 Vgl. nur *Neuhaus/Kropholler*, Entwurf eines IPR-Gesetzes, RabelsZ 44 (1980), 326, 333, 335; *Basedow*, NJW 1986, 2972, 2977.

176 *Kegel-Schurig*, IPR, S. 255 f. Im deutschen Recht z.B. Artt. 10 II 1 Nr. 2, III Nr. 2, 13 II, III 1, 17 I 2 Fall 1, II, 18 II, V, 25 II und 38 EGBGB.

Und umgekehrt, wäre Deutschland im Falle der Entscheidung für die IPR-Verweisung auf das Wohnsitzrecht nicht versucht, die Rechtsnachfolge von Todes wegen für alle in Deutschland wohnhaften SPE-Anteilseigner deutschem Recht zu unterstellen, wenn der Geltungsanspruch des deutschen Erbrechts für im Ausland wohnhafte Deutsche für diesen Vermögensgegenstand wegen der dortigen Berufung des Wohnsitzsachrechts nicht mehr aufrechtzuerhalten wäre?

3. Berufung der lex rei sitae als IPR-Verweisung

Als Kompromiß bietet sich ein weiteres Mal die lex rei sitae an; man könnte es dem Kollisionsrecht des Sitzstaates der SPE überlassen, das anwendbare Erbrecht zu bestimmen. Da sich der Sitz der SPE auf dem Gebiet der Union befinden muß[177], wird nach den Grundsätzen der europäischen Kollisionsrechte entweder das Heimat- oder das Wohnsitzrecht des Erblassergesellschafters berufen. Zumindest für Erblasser, deren Heimat- und Wohnsitzrecht übereinstimmen, bleibt so Nachlaßeinheit gewahrt. Für Erblasser, die von Erbrechtskollision betroffen sind, wird der Konflikt im Sinne des Sitzrechts der SPE gelöst; d. h. die Entscheidung zwischen Heimat und Wohnsitz wird durch das IPR des Sitzstaates getroffen. Ebenso wird zunächst diesem Recht die Beantwortung der Frage überlassen, wo der Erblasser seinen letzten Wohnsitz bzw. sein letztes Domizil hatte (wenn es diese Frage für relevant halten sollte).

a) Folgen der Ablehnung des renvoi im Kollisionsrecht des Sitzstaates der SPE

Doch kann die Einschaltung einer dritten Rechtsordnung neben dem Heimat- und dem Wohnsitzrecht auch im Fall der IPR-Verweisung auf dieses dritte Recht Schwierigkeiten hervorrufen. Zieht man die lex domicilii oder die lex patriae als IPR-Verweisung heran, so beruft man Rechtsordnungen, die für das Vermögen des Erblassers ohnehin bereits internationalerbrechtlich von Bedeutung sind. Man gibt einem der beiden Rechte den Vorzug und überläßt diesem Recht die Bestimmung des auf die Vererbung des SPE-Anteils anwendbaren Sachrechts. Nachlaßeinheit wird dabei insofern gewahrt, als eine Abspaltung des SPE-Anteils mindestens aus der Sicht einer der beiden Rechtsordnungen vermieden wird; denn diese Rechtsordnung beruft für die SPE kein Einzelstatut, sondern das Gesamtstatut des beweglichen Vermögens. Für die andere Rechtsordnung kann dagegen Nachlaßspaltung eintreten.

177 Art. 6 Nr. 1, S. 1 SPE-StatutE.

Auf den ersten Blick scheint es, als könne dieses Ergebnis auch mit der Berufung des Kollisionsrechts am Sitz der SPE erreicht werden, da auch nach diesem nur Heimat- oder Wohnsitzrecht berufen werden können. So beruft das italienische IPR für die Beerbung des in Frankreich wohnhaften deutschen Gesellschafters einer SPE mit Sitz in Rom das deutsche Heimatrecht des Erblassers[178]. Den Konflikt zwischen dem deutschen IPR und dem französischen IPR entscheidet das italienische Kollisionsrecht zugunsten des deutschen.

Doch ist dieser erste Blick trügerisch:

aa) Einheitliche Anknüpfung in Heimat- und Wohnsitzstaat vs. abweichende Anknüpfung im renvoifeindlichen Sitzstaat

Wieder spielt die uneinheitliche Einstellung der europäischen Internationalprivatrechte zum renvoi eine wesentliche Rolle bei der Ermittlung der Konsequenzen einer kollisionsrechtlichen Sonderanknüpfung für Anteile an einer SPE.

bb) Berufung der lex domicilii in Heimat- und Wohnsitzstaat

Angenommen, ein in Dänemark domizilierter Franzose sei an einer schwedischen SPE beteiligt. Nach französischem[179] wie nach dänischem[180] IPR kommt dänisches materielles Recht zur Anwendung, da beide Staaten dem Domizilprinzip folgen. Beruft man nun das IPR des Sitzstaates der SPE zur Bestimmung des anwendbaren Erbrechts, ergibt sich folgendes Bild: Schweden beruft die lex patriae des Erblassers[181], also das französische Recht. Weiter- oder Rückverweisungen erkennt das schwedische Recht nicht an; die Verweisung des französischen IPR auf das dänische Recht bleibt daher unberücksichtigt. Es entsteht somit die wenig erfreuliche Lage einer Nachlaßspaltung durch die Unterstellung des SPE-Anteils unter das Heimatrecht des Erblassers durch den Sitzstaat, obwohl die für die Vererbung beweglichen Vermögens europaweit für zuständig gehaltenen Rechtsordnungen Heimat- und Wohnsitzrecht den gesamten Nachlaß dem Wohnsitzrecht unterstellen wollen.

---

178 Art. 46 I ital. IPRG.

179 *Battifol/Lagarde*, Droit international privé II, Rn. 634; *Audit*, Droit international privé Rn. 864; *Ferid*, Internationales Erbrecht, Frankreich Grdz. C I Rn. 5-8; *Staudinger-Dörner*, Anh. zu Art. 25 f. EGBGB Rn. 173; *Riering*, ZEV 1994, 225, 226.

180 *Thorbek/Steininger*, Internationales Erbrecht, Dänemark Grdz. C I Rn. 1; *Staudinger-Dörner*, Anh. zu Art. 25 f. EGBGB Rn. 143; *Philip*, Dansk international privat- og procesret, S. 275.

181 *Staudinger-Dörner*, Anh. zu Art. 25 f. EGBGB Rn. 575 f.; s. Kapitel 1, § 1 I, 1 des schwedischen Gesetzes betreffend internationaler Verhältnisse in Nachlaßsachen (*Carsten*, Internationales Erbrecht, Schweden Texte 4, S. 62); *Eek*, The Swedish Conflict of Laws, S. 262.

Kollisionsrechtlich falsch[182] ist dieses Ergebnis schon deshalb, weil sich die Berufung des französischen Rechts für den schwedischen SPE-Anteil nicht auf besondere Beziehungen dieses Anteils zur französischen Rechtsordnung stützen kann, sondern nur auf eine Anknüpfung des Gesamtstatuts in Schweden, die weder vom Herkunfts- noch vom Wohnsitzstaat geteilt wird. Dabei ist nicht die Berufung der lex patriae als solche das Problem, sondern der Umstand, daß die lex patriae nicht berufen sein will, das Wohnsitzrecht sie ebenfalls nicht beruft und somit die Ablehnung des renvoi internationalen Entscheidungseinklang zerstört. Allerdings entsteht dieser Konflikt bereits durch das schwedische Kollisionsrecht und nicht erst durch die diskutierte europäische Kollisionsnorm; gäbe es diese nicht, so wäre aus schwedischer Sicht das französische Sachrecht genauso berufen; der Zustand des Kollisionskonflikts besteht also bereits, wenn man nicht nur Heimat- und Wohnsitzstaat, sondern auch den Sitzstaat der SPE in seine Betrachtung einbezieht. Dieser Konflikt würde durch eine europäische Berufung des schwedischen Kollisionsrechts in der Tat „gelöst"; doch geschähe dies durch eine erzwungene Entscheidung zwischen den zwei zuständigen Rechtsordnungen, die untereinander in anderem Sinne einig sind, und durch die Einführung einer echten Nachlaßspaltung mit allen ihren Nachteilen.

Dem Gleichlaufinteresse des Gesellschafters kann in diesen Fällen auch nicht genügt werden, da aus der Sicht seines Heimat- und seines Wohnsitzrechtes nur der SPE-Anteil der lex patriae unterstellt wird, sein Heimatunternehmen jedoch gemäß dieser beiden Rechtsordnungen nach der lex domicilii zu vererben ist. So herrscht zwar aus schwedischer Sicht für das Vermögen des F keine Nachlaßspaltung, da sein gesamtes Vermögen seinem französischen Heimatrecht unterfällt, doch nützt dies wenig, da aus französischer und dänischer Sicht, sobald man für die SPE die Berufung der lex rei sitae als IPR-Verweisung einführt, zwar für diese französisches Recht gilt, für den übrigen Nachlaß aber weiterhin dänisches Recht. Daraus ergibt sich, daß für den übrigen Nachlaß die positive Erb-rechtskollision zwischen dem Heimat- und Wohnsitzstaat einerseits und dem Sitzstaat der SPE andererseits nicht aufgehoben wird:

das Heimatunternehmen des französischen Gesellschafters der schwedischen SPE ist gemäß seines Heimat- und Wohnsitzrechts weiterhin nach dänischem Erbrecht zu vererben, doch aus Sicht des schwedischen Rechts bleibt es bei der Verweisung auf das französische Heimatrecht.

182 Die Fragwürdigkeit der Ablehnung des renvoi in solchen Fällen wird auch in den betroffenen Ländern nicht geleugnet; s. *Philip*, Dansk international privat- og pocesret, S. 51 f.; *Eek*, The Swedish Conflict of Law, S. 176; uneingeschränkt positiv dagegen *Bogdan*, Svensk internationell privat- och processrätt, S. 48 ff.

Dies ist von Bedeutung, da sich das Heimatunternehmen im Zweifel entweder im Heimat- oder im Wohnsitzstaat des SPE-Gesellschafters befinden wird und es damit für dieses Unternehmen in erster Linie auf das dort geltende Recht ankommt.

cc) Berufung der lex patriae in Heimat- und Wohnsitzstaat

Ganz genauso verhält es sich im Falle des Sitzes der SPE in einem renvoifeindlichen Staat, der die lex domicilii beruft, im Verhältnis zu Heimat- und Wohnsitzrecht des Gesellschafters, wenn diese die lex patriae berufen. Angenommen ein Deutscher mit Wohnsitz in Schweden beteiligt sich an einer dänischen SPE. Für Deutschland[183] wie für Schweden[184] kommt deutsches Sachrecht als die lex patriae zur Anwendung – nicht so in Dänemark. Das dortige Recht verweist auf das Wohnsitzrecht des Erblassers, ohne die Weiterverweisung des schwedischen IPR auf deutsches Sachrecht zu akzeptieren[185].

b) Relevanz des Konflikts zwischen renvoifeindlichem Sitzrecht auf der einen und Wohnsitz- und Heimatrecht des Erblassers auf der anderen Seite

Zwar kennen die meisten europäischen Internationalprivatrechte den renvoi, doch lehnen ihn neben Dänemark und Schweden immerhin noch die Niederlande[186], Portugal[187] und Griechenland[188] ab. Dasselbe gilt für den EU-Beitrittskandidaten Ungarn[189] und für Rumänien[190].

183 Art. 25 I EGBGB.

184 *Eek*, The Swedish Conflict of Laws, S. 262; *Staudinger-Dörner*, Anh. zu Art. 25 f. EGBGB Rn. 575 f. ; s. Kapitel 1, § 1 I, 1 des schwedischen Gesetzes betreffend internationaler Verhältnisse in Nachlaßsachen (*Carsten*, Internationales Erbrecht, Schweden Texte 4, S. 62).

185 *Philip*, Dansk international privat- og pocesret, S. 50; *Staudinger-Dörner*, Anh. zu Art. 25 f. EGBGB Rn. 143.

186 *Staudinger-Dörner*, Anh. zu Art. 25 f. EGBGB Rn. 465, 120; *Boele-Woelki*, IPRax 1995, 264, 266 zur unveränderten Rechtslage nach der niederländischen IPR-Reform.

187 *Staudinger-Hausmann*, Anh. zu Art. 4 EGBGB Rn. 234 f., s. Artt. 16-18 port. Código civil, s. *Riering*, IPR-Gesetze in Europa, S. 109 ff.; das portugiesische IPR beruht auf dem Prinzip der Sachnormverweisung und erlaubt Rück- und Weiterverweisung nur in Ausnahmefällen; s. auch *Staudinger-Dörner*, Anh. zu Art. 25 f. EGBGB Rn. 541.

188 Art. 32 griech. ZGB, s. *Georgiades/Dimakou-Kiaou*, Internationales Erbrecht, Griechenland, Texte A I, S. 3.

189 § 4, S. 1 ung. IPRVO (s. *Riering*, IPR-Gesetze in Europa, S. 367) bestimmt, daß alle Verweisungen des ungarischen IPR Sachnormverweisungen sind; Rückverweisungen auf das ungarische Recht werden allerdings berücksichtigt, s. § 4, S. 2 ung. IPRVO.

190 Rumänien akzeptiert ebenso wie Ungarn nur Rückverweisungen, s. *Staudinger-Hausmann*, Anh. zu Art. 4 EGBGB Rn. 355; § 4 II rum. IPRG, s. *Riering*, S. 135.

aa) Beispielsfälle

Die beschriebenen negativen Konsequenzen der Berufung der lex rei sitae als IPR-Verweisung treten daher immer dann auf, wenn Heimat- und Wohnsitzrecht eines SPE-Gesellschafters verschieden sind, die lex patriae berufen, und die SPE ihren Sitz in Dänemark hat. Hat die SPE ihren Sitz in den Niederlanden, Schweden oder Griechenland, so sind die Fälle betroffen, in denen Heimat- und Wohnsitzrecht zwar verschieden sind, aber übereinstimmend die lex domicilii berufen. Darüber hinaus kann es zu einer vom Sitzrecht der SPE abweichenden Übereinstimmung zwischen Heimat- und Wohnsitzrecht auch dann kommen, wenn beide Internationalprivatrechte zwar grundsätzlich verschiedene Sachrechte berufen, doch durch die Ablehnung des renvoi in einem von beiden im Ergebnis doch dasselbe Sachrecht zur Anwendung kommt.

Gesetzt den Fall, der französische Gesellschafter einer dänischen SPE mit Wohnsitz in den Niederlanden verstirbt. Nach französischem IPR ist zunächst das niederländische Wohnsitzrecht berufen; die Rückverweisung auf das französische Heimatrecht wird jedoch anerkannt. Das niederländische IPR beruft das Heimatrecht des Erblassers und lehnt seinerseits jeden renvoi ab, so daß es bei der Anwendung französischen Rechts verbleibt. Das dänische IPR beruft dagegen ohne Hinnahme jeder Weiterverweisung das Domizilrecht, also niederländisches Sachrecht. Ebenso verhält es sich für die Beteiligung eines Dänen mit Wohnsitz in Deutschland an einer schwedischen SPE: dänisches Recht beruft deutsches Wohnsitzsachrecht, wogegen das deutsche Recht zwar dänisches Heimatrecht beruft, die Rückverweisung des dänischen IPR aber annimmt, so daß einheitlich deutsches Sachrecht zur Anwendung kommt. Für den Anteil an der schwedischen SPE gälte all dies nicht; er müßte nach dänischem Sachrecht vererbt werden, weil das schwedische IPR die Weiterverweisung des dänischen IPR auf das deutsche Recht nicht anerkennt.

Neben Dänemark gehört auch Italien partiell zu denjenigen Staaten, die unter Ablehnung des renvoi die lex domicilii berufen: Zwar hat Italien im Rahmen der IPR-Reform von 1995 den renvoi erstmals zugelassen[191], doch gilt dies nicht für den Fall, daß die Berufung ausländischen Rechts auf einer Rechtswahl beruht[192].

---

191 Art. 13 I ital. IPRG; *Annibale*, Riforma del sistema italiano di diritto internazionale privato, S. 101 ff.; Art. 30 prel. Codice civile 1942 machte alle Verweisungen des italienischen IPR zu Sachnormverweisungen.

192 Art. 13 II lit. a ital. IPRG; *Annibale*, Riforma del sistema italiano di diritto internazionale privato, S. 245 aE.; nichts anderes gilt gem. Art. 4 II EGBGB im deutschen IPR – eine Vorschrift, die im deutschen Internationalen Erbrecht allerdings nicht von Bedeutung ist, da der Erblasser gem. Art. 25 II EGBGB ohnehin nur deutsches Recht begrenzt auf unbewegliches Vermögen wählen kann und daher Art. 25 II EGBGB nur als

Wählt also der deutsche Gesellschafter einer italienischen SPE mit Wohnsitz in Spanien gemäß Art. 46 II ital. IPRG sein Domizilrecht als Erbstatut, so kommt aus italienischer Sicht spanisches Sachrecht zur Anwendung, auch wenn sowohl das spanische[193] als auch das deutsche Recht einheitlich zur Anwendung des deutschen Heimatsachrechts gelangen.

bb) Ergebnis

Die Berufung der lex rei sitae als IPR-Verweisung für die Rechtsnachfolge von Todes wegen in einen SPE-Anteil ist eine vorhandene Nachlaßeinheit weitgehend erhaltende Vorgehensweise, die den Konflikt zwischen lex patriae und lex domicilii in vielen Fällen befriedigend lösen kann. Ihr großer Vorteil ist, daß weder die Verfechter der lex domicilii noch diejenigen der lex patriae nachgeben müssen, sondern die Entscheidung zwischen beiden Prinzipien gleichsam einem Dritten, nämlich dem Sitzstaat der SPE, an die Hand gegeben wird. Von Nachteil ist, daß sie die durch Ablehnung des renvoi hervorgerufenen Erbrechtskollisionen zwischen Heimat- und Wohnsitzstaat auf der einen und Sitzstaat der SPE auf der anderen Seite durch Bevorzugung des Sitzrechts der IPR in echte Nachlaßspaltung verwandelt und damit eine kollisionsrechtlich fragwürdige Einmischung des Sitzstaates in das IPR der beiden eigentlich zuständigen Staaten anerkennt.

4. Das portugiesische IPR als Beispiel für die Bewahrung internationalen Entscheidungseinklangs für im Ausland ansässige Ausländer

Das portugiesische IPR versucht auf interessante Weise für im Ausland ansässige Ausländer einerseits die eigene kollisionsrechtliche Anknüpfung des Personalstatuts an der Staatsangehörigkeit so weit wie möglich durchzusetzen[194], andererseits aber die Bewahrung internationalen Entscheidungseinklangs zwischen Heimat- und Wohnsitzstaates des Betroffenen zu erreichen[195]. So ist die lex patriae als Personalstatut Gesamterbstatut[196]; die Verweisung ist Sachnormverweisung[197]. Insoweit gleicht das portugiesische IPR dem niederländischen oder schwedischen Kollisionsrecht.

Sachnormverweisung und somit Ausnahme zu Art. 25 I EGBGB einen eigenständigen Inhalt hat.

193 *Staudinger-Dörner*, Anh. zu Art. 25 f. EGBGB Rn. 628; s. Kapitel IV Art. 9 VIII, 1 span. Código civil; (s. *Hierneis*, Internationales Erbrecht, Spanien Texte A I, S. 7).

194 *Staudinger-Hausmann*, Anh. zu Art. 4 EGBGB Rn. 234.

195 *Albuquerque-Pinto*, in: Bergmann/Ferid, Internationales Ehe- und Kindschaftsrecht, Portugal, S. 10; *Neuhaus/Rau*, RabelsZ 32 (1968), 500, 505 f.

196 Artt. 25, 31 I port. Código civil, s. *Riering*, IPR-Gesetze in Europa, S. 114 ff.

197 Art. 16 port. Código civil, s. *Riering*, IPR-Gesetze in Europa, S. 109.

Doch wird eine Weiterverweisung gem. Art. 17 I port. Código civil immer dann anerkannt, wenn der durch das Heimatrecht berufene Drittstaat die Weiterverweisung annimmt. Beruft allerdings der Domizilstaat des Erblassers ebenfalls dessen Heimatrecht, so wird die Weiterverweisung nicht beachtet[198]. Berufen also Heimat- und Domizilstaat das Wohnsitzrecht, nimmt das portugiesische IPR diese Entscheidung hin und bewahrt damit den bestehenden internationalen Entscheidungseinklang. Beruft das Domizilrecht dagegen wie das portugiesische IPR das Heimatrecht, so wird keine Rücksicht darauf genommen, daß dieses nicht angewandt sein will. Beispielhaft für diesen Mechanismus des portugiesischen IPR bei Nachlaßeinheit durch Berufung der lex domicilii in Heimat- und Wohnsitzstaat ist die Behandlung eines in England domizilierten Franzosen; für diesen bleibt es auch aus portugiesischer Sicht bei der Anwendung englischen Sachrechts[199].

a) SPE-spezifische Gesichtspunkte

Problematisch an der Berufung der lex rei sitae ist zudem die mangelnde Abstimmung mit den Interessen des übernational tätigen SPE-Gesellschafters, dessen Gleichlaufinteresse, also das Interesse, Heimatunternehmen und SPE-Anteil nach denselben Grundsätzen vererben zu können, nicht immer erreicht wird: Im zu Anfang beschriebenen Fall des in Belgien wohnhaften Deutschen, der an einer belgischen SPE beteiligt ist, dessen Heimatunternehmen sich dagegen in Deutschland befindet, wird nur erreicht, daß der SPE-Anteil einheitlich dem belgischen Erbrecht unterstellt wird[200]; für das deutsche Unternehmen gilt in Deutschland weiterhin deutsches Erbrecht[201].

---

198 Art 17 II port. Código civil, s. *Riering*, IPR-Gesetze in Europa, S. 111.

199 Fraglich sind allerdings die Fälle, in denen die Nachlaßeinheit nicht auf einheitlicher Anknüpfung, sondern auf unterschiedlicher Haltung zum Renvoi beruht (S.o. für den in Deutschland domizilierten Dänen). Denn es ist nicht selbstverständlich, daß unter Annahme der Verweisung in Art. 17 I port. Código civil auch die Hinnahme eines renvoi zu verstehen ist, denn zunächst beruft das deutsche IPR schließlich nicht die deutsche lex domicilii, sondern die dänische lex patriae. Darüber hinaus könnte man zu der Ansicht gelangen, Art. 17 II port. Código civil schließe die Beachtung des dänischen renvoi gem. Art. 17 I port. Código civil aus, da das deutsche Wohnsitzrecht jedenfalls zunächst das Heimatrecht beruft. Folgerichtig im Sinne der Norm ist der internationale Entscheidungseinklang allerdings auch in diesen Fällen zu bewahren, indem man die realen Ergebnisse der ausländischen Internationalprivatrechte unter Einbeziehung des renvoi der Auslegung des Art. 17 port. Código civil zugrunde legt. S. zu ähnlichen Problemen bei der Weiterverweisung im deutschen IPR (Art. 4 I, 1 EGBGB) *Kegel-Schurig*, IPR, S. 349 f.

200 Belgien beruft die lex domicilii, also hier belgisches Recht.

201 Für das deutsche Unternehmen bleibt es bei der Geltung der lex patriae nach Art. 25 I EGBGB und der Berufung der lex domicilii aus belgischer Sicht.

Gleiches gilt für die deutsche SPE-Beteiligung eines Franzosen mit Wohnsitz in Deutschland; sie ist nun zwingend nach deutschem Recht zu vererben[202]; für sein französisches Heimatunternehmen bleibt es in Frankreich bei der Geltung französischen Erbrechts[203]. Dabei ist es der europäischen Sonderkollisionsnorm für die SPE nicht anzulasten, daß der positive Erbrechtskonflikt für das Heimatunternehmen fortbesteht; hier könnte nur eine generelle Vereinheitlichung des Internationalen Erbrechts Abhilfe schaffen. Doch wird dem Erblasser die Entscheidung des Sitzstaats der SPE zwischen Domizil- und Staatsangehörigkeitsprinzip aufgezwungen, die auf seine persönlichen Verhältnisse keine Rücksicht nimmt.

Diese Entscheidung hat keine besondere inhaltliche Dignität, da sie zwischen den beiden üblichen und auch sachgemäßen Anknüpfungsmomenten Staatsangehörigkeit und Wohnsitz fällt, ohne daß die Entscheidungskompetenz des Sitzstaates durch eine besondere Bindung des Erblassers gerade an diese Rechtsordnung gerechtfertigt wäre. Zwar hat die SPE als betroffener Vermögensgegenstand ihren Sitz im Geltungsbereich dieser Rechtsordnung, doch ist sie einerseits wie dargelegt als supranationale Gesellschaftsform vom Ortsrecht ihres Sitzes weitgehend unabhängig und andererseits stellt die Berufung der lex rei sitae als IPR-Verweisung mitnichten eine besondere Beziehung zum Sachrecht im Sitzstaat her; sie weist nur die kollisionsrechtliche Entscheidung zu. Diese Entscheidungskompetenz wird dem IPR des Sitzstaates ausschließlich zugesprochen, um eine grundsätzliche Entscheidung zwischen Wohnsitz- und Staatsangehörigkeitsprinzip zu vermeiden. Keineswegs hat der Sitz der SPE für die Suche nach dem inhaltlich besten Erbrecht für die SPE als beweglichem Vermögen Bedeutung; dieses wird nach gemeineuropäischer Überzeugung durch Staatsangehörigkeit oder Domizil bestimmt.

b) Übernahme des portugiesischen Modells ?

Daraus ergibt sich, daß das beschriebene portugiesische Modell zur Übernahme für die kollisionsrechtliche Behandlung der SPE nicht geeignet ist: Es nimmt zwar auf bestehende Nachlaßeinheit Rücksicht, doch erzwingt es im Fall der IPR-Kollision zwischen Wohnsitz- und Heimatstaat ebenfalls eine Entscheidung ohne Rücksicht auf die Interessen des Erblassers. Eine Übernahme des portugiesischen Modells für die SPE würde folgendermaßen aussehen: Berufen wird die lex rei sitae des Sitzstaates der SPE als IPR-Verweisung mit der Maßgabe, daß bestehender Entscheidungseinklang zwischen Wohnsitz- und Heimatstaat vor-

---

202 Das deutsche Sitzrecht beruft die lex patriae (französisches Recht), nimmt die Rückverweisung auf die deutsche lex domicilii jedoch an (Art. 4 I, 2 EGBGB).

203 Das französische Recht verweist zwar auf die deutsche lex domicilii, akzeptiert aber seinerseits die Rückverweisung des deutschen IPR auf die französische lex patriae.

geht. Dies würde die beschriebenen Fälle der Zerstörung internationalen Entscheidungseinklangs durch renvoifeindliche Sitzrechtsordnungen lösen. Doch ungeachtet der Komplexität einer solchen Regelung[204] änderte sich nichts an der willkürlichen Bestimmung der lex domicilii oder der lex patriae durch das Kollisionsrecht des Sitzstaates der SPE.

Wenn es aber im Grunde nur auf eine Entscheidung zwischen den für die Vererbung des beweglichen Vermögens grundsätzlich gleichwertigen Anknüpfungen Wohnsitz oder Staatsangehörigkeit geht, die zum einen bestehende Nachlaßeinheit bewahren und zum anderen die Interessen des Erblassergesellschafters berücksichtigen soll, so muß gefragt werden, ob nicht das Institut der Rechtswahl bei der Schaffung einer Sonderkollisionsnorm für SPE-Anteile fruchtbar gemacht werden könnte.

---

204 So *Albuquerque-Pinto* für das port. Vorbild in: Bergmann/Ferid, Internationales Ehe- und Kindschaftsrecht, Portugal, S. 10; für *Neuhaus/Rau* ist die portugiesische Regelung allein wegen ihrer Kompliziertheit nicht vorbildlich; beide verkennen allerdings wohl wegen dieser Kompliziertheit den Charakter von Art. 17 II port. Código civil und halten ihn für einen Abstrich von dem Ideal des Entscheidungseinklangs ohne zu berücksichtigen, daß dieser durch die abweichende Anknüpfung des Wohnsitzstaates ohnehin bereits gestört ist, vgl. *Neuhaus/Rau*, RabelsZ 32 (1968), 500, 506.

VII. Die Rechtswahl im Internationalen Erbrecht

Zur Wahrung der Interessen des Erblassers bietet sich die Einführung eines Elements der Rechtswahl[205] bzgl. der lex successionis des zum Nachlaß gehörigen SPE-Anteils an, da auf diesem Wege besser als mit jeder von der konkreten Situation des Erblassers losgelösten abstrakten Anknüpfung eine auf seine besonderen Bedürfnisse abgestimmte Lösung der Erbrechtskollision gefunden werden kann.

1. Rechtswahl im Internationalen Erbrecht der Mitgliedstaaten der EU

Die unmittelbare Rechtswahl spielt im Internationalen Erbrecht der EU-Staaten bis heute lediglich eine untergeordnete Rolle. Deutschland und Italien kennen sie in eingeschränkter Form; Deutschland gestattet in Art. 25 II EGBGB Ausländern zur Verfahrenserleichterung im Inland die Wahl deutschen Erbrechts für ihr unbewegliches Vermögen[206]. Italien gestattet die Wahl des Domizilrechts anstelle des Heimatrechts, wobei die Rechte der in Italien ansässigen Pflichtteilsberechtigten nach italienischen Erblassern unberührt bleiben[207]. Die Nie-

---

205 Zur Rechtswahl im Internationalen Erbrecht s. *Li*, Recueil des Cours 1990 V, 9, 65 ff.; aus deutscher Sicht s. *Dölle*, RabelsZ 30 (1966), 205 ff.; besprochen von *Müller*, RabelsZ 31 (1967), 337 ff.; *Kühne*, Die Parteiautonomie im Internationalen Erbrecht; *ders.*, NJW 1972, 403 ff. (Anm. zu *BGH* NJW 1972, 1001 ff.); *Firsching*, Zur Reform des deutschen internationalen Erbrechts, S. 202, 213 ff.; *Neuhaus/Kropholler*, RabelsZ 44 (1980), 326, 333 ff.; *Max-Planck-Institut für ausländisches und internationales Privatrecht*, RabelsZ 47 (1983), 595, 655 ff.; *Reinhart*, ZVglRWiss 80 (1981), 150 ff.; *Sturm*, FS für Ernst Wolf, S. 637 ff.; *Einsele*, RabelsZ 60 (1996), 417, 422 ff.; aus französischer Sicht *Mayer*, Droit international privé, Rn. 804; *Audit*, Droit international privé, Rn. 866.

206 S. *Tiedemann*, RabelsZ 55 (1991), 17 ff.; *Reinhart*, BWNotZ 1987, 97, 99 ff.; *Dörner*, DNotZ 1988, 67, 85 ff.; *Lichtenberger*, DNotZ 1986, 644, 665; *Stoll*, Die Rechtswahl im Namens-, Ehe- und Erbrecht, S. 51 ff, 93 ff., 236; *MünchKomm-Birk*, Art. 25 EGBGB Rn. 21 ff.; *Kegel-Schurig*, IPR, S. 855 ff.; nur historisch von Interesse ist der Umstand, daß das deutsche *interlokale* Erbrecht zwischen 1941 und 1953 zur Bewältigung der durch die deutsche Expansionspolitik hervorgerufenen Kollisionsprobleme dem Erblasser die Wahl zwischen dem Recht des letzten und dem eines früheren Wohnortes einräumte; s. § 2 der VO über den Anwendungsbereich erbrechtlicher Vorschriften vom 12. 12. 1941, RGBl. I, 765; außer Kraft getreten gem. Art. I Nr. 7 der Schlußvorschriften des Gesetzes zur Wiederherstellung der Gesetzeseinheit auf dem Gebiet des bürgerlichen Rechts vom 5. 3. 1953, BGBl. 1953 I, 33; s. *Sturm*, FS für Ernst Wolf, S. 637, 639; *Stoll*, Die Rechtswahl im Namens-, Ehe- und Erbrecht, S. 51 ff., 93 ff.

207 Art. 46 II ital. IPRG, s. *Riering*, IPR-Gesetze in Europa, S. 67. Vgl. im deutschen Schrifttum *Ebenroth/Kleiser*, RIW 1993, 353, 357; *Pocar*, IPRax 1997, 145, 156; *Maglio/Thorn*, ZVglRWiss 96 (1997), 347, 366; s. auch *Annibale*, Riforma del sistema italiano di diritto internazionale privato, S. 244 f., bes. Fn. 520; *Mengozzi*, La riforma del

derlande haben mit der Umsetzung des Haager Erbrechtsübereinkommens[208] die Rechtswahlfreiheit zwischen Domizil- und Heimatrecht verwirklicht[209].

2. Die Rechtswahl im Internationalen Erbrecht der Schweiz

Die Anerkennung der Parteiautonomie im Internationalen Erbrecht der Schweiz hat eine lange Tradition. Schon 1891 bestimmte das Bundesgesetz über die zivilrechtlichen Verhältnisse der Niedergelassenen und Aufenthalter (NAG) in seinem Art. 22, daß ein Erblasser seinen Nachlaß entgegen der vom Gesetz grundsätzlich vorgesehenen Berufung der lex domicilii dem Erbrecht seines Heimatkantons unterwerfen konnte[210]; diese Bestimmung war gemäß Art. 32 NAG auf Ausländer mit Wohnsitz in der Schweiz analog anzuwenden[211]. Auch nach der IPR-Reform von 1987[212] können in der Schweiz domizilierte Ausländer entgegen der ohne Rechtswahl berufenen schweizerischen lex domicilii[213] ihre Beerbung der lex patriae unterstellen[214]; Schweizer im Ausland können seither in bestimmten Grenzen zwischen ihrer schweizerischen lex patriae und der lex domicilii wählen[215]. Ähnlich wie im neuen italienischen IPR besteht daher die Mög-

diritto internazionale privato, S. 163 ff.; *Pocar*, Il nuovo diritto internazionale privato italiano, S. 53.

208 Zum 1. 10. 1996; s. *Mäsch*, RabelsZ 61 (1997), 285, 312; das Abkommen selbst datiert vom 01. 08. 1989; es ist abgedruckt in *Staudinger-Dörner*, Vorbem. zu Art. 25 f. EGBGB Rn. 120.

209 Zum Inhalt dieses Abkommens s. sogleich.

210 *Li*, Recueil des Cours 1990 V, 9, 67.

211 *Frey*, US-Amerikanische Grundstücke in einem schweizerischen Nachlaß, S. 90 f.; s. a. *Schoenblum*, Multinational and Multistate Estate Planning, I. Band, S. 399 ff.; *Sturm*, FS für Ernst Wolf, S. 637, 643.

212 Bundesgesetz vom 18. 12. 1987 über das IPR; in Kraft seit dem 1. 1. 1989. Knapp aber instruktiv wenn auch zu weit zu Art. 90 II IPRG *von Oertzen*, ZEV 2000, 495 f.

213 Art. 90 I schweiz. IPRG.

214 Art. 90 II schweiz. IPRG; s. *Dutoit*, Commentaire de la loi fédérale du 18 décembre 1987, Art. 90 Rn. 2 ff.; *Lorenz*, Internationales Erbrecht, Schweiz Grdz. C II Rn. 16; *von Overbeck*, rev. crit. dr. i. p. 1988, 237, 257 f.; *Li*, Recueil des Cours 1990 V, 9, 72 f.

215 Artt. 87 II, 86 II schweiz. IPRG gestatten die Wahl des schweizerischen Heimatrechts unter Rücksichtnahme auf die ausschließliche Inanspruchnahme ausländischer Grundstücke durch das Belegenheitsrecht; Artt. 91 II, 87 schweiz. IPRG gestatten dagegen die Wahl der lex domicilii, wenn entgegen der Grundregel aus Art. 91 I (Berufung der lex domicilii) ausnahmsweise durch Begründung der Zuständigkeit schweizerischer Gerichte schweizerisches Erbrecht gilt. Dieser umgekehrte Gleichlaufgrundsatz, wonach die Zuständigkeit der schweizerischen Gerichte die Anwendung schweizerischen Sachrechts zur Folge hat, stellt eine besondere Innovation der schweizerischen IPR-Reform dar. Vgl. *Dutoit*, Commentaire de la loi fédérale du 18 décembre 1987, Art. 91 Rn. 7, Art. 87 Rn. 2 ff.; *Lorenz*, DNotZ 1993, 148, 150 ff.; *ders.*, Internationales Erbrecht,

lichkeit zur Rechtswahl in der Entscheidung zwischen lex domicilii und lex patriae, nur daß das schweizerische IPR grundsätzlich erstere, das italienische IPR dagegen grundsätzlich letztere beruft.

3. Rechtswahl im Internationalen Erbrecht außerhalb Europas

In manchen Einzelstaaten der USA herrscht Rechtswahlfreiheit im Internationalen Erbrecht[216], allerdings meist eingeschränkt durch die Schutzvorschriften zugunsten naher Familienangehöriger des an sich berufenen Rechts[217]. So entschied der New York Court of Appeals in Anwendung des New York's Estates, Powers & Trust Law § 3-5.1(h), daß ein Erblasser seinen in New York belegenen Nachlaß der dortigen lex rei sitae unterstellen könne, wenn keine gewichtigere Verbindung zu einer anderen Rechtsordnung bestünde[218]. Die Reichweite dieser Entscheidung über die Vermeidung von Pflichtteilsrechten hinaus ist allerdings fraglich[219]. Bei gesetzlicher Geltung der lex rei sitae ist man strenger und sucht nach anderen Ausweichmöglichkeiten[220]. Allgemein läßt sich sagen, daß die Rechtslage bzgl. einer Rechtswahl im Internationalen Erbrecht in den USA uneinheitlich und von Unsicherheiten gekennzeichnet ist; hinzu kommt eine vom europäischen Denken sehr verschiedenen Begrifflichkeit.

Im übrigen gaben einige lateinamerikanische Staaten Ausländern die Möglichkeit, von der dort früher weit verbreiteten, auch für bewegliches Vermögen geltenden Berufung der lex rei sitae zugunsten der lex patriae abzuweichen[221].

Schweiz Grdz. C II Rn. 17; *von Overbeck*, rev. crit. dr. i. p. 1988, 237, 258 f.; *Li*, Recueil des Cours 1990 V, 9, 72 f.

216 S. *Sturm*, FS Wolf, S. 637, 643 f.; *Kühne*, Die Parteiautonomie im internationalen Erbrecht, S. 36 ff.; *Firsching*, Zur Reform des deutschen internationalen Erbrechts, S. 202, 214; *Li*, Recueil des Cours 1990 V, 9, 67.

217 Dies ist die lex domicilii für bewegliches und lex rei sitae für unbewegliches Vermögen.

218 In re Renard, 108 Misc. 2d31, 437 N.Y.S. 2d 860 (Sur.Ct. 1981), s. *Schoenblum*, Multinational and Multistate Estate Planning, I. Band, S. 712 ff.; 969 ff.

219 *Schoenblum*, Multinational and Multistate Estate Planning, I. Band, S. 716.

220 *Schoenblum*, Multinational and Multistate Estate Planning, I. Band, S. 684 ff.

221 Heue verfährt nur noch Bolivien auf diese Weise; vgl. Art. 463 des boliv. Código civil (zit. nach *Kühne*, Die Parteiautonomie im internationalen Erbrecht, S. 41); s.a. *Li*, Recueil des Cours 1990 V, 9, 66; *Dölle*, RabelsZ 30 (1966), 205, 207 f bzgl. der Entwicklung in Peru, Mexico und Guatemala.

4. Haager Übereinkommen über das auf die Rechtsnachfolge von Todes wegen anzuwendende Recht[222]

Wie bereits dargelegt, versucht das Haager Nachlaßabkommen von 1989 das Staatsangehörigkeits- mit dem Domizilprinzip zu versöhnen, um im Ergebnis dem letzten gewöhnlichen Aufenthalt als dem „centre-vie" den Vorzug bei der Bestimmung des anwendbaren Erbrechts zu geben[223]. Bemerkenswerter als diese Entscheidung ist die weitgehende Zulassung der professio iuris im Rahmen des Abkommens, da zwar viele Staaten im Internationalen Erbrecht dem Wohnsitzprinzip anhängen, die Zulassung von Rechtswahl dagegen wie gesehen kaum verbreitet ist.

Art. 5 I, S. 1 des Abkommens erlaubt dem Erblasser die Wahl des Rechts eines bestimmten Staates für seinen gesamten Nachlaß. S. 2 präzisiert, daß diese Wahl nur Gültigkeit hat, wenn der Erblasser entweder im Moment ihrer Vornahme oder bei seinem Tode entweder die Staatsangehörigkeit dieses Staates besitzt oder seinen gewöhnlichen Aufenthalt dort innehat. Formstatut ist die lex causae, deren Vorschriften über eine Verfügung von Todes wegen zu beachten sind (Art. 5 II, S. 1)[224]. Art. 6 geht noch weiter: In Abkehr vom Prinzip der Nachlaßeinheit erlaubt diese Vorschrift die Wahl verschiedener Rechte für einzelne Nachlaßgegenstände, wobei zwingende Vorschriften des gemäß Art. 3 oder Art. 5 I des Abkommens festgestellten Gesamtstatuts unberührt bleiben. Am Ende dieser verschlungenen Pfade steht eine Art „unechter Nachlaßspaltung"[225], da für die einzelnen Gegenstände, die ihrem Lagerecht unterstellt worden sind, zwar dieses Erbrecht gilt und somit Nachlaßspaltung eingetreten ist, jedoch ebenfalls die zwingenden Vorschriften des Gesamtstatuts weitergelten, was ansonsten in Fällen der Nachlaßspaltung gerade nicht der Fall ist[226].

222 Vom 01. 08. 1989; abgedruckt in *Staudinger-Dörner*, Vorbem. zu Art. 25 f. EGBGB Rn. 120; s. *Kunz*, ZRP 1990, 212 ff.

223 S. *Lagarde*, rev. crit. dr. i. p. 1989, 249, 254.

224 S. *Staudinger-Dörner*, Vorbem. zu Art. 25 f. EGBGB Rn. 113; *Kunz*, ZRP 1990, 212 ff.

225 *Lagarde*, rev. crit. dr. i. p. 1989, 249, 262 f., hält die Rechtswahl gem. Art. 6 daher nur für eine „incorporation de droit matériel", nicht für eine Rechtswahl im Sinne des IPR; ebenso *Li*, Recueil des Cours 1990 V, 9, 79 („material law reference, not choice of law"); allerdings ist jede Sachnormverweisung eine Inbezugnahme des materiellen Rechts, so daß mE. vorzugswürdig ist, von einer „weichen" Rechtswahl eines „Hilfsstatuts" zu sprechen, die nur eingreift, wenn zwingendes Recht im Hauptstatut fehlt.

226 Vgl. zur Nachlaßspaltung *BGHZ* 24, 352; *BayObLGZ* 1971, 34 (47); *OLG Köln*, IPRspr. 1964/65 Nr. 72; *Kropholler*, IPR, S. 181, 417; *Coester*, JA 1979, 351, 352; *Kegel-Schurig*, IPR, S. 855 sowie *Solomon*, IPRax 1997, 81.

Eine Einschränkung der weitgehenden[227] Rechtswahlmöglichkeit aus Art. 5 I enthält Art. 24 I, lit. c des Abkommens, wonach sich jeder Staat vorbehalten kann, die Wahl eines anderen Rechts nicht anzuerkennen, wenn der Erblasser zur Zeit seines Todes Staatsangehöriger dieses Staates war und sich auf dem Gebiet dieses Staates sein letzter gewöhnlicher Aufenthalt befand[228].

5. Die deutsche Reformdiskussion

Der deutsche Reformgesetzgeber hat der Rechtswahl im Internationalen Erbrecht wie bereits gesehen wenig Raum zugestanden. Angestoßen von dem Diskussionsbeitrag *Dölles*[229] gingen die Vorschläge der Literatur im Vorfeld der IPR-Reform von 1986[230] deutlich weiter: So propagierte das Max-Planck-Institut für ausländisches und internationales Privatrecht die Wählbarkeit jeder Rechtsordnung, zu der eine objektive Beziehung des Erblassers oder eines Nachlaßgegenstandes besteht. Der Erblasser sollte als Gesamterbstatut nicht nur das Recht jedes Staates, dem er zum Zeitpunkt der Rechtswahl oder irgendwann später angehört, oder das Recht des aktuellen oder zukünftigen gewöhnlichen Aufenthalts wählen können, sondern auch das Güterrechtsstatut einer bestehenden oder künftigen Ehe[231].

Für unbewegliches Vermögen sollte der Erblasser die lex rei sitae wählen können; für Betriebsvermögen sollte die Wahl des Rechtes des Unternehmenssitzes oder der einzelnen Niederlassung zulässig sein[232]. Den Schutz der Pflichtteilsberechtigten angesichts derartig weiter Rechtswahlmöglichkeiten wollte das *Max-Planck-Institut* durch eine Schutzklausel realisieren, die sich weitgehend an den nach deutschem Erbrecht zwingenden Pflichtteilsregelungen orientierte. Danach sollten Ehegatten, Abkömmlinge und Eltern des Erblassers ihre nach der lex patriae des Erblassers unentziehbaren Beteiligungsrechte am Nachlaß in Form eines Geldanspruchs immer dann geltend machen können, wenn sie zum Zeit-

---

227 S. *Kunz*, ZRP 1990, 212, 214.

228 Dazu s. *Lagarde*, rev. crit. dr. i. p. 1989, 249, 261 f.

229 *Dölle*, RabelsZ 30 (1966), 205 ff.

230 S. die Begründung des Gesetzesentwurfs der Bundesregierung in *BT-Drs.* 10/504.

231 Art 25 II, 1 Nr. 1-5 EGBGBE; *Max-Planck-Institut für ausländisches und internationales Privatrecht*, RabelsZ 47 (1983), 595, 656 f.; zustimmend *Lichtenberger*, DNotZ 1986, 644, 665.

232 Art 25 II, 1 Nr. 6 f. EGBGBE; *Max-Planck-Institut für ausländisches und internationales Privatrecht* aaO. In diesem Sinne bereits der Entwurf von 1980; s. *Max-Planck-Institut für ausländisches und internationales Privatrecht*, Thesen zur Reform des IPR, RabelsZ 44 (1980), 344, 352, 362; These 16.

punkt des Erbfalles Deutsche sind oder ihren gewöhnlichen Aufenthalt im Inland haben und vom Erblasser vor seinem Tode Unterhalt verlangen konnten[233]. Auch der Gesetzentwurf von *Neuhaus* und *Kropholler*[234] sah die Möglichkeit einer Rechtswahl zwischen Aufenthalts- und Heimatrecht zur Bestimmung des Gesamtstatuts und der lex rei sitae als Einzelstatut für Grundstücke vor[235]. *Kühne* empfahl Rechtswahl ebenfalls in diesem Umfang[236]. Mit dem Reformgesetzgeber sprach sich allerdings *Firsching* dezidiert gegen die Zulassung von Rechtswahl im Internationalen Erbrecht aus[237]. Einen anderen Ansatz wählte *Flessner*[238], der im IPR die allgemeine Regel etablieren wollte, ausländisches Recht nur anzuwenden, wenn sich die Parteien auf dieses Recht berufen. Dies sollte auch im Internationalen Erbrecht gelten, allerdings nur soweit die Rechte Dritter nicht berührt werden[239]. *Flessners* Vorschläge haben wenig Anklang gefunden[240] und könnten auch nichts zur Lösung der hier im Vordergrund stehenden Fälle beitragen, da diese durch von verschiedenen Erbprätendenten ausgefochtene Erbrechtskollision gekennzeichnet sind, und sich daher im Prozeß jedenfalls eine Partei auf ausländisches Recht berufen würde.

a) Für und Wider der Rechtswahl im Internationalen Erbrecht

aa) Argumente für die Zulassung der professio iuris

Einige Befürworter der Rechtswahl im Internationalen Erbrecht sehen in der Beachtung der Parteiautonomie des Erblassers einen Wert an sich[241]. Ähnlich wie im Internationalen Schuldrecht sei es auch dem Erblasser freizustellen, welche Rechtsordnung er am besten für geeignet halte, den Erbgang zu regeln. Zudem könne man internationalprivatrechtlich nur durch Zulassung der Rechtswahl der im materiellen Erbrecht herrschenden Testierfreiheit gerecht werden[242].

233 Art 25 III EGBGBE; *Max-Planck-Institut für ausländisches und internationales Privatrecht* aaO. S. 660 f.

234 *Neuhaus/Kropholler*, Entwurf eines IPR-Gesetzes, RabelsZ 44 (1980), 326, 333 f.

235 Art. 24 II EGBGBE; s. *Neuhaus/Kropholler;* aaO. S. 333.

236 Art. 29 II EGBGBE; s. *Stoll*, Die Rechtswahl im Namens-, Ehe- und Erbrecht, S. 52 f. und *Kühne*, Die Parteiautonomie im internationalen Erbrecht, S. 153; *Firsching*, Zur Reform des deutschen internationalen Erbrechts, S. 202, 220.

237 *Firsching*, Zur Reform des deutschen internationalen Erbrechts, S. 202, 221 ff.; zur gesamten Reformdiskussion vgl. auch *Stoll*, Die Rechtswahl im Namens-, Ehe- und Erbrecht, S. 52 f.

238 *Flessner*, Fakultatives Kollisionsrecht, RabelsZ 34 (1970), 547 ff.

239 *Flessner*, aaO., 572 f.

240 S. aA neuerdings *Wagner*, ZEuP 1999, 6 ff.

241 *Dölle*, RabelsZ 30 (1966), 205, 218; *Sturm*, FS für Ernst Wolf, S. 637, 658.

242 *Dölle*, RabelsZ 30 (1966), 205, 222; *Li*, Recueil des Cours 1990 V, 9, 82 f., 89 f. mwN.

Andere sehen das IPR in der Frage der Bestimmung des auf die Rechtsnachfolge von Todes wegen anwendbaren Rechts in einer Anknüpfungsverlegenheit befangen: Heimat- wie Aufenthaltsrecht des Erblassers seien abstrakt gleichermaßen geeignet, die dem Erblasser am engsten verbundene Rechtsordnung zu ermitteln[243]; die beste Anknüpfung im Einzelfall müsse daher dem Erblasser selbst überlassen bleiben - er sollte zumindest zwischen der lex patriae und der lex domicilii wählen können[244]. Außerdem sei die Zulassung von Rechtswahl das ideale Instrument, internationalen Entscheidungseinklang herbeizuführen, ohne die unterschiedlichen Anknüpfungsmomente der verschiedenen Internationalerbrechte vereinheitlichen zu müssen[245]. Die Wählbarkeit der lex rei sitae für Grundstücke oder Betriebsvermögen entspreche einerseits einer häufigen zwingenden Anknüpfung in vielen Staaten, so daß eine entsprechende Rechtswahl ebenfalls dem internationalen Entscheidungseinklang diene, zum anderen vereinfache die Wahl der lex rei sitae die Nachlaßabwicklung[246].

bb) Argumente gegen die Zulassung der professio iuris

Die Gegner der Rechtswahlfreiheit im Internationalen Erbrecht betonen dagegen die strukturellen Unterschiede zwischen Erb- und Schuldrecht: Im Schuldrecht mag die Rechtswahlfreiheit den Interessen aller Beteiligten entsprechen; im Erbrecht dagegen sind mit den Pflichtteilsberechtigten und der Allgemeinheit Interessen betroffen, die im Vorgang der Rechtswahl durch den Erblasser anders als die Interessen der Vertragspartner bei der Vereinbarung des anzuwendenden Rechts bei Abschluß eines schuldrechtlichen Vertrages gerade nicht zur Geltung kommen. Zudem sei der Erbgang ein einmaliges Ereignis von großer Bedeutung, wogegen Schuldverträge meist von minderer Wichtigkeit und ephemerem Charakter seien. Daher sei internationalprivatrechtliche Gleichgültigkeit hier nicht angebracht[247].

Die Zulassung von Rechtswahl im Bereich des Internationalen Erbrechts müsse überdies mit einer unerträglichen Zunahme von Rechtsunsicherheit erkauft werden- viele Erblasser neigten dazu, mehrfach zu testieren; wollte man diesen Erblassern auch noch die Wahl des anwendbaren Rechtes überlassen, so könnten sich widersprechende Verfügungen und Streit um das Vorliegen der notwendi-

243 *Kühne*, Die Parteiautonomie im internationalen Erbrecht, S. 63, 65; *BGB-RGRK-Wengler*, Bd. VI, 1, S. 225 ff.

244 *Kühne*, Die Parteiautonomie im internationalen Erbrecht, S. 153.

245 *Li*, Recueil des Cours 1990 V, 9, 92.

246 *Max-Planck-Institut für ausländisches und internationales Privatrecht*, RabelsZ 47 (1983), 595, 658.

247 *Kegel-Schurig*, IPR, S. 856; *Müller*, RabelsZ 31 (1967), 337, 339; *Firsching*, Zur Reform des deutschen internationalen Erbrechts, S. 202, 222.

gen Anknüpfungsvoraussetzungen im Zeitpunkt der Verfügung zu langwierigen Auseinandersetzungen bei der Nachlaßabwicklung führen[248].

Schließlich könne der einzelne Erblasser die Konsequenzen der von ihm unternommenen Rechtswahl nicht übersehen; im Grunde sei der vorgesehene Zuwachs an Privatautonomie daher für ihn nicht von Vorteil[249]. Hauptargument gegen die Abkehr von objektiven Anknüpfungsmomenten im Internationalen Erbrecht ist allerdings die besondere Rolle der zwingenden Bestimmungen im materiellen Erbrecht. Die Testierfreiheit sei in vielen Rechtsordnungen wesentlich eingeschränkt. Diese Einschränkungen würden zur Makulatur, wenn man dem Erblasser ihre mittelbare Abwahl ermöglichte. Dem Mißbrauch der Rechtwahlfreiheit zur Benachteiligung der Pflichtteilsberechtigten sei Tür und Tor geöffnet[250].

b) Stellungnahme

In der Tat liegt der Schlüssel zur Beantwortung der Frage, ob die Freiheit zur Rechtswahl im Internationalen Erbrecht gewährt werden sollte, in der Beurteilung der zwingenden Vorschriften des materiellen Erbrechts.

aa) Funktion des zwingenden Familienerbrechts

Mit den Pflichtteilsrechten naher Angehöriger verfolgt der Gesetzgeber familien- und sozialpolitische, aber auch gesellschaftspolitische Zielsetzungen. So soll sich einerseits der Erblasser durch Enterbung Unterhaltsberechtigter auch nach seinem Tod nicht von seinen Unterhaltsverpflichtungen freistellen können; kann auf ihn nicht mehr zugegriffen werden, so doch auf sein Vermögen. Keinesfalls sollen insbesondere hinterbliebene Ehegatten der Sozialfürsorge zur Last fallen; die Ausbildung der Abkömmlinge soll ebenfalls aus dem Erblasservermögen finanziert werden[251]. Die zwangsweise Beteiligung enger Verwandter betont die wesentliche Rolle der Familie als sozialer Einheit; das Familienvermögen soll der Familie mindestes zu einem bestimmten Anteil erhalten bleiben[252]. Dies mag auch auf der Vorstellung beruhen, der Erblasser selbst habe in vielen Fällen we-

---

248 *Firsching*, aaO., S. 202, 223.

249 *Firsching*, aaO., S. 202, 223.

250 S. die Begründung des Gesetzentwurfs zur IPR-Reform, *BT-Drs.* 10/504, S. 74; *Kegel-Schurig*, IPR, S. 856; *Müller*, RabelsZ 31 (1967), 337, 339; *Reinhart*, ZVglRWiss 80 (1981), 150, 166; *Audit*, Droit international privé, Rn. 866 sieht auch in diesen Umgehungsmöglichkeiten den Hauptgrund für den „rejet de la loi de l'autonomie".

251 *MünchKomm-Frank*, § 2303 BGB Rn. 4; zur Unterhaltsersatzfunktion des Erbrechts s. §§ 1371 IV, 1586 lit. b BGB und § 1934 b BGB a.F.

252 *Lange/Kuchinke*, Lehrbuch des Erbrechts, S. 812 ff.

sentliche Teile seines Vermögens im Wege des Familienerbrechts erhalten, so daß jedenfalls typischerweise die Einschränkung der Testierfreiheit des Erblassers dem Vorteil, den er selbst aus dem Familienerbrecht gezogen hat, entspricht.

Familienpolitisch ist das zwingende Familienerbrecht Ausdruck der besonderen Verpflichtung zur Solidarität innerhalb der Kernfamilie; jedenfalls dient die erbrechtliche Berücksichtigung des Ehegatten auch dem Ausgleich von Lebensleistung. Nicht zuletzt verhindert die zwangsweise Aufteilung des Nachlaßwertes die Zusammenballung großer Vermögen in den Händen allzu weniger[253]; sie ist auch Ausdruck des Bruchs mit vergangenen Rechtszuständen, die von der Ungleichheit der Geschlechter durch Bevorzugung der (erstgeborenen) männlichen Nachkommen[254] und der Bindung großer besonders landwirtschaftlicher Vermögen in Fideikommissen[255] gekennzeichnet waren. Letztlich liegt damit dem zwingenden Familienerbrecht ein Bündel bestimmter Moralvorstellungen zugrunde, deren Beachtung dem einzelnen Erblasser gerade nicht anheimgestellt werden soll. Wie ernst es der Gesetzgeber gerade im deutschen Recht mit der Ausgestaltung der Pflichtteilsrechte als zwingendes Recht meint, läßt sich an vielen Stellen belegen[256].

bb) Wirkung und Aufgabe des Kollisionsrechts

Ließe man nun weitgehend freie Rechtswahl zu, so würde aus diesem zwingenden materiellen Recht in der Tat weitgehend Makulatur; die Durchsetzung der mit dem Pflichtteilsrecht verbundenen Ziele kann nur erreicht werden, wenn das Kollisionsrecht so ausgestaltet wird, daß alle Erbfälle mit wesentlichem Inlandsbezug vom inländischen materiellen Recht erfaßt werden. Daher ist eine zwingende objektive Ausgestaltung des Kollisionsrechts unabdingbare Voraussetzung für die Geltung zwingenden materiellen Rechts überhaupt. Ohne die zwingende Festlegung des Kreises der Rechtsunterworfenen gibt es kein zwingendes Recht; das ius cogens wird vielmehr zum unverbindlichen Vorschlag des Gesetzgebers und damit als solches weitgehend überflüssig. Deshalb ist das Argument der Krönung der Testierfreiheit durch Rechtswahlfreiheit so richtig wie dennoch neben der Sache:

---

253 *MünchKomm-Frank*, § 2303 BGB Rn. 1.

254 Zum Gleichheitsgrundsatz im deutschen Erbrecht s. *Staudinger-Otte*, Einl. zu §§ 1922 ff. Rn. 81 ff.; *Schmidt-Wiegand*, Deutsche Rechtsregeln und Rechtssprichwörter, S. 91: „Der Pfaff' und die Tochter sind gleich nahe, teilbar Erbe zu nehmen" = Weltgeistliche und unverheiratete Töchter waren nur teilweise erbberechtigt.

255 Dazu s. *Müller*, RabelsZ 31 (1967), 337, 339 f.; *Schmidt-Wiegand*, Deutsche Rechtsregeln und Rechtssprichwörter, S. 220: „Der Bauer hat nur ein Kind" = der Älteste behält das Feld. Vgl. auch *Coing*, Europäisches Privatrecht, S. 594 f.

256 S. nur §§ 2325, 2329 BGB zur Pflichtteilsergänzung bei den Nachlaß schmälernden lebzeitigen Verfügungen und § 2314 BGB zum Auskunftsanspruch des Berechtigten.

Unbestritten erweitert die Rechtswahlfreiheit die faktische Testierfreiheit; doch hat das materielle Recht durch die Einschränkung der Testierfreiheit deren Grenzen bereits festgelegt. Verteidigt das Kollisionsrecht diese Grenzen nicht, so setzt es sich in Widerspruch zur eigenen Rechtsordnung. Der Wille zur Rechtswahl wird zumeist durch den Wunsch der Vermeidung des zwingenden Erbstatuts getragen sein[257]. Man kann wohl die Ansicht vertreten, die den Einschränkungen der Testierfreiheit zugrundeliegenden Vorstellungen des Gesetzgebers seien nicht mehr zeitgemäß[258] oder ungerecht[259]. So halten einige das Pflichtteilsrecht sogar für einen Verstoß gegen Art. 14 I GG[260]. Das *BVerfG* teilt diese Bedenken nicht[261]. Neuerdings konzentriert sich die Diskussion daher eher auf die Frage, ob die Pflichtteils-entziehungsgründe der § 2333 ff. BGB noch zeitgemäß seien oder nicht doch eine im Lichte des Art. 14 I GG zu weitgehende Einschränkung der Testierfreiheit darstellten, besonders im Falle jahrelanger völliger Entfremdung zwischen erwachsenen Verwandten[262]. Insofern betont auch das *BVerfG*, daß die sehr restriktiven §§ 2333 ff. BGB noch keiner verfassungsrechtlichen Beurteilung zugeführt sind[263]. Die Auseinandersetzung um die richtige Reichweite des Instituts der Pflichtteilsentziehung und um die eher rechtspolitische Frage der grundätzlichen Berechtigung des Pflichtteilsrechts sollte aber im materiellen Erbrecht und nicht im Kollisionsrecht ausgetragen werden. Die willkürliche Zulassung von Rechtswahl vermag angesichts der wohl erforderlichen Beschränkung auf Fälle mit Auslandsberührung keinen Ausweg aus dem Interessenwiderstreit im nationalen Recht zu weisen.

Weitgehend freie Rechtswahl, wie sie vielen Vorschlägen der Literatur zugrunde liegt, verträgt sich demnach nicht mit der Ausgestaltung des materiellen Erbrechts in den meisten Mitgliedstaaten der EU.

---

257 *Reinhart*, ZVglRWiss 80 (1981), 150, 161 f.

258 So gegen das Pflichtteilsrecht für nichtunterhaltsberechtigte Abkömmlinge *Trittel*, DNotZ 1991, 237, 246; *Berger/Marko/Orth*, NJ 1990, 384, 386; in diese Richtung auch *Bosch*, FamRZ 1992, 993, 999 f.; dagegen mit guten Gründen *Freytag*, ZRP 1991, 304, 305 f.

259 S. *Oechsler*, AcP 200 (2000), 603, 604, 612 ff. zum mangelnden Unternehmensschutz vor Pflichtteilansprüchen und möglicher Abhilfe durch Korrekturen bei ihrer Durchsetzung und Wertberechnung. Allgemein zu den möglichen Ungerechtigkeiten, die pauschale Pflichtteilsansprüche erzeugen können *Li*, Recueil des Cours 1990 V, 9, 84 ff.

260 *Haas*, ZEV 2000, 249 ff.; *Petri*, ZRP 1993, S. 205 f.; vgl. auch *Leisner*, NJW 2001, 126 f.

261 *BVerfGE* 93, 165, 174; 91, 346, 359 f.; NJW 2001, 141, 142.

262 *Leisner*, NJW 2001, 126 f. mwN.; hierzu schon *Leipold*, JZ 1990, 700, 703 zu dem diesbezüglich sehr restriktiven Urteil des *BGH*, JZ 1990, 687 ff.

263 *BVerfG*, NJW 2001, 141 f.

cc) *Vergleich zum Internationalen Schuldrecht*

Wenig überzeugend ist auch die Heranziehung des Internationalen Schuldrechts zur Begründung der Parteiautonomie im Internationalen Erbrecht. Zwar gibt es auch im Schuldrecht zwingende Bestimmungen, die durch Rechtswahl ausgeschaltet werden könnten; doch neben den bereits erwähnten strukturellen Unterschieden zwischen beiden Rechtsgebieten kann im Internationalen Schuldrecht zumindest für die Europäische Union kein Vorrang der Parteiautonomie vor den zwingenden Bestimmungen des nationalen Schuldrechts festgestellt werden. Art. 27 I EGBGB als deutsche Umsetzung des Art. 3 EÜV[264] erlaubt die Rechtswahl zwar *grundsätzlich*, doch gelten bei ausreichendem Inlandsbezug des Rechtsgeschäfts weitgehende Ausnahmen von diesem Prinzip zugunsten des zwingenden nationalen Rechts: Art. 27 III EGBGB schützt den Anwendungsbereich des zwingenden deutschen Rechts, wenn keine Auslandsbeziehung des Vertrages vorliegt[265], Art. 29 I EGBGB nimmt Verbraucherverträge weitgehend von der Rechtswahlfreiheit aus, sofern überhaupt ein Inlandsbezug festgestellt werden kann[266], Art. 30 I EGBGB bewirkt gleiches für das gesamte Arbeitsrecht[267] und öffentlich-rechtliches ius cogens steht für die Parteien ohnehin nicht zur Disposition, wie Art. 34 EGBGB klarstellt[268]. Der so wichtige Bereich des Gesellschaftsrechts ist dem Geltungsbereich des EVÜ und damit der Rechtswahlfreiheit im ganzen entzogen[269]. Die europäischen Gesetzgeber haben also durchaus die Garantiefunktion des Kollisionsrechts für das zwingende materielle Recht erkannt und danach gehandelt.

dd) *Durchsetzung des Pflichtteilsrechts gegen die Rechtswahl?*

Eine entsprechende Regelung im Internationalen Erbrecht müßte so aussehen, daß sie bei grundsätzlicher Zulassung von Rechtswahl die für unabdingbar gehaltenen Rechte der nahen Angehörigen kollisonsrechtlich festschreibt, wie es z.B. im italienischen IPR geschehen ist. Art. 46 II, S. 3 ital. IPRG bestimmt,

---

264 Römisches EWG-Übereinkommen über das auf vertragliche Schuldverhältnisse anzuwendende Recht (EVÜ) vom 19. 06. 1980, BGBl. 1986 II, S. 810 ff.; abgedruckt bei *Jayme/Hausmann*, Internationales Privat- und Verfahrensrecht, 10. Auflage 2000, Nr. 70.

265 *MünchKomm-Martiny*, Art. 27 EGBGB Rn. 71 ff. bes. 78 zur Auslandsbeziehung.

266 Zur Rechtfertigung dieser Norm im einzelnen s. *MünchKomm-Martiny*, Art. 29 EGBGB Rn. 2.

267 Zu den nicht abwählbaren Arbeitnehmerschutznormen s. *MünchKomm-Martiny*, Art. 30 EGBGB Rn. 17 ff.

268 Zur Abgrenzung zum allgemeinen Privatrecht und zur umstrittenen Bewertung von Sonderprivatrecht im Hinblick auf die Norm s. *MünchKomm-Martiny*, Art. 34 EGBGB Rn. 11 ff.

269 *Kreuzer*, in Gemeinsames Privatrecht in der EG, S. 457, 517 sieht in der Rechtswahl generell keine Lösung der innereuropäischen Kollisionsrechtsdivergenzen - was allerdings nicht gegen ihre Einführung im Einzelfall spricht.

wessen Rechte nun wirklich unentziehbar sein sollen: zwar nicht diejenigen aller Pflichtteilsberechtigten des Codice civile, aber doch diejenigen der in Italien ansässigen Angehörigen von Italienern[270]. Damit konterkariert das italienische IPR das italienische Privatrecht nicht, sondern erfüllt seine klassische Aufgabe in sinnvoller Arbeitsteilung: das Zivilrecht setzt die zwingende Norm und das IPR bestimmt den Kreis der Rechtsunterworfenen unter Berücksichtigung des die Durchsetzung der Wertvorstellungen des italienischen Gesetzgebers tragenden Inlandsbezugs[271]. Im Ergebnis bleiben so die meisten italienischen Erblasser den Zwängen der „riserva" unterworfen. Eine ähnliche Ausgestaltung hatte für das deutsche Recht schon der Vorschlag des *Max-Planck-Instituts* vorgesehen[272], auch wenn durch die Beschränkung auf die unterhaltsbedürftigen Erben eine weitgehendere Zurücknahme des zwingenden Inlandsrechts geplant war, was mit inhaltlichen Vorbehalten gegenüber dem deutschen Pflichtteilsrecht und Tendenzen in den damals sozialistischen Staaten und in Skandinavien zum reinen Unterhaltspflichtteilsrecht begründet wurde.

Verfährt man nun wie der italienische Gesetzgeber, so ist die Zulassung der professio iuris im Internationalen Erbrecht zwar rechtspolitisch unbedenklich, aber inhaltlich nur von geringer Bedeutung, da gerade die durch Verfügung von To-

270 S. Gesetz vom 31. 05. 1995, Nr. 218, Reform des italienischen IPR, s. *Riering*, IPR-Gesetze in Europa, München 1997, S. 42 ff.; vgl. im deutschen Schrifttum *Ebenroth/Kleiser*, RIW 1993, 353, 357; *Pocar*, IPRax 1997, 145, 156; *Maglio/Thorn*, ZVglRWiss 96 (1997), 347, 366; s. auch *Annibale*, Riforma del sistema italiano di diritto internazionale privato, S. 244 f., bes. Fn. 520; *Mengozzi*, La riforma del diritto internazionale privato, S. 163 ff.; *Pocar*, Il nuovo diritto internazionale privato italiano, S. 53.

271 Zur Kritik der Begrenzung auf in Italien ansässige Berechtigte und der Bedeutung der riserva für den italienischen ordre public s. *Kindler*, RabelsZ 61 (1997), 227, 273 f.

272 *Max-Planck-Institut für ausländisches und internationales Privatrecht*, RabelsZ 47 (1983), 595, 659 ff.

des wegen innerhalb eines Rechts nicht erreichbare Ausschaltung störender Pflichtteilsberechtigter die Attraktivität einer Rechtswahl ausmacht. Die vollständige Auflösung einer gegebenen Erbrechtskollision wird nicht erreicht; eine auf diese Weise begrenzte Rechtswahl ist kaum mehr als materiell-rechtliche Teilverweisung[273]. Zudem stellen sich neue verfahrensrechtliche Probleme. All dies hat den deutschen Reformgesetzgeber davon abgehalten, eine solche Rechtswahl im Internationalen Erbrecht zuzulassen[274].

273 Vergleichbar ist die Regelung in Art. 6 des Haager Abkommens über die Rechtsnachfolge von Todes wegen, s. *Lagarde*, rev. crit. dr. i. p. 1989, 249, 262 f., *Li*, Recueil des Cours 1990 V, 9, 79.

274 Begründung des Gesetzentwurfs zur IPR-Reform, *BT-Drs*. 10/504, S. 74.

VIII. Konsequenzen für die Rechtswahl in der SPE

Das Ergebnis der Untersuchung von Bedeutung und Kompatibilität einer professio iuris im Internationalen Erbrecht der Mitgliedstaaten ist nach all dem zunächst wenig vielversprechend. Gegen die Rechtswahl spricht der Geltungsanspruch des zwingenden nationalen Erbrechts und die Garantiefunktion der IPR für die Durchsetzung dieses Geltungsanspruchs. Berücksichtigt man dies durch Schutzklauseln für die Pflichtteilsberechtigten, so gibt man dem Erblasser wenig mehr als er durch letztwillige Verfügung auch ohne Rechtswahl erreichen könnte.

1. Bedarf an Rechtswahlfreiheit

Nimmt man jedoch die Anknüpfungsdivergenzen der europäischen Erbrechtsordnungen als Datum hin und betrachtet die Unzuträglichkeiten, welche sich aus einer starren europäischen Anknüpfungsregel ergeben würden, so ist ein Bedarf nach eingeschränkter Rechtswahl im Internationalen Erbrecht der SPE nicht von der Hand zu weisen. Wie dargelegt, besteht die hauptsächliche Schwierigkeit bei der Suche nach einer geeigneten europäischen Sonderanknüpfung für Anteile an einer SPE darin, daß eine solche geeignet ist, in allen für den Erblasser und die Erben relevanten Rechtsordnungen herrschenden Entscheidungseinklang durch einen neuen europäischen Entscheidungseinklang zu ersetzen und damit die gegebene Nachlaßeinheit zu zerstören. Dies ergibt sich aus der zwingenden Geltung der europäischen Sonderanknüpfung auch für Fälle, in denen Erbrechtskollision durch Inkongruenz des nationalen IPR überhaupt nicht besteht.

2. Beschränkung der Geltung der europäischen Kollisionsnorm auf Fälle der Erbrechtskollision

Daraus ergibt sich ein Bedürfnis nach Beschränkung des Eingreifens der europäischen Kollisionsnorm auf Fälle relevanter Erbrechtskollision. Relevante Erbrechtskollision bedeutet, daß in den Rechtsordnungen, denen der Erblasser, die Erben oder der Nachlaß durch Staatsangehörigkeit, letzten gewöhnlichen Aufenthalt oder Belegenheit verbunden sind, die jeweiligen Internationalerbrechte zur Berufung verschiedenen Sachrechts gelangen.

Im Tatbestand der europäischen Kollisionsnorm für Anteile an einer SPE ließe sich eine solche Einschränkung etwa so formulieren:

„ Das durch vorstehende Norm berufene Recht findet keine Anwendung, wenn

a) das Recht des Staates, dessen Staatsangehörigkeit der Erblasser zum Zeitpunkt des Erbfalles besaß,
b) das Recht des Staates, auf dessen Gebiet er seinen letzten gewöhnlichen Aufenthalt hatte,
c) das Recht des Staates, auf dessen Gebiet seine Erben und andere am Nachlaß Berechtigte ihren gewöhnlichen Aufenthalt zum Zeitpunkt des Erbfalls innehatten und
d) das Recht des Staates, auf dessen Gebiet die SPE ihren Sitz zum Zeitpunkt des Erbfalles hatte,

übereinstimmend ein anderes Recht berufen.“.

Die Schwächen dieser Regelung sind jedoch deutlich sichtbar:

Zum einen ist die Einbeziehung des Aufenthaltsrechts der Erben problematisch. So wäre zunächst zu klären, nach welchem Recht sich der Begriff des Erben richten soll. Allein das Vorhandensein eines Erben in einem Staat, zu dem weder der Erblasser noch der Nachlaß eine Beziehung aufweist, könnte nach diesem Modell zur Aufhebung von ansonsten herrschender Nachlaßeinheit führen. Die Einbeziehung des Aufenthaltsrechts der Erben ist andererseits notwendig, um zu verhindern, daß Fälle, in denen Erbrechtskollision relevant ist, von der Geltung der europäischen Kollisionsnorm ausgeschlossen werden. Prozessual besteht nämlich die Gefahr, daß ein von Heimat- und Wohnsitzrecht des Erblassers begünstigter Erbe bei Wohnsitz in einem Drittstaat, dessen IPR andere begünstigt, von diesen Dritten verklagt wird. Harmonie zwischen den Rechtsordnungen, denen der Erblasser verbunden war, hilft dann nicht mehr, so daß Bedarf an einer europäischen Regelung besteht.

Zum anderen bringt eine solche Regelung erhebliche Rechtunsicherheit mit sich. Das im Erbfall für die SPE geltende Recht würde von den Veränderungen des Wohnsitzes der Erben und des Erblassers abhängen. Dazu müßte der Erblasser das IPR verschiedener Staaten überprüfen, um die Frage nach dem anwendbaren Erbrecht beantworten zu können. Die europäische Kollisionsnorm für die SPE sollte aber den Bedürfnissen kleiner und mittlerer Unternehmen bzw. Unternehmer entsprechend einfach zu handhaben und in ihrem Ergebnis möglichst eindeutig sein.

3. Gleichlaufinteresse und Rechtswahl

Das Hauptdefizit jeder starren Entscheidung zwischen Aufenthalts- und Heimatrecht ist die Blindheit einer solchen Regelung gegenüber den Bedürfnissen des einzelnen Erblassers, der sowohl mit seinem Heimat- als auch mit seinem Aufenthaltsstaat verbunden ist. Zwar berücksichtigen auch zwingende nationale Kollisionsnormen diese Bedürfnisse nicht, doch besteht für sie auch die Notwendigkeit, dies zu tun, nicht in demselben Ausmaß: Die nationalen Kollisionsnormen berufen für die SPE das Heimat- und das Aufenthaltsrecht als Gesamtstatuten; die hier diskutierte europäische Kollisionsnorm ist dagegen Einzelstatut für den SPE-Anteil und kann damit leicht in Konflikt mit dem für das übrige Vermögen weiterhin geltenden Gesamterbstatut geraten. Das „Gleichlaufinteresse“ der möglichst weitgehenden Übereinstimmung zwischen dem für das Heimatunternehmen geltenden Recht und dem für den SPE-Anteil geltenden Recht erfordert eine möglichst flexible Bestimmung des nationalen Erbrechts.

Das Gleichlaufinteresse ist somit zweifach von Bedeutung: Einmal spricht es gegen die Aufhebung von Nachlaßeinheit bei bestehendem Entscheidungseinklang, d. h. gegen die Unterstellung des SPE-Anteils unter ein Erbrecht, das für den Rest des Nachlasses nicht gilt, wenn kein Fall der Erbrechtskollision besteht. Zum anderen spricht es auch gegen die starre Entscheidung zwischen Heimat- und Domizilrecht, wenn Erbrechtskollision gegeben ist, da sich in diesen Fällen des Auseinanderfallens von Heimat und Domizil eine stärkere Bindung des Erblassers zu dem einen oder dem anderen Recht nicht abstrakt feststellen läßt und somit auch nicht das im Sinne des Gleichlaufinteresses geeignetere Recht. Ein Erblasser hat z.B. sein Domizil im Staat A, wo er auch sein Heimatunternehmen betreibt, ist aber Staatsangehöriger von B, wogegen sich die SPE, an der er beteiligt ist, in C befindet.

Herrscht zwischen diesen drei Staaten Entscheidungseinklang, besteht kein Bedürfnis aus europäischer Sicht, zu einem anderen Ergebnis zu kommen und somit Nachlaßspaltung einzuführen. Herrscht zwischen diesen Staaten kein Entscheidungseinklang, so besteht ein Bedürfnis nach einer europäischen Kollisionsnorm, die sich zwischen dem materiellen Recht von A und B (Sachnormverweisung) oder dem IPR von A und B (IPR-Verweisung) entscheidet (C als lex rei sitae ist wie gesehen wenig geeignet und beruft im Fall der IPR-Verweisung auch nur das materielle Recht von A oder B). Sinnvoll aus Sicht des Erblassers wäre hier, im Ergebnis zu entscheiden wie das IPR von A, weil dieses auch für sein Heimatunternehmen effektiv gilt. Wenn sich das Heimatunternehmen des Erblassers in seinem Heimatstaat und nicht in seinem Wohnsitzstaat befindet, z.B. weil er sich einen Altersruhesitz im Süden gewählt hat, so sollte nicht entschieden werden wie im Domizilstaat A, sondern wie im Heimatstaat B.

Gelöst werden kann diese Dilemma durch eine sehr beschränkte Zulassung der Rechtswahl: der Wahl zwischen der lex patriae auf der einen und der lex domicilii auf der anderen Seite in der Form der IPR-Verweisung.

4. Rechtswahl zwischen der lex patriae und der lex domicilii in der Form der IPR-Verweisung

Die Zulassung der Rechtswahl zwischen der lex patriae und der lex domicilii in der Form der IPR-Verweisung berücksichtigt alle notwendigen Elemente, die nach der bisherigen Untersuchung bei der Schaffung einer europäischen Sonderkollisionsnorm für Anteile an einer SPE zu beachten sind:

Bewahrung von Nachlaßeinheit bei vorhandenem Entscheidungseinklang, Berücksichtigung des Gleichlaufinteresses des Erblassers, Neutralität zwischen den divergierenden europäischen Internationalerbrechten und Anknüpfung an die kollisionsrechtlich zutreffenden Anknüpfungsmomente Staatsangehörigkeit und letzter gewöhnlicher Aufenthalt. All dies wird erreicht, ohne vom Ziel des europaweiten Entscheidungseinklangs Abstriche zu machen.

a) Regelungsentwurf

Die europäische Kollisionsregel für das Internationale Erbrecht der SPE-Anteile müßte lauten:

1. Das auf die Vererbung eines SPE-Anteils anwendbare Recht richtet sich nach den nationalen Bestimmungen.
2. Der Erblasser kann durch Rechtswahl den SPE-Anteil dem Recht seines letzten gewöhnlichen Aufenthalts oder seinem Heimatrecht unterstellen. Das Internationale Privatrecht des berufenen Rechts ist anzuwenden.
3. Wählbar ist nur ein Recht mit Geltung innerhalb der Europäischen Union.
4. Ist der Erblasser weder durch ständigen Aufenthalt noch durch seine Staatsangehörigkeit der Europäischen Union verbunden, so kann er das Recht des Sitzes der SPE wählen. Das Internationale Privatrecht des berufenen Rechts ist anzuwenden.
5. Die Rechtswahl hat in der Form einer Verfügung von Todes wegen gemäß den Vorschriften des gewählten Rechts zu erfolgen. Ihre Gültigkeit richtet sich ebenfalls nach diesem Recht. Sie bleibt ohne Wirkung, wenn ihre Voraussetzungen zum Zeitpunkt des Erbfalls nicht mehr vorliegen.
6. Vorfragen unterstehen dem IPR des anwendbaren Erbrechts.

7. Entscheidungen außereuropäischer Gerichte, die auf der Anwendung eines von dem gemäß Nr. 3 oder Nr. 4 abweichenden Erbrechts beruhen, sind nicht anerkennungsfähig.

b) Ausbleiben der Rechtswahl

Ein potentieller Nachteil einer Lösung der Erbrechtskollision durch Rechtswahl ist der relative Aufwand, welcher mit der Einhaltung der bestehenden Formvorschriften verbunden ist. Hinzukommt, daß falls der Erblasser aus welchen Gründen auch immer die Rechtswahl unterlassen hat, die Erbrechtskollision fortbestehen kann; bei jeder Regelung, die keine eigene Entscheidung des Erblassers voraussetzt, wäre dieses Problem nicht gegeben. Hinzu kommt, daß die SPE in ihrer Funktion als europäisches Vehikel der kleinen und mittleren Unternehmen von komplizierten und kostspieligen Rechtsvorschriften weitgehend verschont bleiben sollte.

Doch steht die vorgeschlagene Regelung bei näherem Hinsehen dem Ziel einer einfachen und dennoch wirkungsvollen Problemlösung nicht entgegen. Wie die Analyse der europäischen Internationalprivatrechte erbracht hat, kann sich eine Erbrechtskollision im Hinblick auf die Anteile an einer SPE entweder aus der Anknüpfungsdivergenz zwischen Staatsangehörigkeit und Wohnsitz oder in Fällen der mehrfachen Staatsangehörigkeit bzw. des mehrfachen Wohnsitzes ergeben.

Üblicherweise stimmen jedoch Staatsangehörigkeit und Wohnsitz bei der Mehrheit der Bevölkerung sowie der Inhaber kleiner oder mittlerer Unternehmen überein. Eine Rechtswahl wie sie hier vorgeschlagen wird ist in diesen Fällen gegenstandslos: zwar kann mit ihr verbindlich das IPR des Heimat- und gleichzeitig Wohnsitzstaates zur Bestimmung des Erbstatuts berufen werden; doch entscheidet dieses ohnehin nicht anders als alle übrigen europäischen Internationalerbrechte. In den meisten Fällen kann daher auf die vorgeschlagene Rechtswahl getrost verzichtet werden. Nur wenn durch das Auseinanderfallen von Wohnsitz und Staatsangehörigkeit oder mehrfache Verbundenheit des Erblassers zu verschiedenen Rechtsordnungen ein wirkliches Problem der Unvereinbarkeit der Ergebnisse der verschiedenen europäischen Rechtsordnungen entsteht, soll die Möglichkeit zur Rechtswahl helfen. Selbst wenn ein Bezug des Erblassers zu mehreren Rechtsordnungen in diesem Sinne vorhanden ist, kann eine Rechtswahl gänzlich überflüssig und ohne Auswirkungen sein: Der in Italien ansässige Deutsche muß nicht zwischen dem IPR Italiens und dem IPR Deutschlands wählen; beide entscheiden seinen Fall ohnehin gleich. Anderes mag für Dänemark gelten, das an der Geltung des italienischen Wohnsitzsachrechts festhalten mag; doch wenn der Erblasser keine Verbindungen zu Dänemark hat, schadet dies wenig. Die vorgeschlagene Kollisionsregel erliegt somit nicht der Gefahr, unnötig tief in das nationale IPR der Mitgliedstaaten einzugreifen und damit in Konflikt mit dem Subsidiaritätsprinzip zu geraten.

c) Die europäischen Anknüpfungsmomente

Wie gesehen, bereitet das Kriterium der Staatsangehörigkeit bei seiner einheitlichen Auslegung wenig Schwierigkeiten; völkerrechtswidrige exorbitante Ausdehnung der eigenen Staatsangehörigkeit kann innerhalb der Union wohl ausgeschlossen werden. Problematischer ist das Fehlen eines einheitlichen Wohnsitz- oder Domizilbegriffs. Das Tatbestandsmerkmal der europäischen Kollisionsnorm „letzter gewöhnlicher Aufenthalt" entstammt den Haager Übereinkommen[275] und erfreut sich daher klarer Konturen. Dieser europäische Wohnsitzbegriff würde die nationalen Domizilbegriffe mitnichten verdrängen. Hat der Erblasser z.B. seinen ständigen Aufenthalt in England, so könnte er seinen SPE-Anteil dem dortigen Recht unterstellen. Das englische IPR bleibt jedoch anwendbar; deshalb untersteht der Anteil nur dann englischem Erbrecht, wenn ebenfalls die Voraussetzungen des englischen „domicile" in der Person des Erblassers vorliegen. Sonst untersteht der Anteil verbindlich dem Recht desjenigen Staates, in dem das englische Recht das Domizil des Erblassers verortet.

d) Mißbrauch der Rechtswahl und ordre public

Den Befürchtungen, die Zulassung von Rechtswahl würde zur Umgehung des zwingenden nationalen Erbrechts führen, kommt das vorgeschlagene Modell durch weitgehende Einschränkungen entgegen: So können nur europäische Rechtsordnungen gewählt werden, denen der Erblasser durch Staatsangehörigkeit oder letzten gewöhnlichen Aufenthalt verbunden ist. Alle anderen, die durch diese Merkmale nur einer einzigen Rechtsordnung verbunden sind, bleiben ausschließlich den Vorschriften dieses Rechts unterworfen. Eine Verdrängung des an sich einschlägigen Erbrechts wird durch die Ausgestaltung der Rechtswahl als IPR-Verweisung auf die Fälle beschränkt, in denen echte Erbrechtskollision besteht. Eine Manipulation der Anknüpfungsmomente ist daher erschwert. Da es sich um eine gegenständlich auf die Beteiligung an einer SPE beschränkte Rechtswahl handelt, sind Mißbrauchsversuche eher durch die Verschiebung der Vermögenswerte des Erblassers in das Vermögen einer möglicherweise von diesem als Alleingesellschafter betriebenen SPE vorstellbar.

---

275 S. nur Art. 3 Nr. 1 des Haager Erbrechtsübereinkommens (Wählbarkeit der „résidence habituelle"). Zur Entwicklung der Haager Konferenzen zwischen Staatsangehörigkeitsprinzip und Domizilprinzip s. *Fischer*, Die Entwicklung des Staatsangehörigkeitsprinzips in den Haager Übereinkommen, RabelsZ 57 (1993), S. 1-25.

Sind solche Transaktionen nicht durch unternehmerische Aktivitäten der SPE veranlaßt, sondern benutzt ein Erblasser die SPE lediglich als Besitzgesellschaft, um zwischen Heimat- und Wohnsitzrecht wählen zu können, so käme durchaus der Einwand des ordre public aus der Sicht der „abgewählten" Rechtsordnung zum Tragen. Doch sind solche Manipulationen auch ohne jede Rechtswahlmöglichkeit nicht ausgeschlossen. Beispielhaft hierfür ist der Fall Caron[276]. Dort hatte ein auf den Virgin-Islands ansässiger US-Amerikaner eine ihm gehörende Villa in Südfrankreich an eine von ihm selbst gegründete und beherrschte Corporation mit Sitz auf den Virgin-Islands veräußert, um seinen beiden Töchtern die „réserve" an der als unbeweglichem Vermögensgegenstand französischem Erbrecht unterstehenden Villa vorzuenthalten. Doch dieser Versuch, sein Vermögen als ganzes dem pflichtteilsfreien Erbrecht der Virgin-Islands zu unterstellen scheiterte an der französischen Justiz: diese sah einen Fall der unzulässigen Gesetzesumgehung und ignorierte die Veräußerung[277].

In einem derartigen Fall spräche nichts dagegen, wenn Gerichte über die Figuren des „ordre public" oder der „fraude à la loi" im Ergebnis zur Geltung des Erbrechts kämen, dessen Regelungen umgangen werden sollten. Doch spricht diese Mißbrauchsbekämpfung nicht gegen das Modell einer flexiblen Auflösung echter Erbrechtskollision durch beschränkte Rechtswahl.

e) Nebenbestimmungen

aa) Beschränkung auf die Wahl europäischer Rechtsordnungen

Nr. 4 des Vorschlags soll es außereuropäischen SPE-Gesellschaftern ermöglichen, wenigstens innerhalb Europas Erbrechtskollisionen zu vermeiden. Sie können daher bindend das Sitzrecht der SPE durch IPR-Verweisung wählen. Durch die innerhalb der Europäischen Union weit verbreitete Zulassung des renvoi kann auf diesem Wege weitgehender internationaler Entscheidungseinklang erreicht werden. Es wäre nicht ausgeschlossen, auch die Wahl außereuropäischer Rechtsordnungen zuzulassen, wenn der Erblasser die erforderliche

---

276 Cour d'appel d'Aix-en-Provence, rev. crit. dr. i. p. 1983, 282 ff., mit Anm. von *Droz*, ebd. S. 287 ff.; s.a. *Li*, Recueil des Cours 1990 V, 9, 86 f.; dazu auch *Kegel-Schurig*, IPR, S. 421. Zum endgültigen Abschluß dieser „cause célèbre" mit dem vollständigen Sieg der Töchter über die begünstigte ehemalige Sekretärin des Erblassers s. Cour d'appel de Paris, rev. crit. dr. i. p. 1991, 93 ff. mit Anm. von *Lequette*, aaO. S. 99 ff., der den Fall zu Recht als Beispiel für den besonderen Charme des IPR rühmt: „„... tous les ingrédients sont décidément réunis pour que le litige ... devienne une de ces grandes affaires qui émaillent notre discipline et en sont l'un des charmes.".

277 Cour d'appel d'Aix-en-Provence, rev. crit. dr. i. p. 1983, 287.

Verbindung mit einer solchen Rechtsordnung aufweist; doch ist ungewiß, ob die europäischen Staaten die Ersetzung ihrer eigenen Kollisionsvorschriften durch die Wahl womöglich wenig effektiver außereuropäischer Internationalprivatrechte zulassen wollen, da der Regelungsvorschlag schließlich die Wahl jedes einzelnen der Heimatrechte des Erblassers zuläßt. Auch verhindert die vorgeschlagene Beschränkung der Rechtswahl nicht die Unterstellung der SPE unter fremdes Erbrecht; lediglich eine Unterstellung unter fremdes IPR scheidet aus. Beruft das europäische Heimat- oder Wohnsitzrecht ein außereuropäisches Recht, kommt dieses selbstverständlich auch unter der neuen Kollisionsnorm zur Anwendung; einer indirekten Rechtswahl unionsfremden Rechts steht somit nichts im Wege.

bb) Formvorschriften / Wirksamkeit

Die Geltung der Formvorschriften und der rechtsgeschäftlichen Voraussetzungen des berufenen Rechts entspricht Art. 5 Nr. 2 und 3 des Haager Erbrechtsübereinkommens und entspricht den Interessen des Erblassers, der regelmäßig dieser Rechtsordnung am engsten verbunden sein wird. Das Erfordernis des Vorliegens der Verbindung mit der gewählten Rechtsordnung im Moment des Erbfalls soll Beliebigkeit und Manipulationen vorbeugen. Es soll nicht möglich sein, durch den kurzfristigen Aufenthalt in einem bestimmten Staat sich den Regeln des Staates zu entziehen, in denen der Erblasser später seinen Lebensmittelpunkt hatte.

Dagegen genügt nach Art. 5 I des Haager Erbrechtsübereinkommens das Vorliegen von Staatsangehörigkeit oder ständigem Aufenthalt zum Zeitpunkt der Rechtswahl. Darüber hinaus ist die Rechtswahl nach diesem Abkommen eine Sachnormverweisung (Art. 17), was die Mißbrauchsgefahr noch erhöht. Das von *Lagarde*[278] gebildete Beispiel des in jungen Jahre für einige Zeit in die USA entsandten französischen Geschäftsmanns, der nach der Konvention amerikanisches Erbrecht wählen könnte, was auch nach seiner Rückkehr nach Frankreich gültig bliebe, ist bei der vorgeschlagenen Rechtswahl als IPR-Verweisung allerdings so nicht denkbar.

Bei der Rückkehr des Geschäftsmanns diesmal aus England nach Frankreich wäre auch für das englische IPR wieder französisches Erbrecht einschlägig, die Rechtswahl somit weitgehend hinfällig. Zöge der Erblasser dann allerdings nach Deutschland, so bliebe es ohne diesen Vorbehalt bei der Maßgeblichkeit des englischen IPR für die Frage, ob nun deutsches oder französisches Recht anwendbar sein soll. Auch dieses Ergebnis wäre nicht sinnvoll. Daher ist die Verbundenheit des Erblassers mit der von ihm gewählten Rechtsordnung noch im Zeitpunkt des Erbfalles zu verlangen.

278 *Lagarde*, rev. crit. dr. i. p. 1989, 249, 261.

cc) Vorfragen

Die selbständige oder unselbständige Anknüpfung von Vorfragen ist umstritten und wird europaweit nicht einheitlich gelöst[279]. Trotz der bindenden Festlegung des anwendbaren Erbrechts durch das mittels Rechtswahl bestimmte IPR eines Mitgliedstaates kann es immer dann zu einander widersprechenden Entscheidungen der Gerichte der Einzelstaaten kommen, wenn diese eine wesentliche Vorfrage, z.B. das Bestehen einer Ehe, unterschiedlich beurteilen. Daher sollte das über das gewählte IPR bestimmte Erbrecht auch verbindlich über Vorfragen entscheiden.

Vorfragen bei der Vererbung eines SPE-Anteils, sofern dieser auf europarechtlicher Rechtswahl beruht, sind demgemäß unselbständig anzuknüpfen, d.h. immer nach dem IPR, das die Hauptfrage (das Erbrecht) beherrscht. Diese Vereinfachung könnte die Rechtswahl auch in den Fällen attraktiv machen, in denen rein internationalerbrechtlich keine Kollisionslage und damit auch keine effektive Rechtswahlmöglichkeit besteht, da auf diesem Wege eventuelle Widersprüche im Eheschließungs- oder Kindschaftsstatut gelöst werden könnten.

dd) Anerkennung

Nr. 7 des Entwurfs entspricht Art. 27 Nr. 4 EuGVÜ und dient ausschließlich der effektiven Durchsetzung der europäischen Kollisionsnorm auf dem gesamten Gebiet der Europäischen Union gegenüber Drittstaaten.

279 S. für Deutschland *BGHZ* 43, 213, 218 ff.; *BGH*, NJW 1981, 1900, 1901 aE; *Kegel-Schurig*, IPR, S. 325 ff.; *Schotten*, Das IPR in der notariellen Praxis, S. 41 mNw auch zur Gegenansicht. Für andere Rechtsordnungen s. *Schmidt*, Recueil des Cours, 1992 II, 305 ff.

IX. Einbeziehung des Internationalen Ehegüterrechts

Wie unter B. VII. gesehen, ist auch eine Kollision der Internationalen Ehegüterrechte der Mitgliedstaaten nicht ausgeschlossen. Zudem können sich Probleme aus einem Normenwiderspruch zwischen Erb- und Güterrechtsstatut ergeben. Da das Internationale Ehegüterrecht durch den Einfluß des Haager Ehegüterrechtsabkommens[280] ohnehin von dem Gedanken der Parteiautonomie geprägt ist, drängt sich eine Lösung in diesem Sinne für die SPE deutlich zwangloser auf als im Internationalen Erbrecht. Auch hier gelten die für das Internationale Erbrecht entwickelten Grundsätze: Keine materielle Vollregelung und keine internationalprivatrechtliche Vermögensspaltung, wenn diese nicht erforderlich oder ohnehin schon gegeben ist.

Auf der einen Seite bietet es sich an, die wenigen Fälle echter Güterrechtskollision (s. B VII. 3. a) durch die Einräumung einer Rechtswahlmöglichkeit zugunsten des für die Rechtsnachfolge von Todes wegen gewählten Rechts für den SPE-Anteil zu lösen. Hierfür wäre eine Rechtswahl in Form der Gesamtverweisung hinreichend. Da hierfür nur Heimat- oder Domizilrecht in Frage kommen, bedeutete dies für die Mehrheit der Mitgliedstaaten keine Rechtsänderung, außer, daß diese Rechtswahl nunmehr auch für einen einzelnen Vermögensgegenstand möglich wäre. Doch aus dies ist nicht neu, sondern für unbewegliches Vermögen durchaus nicht unbekannt[281]. Zudem darf nicht übersehen werden, daß diese Rechtswahlmöglichkeit in den meisten Fällen nicht zu einer Änderung des Güterrechtsstatuts führen würde, nämlich dann, wenn es an einem hinreichenden Auslandsbezug mangelt oder ohnehin internationaler Entscheidungseinklang herrscht.

Eine zusätzliche Verbesserung kann erreicht werden, wenn die Rechtswahl auch als Sachnormverweisung möglich ist, so daß der SPE-Gesellschafter seinen SPE-Anteil auch güterrechtlich dem durch ihn indirekt über eine Gesamtnormverweisung gewählten Erbstatut unterstellen kann. Damit ist gewährleistet, daß Erb- und Ehegüterrechtsstatut derselben Rechtsordnung entstammen und so Normenwiderspruch ausgeschlossen ist. Auch diese Rechtswahlmöglichkeit ist angesichts der bereits bestehenden Rechtswahlmöglichkeiten im Bereich des Ehegüterrechts innerhalb der EU kein tiefer Eingriff. Da die erbrechtliche Rechtswahl wie gesehen nur der Bewahrung gegebener Nachlaßeinheit und der Vermeidung echter Erbrechtskollision gilt, wird die Unterstellung des Ehegüterrechts unter dieses Recht in den meisten Fällen ganz unabhängig vom Vorhan-

280 Abgedruckt in RabelsZ 41 (1977), 554 ff.; s. *Kegel-Schurig*, IPR, S. 737 ff.

281 S. Art. 15 II Nr. 3 EGBGB und sein Vorbild Art. 3 IV Haager Güterrechtsübereinkommen; vgl. *Staudinger-von Bar/Mankowski*, Art. 15 EGBGB Rn. 96.

densein eines SPE-Anteils die sachgerechteste Lösung sein. Wie jede ehegüterrechtliche Rechtswahl muß auch diejenige bzgl. eines SPE-Anteils von beiden Ehegatten vorgenommen werden; das mag den SPE-Gesellschafter vor praktische Probleme stellen, doch sind hier die Grenzen der rechtlichen Hilfestellung für eine sinnvolle Vermögensplanung erreicht.

Die Regelung im SPE-Statut könnte folgendermaßen aussehen:

8. Der Erblasser kann zudem gemeinsam mit seinem Ehegatten einen SPE-Anteil dem von ihm für diesen gewählten Erbstatut in Form einer Gesamt- oder Sachnormverweisung auch ehegüterrechtlich unterstellen. Die Nr. 5 - 7 gelten entsprechend.

G. Zusammenfassung

I. Die Vererbung eines SPE-Anteils

Die neue supranationale Rechtsform der Société Privée Européenne (SPE) wird als Kapitalgesellschaft mit weitgehender Satzungsfreiheit konzipiert sein. Zumeist werden die Gesellschafter der SPE die Anteile an ihrer Gesellschaft als grundsätzlich vererbliches Vermögensgut ausgestalten. Ohne Regelung durch den europäischen Gesetzgeber richtet sich die Vererbung eines solchen Anteils nach nationalem Erbrecht, das durch nationales IPR ermittelt wird. Die Analyse der europäischen Internationalerbrechte hat gezeigt, daß die Bestimmung des auf SPE-Anteile anwendbaren Erbrechts im wesentlichen zwei personalen Anknüpfungsmomenten folgt: der Staatsangehörigkeit oder dem letzten gewöhnlichen Aufenthalt bzw. dem Domizil des Erblassers.

Die europäischen Internationalerbrechte sind nicht aufeinander abgestimmt, so daß es zu Erbrechtskollisionen dergestalt kommen kann, daß in verschiedenen Mitgliedstaaten der Europäischen Union verschiedene materielle Erbrechtsordnungen zur Herrschaft über die Rechtsnachfolge von Todes wegen in einen SPE-Anteil berufen werden. Dies gilt auch für Geschäftsanteile nationalen Rechts, die als bewegliches Vermögen den gleichen Grundsätzen des Internationalen Erbrechts unterliegen wie Anteile an der europäischen supranationalen Rechtsform SPE.
Von Bedeutung ist dies, da sich die mehr als zwanzig auf dem Gebiet der Union gültigen Erbrechte inhaltlich bedeutend unterscheiden. Zwar beruhen sie alle auf den Prinzipien der Testierfreiheit und der Verwandtenerbfolge, doch unterscheiden sich gesetzliche Erbfolge, Nachlaßabwicklung und vor allem die Grenzen der Testierfreiheit in den einzelnen Erbrechten erheblich. Folge dieser Inkongruenz ist, daß die potentiellen Erben von den verschiedenen einschlägigen Rechtsordnungen unterschiedlich behandelt werden, so daß Streit um die Nachlaßverteilung vorgezeichnet ist. Auch die SPE selbst kann nicht darauf vertrauen, daß ihr Mitgliedsbestand unionsweit derselbe ist.

II. Die Bedeutung der EuGV-VO

Die Europäische Gerichtsstands- und Vollstreckungsverordnung erreicht zwar in ihrem Art. 22 Nr. 2 eine weitgehende Konzentration aller gegen die SPE selbst aus Anlaß eines Erbprätendentenstreites gerichteten Klagen, doch ist selbst diese Konzentration nicht vollkommen und zudem erfaßt sie Klagen zwischen (vermeintlichen) Gesellschaftern nicht. Alle rein erbrechtlichen Klagen sind gemäß Art. 1 II Nr. 1 aE EuGV-VO ohnehin vom Anwendungsbereich der Verordnung nicht erfaßt. Darüber hinaus kann es durch jedes Verfahren, in dem erbrechtliche Vorfragen zu klären sind, zu einander widersprechenden Entscheidungen in verschiedenen Mitgliedstaaten kommen. Selbst eine die EuGV-VO erweiternde Gerichtsstandsklausel im SPE-Statut könnte daher die durch die Kollision des materiellen Erbrechts verursachten Probleme nicht lösen.

III. Erbschaftsteuerliche Folgen

Auch erbschaftsteuerrechtlich hat die Erbrechtskollision negative Folgen: Die Steuerbelastung macht an dem anhand des nationalen IPR festgestellten zivilrechtlichen Erwerb fest. Sehen verschiedene Staaten verschiedene Erwerber desselben Vermögensgegenstandes, so kann letztlich nur einer der Prätendenten den Gegenstand erhalten, jedoch müssen ihn beide versteuern. Diese Gefahr der wirtschaftlichen Doppelbesteuerung mit Erbschaftsteuer ergänzt nur die grundsätzlich ohnehin bestehende Gefahr juristischer Doppelbesteuerung des erbrechtlichen Erwerbes von SPE-Anteilen. Da die SPE gerade zu grenzüberschreitendem Tätigwerden einladen soll, wird sie mit beiden Gefahren bedeutend häufiger als Gesellschaften nationalen Rechts konfrontiert sein. Allerdings läßt sich aus den europarechtlichen Bindungen der nationalen Steuergesetzgeber, die sich aus der unmittelbaren Geltung der Grundfreiheiten ergeben, ein weitgehendes Verbot der Doppelbelastung von SPE-Gesellschaftern mit Erbschaftsteuern herleiten. Die zivilrechtlichen Folgen der Erbrechtskollision sind dagegen nicht durch schlichte Rechtsanwendung, sondern nur durch Tätigwerden des europäischen Gesetzgebers zu beheben, da es keine europarechtlich zwingende Lösung des IPR-Konflikts gibt. Nichtsdestotrotz ist ein Abbau der Erbrechtskollision europarechtlich geboten, da diese die Ausübung der Grundfreiheiten und das Funktionieren des Gemeinsamen Marktes beeinträchtigt.

IV. Lösungsmöglichkeiten

Ein materielles Sondererbrecht für SPE-Anteile begegnet durchgreifenden Bedenken sowohl bzgl. seiner politischen Durchsetzbarkeit als auch seiner europarechtlichen Zulässigkeit. Nicht nur Art. 295 EG (Art. 222 EGV a.F.), der die Eigentumsordnung der EG-Staaten vor gemeinschaftsrechtlichen Eingriffen schützt, läßt an der Gemeinschaftskompetenz zur Schaffung eines Sondererbrechts zweifeln; vor allem anderen steht das Subsidiaritätsprinzip aus Art. 5 EG (Art. 3 lit. b EGV a.F.) entgegen, da sich das Ziel der Vermeidung von Erbrechtskollision auch mit dem vergleichsweise souveränitätsschonenden Mittel der IPR-Harmonisierung erreichen läßt. Eine Beschränkung des Mitgliederkreises der SPE auf juristische Personen nationalen Rechts würde das Problem lediglich auf die Ebene dieser juristischen Personen verlagern und so womöglich die SPE entlasten, für die Beteiligten aber keine befriedigende Lösung bedeuten. Die Satzungsfreiheit der SPE-Gesellschafter kann, da zumeist ein erhebliches Interesse der Gesellschafter am Gleichlauf ihres in der SPE angelegten Vermögens mit ihrem Restvermögen bzgl. des Erbgangs besteht, ebenfalls wenig ausrichten.

Daher ist die Lösung der kollisionsrechtlich verursachten Problematik im Kollisionsrecht selbst zu suchen. Da eine Vereinheitlichung des gesamten Internationalen Erbrechts so bald nicht zu erwarten ist, sollte die Rechtsnachfolge von Todes wegen in einen SPE-Anteil einer europäischen Sonderkollisionsregel unterstellt werden. Diese Regel hat folgendes zu berücksichtigen:

V. Rechtswahl in der Form der IPR-Verweisung zwischen Heimat- und Aufenthaltsrecht

Nachlaßspaltung sollte wegen den aus ihr resultierenden Schwierigkeiten besonders im Pflichtteilsrecht so weit wie möglich vermieden werden. Dies ist nur möglich, wenn sich die Kollisionsregel an den bereits vorhandenen Regeln der europäischen Internationalerbrechte, die schließlich für den restlichen Nachlaß zuständig bleiben, orientiert. Die personale Anknüpfung an Staatsangehörigkeit, Wohnsitz oder Lebensmittelpunkt ist zur Bestimmung des Erbstatuts wegen dessen personenrechtlicher Bedeutung zur Erreichung eines guten kollisionsrechtlichen Ergebnisses auch geeigneter als das Sachstatut eines einzelnen Vermögensgegenstandes. Zudem würde die Berufung der lex rei sitae Nachlaßspaltung auch dort hervorrufen, wo bei unveränderter Rechtslage nicht die mindeste Kollisionslage bestünde. Da die einzelnen europäischen Internationalprivatrechte zum Phänomen der Rück- bzw. Weiterverweisung eine sehr unterschiedliche Haltung einnehmen, ist zur Bewahrung gegebener Nachlaßeinheit die europäische Kollisionsregel jedenfalls als IPR-Verweisung auszugestalten. Eine rechtliche Entscheidung zwischen Staatsangehörigkeits- und Wohnsitzprinzip ist kaum zu treffen; wenn auch rechtspolitisch viel dafür spricht, innerhalb der Europäischen Union von der Staatsangehörigkeitsanknüpfung hin zu einer Anknüpfung an dem Lebensmittelpunkt des Unionsbürgers innerhalb der Union zu kommen, so ist für das Sonderproblem der Vererbung eines SPE-Anteils ein anderer Weg zu empfehlen:

Die einseitige Berufung der lex patriae oder der lex domicilii müßte einerseits auf dem Widerstand der unterlegenen Staatengruppe stoßen. Zum anderen wäre der Effekt die Vervielfachung von Nachlaßspaltung, da die unterlegene Hälfte der europäischen Rechtsordnungen für das übrige Vermögen weiterhin nach der von ihr bevorzugten Regel anknüpfen würde. Daher sollte dem Element der Rechtswahl begrenzt Raum gegeben werden. Der Erblassergesellschafter sollte in der Form der IPR-Verweisung zwischen seinem Heimat- und seinem Aufenthaltsrecht wählen dürfen (zur näheren Ausgestaltung oben S. 318). Grobe Fälle des Mißbrauchs dieser Freiheit könnten schon durch die Gestaltung des Tatbestands (ab wann z.B. von einem verfestigten Aufenthalt auszugehen ist) und die Ausnahmeklausel des ordre public geahndet werden.

LITERATURVERZEICHNIS

Albrecht, Philipp, Die steuerliche Behandlung deutsch-englischer Erbfälle, Köln, Berlin, Bonn, München 1992

Albuquerque-Pinto, Alexandre, Portugal, in: Bergmann/Ferid, Internationales Ehe- und Kindschaftsrecht, Frankfurt am Main, Berlin, Stand: Ende 2000

Ancel, Bertrand, Anmerkung zu Tribunal civil de première instance de Papeete, Rev. crit. dr. int. privé 1976, S. 674 ff., ebd. S. 679 - 690

Andrae, Marianne, Internationales Familienrecht, Stand: November 1998, Baden-Baden 1999

Annibale, Silverio, Riforma del sistema italiano di diritto internazionale privato (Legge 31 maggio 1995, n. 218), Padua 1997

Aretz, Hans/Korth, Jürgen, Internationales Privat- und Verfahrensrecht: Studien- und Praxishandbuch unter besonderer Berücksichtigung des Familien- und Erbrechts, Köln, Berlin, Bonn, München 1989

Assan, Dan/Margalith, Alexandra, Israel, in: Ferid, Murad/Firsching, Karl, Internationales Erbrecht, Band III, München, Lieferung XLII

Audit, Bernard, Droit international privé, 2. Auflage, Paris 1997

Bachmann, Birgit, Diskriminierungsverbote bei direkten Steuern im Regelungsbereich des EG-Vertrages, RIW 1994, S. 849 - 858

Bärtels, Hans-Christian, Erbschaftsteuerliche Doppelerfassungen bei der deutsch-französischen Unternehmensnachfolge, RIW 1999, S. 22 - 33

von Bar, Christian, Internationales Privatrecht, 2. Band, Besonderer Teil, München 1991

Basedow, Jürgen, Die Neuregelung des Internationalen Privat- und Prozeßrechts, NJW 1986, S. 2971 - 2979

ders., Der kollisionsrechtliche Gehalt der Produktfreiheiten im europäischen Binnenmarkt: favor offerentis, RabelsZ 59 (1995), S. 1 - 55

ders., Über Privatrechtsvereinheitlichung und Marktintegration, in: Festschrift für Ernst-Joachim Mestmäcker zum siebzigsten Geburtstag, Herausgeber: Ulrich Immenga, Wernhard Möschel und Dieter Reuter, Baden - Baden 1996, S. 347 - 363

ders., Die Harmonisierung des Kollisionsrechts nach dem Vertrag von Amsterdam, EuZW 1997, S. 609

Batiffol, Henri/Lagarde, Paul, Droit international privé, Band II, 7. Auflage, Paris 1983

Behrens, Peter, Das Gesellschaftsrecht im Europäischen Binnenmarkt, EuZW 1990, S. 13 - 17

ders., Die Konvergenz der wirtschaftlichen Freiheiten im europäischen Gemeinschaftsrecht, EuR 1992, S. 145 - 162 *ders.*, Das Internationale Gesellschaftsrecht nach dem Centros-Urteil des EuGH, IPRax 1999, S. 323 - 331

Bentwich, Norman, The Law of Domicile in its relation to Succession and the Doctrine of Renvoi, London 1911

Berenbrok, Marius, Internationale Nachlaßabwicklung, Berlin 1989

Berger, Uwe/Marko, Achim/Orth, Klauspeter, Modernes Erbrecht in einem vereinigten Deutschland, NJ 1990, S. 384 - 387

Binchy, William, Irish Conflicts of Law, Butterworth, Ireland 1988

Bleckmann, Albert, Die umgekehrte Diskriminierung (discrimination à rebours) im EWG-Vertrag, RIW 1985, S. 917 - 921

ders., Europarecht - Das Recht der Europäischen Union und der Europäischen Gemeinschaften, 6. Auflage, Köln, Berlin, Bonn, München 1997

Böhringer, Walter, Die Rechtswahl nach Artt. 220 III, 1 Nr. 2 und 15 II Nr. 3 EGBGB und die Auswirkungen auf den Grundstückserwerb, BWNotZ 1987, S. 104 - 111

Boele-Woelki, Katharina, Die Effektivitätsprüfung der Staatsangehörigkeit im niederländischen internationalen Familienrecht, Deventer, Frankfurt am Main 1983

dies., Kodifikation des niederländischen Internationalen Privat- und Prozeßrechts, IPRax 1995, S. 264 - 271

Bogdan, Michael, Svensk internationell privat- och processrätt, Lund 1980

ders., Ein neues schwedisches IPR-Gesetz zum Ehegüterrecht, IPRax 1991, S. 70 - 72

von Borries, Reimer, Anmerkung zu EuGH, Rs. C-250/95 (Futura Participations u. Singer/Administration des Contributions - EuZW 1997, S. 443 - 446) EuZW 1997, S. 446 - 448

Bosch, Friedrich Wilhelm, Familien- und Erbrecht als Themen der Rechtsangleichung nach dem Beitritt der DDR zur Bundesrepublik Deutschland, FamRZ 1992, S. 993 - 1000

ders., Die erbrechtliche Stellung des nichtehelichen Kindes bei Tod seines Vaters - de lege lata et de lege ferenda, FamRZ 1996, S. 1 - 16

Boucourechliev, Jeanne, Die Harmonisierung des Gesellschaftsrechts in der Europäischen Union: Erreichtes und Perspektiven, RIW 1999, S. 1 - 6

Boucourechliev, Jeanne/Hommelhoff, Peter, Vorschläge für eine Europäische Privatgesellschaft, Köln 1999

Breuleux, Gérald, Internationale Zuständigkeit und anwendbares Recht, Zürich 1969

Brödermann, Eckart/Iversen, Holger, Europäisches Gemeinschaftsrecht und Internationales Privatrecht, Tübingen 1994

Brox, Hans, Erbrecht, 18. Auflage, Köln, Berlin, Bonn, München 2000

Bucher, Andreas, Grundfragen der Anknüpfungsgerechtigkeit im internationalen Privatrecht (aus kontinentaleuropäischer Sicht), Basel, Stuttgart, 1975 *ders.*, L'ordre public et le but social des lois en droit international privé, Recueil des Cours, Collected Courses of the Hague Academy of International Law 1993 II, Band 239, S. 9 - 116

Calliess, Christian, Subsidiaritäts- und Solidaritätsprinzip in der Europäischen Union, Baden - Baden 1996

CápáJíná, Octavian, Das neue rumänische IPR, RabelsZ 58 (1994), S. 465 - 522

Carsten, Gebhard, Europäische Integration und nordische Zusammenarbeit auf dem Gebiet des Zivilrechts, ZEuP 1993, S. 335 - 353

ders., Schweden, in: Ferid, Murad/Firsching, Karl, Internationales Erbrecht, Band V, München, Lieferung XLII

ders., Schweden, in: Bergmann/Ferid, Internationales Ehe- und Kindschaftsrecht, Frankfurt am Main, Berlin, Stand: Ende 2000

Centrale für GmbH Dr. Otto Schmidt (Hrsg.), Die GmbH-Rechte in den EG-Staaten, Köln 1994

Chambre de Commerce et d'Industrie de Paris/Conseil national du patronat français, Die Europäische Privatgesellschaft: eine geschlossene Gesellschaft, Paris, September 1998

Chorus, J.M.J./Gerver, P.H.M./Hondius, E.H./Koekkoek, A.K., Hrsg., Introduction to Dutch Law for Foreign Lawyers, 2. Auflage, Kluwer 1993

Cieslar, Eve, Belgien, in: Ferid, Murad/Firsching, Karl, Internationales Erbrecht, Band I, München, Lieferung XLII

dies., Luxemburg, in: Ferid, Murad/Firsching, Karl, Internationales Erbrecht, Band IV, München, Lieferung XLII

dies., Luxemburg, in: Bergmann/Ferid, Internationales Ehe- und Kindschaftsrecht, Frankfurt am Main, Berlin, Stand: Ende 2000

Classen, Claus Dieter, Auf dem Weg zu einer einheitlichen Dogmatik der EG-Grundfreiheiten ? - Absolute und relative Gehalte der Grundfreiheiten, EWS 1995, S. 97 - 106

Coester, Michael, Probleme des internationalen Erbrechts, JA 1979, S. 351 - 356

Coester-Waltjen, Dagmar, Die Anerkennung gerichtlicher Entscheidungen in den Haager Übereinkommen, RabelsZ 57 (1993), S. 263 - 302

dies., Irland, in: Ferid, Murad/Firsching, Karl, Internationales Erbrecht, Band III, München, Lieferung XLII

dies., Irland, in: Bergmann/Ferid, Internationales Ehe- und Kindschaftsrecht, Frankfurt am Main, Berlin, Stand: Ende 2000

Coing, Helmut, Europäisches Privatrecht, Band II - 19. Jahrhundert, München 1989

Crezelius, Georg, Erbschaft- und Schenkungsteuer in zivilrechtlicher Sicht, Herne, Berlin 1979 *ders.*, Unternehmenserbrecht / Erbrecht - Gesellschaftsrecht - Steuerrecht, München 1998

Dalloz, Code civil, 95. Auflage, Paris 1996

Dauses, Manfred A., Handbuch des EG-Wirtschaftrechts, Stand: November 1999, München 2000 (zitiert: Dauses- Bearbeiter)

Dautzenberg, Norbert, Der Vertrag von Maastricht, das neue Grundrecht auf allgemeine Freizügigkeit und die beschränkte Steuerpflicht der natürlichen Personen, BB 1993, S. 1563 - 1568

ders., Doppelbesteuerung und EG-Vertrag: Die Anrechnungsmethode als gemeinschaftsrechtlicher Mindeststandard ? - Zur Übertragbarkeit von EuGHE 1982, S. 1409 ff. (Gaston Schul / Rs. 15/81) auf die direkten Steuern, DB 1994, S. 1542 - 1545

ders., Die Problematik der Grenzgängerregelungen nach dem Schumacker - Urteil des Europäischen Gerichtshofs, BB 1995, S. 2397 - 2399

ders., Vereinbarkeit des DBA Deutschland-Frankreich mit dem Grundsatz der Freizügigkeit der Arbeitnehmer ?, Anmerkung zu Tribunal Administratif Straßburg, 10. 10. 1996, Eheleute Gilly/Directeur des services fiscaux du Bas-Rhin, Rs. C-336/96, ebd. S. 140 f., EWS 1997, S. 141 - 144

ders., Die Bedeutung des EG-Vertrages für die Erbschaftsteuer, EWS 1998, S. 86 - 93

ders., Die Kapitalverkehrsfreiheit des EG- Vertrages, der Steuervorbehalt des Art. 73 d EGV und die Folgen für die Besteuerung, RIW 1998, S. 537 - 544

Dautzenberg, Norbert/Brüggemann, Alexander, EG-Vertrag und deutsche Erbschaftsteuer, BB 1997, S. 123 -133

dies., Keine Einschränkung der Erbschaftsbesteuerung durch den EG-Vertrag ? - Eine Anmerkung zum Urteil des FG Düsseldorf vom 03. 07. 1996 - 4 K 5910/91 Erb., RIW 1997, S. 882 f.

dies., Zulässige Differenzierung zwischen beschränkter und unbeschränkter Erbschaftsteuerpflicht nach dem EG-Vertrag ?, Anmerkung zu FG Düsseldorf, 3. 7. 1996, 4 K 5910/91 Erb., ebd. S. 146 f., EWS 1998, S. 147 f.

Deckert, Martina R., Zu Harmonisierungsbedarf und Harmonisierungsgrenzen im Europäischen Gesellschaftsrecht, RabelsZ 64 (2000), S. 478 - 496

De Meo, Francesco, Das französische IPR-System im Vergleich mit der Neuregelung des deutschen Internationalen Privatrechts (unter Berücksichtigung französischer Kodifikationsentwürfe), ZfRV 28 (1987), S. 12 - 37 und 107 - 146

De Weerth, Jan, Der gegenwärtige Stand des Gemeinschaftsrechts und das Steuerrecht (zu EuGH, Rs. C - 279/93 Schumacker = EuGHE 1995, 225 ff. = EuZW 1995, S. 177 - 180), RIW 1995, S. 395 - 398

ders., EG - Recht und direkte Steuern - Der 2. Teil einer Entwicklung, RIW 1995, S. 928 - 930 *ders.*, EG - Recht und direkte Steuern - Übersicht über die Rechtsprechung 1997, RIW 1998, S. 471 - 474

ders., EG-Recht und direkte Steuern - Jahresüberblick 1996, RIW 1997, S. 482 - 489

ders., EG-Recht und direkte Steuern - Jahresüberblick 1999, RIW 2000, S. 509 - 518

Debatin, Helmut/Wassermeyer, Franz, Doppelbesteuerung - Kommentar zu allen deutschen Doppelbesteuerungsabkommen, Band I: Systematik und Kommentierung des OECD-MA, München, Stand: April 2000.

Deinert, Olaf, Mittelbare horizontale Direktwirkung von EG-Richtlinien im IPR, in: Jahrbuch junger Zivilrechtswissenschaftler 1997 - Europäisierung des Privatrechts, Zwischenbilanz und Perspektiven, S. 257 - 284, Herausgeber: Christoph Weber, Anja Steinbeck, Joachim Hennrichs, Helmar Ingelfinger, Matthias Jacobs, Hans-Friedrich Müller, Thomas Raab und Jürgen Treber, Stuttgart, München, Hannover, Berlin, Weimar, Dresden 1998

Dejmek, Paulina, Das künftige Europa und die Europäische Privatgesellschaft, NZG 2001, S. 878 - 884

Dißars, Ulf-Christian/Dißars, Björn-Axel, Die Anrechnung ausländischer Erbschaft- und Schenkungsteuer in Deutschland, RIW 1996, S. 144 - 147

Dölle, Hans, Die Rechtswahl im Internationalen Erbrecht, RabelsZ 30 (1966), S. 205 - 240

Dörner, Heinrich, Probleme des neuen Internationalen Erbrechts, DNotZ 1988, S. 67 - 109

ders., Qualifikation im IPR - ein Buch mit sieben Siegeln?, StAZ 1988, S. 345 - 352

ders., Nachlaßspaltung - und die Folgen (zu BGH, 21. 4. 1993, XII ZR 248/91, ebd. S. 375 und OLG Köln, 24. 2. 1992, 2 Wx 41/91, ebd. S. 376), IPRax 1994, S. 362 - 366

Dopffel, Peter, Dänemark, in: Bergmann/Ferid, Internationales Ehe- und Kindschaftsrecht, Frankfurt am Main, Berlin, Stand: Ende 2000

Dostal, Boris, Die Vererbung von Gesellschaftsanteilen im französischen Recht, ZEV 1997, S. 96 - 103

Driesen, Werner G., Die GmbH im portugiesischen Recht, GmbHR 1991, S. 49 - 56

Drobning, Ulrich, Verstößt das Staatsangehörigkeitsprinzip gegen das Diskriminierungsverbot des EWG-Vertrages ?, RabelsZ 34 (1970), S. 636 - 662

ders., Gemeinschaftsrecht und internationales Gesellschaftsrecht - Daily Mail und die Folgen, in: Europäisches Gemeinschaftsrecht und Internationales Privatrecht, Herausgeber: Christian von Bar, Köln, Berlin, Bonn, München 1991, S. 185 - 206

Droz, Georges A. L., Anmerkung zu Cour d'appel d'Aix-en-Provence, Rev. crit. dr. int. privé 1983, S. 282 ff., ebd. S. 287 - 300

Dumoulin, Franz Josef, Vereinheitlichung des internationalen Ehegüter- und Erbrechts - Die Vorschläge der Internationalen Union des lateinischen Notariats, RabelsZ 28 (1964), S. 425 - 435

Dutoit, Bernard, Droit International Privé Suisse - Commentaire de la loi fédérale du 18 décembre 1987, Basel, Frankfurt am Main 1996

Ebenroth, Carsten Thomas, Erbrecht, München 1992

Ebenroth, Carsten Thomas/Frank, Michael, Zur Reform des Anspruchs eines nichtehelichen Kindes auf vorzeitigen Erbausgleich nach §§ 1934 d, 1934 e BGB, ZEV 1996, S. 167 - 169

Ebenroth, Carsten Thomas/Kleiser, Matthias, Das Internationale Erbrecht in Italien und seine Reform, RIW 1993, S. 353 - 365

Ebenroth, Carsten Thomas/Eyles, Uwe, Der Renvoi nach der Novellierung des deutschen Internationalen Privatrechts, IPRax 1989, S. 1 - 12

Eberhartinger, Michael, Konvergenz und Neustrukturierung der Grundfreiheiten, EWS 1997, S. 43 - 52

Ebke, Werner, Die Anknüpfung der Rechtsnachfolge von Todes wegen nach niederländischem Kollisionsrecht, RabelsZ 48 (1984), S. 319 - 348

ders., Erste Erfahrungen mit dem EG-Schuldvertragsübereinkommen, in: Europäisches Gemeinschaftsrecht und Internationales Privatrecht, S. 77 - 106, Herausgeber: Christian von Bar, Köln, Berlin, Bonn, München 1991

ders., Das Schicksal der Sitztheorie nach dem Centros-Urteil des EuGH, JZ 1999, S. 656 - 661

Edenfeld, Stefan, Der deutsche Erbschein nach ausländischem Erblasser, ZEV 2000, S. 482 - 485

Eek, Hilding, The Swedish Conflict of Laws, Den Haag, 1965

Ehricke, Ulrich, Die Überwindung von Akzeptanzdefiziten als Grundlage zur Schaffung neuer supranationaler Gesellschaftsformen in der EU - ein Beitrag zur Entwicklung einer sog. Société Fermée Européenne (Europäische Privatgesellschaft), RabelsZ 64 (2000), S. 497 - 516

Einsele, Dorothee, Rechtswahlfreiheit im Internationalen Privatrecht, RabelsZ 60 (1996), S. 417 - 447

Ember, Lázsló, Ungarn, in: Ferid, Murad/Firsching, Karl, Internationales Erbrecht, Band VI , München, Lieferung XLII

Endres, Dieter, Steuerliche Aspekte der europäischen Integration - Eine Bestandsaufnahme der Steuergrenzen im Binnenmarkt, RIW 1994, S. 572 - 584

Erauw, Johan, Das neue „privilegium Belgicum" - Eine Überraschung im belgischen internationalen Erbrecht, IPRax 1982, S. 260 f.

EU-Kommission (Hrsg.), Propositions pour und société fermée européenne, Paris 1997; in deutscher Übersetzung hrsg. von *Boucourechliev, Jeanne/Hommelhoff, Peter*, Köln 1999

Everling, Ulrich, Eigentumsordnung und Wirtschaftsordnung in der Europäischen Gemeinschaft, in: Festschrift für Ludwig Raiser zum 70. Geburtstag, Herausgeber: Fritz Baur, Josef Esser, Friedrich Kübler, Ernst Steindorff, Tübingen 1974, S. 379 - 401

ders., Wirtschaftsverfassung und Richterrecht in der Europäischen Gemeinschaft, in: Festschrift für Ernst-Joachim Mestmäcker zum siebzigsten Geburtstag, Herausgeber: Ulrich Immenga, Wernhard Möschel und Dieter Reuter, Baden-Baden 1996, S. 365 - 380

Ferid, Murad, Zur Behandlung von Anteilen an Personengesellschaften beim zwischenstaatlichen Erbgang, in: Beiträge zum Arbeits-, Handels- und Wirtschaftsrecht, Festschrift für Alfred Hueck zum 70. Geburtstag am 07. 07. 1959, Herausgeber: Rolf Dietz, Hans Carl Nipperdey und Eugen Ulmer, München, Berlin 1959, S. 343 - 374

ders., Le rattachement autonome de la transmission successorale en droit international privé, Recueil des Cours, Collected Courses of the Hague Academy of International Law 1974 II, Band 152, S. 71 - 202

ders., Der Erbgang als autonome Größe im Kollisionsrecht, in: Liber amicorum Ernst J. Cohn, Festschrift für Ernst J. Cohn zum 70. Geburtstag, Herausgeber: A. G. Chloros und K. H. Neumayer, Heidelberg 1975, S. 31 - 41

ders., Frankreich, in: Ferid, Murad/Firsching, Karl, Internationales Erbrecht, Band II, München, Lieferung XLII

Ferid, Murad/Rieck, Jürgen/Chaussade-Klein, Bernadette, Frankreich, in: Bergmann/Ferid, Internationales Ehe- und Kindschaftsrecht, Frankfurt am Main, Berlin, Stand: Ende 2000

Ferid, Murad/Sonnenberger, Hans Jürgen, Das französische Zivilrecht, Band 3 Familienrecht - Erbrecht, 2. Auflage, Heidelberg 1987

Fernández Rozas, José Carlos/Sánchez Lorenzo, Sixto, Derecho Internacional Privado, Madrid 1999

Filipescu, Ion P., Drept Interna□ional Privat, Band 1 und 2, Bukarest, 1995

Firsching, Karl, Doppelstaatler im Internationalen Erbrecht (zu BGH, 17. 04. 1980 IV A ZR 8/80 = IPRax 1981, S. 25 Nr. 5), IPRax 1981, S. 14 - 17

ders., Zur Reform des deutschen internationalen Erbrechts, in: Vorschläge und Gutachten zur Reform des deutschen internationalen Personen-, Familien- und Erbrechts, vorgelegt von Günther Beitzke, Tübingen 1981, S. 202 - 225

ders., Deutschland, in: Ferid, Murad/Firsching, Karl, Internationales Erbrecht, Band II, München, Lieferung XLII

ders., Österreich, in: Ferid, Murad/Firsching, Karl, Internationales Erbrecht, Band IV, München, Lieferung XLII

Firsching, Karl/Heusler, Hans-Joachim, Vereinigte Staaten von Amerika, in: Ferid, Murad/Firsching, Karl, Internationales Erbrecht, Band VII, München, Lieferung XLII

Fischer, Gerfried, Gemeinschaftsrecht und kollisionsrechtliches Staatsangehörigkeitsprinzip, in: Europäisches Gemeinschaftsrecht und Internationales Privatrecht, Herausgeber: Christian von Bar, Köln, Berlin, Bonn, München 1991, S. 157 - 182

ders., Die Entwicklung des Staatsangehörigkeitsprinzips in den Haager Übereinkommen, RabelsZ 57 (1993), S. 1 - 25

Fischer, Klaus-Bernd/Fischer, Ana-Katharina, Spanisches Handels- und Wirtschaftsrecht, Heidelberg 1995

Fischer, Lutz, Erbschaftsteuerplanung bei Auslandsanlagen, BB 1984, S. 1033 - 1041

Flessner, Axel, Fakultatives Kollisionsrecht, RabelsZ 34 (1970), S. 547 - 584

Flick, Hans/Piltz, Detlev J. (Hrsg.), Der Internationale Erbfall, München 1999

Frankenstein, Ernst, Internationales Privatrecht (Grenzrecht), 4. Band, Berlin 1935

Franzen, Martin, Arbeitskollisionsrecht und sekundäres Gemeinschaftsrecht: Die EG-Entsenderichtlinie, ZEuP 1997, S. 1055 - 1074

Freitag, Robert, Mitgliedstaatliche Beschränkungen des Kapitalverkehrs und Europäisches Gemeinschaftsrecht, EWS 1997, S. 186 - 195

Frey, Markus A., US-amerikanische Grundstücke in einem schweizerischen Nachlaß (Erbrechtliche Kollisionen betreffend Grundstücke im schweizerisch-amerikanischen Rechtsverkehr), Zürich 1986

Freytag, Alexander, Das Pflichtteilsrecht nach dem BGB und ZGB im Vergleich, ZRP 1991, S. 304 - 306

Fricke, Martin, Die Neuregelung des IPR der Versicherungsverträge im EGVVG durch das Gesetz zur Durchführung versicherungsrechtlicher Richtlinien des Rates der Europäischen Gemeinschaften, IPRax 1990, S. 361 - 364

Gebel, Dieter, Der Immobilienerwerb in Spanien und seine erbschaftsteuerlichen Folgen, RIW 1998, S. 210 - 217

Geck, Reinhard, Erbschaft- und schenkungsteuerpflichtige Erwerbe mit Auslandsberührung - der Regelungsbereich des § 2 ErbStG, ZEV 1995, S. 249 - 252

Gec-Kovošec, Miroslava, Slowenien, in: Ferid, Murad/Firsching, Karl, Internationales Erbrecht, Band V, München, Lieferung XLII

Geiger, Rudolf, Kommentar zum EG-Vertrag, 3. Auflage, München 2000

Geimer, Reinhold, Einige Zweifelsfragen zur Abgrenzung der internationalen Zuständigkeit nach dem EWG-Übereinkommen vom 27. 09. 1968, RIW 1975, S. 81 - 87

ders., Anerkennung gerichtlicher Entscheidungen nach dem EWG-Übereinkommen vom 27. 09. 1968, RIW 1976, S. 139 - 149 *ders.*, Internationalrechtliches zum Justizgewährungsanspruch - Eine Skizze, in: Beiträge zum internationalen Verfahrensrecht und zur Schiedsgerichtsbarkeit, Festschrift für Heinrich Nagel zum 75. Geburtstag, Herausgeber: Walther J. Habscheid und Karl Heinz Schwab, Münster 1987, S. 36 - 53

ders., Verfassungsrechtliche Vorgaben bei der Normierung der internationalen Zuständigkeit, in: Festschrift Fritz Schwind zum 80. Geburtstag, Herausgeber: Franz Matscher und Ignaz Seidl-Hohenveldern, Wien 1993, S. 17 - 42

ders., Internationales Zivilprozeßrecht, 3. Auflage, Köln 1997

Geimer, Reinhold/Schütze, Rolf A., Europäisches Zivilverfahrensrecht, Kommentar zum EuGVÜ und zum Lugano-Übereinkommen, München 1997

Georgiades, Apostolos/Dimakou-Kiaou, Froso, Griechenland, in: Ferid, Murad/Firsching, Karl, Internationales Erbrecht, Band III, München, Lieferung XLII

Geßler, Ernst/Hefermehl, Wolfgang/Eckhardt, Ulrich/Kropff, Bruno/Bungeroth, Erhard/Fuhrmann, Hans/Grunewald, Barbara/Hüffer, Uwe/Semler, Johannes, Aktiengesetz, Kommentar, Band V, München Stand November 1993 (zitiert: Geßler/Hefermehl, AktG-Bearbeiter)

Glenn, Patrick, Codification of Private International Law in Quebec - an Overview, IPRax 1994, S. 308 - 311

González-Beilfuss, Cristina, Zur Reform des spanischen internationalen und interregionalen Privatrechts, IPRax 1992, S. 396 - 400

Gottwald, Peter, Das internationale Verfahrensrecht im Entwurf eines IPR-Gesetzes, IPRax 1984, S. 57 - 61

Gounalakis, Georgios/Radke, Wolfram, Das Verhältnis des Internationalen Privatrechts zum Europäischen Gemeinschaftsrecht am Beispiel des Diskriminierungsverbots (Art. 6 EGV), der Niederlassungsfreiheit (Art. 52, 58 EGV) und des Kollisionsrechts der EG-Datenschutzrichtlinie, ZVglRWiss 98 (1999), S. 1 - 27

Grabitz, Eberhard/Hilf, Meinhard, Kommentar zur Europäischen Union - Vertrag über die Europäische Union/Vertrag zur Gründung der Europäischen Gemeinschaft, München, Stand: Mai 1998, 12. Ergänzungslieferung, (zitiert: Grabitz/Hilf-Bearbeiter)

Gresser, Edmond, Gesetzliche und gewillkürte Erbfolge im französischen Erbrecht, ZEV 1997, S. 492 - 494

von der Groeben, Hans/Thiesing, Jochen/Ehlermann, Claus-Dieter, Kommentar zum EU/EG-Vertrag, 5. Auflage, Baden-Baden 1997 (zitiert: Hrsg.-Bearbeiter)

Großfeld, Bernhard, Internationales und europäisches Unternehmensrecht, 2. Auflage, Heidelberg 1995

Großkommentar, AktG, 4. Auflage, Berlin, New York 1996, (zitiert: Bearbeiter, in Großkomm. AktG)

Grundmann, Stefan, Binnenmarktkollisionsrecht - vom klassischen IPR zur Integrationsordnung, RabelsZ 64 (2000), S. 457 - 477

Grunsky, Wolfgang, Probleme des EWG-Übereinkommens über die gerichtliche Zuständigkeit und die Vollstreckung in Zivil- und Handelssachen, JZ 1973, S. 641 - 647

Guimezanes, Nicole, Introduction au droit français, Baden-Baden 1995

Gutzwiller, Max, Geschichte des Internationalen Privatrechts, Basel, Stuttgart 1977

Haas, Peter, Erbschaftsteuerrecht und gesellschaftsrechtliche Nachfolge, Herne, Berlin 1996

Haas, Ulrich, Ist das Pflichtteilsrecht verfassungswidrig ?, ZEV 2000, 249 - 260

Habscheid, Walther, Die Europäisierung des Zivilprozeßrechts, in: Gemeinsames Privatrecht in der Europäischen Gemeinschaft, Herausgeber: Peter-Christian Müller-Graff, 2. Auflage, Baden-Baden 1999, S. 543 - 563

Hauschka, Christoph E., Die Europäische Aktiengesellschaft (SE) im Entwurf der Kommission von 1991: Vor der Vollendung?, EuZW 1992, S. 147 - 149

Heinicke, Wolfgang, Diskriminierung im Ertragssteuerrecht der EG- und EWR-Staaten nach der Rechtsprechung des EuGH, DStR 1998, S. 1332 - 1339

Hellge, Horst Heiner, Mitteilung zur Internationalen Union des Lateinischen Notariats, ZEuP 1998, S. 380 - 382

Helms, Dietmar, Die Europäische Privatgesellschaft - Rechtliche Strukturen und Regelungsprobleme einer supranationalen Gesellschaft des Gemeinschaftsrechts, Köln 1998

Henrich, Dieter, Großbritannien, in: Ferid, Murad/Firsching, Karl, Internationales Erbrecht, Band III, München, Lieferung XLII

ders., Großbritannien, in: Bergmann/Ferid, Internationales Ehe- und Kindschaftsrecht, Frankfurt am Main, Berlin, Stand: Ende 2000

Hering, Wolfgang, Die gesetzlichen Rechte des überlebenden Ehegatten in deutsch-kanadischen Erbfällen, München 1984

Herzig, Norbert/Dautzenberg, Norbert, Der EWG-Vertrag und die Doppelbesteuerungsabkommen - Rechtsfragen zwischen Doppelbesteuerungsabkommen und den Diskriminierungsverboten des EWGV, DB 1992, S. 2519 - 2524

Herzig, Norbert/Watrin, Christoph/Walter, Myriam, Grundzüge des spanischen Erbschaft- und Schenkungsteuerrechts, ZEV 2000, S. 473 - 482

Heß, Burkhard, Die „Europäisierung" des internationalen Zivilprozessrechts durch den Amsterdamer Vertrag - Chancen und Gefahren, NJW 2000, S. 23 - 32

Heydt, Volker, Der Funktionswandel der EG-Grundfreiheiten infolge der Verwirklichung des Binnenmarktes, EuZW 1993, S. 105

Hierneis, Otto M, Spanien, in: Ferid, Murad/Firsching, Karl, Internationales Erbrecht, Band V, München, Lieferung XLII

von Hoffmann, Bernd, Richtlinien der Europäischen Gemeinschaft und Internationales Privatrecht, ZfRV 36 (1995), S. 45 - 54

Hoffmann, Elisabeth, Die GmbH im belgischen Recht, GmbHR 1991, S. 515 - 520

Hommelhoff, Peter, Gesellschaftsrechtliche Fragen im Entwurf eines SE-Statuts, AG 1990, S. 422 - 435

ders., Zivilrecht unter dem Einfluß europäischer Rechtsangleichung, AcP 192 (1992), S. 71 - 107

ders., Die „Société fermée européenne" - eine supranationale Gesellschaftsform für kleine und mittlere Unternehmen im Europäischen Binnenmarkt, WM 1997, S. 2101 - 2109

ders., Konturen eines gemeinschaftsrechtlichen Unternehmensrechts, in: Gemeinsames Privatrecht in der Europäischen Gemeinschaft, S. 361 - 384, Herausgeber: Müller-Graff, Peter-Christian, 2. Auflage, Baden-Baden 1999

ders., Einige Bemerkungen zur Organisationsverfassung der Europäischen Aktiengesellschaft, AG 2001, S. 279 - 288

Hopt, Klaus J., Europäisches Gesellschaftsrecht - Krise und neue Anläufe, ZIP 1998, S. 96 - 106

Hoyer, Hans, Deutsch-österreichische Erbfälle, IPRax 1986, S. 345 - 349

ders., Anmerkung zu OGH, 14. 5. 1992, 6 Ob 638/91, ebd. S. 164 f., ZfRV 34 (1993), S. 165 - 167

Hüffer, Uwe, Aktiengesetz, 4. Auflage, München 1999

Ibán, Iván C.,Einführung in das spanische Recht, Baden-Baden 1995

Jarass, Hans D./Pieroth, Bodo, Grundgesetz für die Bundesrepublik Deutschland, Kommentar, 5. Auflage 2000

Jauernig, Othmar (Herausgeber), Bürgerliches Gesetzbuch mit Gesetz zur Regelung des Rechts der Allgemeinen Geschäftsbedingungen, 9. Auflage, München 1999, (zitiert : Jauernig-Bearbeiter)

Jauernig, Othmar, Zivilprozeßrecht, 26. Auflage, München 2000

Jayme, Erik, Zur Qualifikationsverweisung im Internationalen Privatrecht, ZfVR 1976, S. 93 - 108

ders., Kollisionsnormen im neuen portugiesischen Staatsangehörigkeitsgesetz vom 3. 10. 1981, IPRax 1982, S. 166 f.

ders., Grundfragen des internationalen Erbrechts - dargestellt an deutsch-österreichischen Nachlaßfällen, ZfRV 24 (1983), S. 162 - 179

ders., Das neue IPR-Gesetz - Brennpunkte der Reform, IPRax 1986, S. 265 - 270 *ders.*, Betrachtungen zur „dépeçage“ im internationalen Privatrecht, in: Festschrift für Gerhard Kegel zum 75. Geburtstag 26. Juni 1987, Herausgeber: Hans-Joachim Musielak und Klaus Schurig, Stuttgart, Berlin, Köln, Mainz 1987, S. 253 - 268

ders., Spanisches interregionales und deutsches internationales Privatrecht (zu LG Mosbach, 11. 11. 1986, 2 O 288/85, ebd. S. 300 und OLG Karlsruhe, 09. 12. 1987, 6 U 244/86, ebd. S. 301), IPRax 1989, S. 287 f.

ders,. Pasquale Stanislao Mancini (1817-1888) L′ attualità del suo pensiero, Calliano (Trento) 1989

ders., Internationales Privatrecht und Europäischer Binnenmarkt – Eine Skizze, in: *Jayme, Erik*, Ein Internationales Privatrecht für Europa, Heidelberg 1991

ders., Nation und Staat im Internationalen Privatrecht, im gleichnamigen Tagungsband, hrsg. von *Jayme, Erik* und *Mansel, Heinz-Peter*, S. 3 - 12, Heidelberg 1990

ders., Ein Internationales Privatrecht für Europa, Heidelberg 1991

ders., Rechtssicherheit und Vorhersehbarkeit als Grundwerte des Internationalen Privatrechts - Betrachtungen zum Lebenswerk von Karl Firsching, in: *Universität Regensburg* (Hrsg.), Gerechtigkeit im IPR im Wandel der Zeit, Bielefeld 1992, S. 31 - 44

ders., Europäisches Kollisionsrecht: Neue Aufgaben, neue Techniken, in: Europäischer Binnenmarkt, IPR und Rechtsangleichung, S. 35 - 49, Hrsg.: Peter Hommelhoff, Erik Jayme, Werner Mangold, Heidelberg 1994

ders., Zum Jahrtausendwechsel: Das Kollisionsrecht zwischen Postmoderne und Futurismus, IPRax 2000, S. 165 - 171

Jayme, Erik/Kohler, Christian, Das Internationale Privat- und Verfahrensrecht der Europäischen Gemeinschaft - Jüngste Entwicklungen, IPRax 1988, S. 133 - 140

dies., Das Internationale Privat- und Verfahrensrecht der EG-Stand 1989, IPRax 1989, S. 337 - 346

dies., Das Internationale Privat- und Verfahrensrecht der EG auf dem Wege zum Binnenmarkt, IPRax 1990, S. 353 - 361

dies., Das Internationale Privat- und Verfahrensrecht der EG 1991 - Harmonisierungsmodell oder Mehrspurigkeit des Kollisionsrechts, IPRax 1991, S. 362 - 369

dies., Das Internationale Privat- und Verfahrensrecht der EG nach Maastricht, IPRax 1992, S. 346 - 356

dies., Das Internationale Privat- und Verfahrensrecht der EG 1993 - Spannungen zwischen Staatsverträgen und Richtlinien, IPRax 1993, S. 357 - 371

dies., Europäisches Kollisionsrecht 1994: Quellenpluralismus und offene Kontraste, IPRax 1994, S. 405 - 415

dies., Europäisches Kollisionrecht 1995 - Der Dialog der Quellen, IPRax 1995, S. 343 - 354 *dies.*, Europäisches Kollisionsrecht 1996 - Anpassung und Transformation der nationalen Rechte, IPRax 1996, S. 377 - 389

dies., Europäisches Kollisionsrecht 1997 - Vergemeinschaftung durch „Säulenwechsel" ?, IPRax 1997, S. 385 - 401

dies., Europäisches Kollisionsrecht 1998: Kulturelle Unterschiede und Parallelaktionen, IPRax 1998, S. 417 - 429

dies., Europäisches Kollisionsrecht 1999 - Die Abendstunde der Staatsverträge, IPRax 1999, S. 401 - 413

dies., Europäisches Kollisionsrecht 2000 - Interlokales Privatrecht oder universelles Gemeinschaftsrecht ?, IPRax 2000, S. 454 - 465

Jayme, Erik/Mansel, Heinz-Peter, Nation und Staat im internationalen Privatrecht, Heidelberg 1990

Jenard, P., Bericht zum EuGVÜ vom 27. 09. 1968 und zum Auslegungsprotokoll vom 03. 06. 1971, ABl. 1979 Nr. C, S. 1 - 70

Jochem, Reiner, Die persönlichen Rechtsbeziehungen der Ehegatten in einer „hinkenden" Ehe - ein Sonderproblem ? - Bemerkungen zur Methodenfrage im Internationalen Privatrecht, FamRZ 1964, S. 392 - 397

Jülicher, Marc, Die anrechenbare Steuer im Sinne des § 21 ErbStG, ZEV 1996, S. 295 - 299

Kaefer, Wolfgang, Anmerkung zu EuGH, Rs. C-112/91 (Werner), RIW 1993, S. 342 - 344

ders., Neuregelung der Besteuerung Nichtansässiger im Grenzpendlergesetz II - Umsetzung des EuGH-Urteils „Schumacker" im Jahressteuergesetz 1996, BB 1995, S. 1615 - 1622

Kaefer, Wolfgang/Leenders C.H.M./Toifl, Gerald, Zur verfassungs- und EG-rechtlichen Zulässigkeit der Wegzugsbesteuerung nach § 6 Abs. 1 Außensteuergesetz, Anmerkung zu BFH, 17. 12. 1997, I B 108/97, ebd. S. 228 f., EWS 1998, S. 229 - 232

Kaefer, Wolfgang/Saß, Gert, Beschränkte Steuerpflicht und Diskriminierungsverbot im Licht des EuGH-Urteils vom 14. 02. 1995 (Schumacker/Rs. C-279/93, EuGHE 1995, 225 ff. = EuZW 1995, S. 177 - 180), DB 1995, S. 642 - 650

Kegel, Gerhard, Wohnsitz und Belegenheit bei Story und Savigny, RabelsZ 52 (1988), S. 431 - 465

Kegel, Gerhard/Schurig, Klaus, Internationales Privatrecht, 8. Auflage, München 2000

Kim-Ukkon, Louis, Republik Korea, in: Ferid, Murad/Firsching, Karl, Internationales Erbrecht, Band IV, München, Lieferung XLII

Kindler, Peter, Einführung in das italienische Recht - Verfassungsrecht, Privatrecht und Internationales Privatrecht, München 1993

ders., Internationale Zuständigkeit und anwendbares Recht im italienischen IPR-Gesetz von 1995, RabelsZ 61 (1997), S. 227 - 284

ders., Niederlassungsfreiheit für Scheinauslandsgesellschaften ? Die „Centros"-Entscheidung des EuGH und das IPR, NJW 1999, S. 1993 - 2000

Kippenberg, Johannes, Übersicht über die deutschen Doppelbesteuerungsabkommen zur Erbschaftsteuer, ZEV 1997, S. 495

Klapdor, Ralf, Vereinbarkeit eines Doppelbesteuerungsabkommens mit EG-Vertrag, Anmerkung zu EuGH, 12. 5. 1998, Rs. C-336/96, Eheleute Gilly/Directeur des services fiscaux du Bas-Rhin, ebd. S. 216 ff., EWS 1998, S. 263 f.

Klingelhöffer, Hans, Kollisionsrechtliche Probleme des Pflichtteils, ZEV 1996, S. 258 - 260

Knobbe-Keuk, Brigitte, Die steuerliche Behandlung der Europäischen Aktiengesellschaft, AG 1990, S. 435 - 441

dies., Niederlassungsfreiheit: Diskriminierungs- oder Beschränkungsverbot ?, DB 1990, S. 2573 - 2584

dies., Die Einwirkung der Freizügigkeit und der Niederlassungsfreiheit auf die beschränkte Steuerpflicht, EuZW 1991, S. 649 - 658

dies., Freizügigkeit und direkte Besteuerung - Anmerkung zu EuGH, Rs. C-279/93 (Schumacker; EuGHE 1995, 225 ff. = EuZW 1995, S. 177 - 180), EuZW 1995, S. 167 - 169

Köbler, Gerhard, Erbrecht und Gesellschaft, Göttingen 1974

Koenig, Christian/Braun, Jens-Daniel/Capito, Ralf, Europäischer Systemwettbewerb durch Wahl der Rechtsregeln in einem Binnenmarkt für mitgliedstaatliche Regulierungen ?, EWS 1999, S. 401 - 409

Kohler, Christian, Einheit, Vielheit und Relativität im Kollisionsrecht der EG-Mitgliedstaaten, IPRax 1992, S. 277 - 284

ders., Gemeinschaftsrecht und Privatrecht: Zur Rechtsprechung des EuGH im Jahre 1994, ZEuP 1995, S. 482 - 499

ders., Gemeinschaftsrecht und Privatrecht: Zur Rechtsprechung des EuGH im Jahre 1995, ZEuP 1996, S. 452 - 467

ders., Gemeinschaftsrecht und Privatrecht: Zur Rechtsprechung des EuGH im Jahre 1996, ZEuP 1997, S. 1030 - 1054

Korkisch, Friedrich, Finnland, in: Bergmann/Ferid, Internationales Ehe- und Kindschaftsrecht, Frankfurt am Main, Berlin, Stand: Ende 2000

Krabbe, Helmut, Neuregelung zur Vermeidung der Doppelbesteuerung bei den Erbschaft- und Schenkungsteuern im Verhältnis zu Schweden, ZEV 1995, S. 286 - 289

ders., Regelung zur Vermeidung der Doppelbesteuerung bei den Erbschaft- und Schenkungsteuern im Verhältnis zu Dänemark, ZEV 1997, S. 146 - 149

Kreuzer, Karl Friedrich, Die Europäisierung des Internationalen Privatrechts - Vorgaben des Gemeinschaftsrechts, in: Gemeinsames Privatrecht in der Europäischen Gemeinschaft, Herausgeber: Müller-Graff, Peter-Christian, 2. Auflage, Baden-Baden 1999, S. 457 - 542

Kronke, Herbert, Electronic Commerce und Europäisches Verbrauchervertrags-IPR - Zur Umsetzung der Fernabsatzrichtlinie, RIW 1996, S. 985 - 993

Kropholler, Jan, Die Anpassung im Kollisionsrecht, in: Konflikt und Ordnung, Festschrift für Murad Ferid zum 70. Geburtstag, Herausgeber: Andreas Heldrich, Dieter Henrich und Hans-Jürgen Sonnenberger, München 1978, S. 279 - 289

ders., Buchbesprechung zu Boele-Woelki, Katharina: Die Effektivitätsprüfung der Staatsangehörigkeit im niederländischen internationalen Familienrecht, Deventer, Frankfurt am Main 1983, RabelsZ 48 (1984), S. 785 - 790

ders., Der Einfluß der Haager Übereinkommen auf die deutsche IPR-Kodifikation, RabelsZ 57 (1993), S. 207 - 223

ders., Internationales Privatrecht, 4. Auflage, Tübingen 2001

ders., Europäisches Zivilprozeßrecht - Kommentar zum EuGVÜ und Lugano-Übereinkommen, 6. Auflage, Heidelberg 1998

Kropholler, Jan/Pfeifer, Axel, Das neue europäische Recht der Zuständigkeitsvereinbarung, in: Beiträge zum internationalen Verfahrensrecht und zur Schiedsgerichtsbarkeit, Festschrift für Heinrich Nagel zum 75. Geburtstag, Herausgeber: Walther J. Habscheid und Karl Heinz Schwab, Münster 1987, S. 157 - 166

Krzywon, Hagen, Der Begriff des unbeweglichen Vermögens in Artikel 25 Abs. 2 EGBGB, BWNotZ 1986, S. 154 - 160

ders., Die Rechtswahl im Erbrecht, BWNotZ 1987, S. 4 - 7

Kübler, Friedrich, Gesellschaftsrecht - Die privatrechtlichen Ordnungsstrukturen und Regelungsprobleme von Verbänden und Unternehmen, 5. Auflage, Heidelberg 1998

Kühne, Gunther, Die Parteiautonomie im internationalen Erbrecht, Bielefeld 1973

ders., Testierfreiheit und Rechtswahl im internationalen Erbrecht - Die Parteiautonomie: eine „basic rule" des Kollsionsrechts ?, JZ 1973, S. 403 - 407

Kunz, Karl-Heinz, Wandel oder Ruhe im deutschen internationalen Erbrecht? - Zum Entwurf eines Übereinkommens der Haager Konferenz für Internationales Privatrecht über das auf die Rechtsnachfolge von Todes wegen anzuwendende Recht, ZRP 1990, S. 212 - 214

ders., Internationales Privatrecht, 4. Auflage, Köln, Berlin, Bonn, München 1998

Lagarde, Paul, La nouvelle Convention de La Haye sur la loi applicable aux successions, Rev. crit. dr. int. privé 1989, S. 249 - 275

Lange, Heinrich/Kuchinke, Kurt, Lehrbuch des Erbrechts, 4. Auflage, München 1995

Lange, Knut Werner, Neuere Entwicklungen des IPR auf den Gebieten des Erbrechts und der Vermögensnachfolge, ZEV 2000, S. 469 - 473

Laubrock, Christoph, Nachlaß und Erbschaft in den USA - Die Behandlung in den USA belegener Nachlässe im Bundesnachlaßsteuerrecht der USA und im deutschen Erbschaftsteuerrecht, München 1986

Lehner, Moris, Europarechtliche Perspektiven für das Internationale Steuerrecht, in Europarecht und Internationales Steuerrecht, S. 19 - 28, Herausgeber: Vogel, Klaus, München 1994

Leipold, Dieter, Anmerkung zu BGH JZ 1990, 697 (vom 6. 12. 1989, IVa ZR 249/88), JZ 1990, S. 700 - 703

ders., Internationale Rechtshängigkeit, Streitgegenstand und Rechtsschutzinteresse - Europäisches und Deutsches Zivilprozeßrecht im Vergleich, in Gedächtnisschrift für Peter Arens, Herausgeber: Dieter Leipold, Wolfgang Lüke und Shozaburo Yoshino, München 1993, S. 227 - 249

ders., Erbrecht 1995, JZ 1996, S. 287 - 299

Leisner, Walter, Pflichtteilsentziehungsgründe nach §§ 2333 ff. BGB verfassungswidrig ? (zu BVerfG, 1 BvR 2464/97, NJW 2001, S. 141 f.), NJW 2001, S. 126 f.

Leonhardt, Peter, Das neue Internationale Privatrecht Rumäniens, IPRax 1994, S. 156 - 159

Lequette, Yves, Anmerkung zu Cour d´appel de Paris, Rev. crit. dr. int. privé 1991, S. 93 ff., ebd. S. 99 - 103

Li, Haopei, Some recent developments in the conflict of laws of succession, in: Recueil des Cours, Collected Courses of the Hague Academy of International Law 1990 V, Band 224, S. 9 - 122

Lichtenberger, Peter, Zum Gesetz zur Neuregelung des Internationalen Privatrechts, DNotZ 1986, S. 644 - 687

Linke, Hartmut, Internationales Zivilprozeßrecht - Leitfaden für Verfahren mit Auslandsbezug, 2. Auflage, Köln 1995

Lipstein, Kurt, Das Haager Abkommen über die internationale Abwicklung von Nachlässen, RabelsZ 39 (1975), S. 29 - 55

Lobis, Eduard, Reform der italienischen Erbschaft- und Schenkungsteuer, ZEV 2000, S. 497

López, Antonio Marín/Escuerdo, Moya Mercedés/García, María Luisa Trinidad/González, Javier Carrascosa, Derecho internacional privado español II, 8. Auflage, Granada 1994

Lorenz, Stephan, Nachlaßspaltung im geltenden österreichischem IPR?, IPRax 1990, S. 206

ders., Disharmonie im deutsch-schweizerischen internationalen Erbrecht - Koordinierungsmittel für die notarielle Praxis, DNotZ 1993, S. 148 - 157 *ders.*, Schenkung von Todes wegen, Sachstatut und internationales Bereicherungsrecht - Der „Bonifatius-Fall" im Internationalen Privatrecht, ZEV 1996, S. 406 - 410

ders., Schweiz, in: Ferid, Murad/Firsching, Karl, Internationales Erbrecht, Band V, München, Lieferung XLII

Lüderitz, Alexander, Internationales Privatrecht, 2. Auflage, Neuwied, Kriftel, Berlin 1992

Lüke, Wolfgang, Die Zuständigkeitsprüfung nach dem EuGVÜ, in: Gedächtnisschrift für Peter Arens, Herausgeber: Dieter Leipold, Wolfgang Lüke und Shozaburo Yoshino, München 1993, S. 273 - 288

Lurger, Brigitta, Doppelstaatsbürgerschaft im deutsch-österreichischen Spaltnachlaß und Beschränkung durch Nacherbschaft (zu OGH, 21. 12. 1992, 7 Ob 633/92, ebd. S. 222), IPRax 1994, S. 235 - 241

Lutter, Marcus, Die Entwicklung in der GmbH in Europa und in der Welt, in: Festschrift 100 Jahre GmbH-Gesetz, Hrsg.: Marcus Lutter, Peter Ulmer, Wolfgang Zöllner, Köln 1992, S. 49 - 77

ders., Europäisches Unternehmensrecht: Grundlagen, Stand und Entwicklung nebst Texten und Materialien zur Rechtsangleichung, 4. Auflage, Berlin 1996

Lutter, Marcus/Hommelhoff, Peter, GmbH-Gesetz, Kommentar, 15. Auflage, Köln 2000

Machado, J. Baptista, Lições de Direito Internacional Privado, 3. Auflage, Coimbra 1985

Mäsch, Gerald, Der Renvoi - Plädoyer für die Begrenzung einer überflüssigen Rechtsfigur, RabelsZ 61 (1997), S. 285 - 312

Maglio, Valentina/Thorn, Karsten, Neues Internationales Privatrecht in Italien - Eine kritische Betrachtung, ZVglRWiss 96 (1997), S. 347 - 385

Makarov, Alexander N., Grundriß des Internationalen Privatrechts, Frankfurt am Main 1970

Mansel, Heinz-Peter, Personalstatut, Staatsangehörigkeit und Effektivität, München 1988

Martiny, Dieter, Handbuch des Internationalen Zivilverfahrensrechts Band III/1, Anerkennung ausländischer Entscheidungen nach autonomem Recht, Tübingen 1984

ders., Gemeinschaftrecht, ordre public, zwingende Bestimmungen und Exklusivnormen, in: Europäisches Gemeinschaftsrecht und Internationales Privatrecht, Herausgeber: Christian von Bar, Köln, Berlin, Bonn, München 1991, S. 211 - 242

Martiny, Dieter/Waehler, Jan Peter/Wolff, Martin K., Handbuch des Internationalen Zivilverfahrensrechts Band III/2, Anerkennung nach multilateralen Staatsverträgen, Anerkennung nach bilateralen Staatsverträgen, Vollstreckbarerklärung, Tübingen 1984

Matscher, Franz, Die Einwirkung der EMRK auf das Internationale Privat- und zivilprozessuale Verfahrensrecht, in: Festschrift Fritz Schwind zum 80. Geburtstag, Herausgeber: Franz Matscher und Ignaz Seidl-Hohenveldern, Wien 1993, S. 71 - 85

Max-Planck-Institut für ausländisches und internationales Privatrecht, Thesen zur Reform des Internationalen Privat- und Verfahrensrechts, RabelsZ 44 (1980), S. 344 - 366

Max-Planck-Institut für ausländisches und internationales Privatrecht, Kodifikation des deutschen Internationalen Privatrechts, Stellungnahme zum Regierungsentwurf von 1983, RabelsZ 47 (1983), S. 595 - 690

Mayer, Pierre, Droit international privé, 4. Auflage, Paris 1991

Mehring, Eckhard W., Die GmbH im niederländischen Recht, GmbHR 1991, S. 297 - 302

Meincke, Jens Peter, Erbschaftsteuer- und Schenkungsteuergesetz, Kommentar, 12. Auflage, München 1999

Mengozzi, Paolo, La riforma del diritto internazionale privato italiano: la legge 31 maggio 1995, n. 218, 2. Auflage, Neapel 1997

Menhofer, Bruno, Neues Internationales Privatrecht in Tunesien, IPRax 1999, S. 266 f.

Merkt, Hanno, Europäische Aktiengesellschaft: Gesetzgebung als Selbstzweck? - Kritische Bemerkungen zum Entwurf von 1991, BB 1992, S. 652 - 661

Meyer, Stefan, Das neue GmbH-Gesetz in Spanien, GmbHR 1995, S. 435 - 438

Mezger, Ernst, Auflockerung der französischen Regeln über die Zuständigkeit der Gerichte, in: Beiträge zum internationalen Verfahrensrecht und zur Schiedsgerichtsbarkeit, Festschrift für Heinrich Nagel zum 75. Geburtstag, Herausgeber: Walther J. Habscheid und Karl Heinz Schwab, Münster 1987, S. 246 - 266

Micklitz, Hans-W./Rott, Peter, Vergemeinschaftung des EuGVÜ in der Verordnung (EG) Nr. 44/2001, EuZW 2001, S. 325 - 334

Montag, Frank, Die Entwicklung des Gemeinschaftsrechts, NJW 2000, S. 32 - 40

Mori, Isamu, Japan, in: Ferid, Murad/Firsching, Karl, Internationales Erbrecht, Band III, München, Lieferung XLII

Morris, J.H.C. (Hrsg.), Dicey and Morris on the Conflict of Laws, 9. Auflage, London 1973

Morris, J.H.C./McClean, David, The Conflict of Laws, 4. Auflage, London 1993

Mosconi, Franco, Exceptions to the Operation of Choice of Law Rules, Recueil des Cours, Collected Courses of the Hague Academy of International Law 1989 V, Band 217, S. 9 - 214

Müller, Dierk, Die Rechtswahl im Internationalen Erbrecht, RabelsZ 31 (1967), S. 337 - 340

Müller-Graff, Peter-Christian, Privatrechtsangleichung durch EG-Recht - Sachgebiete und Querschnittsprobleme, in: 40 Jahre Römische Verträge - Von der Europäischen Wirtschaftsgemeinschaft zur Europäischen Union, S. 107 - 149, Herausgeber: Norbert Horn, Jürgen F. Baur und Klaus Stern, Berlin, New York 1998

ders., Gemeinsames Privatrecht in der Europäischen Gemeinschaft - Ansatzpunkte, Ausgangsfragen, Ausfaltungen - in: Gemeinsames Privatrecht in der Europäischen Gemeinschaft, S. 9 - 100, Herausgeber: Müller-Graff, Peter-Christian, 2. Auflage, Baden-Baden 1999

Münchener Kommentar zum Bürgerlichen Gesetzbuch, Band 9 Erbrecht §§ 1922-2385; §§ 27-35 BeurkG, Redakteur: Gerhard Schlichting, Herausgeber: Kurt Rebmann, Franz Jürgen Säcker und Roland Rixecker, 3. Auflage, München 1997, (alle Bände zitiert: MünchKomm-Bearbeiter)

Münchener Kommentar zum Bürgerlichen Gesetzbuch, Band 10 Einführungsgesetz zum Bürgerlichen Gesetzbuche (Art. 1-38) - Internationales Privatrecht, Redakteur: Hans-Jürgen Sonnenberger, Herausgeber: Kurt Rebmann, Franz Jürgen Säcker und Roland Rixecker, 3. Auflage, München 1998

Münchener Kommentar zum Bürgerlichen Gesetzbuch, Band 11 Internationales Handels- und Gesellschaftsrecht - Einführungsgesetz zum Bürgerlichen Gesetzbuche (Art. 50 - 237), Redakteur: Hans-Jürgen Sonnenberger, Herausgeber: Kurt Rebmann, Franz Jürgen Säcker und Roland Rixecker, 3. Auflage, München 1999

Münchener Kommentar zur Zivilprozeßordnung, mit Gerichtsverfassungsgesetz und Nebengesetzen, Band 1, Herausgeber: Gerhard Lüke und Alfred Walchshöfer, München 1992

Münchener Kommentar zur Zivilprozeßordnung, mit Gerichtsverfassungsgesetz und Nebengesetzen, Herausgeber: Gerhard Lüke und Alfred Walchshöfer, Band 3, München 1992

Munteanu, Marietta, Leonhardt, Peter, Rumänien, in: Ferid, Murad/Firsching, Karl, Internationales Erbrecht, Band V, München, Lieferung XLII

Nagel, Sibylle, Übersicht über die Erbschaftsteuern in der EU, ZEV 1998, 463 - 469

Neßler, Volker, Wettbewerb der Rechtsordnungen oder Europäisierung - Stand und Perspektiven des Europäischen Gesellschaftsrechts, ZfRV 2000, S. 1 - 8

Neuhaus, Paul Heinrich, Um die Reform des deutschen Internationalen Erbrechts, FamRZ 1970, S. 12 - 14

ders., Neue Wege im europäischen Internationalen Privatrecht ?, RabelsZ 35 (1971), S. 401 - 427

ders., Besprechung von *Kühne, Günther*, Die Parteiautonomie im internationalen Erbrecht, Bielefeld 1973, RabelsZ 39 (1975), S. 599f.

Neuhaus, Paul Heinrich/Kropholler, Jan, Das Elend mit dem Internationalen Privatrecht - Gedanken zur anstehenden Gesetzesreform, FamRZ 1980, S. 753 f.

dies., Entwurf eines Gesetzes über Internationales Privat- und Verfahrensrecht (IPR-Gesetz), RabelsZ 44 (1980), S. 326 - 343

Neuhaus, Paul Heinrich/Rau, Hans, Das Internationale Privatrecht im neuen portugiesischen Zivilgesetzbuch, RabelsZ 32 (1968), S. 500 - 512

Nicolaysen, Gert, Europarecht II - Das Wirtschaftsrecht im Binnenmarkt, Baden-Baden 1996

Niederer, Werner, Einführung in die allgemeinen Lehren des internationalen Privatrechts, 3. Auflage, Zürich 1961

Nieper, F./Westerdijk, A. S., (Red.), Niederländisches Bürgerliches Gesetzbuch, Buch 3-5, München 1997 (zitiert: Nieper/Westerdijk-Bearbeiter)

Nowack, Regine, Einschränkung der Rechtsprechung des EuGH zur Auslegung der Niederlassungsfreiheit gemäß Art. 52 EWG-Vertrag - Anmerkung zu EuGH, Rs. C-112/91 (Werner), BB 1993, S. 982 - 984

Odersky, Felix, Gestaltungsempfehlungen für Erbfälle mit anglo-amerikanischem Bezug, ZEV 2000, S. 492 - 494

Oechsler, Jürgen, Pflichtteil und Unternehmensnachfolge von Todes wegen, AcP 200 (2000), S. 603 - 626

von Oertzen, Christian, Fiktiver Zugewinnausgleich gemäß § 5 I ErbStG bei grenzüberschreitendem Sachverhalt, ZEV 1994, S. 93 - 98

ders., Personengesellschaftsanteile im Internationalen Erbrecht - unter besonderer Berücksichtigung der Rechtsmacht eines anglo-amerikanischen personal representative an inländischen Personengesellschaftsanteilen, IPRax 1994, S. 73 - 80

ders., Pflichtteilsrecht bei Vererbung von deutschen Personengesellschaftsanteilen und ausländischem Erbstatut, RIW 1994, S. 818 – 821

ders., Anwendbares Erbrecht in deutsch-schweizerischen Erbfällen, ZEV 2000, S. 495 f.

von Oertzen, Christian/Mondl, Thomas, Anwendbares Erbrecht in deutsch - österreichischen Erbfällen, ZEV 1997, S. 240 - 242

Otte, Eggert, Erbrechts- und Eigentumsbindungen der landwirtschaftlichen Erbfolge- und Übergaberegelungen, Bonn 1987

Otte, Karsten, Anwendbares Recht bei grenzüberschreitendem Time-sharing - Das neue Teilzeit-Wohnrechte-Gesetz strebt heimwärts, RabelsZ 62 (1998), S. 405 - 436

von Overbeck, Alfred E., Divers aspects de l'unification du droit international privé, spécialement en matière de successions, Recueil des Cours, Collected Courses of the Hague Academy of International Law 1961 III, Band 104, S. 529 - 631 *ders.*, Le droit de personnes, de la famille, des régimes matrimoniaux et des successions dans la nouvelle loi fédérale suisse sur le droit international privé (1), Rev. crit. dr. int. privé 1988, S. 237 - 260

Palandt, Kommentar zum BGB, 60. Auflage, München 2001
Paliege, Sylvia, Neues im österreichischen Erbrecht, ZfRV 32 (1991), S. 169 - 183
Pecher, Sigrid, Die internationale Erbschaftsverwaltung bei deutsch-englischen Erbfällen, Baden-Baden 1995
Pentz, Adolf, Pflichtteil bei Grundeigentum im Ausland - ein Fall des ordre public, ZEV 1998, S. 449 - 452
Petri, Klaus, Die Pflicht zum Pflichtteil, ZRP 1993, S. 205 f.
Pfeiffer, Thomas, Internationale Zuständigkeit und prozessuale Gerechtigkeit - Die internationale Zuständigkeit im Zivilprozeß zwischen effektivem Rechtsschutz und nationaler Zuständigkeitspolitik, Frankfurt am Main, 1995
Philip, Allan, Dansk international privat- og procesret, 3. Auflage, Kopenhagen 1976
Piltz, Detlev Jürgen, Anrechnung ausländischer Erbschaftsteuer, ZEV 1997, S. 494 - 495
Pintens, Walter, Belgien, in: Bergmann/Ferid, Internationales Ehe- und Kindschaftsrecht, Frankfurt am Main, Berlin, Stand: Ende 2000
Pipkorn, Jörn, Das Subsidiaritätsprinzip im Vertrag über die Europäische Union, EuZW 1992, S. 697 - 700
Pocar, Fausto, Le disposizioni generali sui conflitti di leggi nel progetto italiano di riforma del diritto internazionale privato, in: Festschrift Fritz Schwind zum 80. Geburtstag, Herausgeber: Franz Matscher und Ignaz Seidl-Hohenveldern, Wien 1993, S. 117 - 123
ders., Das neue italienische Internationale Privatrecht, IPRax 1997, S. 145 - 161
ders., Il nuovo diritto internazionale privato italiano, Mailand, 1997

Quebe, Jutta, Die Erbrechtsgarantie, Inhalt und Schranken, Münster 1993

Raape, Leo/Sturm, Fritz, Internationales Privatrecht, I. Band, Allgemeine Lehren, 6. Auflage, München 1977
Rädler, Albert J., Fragen an das Schumacker-Urteil des EuGH, DB 1995, S. 793 - 796
Rädler, Albert J./Lausterer, Martin, Standortsicherungsgesetz : Verstärkte Steuersatzdiskriminierung ausländischer Betriebstätten ein klarer Verstoß gegen EWG-Vertrag und Doppelbesteuerungsabkommen, DB 1993, S. 451 - 455
Raiser, Thomas, Recht der Kapitalgesellschaften - ein Handbuch für Praxis und Wissenschaft, 2. Auflage, München 1992

Rauscher, Thomas, An Englishman still remains at liberty at his death ... Mutual wills, implied trust and family provisions im englischen Recht, ZEuP 1998, S. 140 - 161

ders., Die erbrechtliche Stellung nicht in einer Ehe geborener Kinder nach Erbrechtsgleichstellungsgesetz und Kindschaftsrechtsreformgesetz, ZEV 1998, S. 41 - 46

Real, Gustav K. L., Internationalprivatrechtliches zum Erbschaftsteuergesetz, RIW 1996, S. 54 - 60

Reckhorn-Hengemühle, Monika, Die Reform des spanischen Erbschaft- und Schenkungsteuerrechts, RIW 1996, S. 212 - 216

Reichmann, Armin/Luitjens, Anette, Die Besteuerung von Erbschaften und Schenkungen in Spanien, IPRax 1989, S. 191 - 193

Reinhart, Gert, Zur Parteiautonomie im künftigen deutschen internationalen Privatrecht auf den Gebieten des Familien- und Erbrechts (§§ 14, 15, 29 IPR-Gesetz-Entwurf), ZVglRWiss 80 (1981) S. 150 - 171

ders., Zur Neuregelung des deutschen Internationalen Erbrechts, BWNotZ 1987, S. 97 - 104

Rieck, Jürgen/Buchner-Baucevich, Georg, Griechenland, in: Bergmann/Ferid, Internationales Ehe- und Kindschaftsrecht, Frankfurt am Main, Berlin, Stand: Ende 2000

Rieck, Jürgen/Diurni, Amalia, Italien, in: Bergmann/Ferid, Internationales Ehe- und Kindschaftsrecht, Frankfurt am Main, Berlin, Stand: Ende 2000

Riegel, Bernd, Familienerbrecht und Testierfreiheit im europäischen Vergleich, ZEV 2000, S. XV

Riegel, Reinhard, Die Einwirkung des Europäischen Gemeinschaftsrechts auf die Eigentumsordnung der Mitgliedstaaten, RIW 1979, S. 744 - 749

Riering, Wolfgang, Das gemeinschaftliche Testament deutsch-französischer Ehegatten, ZEV 1994, S. 225 - 229

ders., Die Rechtswahl im internationalen Erbrecht, ZEV 1995, S. 404 - 406

ders., Der Erbverzicht im Internationalen Privatrecht, ZEV 1998, S. 248 - 251

Rittstieg, Helmut, Grundgesetz und Eigentum, NJW 1982, S. 721 - 724

Rössler/Troll, Max, Bewertungsgesetz, Stand 1. 1. 1999, München 1999

Rossi, Matthias, Das Diskriminierungsverbot nach Art. 12 EGV, EuR 2000, S. 197 - 217

Roth, Günther H., Der Vorbehalt des Ordre Public gegenüber fremden gerichtlichen Entscheidungen, Bielefeld 1967

Roth, Wulf-Henning, Der Einfluß des Europäischen Gemeinschaftsrechts auf das Internationale Privatrecht, RabelsZ 55 (1991), S. 623 - 673

ders., Angleichung des IPR durch sekundäres Gemeinschaftsrecht, IPRax 1994, S. 165 - 174 *ders.*, Die Freiheiten des EG-Vertrages und das nationale Privatrecht - Zur Entwicklung internationaler Sachnormen für europäische Sachverhalte, ZEuP 1994, S. 5 - 33

Rowedder, Heinz/Fuhrmann, Hans/Rittner, Fritz/Koppensteiner, Hans-Georg/Wiedmann, Harald/Rasner, Henning/Zimmermann, Klaus/Schmidt-Leithoff, Christian/Schaal, Hans-Jürgen, Gesetz betreffend die Gesellschaften mit beschränkter Haftung (GmbHG), Kommentar, 3. Auflage, München 1997 (zitiert: Rowedder u.a., GmbHG-Bearbeiter)

Salaris, Gian Luigi, Grundzüge und Besonderheiten des italienischen Erbrechts, ZEV 1995, S. 240 - 244

Samtleben, Jürgen, Das Internationale Privatrecht der Börsentermingeschäfte und der EWG-Vertrag, RabelsZ 45 (1981), S. 218 - 252

Saß, Gert, Die Regelungen für Ausländer nach dem Jahressteuergesetz 1996 vor dem Hintergrund des „Schumacker-Urteils" des EuGH, DB 1996, S. 295 - 298

Schaumburg, Harald, Internationales Steuerrecht - Außensteuerrecht - Doppelbesteuerungsrecht, 2. Auflage, Köln 1998

Scherer, Thomas, Doppelbesteuerung und Europäisches Gemeinschaftsrecht, München 1995

Schindhelm, Malte, Grundfragen des internationalen Erbschaftsteuerrechts, ZEV 1997, S. 8 - 15

Schlosser, P., Bericht vom EuGVÜ vom 09. 10. 1978, ABl. 1979 Nr. C, S. 71 - 151

Schmidt, Karsten, Gesellschaftsrecht, 3. Auflage, Köln, Berlin, Bonn, München 1997

Schmidt, Torben Svenné, The Incidental Question in Private International Law, Recueil des Cours, Collected Courses of the Hague Academy of International Law 1992 II, Band 233, S. 305 - 415

Schmidt-Wiegand, Ruth (Hrsg.), Deutsche Rechtsregeln und Rechtssprichwörter, München 1996

Schnitzer, Adolf F., Handbuch des Internationalen Privatrechts, Band I, 4. Auflage, Basel 1957

Schoenblum, Jeffrey A., Multinational and Multistate Estate Planning, 2. Auflage, 2 Bände, New York 1999 mit Cumulative Supplement 2001

Schöne, Franz-Josef, Die „umgekehrte Diskriminierung" im EWG-Vertrag nach der Rechtsprechung des Europäischen Gerichtshofs - Dargestellt am Beispiel der Dienstleistungsfreiheit nach Art. 59 ff. EWG-Vertrag, RIW 1989, S. 450 - 454

Schotten, Günther, Das Internationale Privatrecht in der notariellen Praxis, München 1995

Schröder, Jochen, Internationale Zuständigkeit - Entwurf eines Systems von Zuständigkeitsinteressen im zwischenstaatlichen Privatverfahrensrecht aufgrund rechtshistorischer, rechtsvergleichender und rechtspolitischer Betrachtungen, Opladen, 1971

ders., Die Vorschläge des deutschen Rats zur internationalen Zuständigkeit und zur Anerkennung ausländischer Entscheidungen, in: Vorschläge und Gutachten zur Reform des deutschen internationalen Personen-, Familien- und Erbrechts, vorgelegt von Günther Beitzke, Tübingen 1981, S. 226 - 244

ders., Erbstatut, Güterrechtsstatut, gespaltenes Vermögen und ein Pyrrhussieg (zu OLG Karlsruhe, 29. 06. 1989, 11 W 86/89, ebd. S. 407), IPRax 1990, S. 389 - 393

Schütze, Rolf A., Die Berücksichtigung der Rechtshängigkeit eines ausländischen Verfahrens nach dem EWG-Übereinkommen über die gerichtliche Zuständigkeit und die Vollstreckung gerichtlicher Entscheidungen, RIW 1975, S. 78 - 80

ders., Die Berücksichtigung der Konnexität nach dem EWG-Übereinkommen über die gerichtliche Zuständigkeit und die Vollstreckung gerichtlicher Entscheidungen, RIW 1975, S. 543 - 545

Schulz, Andreas/Geismar, Bernhard, Die Europäische Aktiengesellschaft, Eine kritische Bestandsaufnahme, DStR 2001, S. 1078 - 1086

Schurig, Klaus, Die Struktur des kollisionsrechtlichen Vorfragenproblems, in: Festschrift für Gerhard Kegel zum 75. Geburtstag 26. Juni 1987, Herausgeber: Hans-Joachim Musielak und Klaus Schurig, Stuttgart, Berlin, Köln, Mainz 1987, S. 549 - 598

Schwab, Dieter, Gesetzgebung als Verwirrspiel, FamRZ 1997, S. 406 f.

Schwarz, Günter Christian, Europäisches Gesellschaftsrecht, Baden-Baden 2000

Schweitzer, Michael/Hummer, Waldemar, Europarecht, 5. Auflage, Frankfurt am Main 1996

Schwimann, Michael, Österreich, in: Bergmann/Ferid, Internationales Ehe- und Kindschaftsrecht, Frankfurt am Main, Berlin, Stand: Ende 2000

Schwind, Fritz, Erbstatut und Pflichtteilsanspruch im österreichischen IPR (zu OGH, 27. 5. 1986, 2 Ob 526/86, ebd. S. 35 und 1. 10. 1986, 1 Ob 591/86, ebd. S. 36 sowie 9. 10. 1986, 8 Ob 534/86, ebd. S. 37), IPRax 1988, S. 45 f.

ders., Internationales Privatrecht, Lehr- und Handbuch für Theorie und Praxis, Wien 1990

ders., Zum IPR des österreichischen Pflichtteilsrechts (zu OGH, 8. 10. 1991, 4 Ob 522/91, ebd. S. 328), IPRax 1992, S. 333 f.

ders., System- und Funktionsbegriffe im Erbrecht: Kein double renvoi im österreichischen Erbrecht (zu OGH, 14. 5. 1992, 6 Ob 638/91, ebd. S. 188), IPRax 1993, S. 196

ders., Noterbrecht und IPR, ZfRV 35 (1994), S. 29 f.

Seif, Ulrike, Das Spannungsverhältnis zwischen Kollisionsrecht und Europarecht, in: Jahrbuch junger Zivilrechtswissenschaftler 1997 - Europäisierung des Privatrechts, Zwischenbilanz und Perspektiven, S. 225 - 256, Herausgeber: Christoph Weber, Anja Steinbeck, Joachim Hennrichs, Helmar Ingelfinger, Matthias Jacobs, Hans-Friedrich Müller, Thomas Raab und Jürgen Treber, Stuttgart, München, Hannover, Berlin, Weimar, Dresden 1998

Siehr, Kurt, „Forum Shopping" im internationalen Rechtsverkehr, ZfRV 25 (1984), S. 124 - 144

ders., Das internationale Erbrecht nach dem Gesetz zur Neuregelung des IPR, IPRax 1987, S. 4 - 8

Sipp-Mercier, Béatrice, Die Abwicklung deutsch-französischer Erbfälle in der Bundesrepublik Deutschland und in Frankreich, Bielefeld 1985

Soergel, Bürgerliches Gesetzbuch mit Einführungsgesetz und Nebengesetzen, Band 10 Einführungsgesetz,12. Auflage, Stuttgart, Stand: Anfang 1996 (zitiert: Soergel-Bearbeiter)

Solomon, Dennis, Der Anwendungsbereich von Art. 3 Abs. 3 EGBGB - dargestellt am Beispiel des internationalen Erbrechts, IPRax 1997, S. 81 - 87

ders., Erbfolge und Erbgang in deutsch-österreichischen Erbfällen, ZVglRWiss 2000, S. 170 - 209

Sonnenberger, Hans Jürgen, Die Umsetzung kollisionsrechtlicher Regelungsgebote in EG-Richtlinien, ZEuP 1996, S. 383 - 398

ders., Europarecht und Internationales Privatrecht, ZVglRWiss 95 (1996), S. 3 - 47

Soufleros, Ilias, Die GmbH im griechischen Recht, GmbHR 1992, S. 276 - 284

Stadler, Friedrich E., Italien, in: Ferid, Murad/Firsching, Karl, Internationales Erbrecht, Band III, München, Lieferung XLII

Staudinger, Kommentar zum Bürgerlichen Gesetzbuch mit Einführungsgesetz und Nebengesetzen: Erbrecht, Einleitung, §§ 1922-1966; Art. 25, 26 EGBGB und Anhang zu Art. 25 EGBGB; Berlin, Bearbeitung 2000; Einleitung zum IPR, Art. 3-6 EGBGB; EGBGB/IPR: Internationales Sachenrecht; Art. 13 - 18 EGBGB, Anhang zu Art. 13 EGBGB und Anhang I – III zu Art. 18 EGBGB, 13. Bearbeitung, Berlin 1996 (zitiert: Staudinger-Bearbeiter)

Steindorff, Ernst, Unvollkommener Binnenmarkt, ZHR 158 (1994), S. 149 - 169

ders., EG-Vertrag und Privatrecht, Baden-Baden 1996

Stöcker, Hans A., Der internationale ordre public im Familien- und Familienerbrecht, RabelsZ 38 (1974), S. 79 - 127

ders., Die Neuordnung des Internationalprivatrechts und das Höferecht, WM 1980, S. 1134 - 1138

Stoll, Veit, Die Rechtswahl im Namens-, Ehe- und Erbrecht, München 1991

Stoppel, Wolfgang, Albanien, in: Ferid, Murad/Firsching, Karl, Internationales Erbrecht, Band I, München, Lieferung XLII

Streinz, Rudolf, Europarecht, 4. Auflage, Heidelberg 1999

Sturm, Fritz, Das Straßburger Marckx-Urteil zum Recht des nichtehelichen Kindes und seine Folgen, FamRZ 1982, S. 1150 - 1159

ders., Parteiautonomie als bestimmender Faktor im internationalen Familien- und Erbrecht, in: Recht und Rechtserkenntnis, Festschrift für Ernst Wolf zum 70. Geburtstag, Herausgeber: Dietrich Bickel, Walther Hadding, Volker Jahnke und Gerhard Lüke, Köln, Berlin, Bonn, München 1985

Süß, Rembert, Die Rückverweisung im ausländischen Erbrecht - Einführung mit Länderübersicht -, ZEV 2000, S. 486 - 491

Tarko, Ihor, Ein Europäischer Justizraum: Errungenschaften auf dem Gebiet der justitiellen Zusammenarbeit in Zivilsachen, ÖJZ 1999, S. 401 - 407

Taupitz, Jochen, Deutscher Fremdrechtserbschein und schweizerisches Pflichtteilsrecht, IPRax 1988, S. 207 - 210

Telles, Inocêncio Galvão, Direito das Sucessões, Noções Fundamentais, 6. Auflage, Coimbra 1991

Teske, Horst, Die Sanktion von Vertragsverstößen im Gemeinschaftsrecht, EuR 1992, S. 265 - 286

Thömmes, Otmar, Europarechtliche Probleme aus der Praxis des Internationalen Steuerrechts, in: Europarecht und Internationales Steuerrecht, S. 29 - 43, Herausgeber: Vogel, Klaus, München 1994

Thomas, Heinz/Putzo, Hans, Zivilprozeßordnung, 22. Auflage, München 1999

Thoms, Cordula, Einzelstatut bricht Gesamtstatut - Zur Auslegung der „besonderen Vorschriften“ in Art. 3 III EGBGB, Tübingen 1996

Thorbek, Jytte/Steininger, Wolfgang, Dänemark, in: Ferid, Murad/Firsching, Karl, Internationales Erbrecht, Band I, München, Lieferung XLII

Tiedemann, Andrea, Die Rechtswahl im deutschen Internationalen Erbrecht, RabelsZ 55 (1991), S. 17 - 40

Triebel, Volker/Hodgson, Stephen/Kellenter, Wolfgang/Müller, Georg, Englisches Handels- und Wirtschaftsrecht, 2. Auflage, Heidelberg 1995

Trittel, Manfred, Deutsch-deutsches Erbrecht nach dem Einigungsvertrag, DNotZ 1991, S. 237 - 246

Troll, Max/Gebel, Dieter/Jülicher, Marc, Erbschaftsteuer- und Schenkungsteuergesetz, München, Stand: 31.07.2000, 21. Ergänzungslieferung (zitiert: Troll, ErbStG - Bearbeiter)

Trzaskalik, Christoph, Der Einfluß des Europarechts auf das nationale Steuerrecht, in: Europa als Rechtsgemeinschaft, Herausgeber: Dieter Dörr und Meinrad Dreher, Baden-Baden 1997, S. 123 - 133

Ulmer, Peter, Schutzinstrumente gegen die Gefahren aus der Geschäftstätigkeit inländischer Zweigniederlassungen von Kapitalgesellschaften mit fiktivem Auslandssitz, JZ 1999, S. 662 - 665

Van Hulle, Karel, Aktuelle Entwicklungen im europäischen Gesellschaftsrecht, EWS 2000, S. 521 - 526

Van Venrooy, Inländische Wirkung ausländischer Vindikationslegate, ZVglRWiss 85 (1986), S. 205 - 236

Vedder, Christoph, Einwirkungen des Europarechts auf das innerstaatliche Recht und auf internationale Verträge der Mitgliedstaaten: Die Regelung der Doppelbesteuerung, in: Europarecht und Internationales Steuerrecht, Herausgeber: Vogel, Klaus, München 1994, S. 1 - 17

Vogel, Klaus, Doppelbesteuerungsabkommen der Bundesrepublik Deutschland auf dem Gebiet der Steuern vom Einkommen und Vermögen - Kommentar auf der Grundlage der Musterabkommen, 3. Auflage, München 1996

Wacker, Wilhelm H., Grenzüberschreitende Schenkungen und Erbschaften, in: Steuerberaterkongreßreport 1989, S. 439 - 485, München 1989

Wagner, Gerhard, Fakultatives Kollisionsrecht und prozessuale Parteiautonomie, ZEuP 1999, S. 6 - 46

Wagner, Rolf, Der Beitritt Österreichs, Finnlands und Schwedens zum Brüsseler Gerichtsstands- und Vollstreckungsübereinkommen vom 27. 9. 1968, RIW 1998, S. 590 - 592

Walden, Daniel, Niederlassungsfreiheit, Sitztheorie und der Vorlagebeschluß des VII. Zivilsenats des BGH vom 30. 3. 2000, EWS 2001, S. 256 - 263

Wassermeyer, Franz, Das Fehlen von Erbschaftsteuerdoppelbesteuerungsabkommen innerhalb der EU, EuZW 1995, S. 813

Weber, Wolfgang, Internationales Erbrecht in den Niederlanden, IPRax 2000, S. 41

ders., Niederlande, in: Ferid, Murad/Firsching, Karl, Internationales Erbrecht, Band IV, München, Lieferung XLII

ders., Niederlande, in: Bergmann/Ferid, Internationales Ehe- und Kindschaftsrecht, Frankfurt am Main, Berlin, Stand: Ende 2000

Weishaupt, Axel, Brasilien, in: Ferid, Murad/Firsching, Karl, Internationales Erbrecht, Band I, München, Lieferung XLII

Wengler, Wilhelm, The General Principles of Private International Law, Recueil des Cours, Collected Courses of the Hague Academy of International Law 1961 III, Band 104, S. 273 - 465

ders., Das Bürgerlicher Gesetzbuch mit besonderer Berücksichtigung der Rechtsprechung des Reichsgerichts und des Bundesgerichtshofs, Band VI, Internationales Privatrecht, 1. Teilband, 12. Auflage, Berlin, New York 1981, (zitiert: BGB-RGRK-Bearbeiter)

Wessel, Eduard, Doppelbesteuerung und EWG-Vertrag - die Ableitung der DBA-Bestimmungen aus dem EWG-Vertrag, Münster 1988

Wiedow, Alexander, Steuerharmonisierung bei den direkten Steuern: Stand, Perspektiven, Auswirkungen auf Doppelbesteuerungsabkommen, in: Europarecht und Internationales Steuerrecht, Herausgeber: Vogel, Klaus, München 1994, S. 45 - 56

Wilke, Kay-Michael, Lehrbuch des internationalen Steuerrechts, 5. Auflage, Herne, Berlin 1994

von Wilmowsky, Peter, Der internationale Verbrauchervertrag im EG-Binnenmarkt, ZEuP 1995, S. 735 - 768

Winkler von Mohrenfels, Peter, Kollisionsrechtliche Vorfrage und materielles Recht, RabelsZ 51 (1987), S. 20 - 34

Witz, Claude/Bopp, Thomas M., Zur internationalen Zuständigkeit deutscher Nachlaßgerichte im Erbscheinsverfahren (zu OLG Zweibrücken, 10. 07. 1985, 3 W 133/85, ebd. S. 108), IPRax 1987, S. 83 - 85

Wolf, Manfred, Einheitliche Urteilsgeltung im EuGVÜ, in: Festschrift für Karl-Heinz Schwab zum 70. Geburtstag, Herausgeber: Peter Gottwald und Hanns Prütting, München 1990, S. 561 - 574

Zemen, Herbert, Zum Statut der gesetzlichen Erbfolge nach dem österreichischen IPR-Gesetz, ZfRV 24 (1983), S. 67 - 77

ders., Die jüngste Rechtsprechung des Obersten Gerichtshofs auf dem Gebiet des Internationalen Erbrechts, ZfRV 29 (1988), S. 89 - 97

Zitelmann, Ernst, Internationales Privatrecht, 2. Band, München, Leipzig 1912

STUDIEN ZUM VERGLEICHENDEN UND INTERNATIONALEN RECHT

Herausgeber: Bernd von Hoffmann und Erik Jayme

Band 1 Ferdinand Henke: Die Datenschutzkonvention des Europarates. 1986.

Band 2 Peter Czermak: Der express trust im internationalen Privatrecht. 1986.

Band 3 Peter Kindler: Der Ausgleichsanspruch des Handelsvertreters im deutsch-italienischen Warenverkehr. Eine rechtsvergleichende und kollisionsrechtliche Untersuchung. 1987.

Band 4 Wilhelm Denzer: Stellung und Bedeutung des Engineers in den FIDIC-Bauvertragsbedingungen. 1988.

Band 5 Marijan-Maximilian Lederer: Die internationale Enteignung von Mitgliedschaftsrechten unter besonderer Berücksichtigung der französischen Enteignungen 1982. 1989.

Band 6 Rainer Esser: Klagen gegen ausländische Staaten. 1990.

Band 7 Chang Jae-Ok: Auf dem Weg zu einer Materialisierung des Immateriellen ? Personen-, Persönlichkeitsschutz und Geldersatz des immateriellen Schadens in rechtsvergleichender Hinsicht am Beispiel des koreanischen und japanischen Zivilrechts unter besonderer Berücksichtigung des deutschen Rechts. 1990.

Band 8 Paul-Frank Weise: Lex mercatoria. Materielles Recht vor der internationalen Handelsschiedsgerichtbarkeit.1990.

Band 9 Werner Born: Der Auftrittsvertrag für Musikgruppen im Bereich der Rock- und Popmusik. 1990.

Band 10 Ralf Erich Jürgens: IPR und Verfassung in Italien und in der Bundesrepublik Deutschland. 1990.

Band 11 Rainer Gildeggen: Internationale Schieds- und Schiedsverfahrensvereinbarungen in Allgemeinen Geschäftsbedingungen vor deutschen Gerichten. 1991.

Band 12 Klaus Grabinski: Die kollisionsrechtliche Behandlung des Durchgriffs bei rechtlich verselbständigten Unternehmen in privater oder öffentlicher Hand. 1991.

Band 13 Dieter Stummel: Konkurs und Integration. Konventionsrechtliche Wege zur Bewältigung grenzüberschreitender Insolvenzverfahren. 1991.

Band 14 Joachim Güntzer: Die Rechtsstellung des Geschäftsführers im spanischen Aktienrecht. Die Neuregelung des spanischen Aktienrechts nach dem Beitritt Spaniens zur EG. 1991.

Band 15 Sabine Isenburg-Epple: Die Berücksichtigung ausländischer Rechtshängigkeit nach dem Europäischen Gerichtsstands- und Vollstreckungsübereinkommen vom 27.9.1968. Untersuchungen zum Anwendungsbereich von Art. 21 EuGVÜ unter schwerpunktmäßiger Behandlung der Frage nach der Bestimmung eines europäischen Streitgegenstandsbegriffs. 1992.

Band 16 Ulrich Nickl: Die Qualifikation der culpa in contrahendo im Internationalen Privatrecht. 1992.

Band 17 Theo Rauh: Leistungserschwerungen im Schuldvertrag. Eine rechtsvergleichende Untersuchung des englischen, US-amerikanischen, französischen und deutschen Rechts unter besonderer Berücksichtigung der gerichtlichen Praxis. 1992.

Band 18 Bernadette Chaussade-Klein: Vorvertragliche "obligation de renseignements" im französischen Recht. 1992.

Band 19 Josef Sievers: Verbraucherschutz gegen unlautere Vertragsbedingungen im französischen Recht. Vom Code civil zum "Code de la consommation" – die Entstehung eines Sonderprivatrechts für Verbraucher. 1993.

Band 20 Achim Schäfer: Grenzüberschreitende Kreditsicherung an Grundstücken, unter besonderer Berücksichtigung des deutschen und italienischen Rechts. 1993.

Band 21 Eugenio Hernández-Breton: Internationale Gerichtsstandsklauseln in Allgemeinen Geschäftsbedingungen. Unter besonderer Berücksichtigung des deutsch-südamerikanischen Rechtsverkehrs (dargestellt am Beispiel Argentinien, Brasilien und Venezuela). 1993.

Band 22 Ingo Reng: Unterhaltsansprüche aufgrund nichtehelicher Lebensgemeinschaft – Internationales Privatrecht und ausländisches materielles Recht. 1994.

Band 23 Stefanie Roloff: Die Geltendmachung ausländischer öffentlicher Ansprüche im Inland. 1994.

Band 24 Katharina Ludwig: Der Vertragsschluß nach UN-Kaufrecht im Spannungsverhältnis von Common Law und Civil Law. Dargestellt auf der Grundlage der Rechtsordnungen Englands und Deutschlands. 1994.

Band 25 Malte Diesselhorst: Mehrparteienschiedsverfahren. Internationale Schiedsverfahren unter Beteiligung von mehr als zwei Parteien. 1994.

Band 26 Manfred Kost: Konsensprobleme im internationalen Schuldvertragsrecht. 1995.

Band 27 Wolff-Heinrich Fleischer: Das italienische Wettbewerbsrecht und die Probleme des selektiven Parfümvertriebs unter Berücksichtigung der Rechtslage in Frankreich und Deutschland. 1995.

Band 28 Angelika Fuchs: Lateinamerikanische Devisenkontrollen in der internationalen Schuldenkrise und Art. VIII Abschn. 2 b) IWF-Abkommen. 1995.

Band 29 Jacques Matthias Aull: Der Geltungsanspruch des EuGVÜ: "Binnensachverhalte" und Internationales Zivilverfahrensrecht in der Europäischen Union. Zur Auslegung von Art. 17 Abs. 1 S. 1 EuGVÜ. 1996.

Band 30 Hartmut Ost: EVÜ und fact doctrine. Konflikte zwischen europäischer IPR-Vereinheitlichung und der Stellung ausländischen Rechts im angelsächsischen Zivilprozeß. 1996.

Band 31 Stefan Wagner: Die Testierfähigkeit im Internationalen Privatrecht. 1996.

Band 32 Wolfgang Jakob Hau: Positive Kompetenzkonflikte im Internationalen Zivilprozeßrecht. Überlegungen zur Bewältigung von *multi-fora disputes*. 1996.

Band 33 Markus Schütz: UN-Kaufrecht und *Culpa in contrahendo*. 1996.

Band 34 Volker Geyrhalter: Das Lösungsrecht des gutgläubigen Erwerbers. Ein "vergessener" Kompromiß und die Auswirkungen auf das heutige deutsche Recht unter besonderer Berücksichtigung des internationalen Sachenrechts. 1996.

Band 35 Andreas Kramer: Abwicklungsstörungen bei Kaufverträgen. Die Lieferung vertragswidriger Sachen im deutschen und italienischen Recht. 1996.

Band 36 Petra Krings: Erfüllungsmodalitäten im internationalen Schuldvertragsrecht. 1997.

Band 37 Tonja Gaibler: Der rechtsgeschäftliche Irrtum im französischen Recht. 1997.

Band 38 Dirk Otto: Rechtsspaltung im indischen Erbrecht. Bedeutung und Auswirkungen auf deutsch-indische Nachlaßfälle. 1997.

Band 39 Gregor W. Decku: Zwischen Vertrag und Delikt. Grenzfälle vertraglicher und deliktischer Haftung dargestellt am Beispiel der Berufs- und Expertenhaftung zum Schutze des Vermögens Dritter im deutschen und englischen Recht. 1997.

Band 40 Ulrike Höpping: Auswirkungen der Warenverkehrsfreiheit auf das IPR unter besonderer Berücksichtigung des Internationalen Produkthaftungsrechts und des Internationalen Vertragsrechts. 1997.

Band 41 Andreas Bartosch: Die vermögensrechtlichen Beziehungen der Ehegatten bei bestehender Ehe im englischen Recht – Eigentum, Besitz, Schuldvertrag. 1997.

Band 42 Helene Boriths Müller: Die Umsetzung der europäischen Übereinkommen von Rom und Brüssel in das Recht der Mitgliedstaaten. Dargestellt am Beispiel Deutschlands und Dänemarks. 1997.

Band 43 Bernd von Hoffmann / Myong-Chang Hwang (eds.): The Public Concept of Land Ownership. Reports and Discussions of a German-Korean Symposium held in Seoul on October 7-9, 1996. 1997.

Band 44 Oliver Heeder: Fraus legis. Eine rechtsvergleichende Untersuchung über den Vorbehalt der Gesetzesumgehung in Deutschland, Österreich, der Schweiz, Frankreich und Belgien unter besonderer Berücksichtigung des Internationalen Privatrechts. 1998.

Band 45 Heinrich Schütt: Deliktstyp und Internationales Privatrecht. Dargestellt an grenzüberschreitenden Problemen der Arzthaftung. 1998.

Band 46 Axel Steiner: Die stillschweigende Rechtswahl im Prozeß im System der subjektiven Anknüpfungen im deutschen Internationalen Privatrecht. 1998.

Band 47 Martina Schulz: Der Eigentumsvorbehalt in europäischen Rechtsordnungen. Rechtsvergleichende Untersuchung des deutschen, englischen und französischen Rechts unter besonderer Berücksichtigung von Erweiterungen und Verlängerungen. 1998.

Band 48 Karin Dreher: Die Rechtswahl im internationalen Erbrecht. Unter besonderer Berücksichtigung des italienischen IPR-Reformgesetzes N. 218 vom 31. Mai 1995. 1999.

Band 49 Giuliano Gabrielli: Das Verhältnis zwischen der Anfechtung wegen Eigenschaftsirrtums und den Gewährleistungsansprüchen im deutschen, österreichischen und italienischen Recht. 1999.

Band 50 Bernd von Hoffmann / Myong-Chan Hwang (eds.): Developments in Land Law. Reports and Discussions of a German-Korean Symposium held in Berlin and Trier on July 21-24, 1997. 1999.

Band 51 Volker Heidbüchel: Das UNCITRAL-Übereinkommen über unabhängige Garantien und Standby Letters of Credit. Vergleiche mit den Richtlinien der Internationalen Handelskammer, dem deutschen, englischen und US-amerikanischen Recht. 1999.

Band 52 Jan Christoph Nordmeyer: Pflichtteilsansprüche und Wiedervereinigung. Eine systematische Analyse der Ausgleichsansprüche nach BGB-Pflichtteilsrecht unter besonderer Berücksichtigung der durch den Wiedervereinigungsprozeß eingetretenen Wertveränderungen. 1999.

Band 53 Bettina Linder: Vertragsabschluß beim grenzüberschreitenden Verbraucherleasing. 1999.

Band 54 Almontasser Fetih: Die zivilrechtliche Haftung bei Vertragsverhandlungen. Eine rechtsvergleichende Studie zum deutschen, französischen, ägyptischen und islamischen Recht. 2000.

Band 55 Sona Rajani: Die Geltung und Anwendung des Gemeinschaftsrechts im Vereinigten Königreich von Großbritannien und Nordirland. Der Grundsatz der Parlamentssouveränität im Wandel. 2000.

Band 56 Joachim Kayser: Gegenmaßnahmen im Außenwirtschaftsrecht und das System des europäischen Kollisionsrechts. Eine Analyse der EU-Abwehrverordnung gegen die Auswirkungen extraterritorialer Rechtserstreckung eines Drittlandes. 2001.

Band 57 Albrecht Conrad: Qualifikationsfragen des Trust im Europäischen Zivilprozeßrecht. 2001.

Band 58 Bernd Borgmann: Die Entsendung von Arbeitnehmern in der Europäischen Gemeinschaft. Wechselwirkungen zwischen Kollisionsrecht, Grundfreiheiten und Spezialgesetzen. 2001.

Band 59 Aleksandar Jaksic: Arbitration and Human Rights. 2001.

Band 60 Islamisches und arabisches Recht als Problem der Rechtsanwendung. Symposium zu Ehren von Professor Emeritus Dr. iur. Omaia Elwan. Veranstaltet vom Institut für ausländisches und internationales Privat- und Wirtschaftsrecht der Universität Heidelberg und der Gesellschaft für Arabisches und Islamisches Recht e.V. Herausgegeben von Herbert Kronke, Gert Reinhart und Nika Witteborg. 2001.

Band 61 Patrick Fiedler: Stabilisierungsklauseln und materielle Verweisung im internationalen Vertragsrecht. 2001.

Band 62 Werner Mangold: Die Abtretung im Europäischen Kollisionsrecht. Unter besonderer Berücksichtigung des spanischen Rechts. 2001.

Band 63 Eike Dirk Eschenfelder: Beweiserhebung im Ausland und ihre Verwertung im inländischen Zivilprozess. Zur Bedeutung des US-amerikanischen discovery-Verfahrens für das deutsche Erkenntnisverfahren. 2002.

Band 64 Bernd Ehle: Wege zu einer Kohärenz der Rechtsquellen im Europäischen Kollisionsrecht der Verbraucherverträge. 2002.

Band 65 Heiko Lehmkuhl: Das Nacherfüllungsrecht des Verkäufers im UN-Kaufrecht. 2002.

Band 66 Jochen Nikolaus Schlotter: Erbrechtliche Probleme in der Société Privée Européenne. IPR-Harmonisierung im einheitlichen Europäischen Rechtsraum. 2002.

FSC
www.fsc.org
MIX
Papier | Fördert gute Waldnutzung
FSC® C083411

Kolibri 360 GmbH
Ferdinand-Jühlke-Straße 7
99095 Erfurt, Deutschland
produktsicherheit@kolibri360.de

Druck:
CPI Druckdienstleistungen GmbH
im Auftrag der
Kolibri 360 GmbH
Ferdinand-Jühlke-Str. 7
99095 Erfurt